현명한의 증식투자이야기

이 교 환

국학자료원

이 책은 '주식하지 마라'가 아닌 '주식 하라'라고 말하고 싶어서 쓴 글이다. 40년 동안 가난한 삶을 직접 체험해보니 가난이 '죄'라고 느낀 적도 있었다. 가난은 누구에게나 끔찍한 고통인 것이다. 가난을 이기려면 투자를 해야 하는데, 그 중에서 주식투자가 가장 적합하다고 생각한다.

인간은 왜 살아갈까?

오늘 보다 나은 미래의 행복한 꿈을 가슴속에 품어서 아닐까?

행복의 조건은 수없이 있지만 그중에 가장 기초적인 것이 '경제적 자유'라고 생각한다. 그리고 그 자유를 마음껏 누릴 수 있는 가장 좋은 방법이 주식투자라고 생각한다. 주식투자는 누구에게나 자격과 정년퇴직이 없다. 누구나 사리를 분별할 수 있으면 가능하다. 약속(계약) 이행과 개인의 재산권이 존중되는 정의로운 사회가 보장되는 한, 누구나 주식투자를 할 수 있고, 그 속에서 경제적 자유를 얻을 수 있다고 본다. 자유민주주와 자유시장경제체제가 보장 되는 한 경제는 무한대로 성장한다고 본다. 그 이유는 자유로운 무한경쟁을 통해 성취감을 맛 볼 수 있기 때문이다.

경제가 꾸준히 성장한다면 주식가격은 함께 올라갈 수밖에 없다.

학업을 마치고, 직업을 갖고, 투자를 배우고, 혁신적인 위대한 1등 기업에 투자하여 주주가 되는 기회는 누구에게나 제한 없이 활짝 열려 있다. 그리고 그 문을 당당하게 열고 들어가 소득의 10~15%를 수십 년간 땅을 사듯 주식을 사서 모으면 퇴직 후 행복한 노후를 맞이할 수 있다고 본다. 나는 '행복한 삶'이라는 인생의 궁극적인 힘든 숙제를 푸는 해답을 '주식투자'에서 찾았다.

성실히 한평생 일한 대가로 받는

퇴직금＋국민건강보험＋국민연금＋주주(투자배당금)＝ 100세 시대 행복한 노후생활

멋진 등식이다.

도전!

당신도 할 수 있다.

모두가 행복하길 간절히 바라며 이 소설을 바친다.

이천에서 이교한

차 례

현명한의 삶과 도전

경제적 자유

"우리 비행기는 잠시 후 대한민국 인천국제공항에 도착하겠습니다."

현명한은 아내를 쳐다본다. 소녀처럼 새근새근 자고 있다. 그는 조심스럽게 흔들어 깨웠다.

"여보! 다 왔어. 일어나야지."

"그래요? 가슴 떨리는 좋은 여행이었네요. 당신은 괜찮아요?"

"글쎄. 잠을 못 자서 피곤하네."

"일등석으로 예약을 해준대도 왜 그렇게 고집을 피워요. 비행기를 탈 때마다 힘들어 하면서. 다음엔 꼭 내 말대로 하는 거예요. 당신에겐 사치가 아니란 말이에요. 알았죠?"

"아직은 버틸 만 해. 오히려 당신이 더 걱정되지."

"저는 여행가는 것 자체만으로도 힘이 나서 괜찮아요. 여행은 언제나 설레고 행복하거든요." 그의 아내 이미나는 기지개를 길게 피며 명한에게 기댔다. 부부는 다정했다. 언제나 바늘과 실 같은 사이다.

"비행기 고소공포증이 있는 내가 당신 덕분에 벌써 전 세계 구석구석 거의 다 여행했네. 고마워."

"당신한테 제가 더 고맙죠. 당신은 늘 근면 성실했고, 새처럼 아침 일찍 일어나 일했어요. 주식투자를 배울 때도 오랫동안 공부를 열심히 했잖아요. 그리고 마침내 주식투자에 성공했어요. 주식차트를 보고 투자하는 것이 아니라 기업 분석을 통해 투자를 하잖아요. 앞으로 더 큰 성공을 거두리라 믿어요. 당신은 늘 어떤 분야든지 십년 이상 노력하면 누구든지 성공할 수 있다고 말했고, 언제나 실천했어요. 당신은 매력이 있어요. 멋진 사람과 늘 함께할 수 있는 제가 너무너무 고맙고 감사하죠." 한참 이야기를 마치고, 그녀는 빙그레 웃으며 말없이 명한을 올려다보았다.

입국수속을 마치고 막 빠져나오는데 전화벨이 울렸다.

"아빠! 예쁜 딸내미! 이번 남유럽여행은 어떠셨어요?"

"좋았어. 환상적이었어. 어유. 우리 예쁜 딸내미도 잘 지냈어?"

"네. 아빠가 늘 사랑해주시는 덕분에요. 엄마는요?"

"엄마는 여행가면 에너지가 솟아나는 사람이잖니. 아주 행복했대. 아주 많이. 너희 엄마는 늘 나하고 함께라면 행복하다나…. 나중에 집으로 와라. 그럼 잘 지내."

"호호호. 흐흐흐."

그는 사랑스런 딸과 통화를 하고 더욱 더 기분이 좋아졌다.

집으로 돌아오자 피곤도 잊은 듯 1층 그의 서재인 '뜰에 창'으로 내려갔다. 언제나 이 공간이 너무나 좋다. 뜰에 창은 그의 서재 이름이다. 혼잡하고 지루한 아파트 생활을 청산하고 모가 행운리에 있는 U갤러리 옆에 새로 지은 멋진 집의 1층 그만의 공간이다. 뜰에 창은 '어머니 자궁 속 같이 안락하고 무한한 창조공간에서 맑고 깨끗한 창 너머로 미래를 내다본다.'는 의미로, 어느 날 서재에 앉아 잔디밭을 내다 볼 때 명한의 가슴에 다가와 주저하지 않고 지은 이름이다. 그리고 단단하고 무늬가 아름다운 미국 산 체리 나무에 자신이 직접 예리한 칼로 파서 먹물로 글자를 입혀 입구에 걸었다. 잘 어울리고 근사했다.

그는 자신이 직접 디자인하여 만든 넓은 책상에 앉았다. 이곳에서 늘 창밖으로 푸른 하늘을 보고 고풍스런 전통 기와돌담을 본다. 여기서 쉬고 연구하고 책을 읽고 글을 쓴다.

그에게는 우리나라 국보1호인 숭례문만큼 소중하게 여기고 사랑하는 곳이다. 삼십 여 평 공간에 수많은 책들이 자리 잡고 있다. 많은 사람들이 찾아와서 차를 마시며, 책을 보고 미래를 이야기하면 좋겠다고 생각해서 개방한 문화 공간이기도 하다. 책은 그의 인생에서 뗄 수 없는 다정한 친구다. '배움 속에 인생의 길이 있다.'는 철학을 갖고 실천하며 살았다.

눈을 지그시 감으니 어머니 아늑한 품, 세상에서 가장 편안한 곳, 햇살에 반짝이는 윤슬의 아름다운 지중해가 펼쳐졌다. 언제나 온화하고 조용하고 하늘색보다 더 푸른 바다가 잔잔하게 그의 머릿속에 일렁이고 있다.

대륙을 향해 바다를 건너가니 스페인의 '성 가족 대성당(Sagrada Familia)'의 웅장한 모습이 또렷하게 떠오른다. 그가 언젠가 꼭 가보고 싶었던 곳이다.

안토니 가우디(Antoni Gaudi)는 이 엄청나고 훌륭한 건축물을 어떻게 구상했을까?

떠오르는 태양이 비치는 동쪽에 예수님의 탄생 스토리를 섬세하게 새겨 넣었다. 하늘을 찌를 듯 세상 모든 사람들의 소원을 들어 달라 하느님에게 기도하는 듯 솟아오른 첨탑을 눈이 빠질 지경으로 올려다보았다. 지금도 계속 짓고 있는 이 아름다운 성당은 중앙에 높이 172.5m짜리 예수님의 탑 (Jesus's tower)이 앞으로 들어설 것이라 했다. 그 첨탑 끝에는 세상을 행복으로 가득 채울 구원의 십자가가 서게 될 것이다. 그 밖에도 성모마리아 탑 등 다섯 개의 첨탑이 더 들어설 거라 한다. 뒤쪽으로 돌아가니 인류의 모든 고통을 혼자 안고 외롭게 십자가에 높이 달리신 예수님이 나체로 아래를 내려다보고 계셨다.

인류를 구원하러 오신 예수님은 세상의 불쌍한 사람들에게 모든 것을 내어 주시고, 하나뿐인 목숨마저 아낌없이 내어 주셨다. 마지막엔 손바닥 만 한 팬티마저 훌렁 벗어 가난한 사람들에게 주셨나 보다.

가우디가 무엇 때문에 예수님을 나체로 조각했는지 정확하게 알 수 없지만, 아마도 예수님은 모든 것을 내어주시는 분이라 생각해서 팬티를 벗기고 성스럽게 조각했나 보다. '그랬을까? 틀림없이 그랬을 거야' 입을 떡 벌리고 '와!'하면서 성당내부로 들어가 보니 일반적인 다른 성당들 보다 너무나 밝았다. 빛이다! 그냥 빛이 아니고 찬란한 빛이다! 빛은 어둠을 쫓는다. 아마도 어둠을 '악'이라 생각해서 인류를 구원할 찬란한 빛을 많이 받을 수 있도록 가우디는 설계했나 보다. 하느님이 창조한 자연을 모티브로 까마득하게 높은 기둥은 나무를 형상화하여 설계했다. 나뭇가지가 여기저기 자라나 천정을 받치고 있다. 그 나뭇가지 사이에 성모 마리아와 성 요셉과 예수님이 차례로 높은 곳에 계셨다. 아무리 보아도 영원히 성 가정(성스러운 가정)이 될 수밖에 없는 구조였다. 그는 고개를 끄덕이며 '그러네!' 하고 생각했다. 지하로 내려가니 지금도 계속 진행형인 건축물을 미리 축소해서 실험하는 연구실이 있고 가우디의 무덤도 있었다.

명한은 유럽여행에서 돌아와 그의 서재에서 깊은 생각에 잠겼다. 세계적 천재 건축가 가우디만큼은 못 되어도 하느님이 그를 세상에 보내실 때는 인류를 위해 뭔가 해야 할 일이 있어서 보내셨을 거라 생각했다.

그는 지난 십여 년 전, 삶의 목표에 고민하고 갈등하며 뭔가 목말라 했던 때가 생각나 빙그레 웃었다.

현명한의 그림

현명한(玄明漢)은 그 때 마음에 갈등이 많았다. 그래서 엉덩이를 붙이고 자리에 앉지 못하고 자주 걷곤 했다. 그날도 갤러리 앞마당을 걷다가 순간 걸음을 멈췄다. 눈을 지그시 감고 늘 간직하고 꺼내 보던 그림을 다시 바라보며 감격해 웃고 있었다. 그가 어릴 때부터 수십 년 동안 그리고 있는 그림이다.

하얀 종이 위에 점 하나가 찍히면서 시작된 그의 인생 역경을 한 눈에 볼 수 있는 한 폭의 그림이 어느새 삼분의 이 이상 그려져 있다. 본 사람도 없다. 평가해주는 사람도 없다. 그러나 그는 삶의 고비 때 마다 열정적으로 그렸다.

'걸작이네! 참 아름답다! 구릉진 푸른 잔디밭 위에 지붕은 빨갛고 벽면이 하얀 작은 집! 창문이 넓어 실내가 항상 밝고 하루 종일 햇살 이 비추고 온갖 꽃들이 아름답게 피는 곳, 사람이 살기에 가장 안락 하고 행복한 웃음이 가득한 집이다. 멋지다….'

그가 목숨처럼 아끼며 가끔씩 꺼내보는 그림이다.

'아~ 여기까지는 아름답게 잘 그려왔는데, 나머지 삼분의 일을 어떤 색과 모양으로 채워야 완성이 될까?' 그는 벅차오르는 가슴을 조심스레 쓰다듬었다.

'내 일생의 그림을 언제쯤 완성할 수 있을까?

정말 내 힘으로 이 그림을 완성시킬 수 있을까? 꼭 완성해야 할 텐데…'

그는 천천히 다시 걸으며 생각에 잠겼다.

틈만 나면 전통 기와 담장이 둥글게 쳐져 있는 고풍스런 U갤러리 앞마당을 빙빙 돌면서 깊은 상념에 잠겨 자신에게 수없이 질문했다.

'예수는 황야에서, 석가모니는 보리수 아래에서 진리를 터득했다 고 하는데, 나는 언제쯤 나를 알까? 인생이란 자신이 누구인지 알아

가는 과정인데 앞으로 내가 무엇으로 내 인생 그림의 나머지를 완성해야 할 지 깨달을 수 있을까?'

그는 다시 갤러리 앞마당 목련나무 아래서 발을 멈췄다. 전통 담장에 걸린 담쟁이 넝쿨이 무성했다. 새순 줄기가 하늘을 향해 꿈틀거리며 살아 움직이는 것 같았다. 그 사이로 벌들이 집을 지으려고 '윙윙'거리며 분주했다. 전통담장 기와 밑에 집터를 만든 모양이다. 매년 담쟁이덩굴이 꽃 필 때부터 시작해 달콤한 작은 열매에서 꿀이 나오는 시기까지 벌들이 모여들었다. 그 열매는 진한 청 보라색으로 마치 작은 산머루 같았다. 자세히 보니 벌들은 정찰 벌들과 일벌이 각자의 역할을 충실히 하며 믿음을 바탕으로 협력하여 사랑으로 살아가는 것 같았다. 쉼 없이 윙윙거리는 벌들을 보며 부지런함이 자기를 쏙 빼닮았다고 생각했다. 잎도 없이 오롯이 꽃으로 하얗게 물들었던 목련나무도 어느 듯 푸름으로 꽉 차오르는, 생명이 있는 것은 모두 아름다운 계절이다.

'장학재단을 세워서 아름답게 내 인생그림을 완성하면 어떨까?'

'아! 그거 기발한 생각인데. 그런데. 어휴! 더 생각해보자!'

그는 그것이 넘지 못할 태산처럼 느껴졌다. 언제나 추위를 많이 타는 그가 얼음으로 덮여 있는 에베레스트 정상을 넘는 거나 마찬가지라 생각했다. 장학재단을 생각할 적마다 숨이 막히는 것 같았다. 현기증이 났다. 그런데, 문제는 그의 인생그림을 채워서 완성할 다른 아이디어가 떠오르질 않아 오랫동안 고심하고 있었다. 어쩌면 그의 그림 속 빈 공간을 '여백의 미'로 남겨놓고 싶었는지도 모른다. 여백의 미로 남겨서 인생의 그림을 완성하는 것도 좋을 거라 생각했다. 그런데 아무리 보아도 그림이 조화와 균형이 맞지 않는다는 생각이 떠나지 않았다. 한쪽으로 너무 치우쳐 그가 가장 싫어하는 삐딱한 구도로 여백이 너무 크게 느껴졌다. 그리고 그가 행복을 느낀 만큼 모두에게 그 행복을 전해주고 싶었다. 뭔가를 더 채워 가장 한국적인 미(美)인 자연을 쏙 빼닮은 아담하고, 조화와 균형이 맞는 그림으로 완성해야 할 것 같았다.

아름다운 꽃으로 채울까?

책으로 가득한 도서관으로 채울까?

아니지. 아니야. 이왕이면 장학재단이 훨씬 낫지.

그는 장학재단으로 여백을 채우면 좋겠다는 생각이 자꾸만 들었다.

그때 한 무리의 까치 떼가 앞마당 목련나무에 날아와서 '깍! 깍! 깍! 까악~깍!'하며 장단을 맞추듯 즐겁게 노래했다. 가끔 한두 마리씩 날아오긴 했어도 떼로 날아온 것은 처음이었다. 까치가 노래를 하자 화답이라도 하듯 그도 따라서 읊조려 봤다.

'만일! 만일! 만일! 마하한~일! 내가 장학재단을 설립한다면 어떨까?' 그는 자신도 모르게 무심결에 말이 나왔다.

'장학재단?

내가? 그 정도 돈이 있어? 그 정도는 없는데. 에이! 말도 안 되지. 발상은 참 좋은데. 아니야. 아니야. 난 그런 탁월한 능력을 갖고 있지 않

아. 그런 큰 그릇이 못 돼! 그것은 아무나 하는 일이 아냐! 나처럼 매사에 소심하고 우유부단하여 어떤 결정을 내릴 적마다 똑똑한 아내의 도움을 빌려서 내리는 사람이.' 하고 앞마당 한가운데 발걸음을 멈추고 눈을 지그시 감은 채 머리를 흔들었다. 그때 아내가 그를 불렀다.

"여보! 당신 거기서 뭐하고 있어요? 뭐 좋은 디자인이라도 구상하고 있어요?" 그녀는 또 다시 '불후의 걸작이 될 만한 훌륭한 디자인을 생각해내고 있구나!' 하고 생각하며 명한에게 다정하게 물었다.

그는 늘 앞마당을 서성이며 디자인을 창작하곤 했다. 그럴 때마다 걸작이 탄생했다. 디자인 전공자가 아니지만 그가 디자인 하여 발표한 '모가비' '아우르' '꺽지' 작품들은 목가구 업계에서는 이미 누구나 인정하고 있었다. 그는 이미 최고의 목가구 디자이너 겸 제작자였다.

"좋은 디자인? 어, 허허. 좋은 그림이지. 이 세상을 가장 아름답게 만들 걸작이지."

아내가 묻는 소리에 깜짝 놀란 현명한은 뭐 나쁜 짓을 하다가 들킨 어린아이처럼 움찔 놀라 당황스러워 하며 애꿎은 목련나무를 쳐다보고 대답했다.

"당신은 디자이너로 천재에 가깝다니까. 그래. 이번에는 어떤 디자인이에요? 이번에 만들 작품이 또 다시 히트를 친다면 더 이상 돈 걱정은 끝이겠네요. 당신은 진정한 예술가예요. 멋져요! 숫다리만 빼면 멋진 사람." 그녀는 눈을 반짝이며 도드라진 엉덩이를 흔들면서 바싹 다가섰다. 그리고 천진난만하게 배시시 웃으며 물었다.

"숏다리? 당신 날보고 또 숏다리라고 했어? 이 사람아! 내가 숏다리라 남들보다 못하는 일 있었어? 걸핏하면 그걸 잡고 물고 늘어지긴. 에이~ 못된 사람 같은 이. 내가 만일 롱다리였으면 당신은 나를 만나지도 못했을 거야. 아마 날 만나려면 몇 십 년은 기다려야 했을 거야. 그냥 숏다리가 다행인줄 알아. 이 사람아!" 그는 자신의 가장 큰 약점을 가지고 언제나 놀려대는 아내가 야속한 듯 정색하며 말했다.

오뚝한 코, 지적이고 넓은 이마, 맑고 투명한 이성적인 눈, 대체로 잘생긴 얼굴에 대해서는 말 한마디 없고 유독 짧은 다리만 가지고 말하는 것이 싫었다. 명한은 매사에 신중(愼重)한 사람이다. 언제나 진실하며 남을 속이는 법이 없는 사람이었다.

그러나 그는 특이한 체형을 갖고 있었다. 특별한 바디 트레이닝을 하지 않았는데도 불구하고 육체적인 노동으로 목둘레가 굵고 가슴이 두툼한 단련된 상체에 비해서 다리가 유난히 짧았다. 정확하게 말하면 무릎 밑에서 발까지 발육이 덜 된 것이다. 찢어지게 가난한 집안에서 태어났기 때문이라 생각했다. 어린 시절 늘 굶주려 제대로 영양섭취를 못해서 그렇게 됐다는 논리를 폈다. 거기다가 무릎이 양쪽으로 약간 벌어진 오형 다리에 가까웠다. 그래서 걷는 모습이 약간 뒤뚱거렸고, 걸을 때에 힘이 엄지발가락으로 가지 않고 새끼발가락으로 가게 걸어서, 신발의 뒤꿈치 바깥쪽이 많이 닳고 발을 자주 접질렸다.

운전할 때도 다리가 짧은 탓에 액셀러레이터가 발끝 정도에 닿아 의자를 운전대 가까이 바싹 당겨 부자연스럽게 운전을 해야 했다.

“예. 예. 알아 모시겠사와요. 숏다리 서방님. 아유. 재밌다. 킥킥킥. 여보. 그런데 좋은 그림은 뭐고 무슨 생각을 그리 깊게 했어요?”

미나는 한발 뒤로 빼면서 삐져나온 웃음을 참고 연기하듯 말했다. 그녀는 늘 에너지가 넘치고 쾌활했다. 특히 미지의 세계에 도전력이 강했다. 특별한 미인은 아니었지만 매사가 긍정적이고 걱정이 없다. 어질고 정숙했으며 아담하고 전형적인 한국형 얼굴로 꽉 들어찬 미인이다. 특히 굵고 검붉은 뿔테 안경너머로 도드라지게 톡 튀어나온 이마가 매력적이다.

그 속에 알 수 없는 지식과 지혜가 산처럼 쌓여 있을 것 같았다.

“좋은 그림? 아. 당신은 모를 거야. 본적도 없는 것이고.”

“그게 무슨 말이에요? 나 모르게 그림을 그렸어요?”

“그럼. 벌써 수십 년째 그리고 있어. 당신 만나기 훨씬 전부터 그렸지.”

“아니. 왜 자꾸 이상한 애기를 해요?”

“이상할 것 없어. 내 마음속 깊은 곳에 걸어 두고 내가 그리고 싶을 때 꺼내어 조금씩 그리는 내 인생 그림이니까. 일종의 내 인생을 안내하는 청사진이라 할까!”

“그래요? 여보 난 여전히 이해가 되질 않아요.”

“당신도 이제부터라도 그려 봐. 하얀 캔버스에 당신이 한 일과 앞으로 할 일을 그리는 거야. 그리고 가슴속 깊은 곳에 걸어두고 보는 거야. 아주 재미있을 거야.”

“네~? 도무지 이해가 되질 않아요. 아무튼 그건 그렇고 무슨 생각을 그렇게 깊게 했어요?”

“그게~ 음.”

“뭔데 그렇게 뜸을 들여요?”

“말하면 들어줄 거요?” 명한은 굳게 결심한 표정을 지으며 아내에게 되물었다.

“아니, 일단 먼저 말을 해야 알지요.”

그는 무슨 말을 어디에서부터 꺼내야 아내를 이해시킬 수 있을지 벌써부터 걱정이 되어 심각한 표정을 지으며 무겁게 입을 떼었다.

“저기 말이야. 그게. 저~기 말이야. 그 뭐냐….”

약간 다혈질인 그녀는 그가 말을 제대로 못하고 끙끙거리자 더 이상 참지 못하고 큰소리를 질렀다.

“아이. 답답해 죽겠네. 그래 좋아! 다 들어줄게! 어서 말해요! 숨 넘어 가기 전에~~”

명한은 이때다 싶어 서슴없이 자신이 생각하던 계획을 말했다.

“여보! 장학재단을 세우고 싶어!”

그녀는 장학재단을 세우고 싶다는 갑작스런 소리에 놀라 더듬거리며 물었다.

“장학재단~?”

“그래! 난 정말 그렇게 하고 싶어.”

“재단이라뇨? 당신 무슨 돈으로?”

“글쎄. 그것이 문제네.”

“당신 나이에 돈을 많이 벌수 있는 새로운 일을 할 수도 없을 것이고, 지금처럼 가구를 만들어서 장학재단 설립은 어려울 텐데 어떻게 세우죠? 무슨 돈으로?" 그녀는 믿기지 않아 농담인지 진담인지 그의 얼굴을 살피며 말했다.

"여보. 나는…."

그는 더 이상 말을 하지 못하고 그녀가 진심으로 이해해 주기를 바라며 쳐다보았다. 착하고 마음 여린 아이가 작은 가게에 진열된 커다란 알사탕을 쳐다보면서 침을 질질 흘리며, 먹고 싶다는 말도 못하고 엄마를 올려다보는 것 같았다. 그의 말이 진담이라는 것을 알아차린 그녀는 정색을 하고 말했다.

"장학재단을 세우다니요? 아니, 이게 무슨 소리예요? 당신! 요즘 생각을 너무 많이 해서 머리에 이상이 생긴 것 아네요?"

한참동안 아내를 말없이 쳐다보던 그는 결심이 섰다는 듯 분명한 어조로 말했다.

"아니. 머리는 지극히 정상이오. 작품 활동을 통한 갤러리 사업에 집중하면서 장학재단은 지금부터 열심히 준비하여 70대 후반 아님 80대에 세우자는 것이오." 명한은 아내에게 자신의 가슴속에 묻어 두고 고민하고 있던 것을 설명했다.

"여보! 그냥 지금처럼 장학금을 주고 봉사하면서 살면 되잖아요. 왜. 꼭. 그렇게까지 무거운 십자가를 우리가 걸머져야 해요?"

"당신한테는 미안하지만, 꼭 도전해보고 싶어."

"당신 말은 이해가 되지만 난 당신과 이제부터는 여행을 하고 싶었다고요."

"아. 그건. 하면 되지. 나도 가고 싶어. 다른 나라 사람들은 어떻게 살아가나 연구도 하고 말이야. 특히 예술, 경제와 철학에 관심이 많거든."

"당신은 일단 계획을 세우면 직진만 하잖아요. 그럼 여행은 힘들어질 텐데요?"

그녀는 스스로 집안 살림을 맡아서 하기 때문에 그들의 경제 규모를 누구보다 잘 알고 있는 터라 아무리 생각해도 장학재단을 세우는 것이 지나치게 커다란 목표라고 생각했다. 남편이 너무나 큰 꿈을 꾸고 있어 두려움마저 들었다. 야속한 마음으로 그를 쳐다봤다.

그녀는 남편과 함께 낭만적인 세계여행을 꿈꾸고 있었다. 특히 여유가 넘치는 색다른 크루즈 여행을 하고 싶다고 말하곤 했다. 에메랄드 빛 온화한 지중해와 해안선을 따라 둥그렇게 이어진 연안 국가들, 아름다운 낭만의 해안 도시들을 가보고 싶어 했다.

홀로 살면서 건축에 평생을 바친 스페인이 낳은 세계적 천재 건축가 안토니 가우디(Antoni Gaudí, 1852~1926)를 만나고 싶다고 말했다.

가우디는 스페인 바르셀로나에 성 요셉과 동정녀 마리아 그리고 예수 그리스도를 위해 1882년부터 성가족성당을 짓기 시작했다. 그녀는 입버릇처럼 '죽기 전에 꼭 한번 가보고 싶다.'고 말했다.

그리고 빈센트 반 고흐, 샤갈, 마티스, 세잔, 피카소 등 수많은 화가들이 사랑한 온화하고 낭만적이고 부호들의 휴양지인, 특히 네덜란드 출신의 프랑스 화가 빈센트 반 고흐(Vincent Williem van Gogh, 1853~1890)가 가장 사랑했던 론 강을 끼고 있는 프로방스 지방 아를(Arles)을 가보고 싶어 했다. 색상의 마술사 마티스의 그림을 탄생

시킨 프로방스지역의 아름다운 자연을 마음껏 보고 느끼고 싶었다.

해안을 따라 천연적으로 아름답게 조성된 마르세유(Marseille)항구, 반짝반짝 빛나는 조약돌이 깔린 시원한 바다가 있는 휴양도시 니스(Nice), 전 세계 가장 아름다운 여배우들이 단 한 번만이라도 서 보고 싶어 하는 레드 카펫이 깔린 칸(Cannes) 등 그림 같은 남프랑스의 프로방스 지방을 여행하고 싶었다. 샤갈의 그 초록색이 나온 자연을 함께 숨 쉬고 싶어 했다. 동화 속에만 있을 것 같은 아기자기한 아주 작은 나라 모나코도 가보고 싶었다. 지중해가 한눈에 보이는 멋진 바위 언덕 위에서, 세상에서 가장 행복한 미소를 지으며, 검은색 선글라스를 끼고 다리를 꼬고(도도하고 거만하게) 아름다운 바다를 바라보며 느긋하게 진한 향기가 나는 커피를 여유롭게 마시고 싶었다.

그런데….

그녀는 뒤통수를 세게 얻어맞은 기분이었다.

장학재단이라는 큰 꿈을 실현시키기 위하여 '여행은 다음에 가자고. 우리 이젠 절약해야 돼!'하며 또 다시 많은 희생과 고생을 강요당할 것이라고 그녀는 생각했다. 명한은 매우 조심성 있는 사람이지만, 일단 심사숙고하여 어떤 일을 하기로 결정하면 무엇이든 앞 뒤 안 가리고 자기 자신을 몽땅 던져 올인 하는 열정적인 사람이라는 것을 그녀는 너무도 잘 알고 있었기 때문이다. 그러나 실패하면 마음이 여린 남편은 큰 상처를 받을 것이고 자신도 행복하지 못할 것 같아 계획을 취소하라고 말하고 싶었다. 차마 그 말은 못하고 그녀는 남편을 쳐다봤다.

“앞으로 20년 동안 돈을 모으고 도전하면….” 명한이 말을 잇지 못하자.

“지금도 당신은 당신 쓸 것 못 써가며, 직원 자녀들과 형편이 어려운 대학생, 시민장학회 등 벌써 지난 10년 이상 장학금을 줘 왔고 앞으로도 계속 줄 거라고 했잖아요. 지금처럼만 해도 그것이 기부와 봉사라고요. 당신은 멋진 일을 하고 있는 거예요. 장학재단을 설립하면 더 좋겠지만 우리가 어떻게 그 많은 돈을 벌겠어요?”

그녀는 돈을 벌어서 장학재단을 세우는 것은 불가능에 가까운 일이라고 말했다.

“당신 말도 일리는 있어. 하지만 나는 우리가 죽고 나서도 계속 장학금을 주고 싶고 그러기 위해서는 재단을 세워야 한다고 생각해.”

“여보. 우리가 최대한 아껴서 그 돈으로 장학금을 주면 되는 것이지 죽은 다음까지 걱정을 왜 해요. 그것은 순 억지예요. 거기까지 당신이 책임을 지지 않아도 당신 죽으면 살아남은 사람들이 기부를 하든 봉사를 하든 당신만큼 다 할거라구요. 그런 걱정일랑 제발 이제는 하지 마세요. 우리도 젊어서 고생 많이 했으니 늙어서 남들처럼 해외여행도 하면서 여유롭고 행복하게 남은 삶을 살자구요.”

그녀는 가슴이 답답했다. 미래를 짊어지고 갈 젊은이들에게 학업을 계속 할 수 있도록 장학금을 영구적으로 줄 재단을 세울 수만 있다면 그 얼마나 좋겠는가?

꿈을 꾸는 것은 좋지만 명한의 꿈은 너무나 큰 꿈이라고 생각되었다.

남편은 가난 때문에 초등학교만 마치고 독학으로 대학까지 졸업한 사람이라 노후에 장학사업을 하고 싶다고 입버릇처럼 말했다. 그러나 그녀는 가난했던 남편을 만나 갖은 고생을 다하고 이제 겨우 돈 걱정 없이 살 것 같았는데 장학재단을 세우겠다고 도전장을 내놓았으니 마냥 좋아만 할 수도 없고 오히려 걱정이 앞섰다.

"당신은 어떤 방법으로 장학재단을 세울 생각인가요?"

그녀는 속이 끓어 올라 더부룩했고 한편으로는 어이가 없어 가슴을 손으로 쓰다듬으며 더듬더듬 물었다.

"글쎄. 그걸 모르겠소. 아무리 생각해도 돈을 마련할 좋은 아이디어가 떠오르질 않아 답답하고 전신에 힘이 쭉 빠지네."

명한은 어느새 사냥꾼에게 쫓기는 힘없는 사슴의 눈망울을 하고 있었다. 지혜가 많으며 매사에 결단력이 있는 아내에게 무슨 좋은 아이디어라도 있기를 은근히 바라며 대답했다.

그는 지난날을 생각해 보았다. 건강악화로 변호사의 꿈을 포기하고 법대 대신 사업가가 되기 위해 경상대 무역학과를 택하여 32세에 졸업했다. 대학에서 가상으로 무역회사를 창업해서 3년째 운영하고 있었는데 그 회사 경영실적이 좋았다.

가상회사란 실제 창업 시 실패를 줄이기 위해 사업자금 없이 실전처럼 운영하는 서류상의 회사를 말한다. 유능한 항공기 조종사를 양성하기 위해 창공을 날기 전 실내에서 안전하게 운행연습을 하는 것과 같은 것이다. 명한은 모든 일에는 배움, 경험, 연습이 중요하다는 철학을 갖고 있다. 창업이 세상에서 가장 아름다운 일인데 창업자들의 가장 큰 두려움은 '망하면 어쩌나'라는 생각이다. 그래서 창업자는 적어도 3년 이상 가상회사를 세워, 운영해보고 평가해서 문제점들을 찾아내고, 실제 회사를 세우기 전에 충분한 연습을 반드시 해야 한다.

시대의 흐름에 맞는 혁신적인 사업계획서를 작성하고, 경영에서 가장 중요한 인사관리, 신뢰구축(정직), 시장조사, 연구개발, 판매 등 경영을 실제로 해보는 회사다. 실제 경영을 해보면 누구나 창의적이고 뛰어난 인재가 필요하다는 것을 알게 된다. 즉 사장보다 더 뛰어난 인재를 채용해야 회사가 발전하기 때문이다.

가상회사는 요즘 말하는 페이퍼회사는 아니다.

그래서 그는 창업에 자신감을 갖고 있었다. 우선 졸업하면 3년 동안 무역회사에서 직장생활을 하며 실무경험을 더 쌓고 창업을 하려고 했다. 그러나 연령초과로 무역회사 입사시험을 볼 곳이 없었다. 좋은 직장을 구하는 것은 이미 힘들 것이라 예상했지만 막상 현실로 닥치고 보니 눈앞이 캄캄했다. 사실 졸업을 코앞에 두고 빈털터리로 결혼한 상황이라 당장 생활비가 필요한 상태였다.

무역회사 취업을 하지 못하자 가장 적은 돈으로 창업할 수 있는 방법을 찾았다.

창업을 하려면 아주 기본적으로 경영, 기술, 자본이 있어야 한다. 경영은 대학에서 배웠고, 기술을 배우면 목재가구제조업은 적은 돈으로 창업이 가능하다고 생각했다. 그는 정면 돌파를 택했다. 그래서 3년 간 목재가구 공장에서 기초부터 기술을 배웠고, 3년간 성실하게 기술을 익히며 저축한 돈 350만원과 적금대출금을 합쳐 700만원으로 어렵게 창업자금을 마련하여 35세에 U목재가구 제조공장을 캠퍼스에서 운명적으로 만난 아내 이미나와 공동 창업했다. 당시 목재가구 제조업을 하려면 자본이 1억 정도는 필요했다. 700만원이란 턱없는 자본을 투자하여 그는 우선 월세를 내기로 하고 버려진 땅을 빌려 스스로 경량철골로 골조를 세우고 보온 덮개를 씌워 30여 평 작업실을 지었다. 고물상에 가서 붉게 녹이 난 가장 기본적인 기계 세 가지를 몇 십 만원에 샀다. 거의 다 손대패로 깎아서 가구를 만들었다. 그야말로 수공예목재가구였다.

'목(木)가구로 세상을 아름답게 만들고 인류를 행복하게 하자!'

라는 경영이념으로 출발했다. 시작은 초라했으나 그의 꿈은 창대했다. 창업하고 무한경쟁 세계에 들어가 보니, 세상은 넓고 초인적인 능력을 갖춘 인재들이 많다는 것을 알게 되었다.

그는 그 후 자유경쟁을 좋아하게 되었다. 자유로운 무한 경쟁을 통해서만 불후의 걸작이 탄생된다는 것도 알았다. 아니 무한 경쟁만이 삶을 풍요롭고 행복하게 만드는 비법임을 비로소 알게 되었다. 소비자들은 1등 제품만을 선택한다는 것도 그때 알았다. 밤낮없이 감성을 자아내는 최고의 제품을 만들려고 노력했고, 디자인과 품질이 좋다는 소비자들의 칭찬을 들을 적마다 더욱 더 신이 났다. 그는 창업 후 최고급시장에 진출한다는 목표를 세웠다. 그곳에서 소비자가 원하는 대로 최고의 경쟁력을 갖춘 1등 제품을 만들기 위해 노력했다. 경쟁업체를 짓밟고 싸우는 '전쟁'을 매우 싫어했다. 선의의 경쟁을 통하여 성공하고 싶었으므로 최선을 대해 자신만의 디자인 세계를 찾아 갔다.

그는 모르는 것이 있으면 항상 전문가에게 직접 찾아가서 겸손하게 배웠다. 진심으로 매사에 '가르쳐 주셔서 감사합니다.'를 입에 달고 살았다. '가르쳐 주셔서 감사합니다.' 하고 머리를 숙일 적마다 신기하게도 세상은 그에게 모르는 모든 것을 무료로 자세히 친절하게 알려주었다. 그래서 그는 프로 세계의 무한경쟁 속에서도 생존할 수 있었다.

그러나 동남아시아에서 값싼 가구가 무한대로 수입되면서 수공예 목가구 제조업은 먹구름이 잔뜩 끼고 있었다.

"싸야지! 그래야 장사를 하지. 디자인과 품질은 좋지만, U제품은 너무 비싸!"하며 거래처 사장들은 가격을 낮춰 달라 요구했다. 그러니 가구를 만들어서 재단을 설립한다는 것은 숯다리인 그가 자메이카의 번개 우사인 볼트(Usain Bolt)와 100m 육상경기를 하여 멋지게 이기는 것이나 마찬가지라고 생각했다.

"여보! 뭐 좋은 아이디어 없어요?"

"글쎄요. 전혀 생각하지도 못한 엄청난 일이라 당장 생각나는 것이 없어요." 그녀는 대답했다.

그는 먼 하늘만 물끄러미 올려다봤다. 습관처럼 언제나 마음이 답답해지면 푸른 하늘을 보았다. 하얀 뭉게구름이 떠 있으면 더욱 더 좋았다. 그때마다 마음의 평온을 찾았다. 수십 년간 가난에 고통 받고 살면서 자연스럽게 생긴 버릇이었다. 지혜가 마르지 않는 샘물 같은 그의 아내도 묘안이 떠오르지 않았다.

"아~! 왜? 이렇게 좋은 아이디어가 떠오르지 않지!"그는 톡 튀어 나온 아내의 이마를 보면서 힘없이 중얼거렸다.

"여보. 당신 뜻은 충분히 알았으니 시간을 갖고 더 잘 생각해봅시 다. 조급하게 생각하지 말아요. 그러다가 당신 건강이 걱정 되요. 내 말 알았죠?" 그녀는 묘안을 반드시 찾을 것처럼 차분하게 말했다.

"알았어. 이해해 줘서 정말 고마워. 당신과 나는 영원한 동업자야. 아마 당신 없었으면 내가 이런 생각도 못했을 거야. 사랑해!" 그는 아내의 두 손을 꼭 잡으며 아내가 미래의 장학재단을 세울 묘책을 내놓을 거라 은근히 기대했다.

"어유~! 이런 때만 나를 사랑한다고 하죠?" 미나는 사랑한다는 말을 들으니 기분은 좋았다. 그러나 걱정이 태산 같았다.

'장학재단!

나는 내 일생의 그림을 꼭 완성 시킬 거야. 삶이란 자신이 누구이 며, 무엇을 해야 하는 것인지를 알아가는 과정인데 이제는 내가 누 구인지 알 것 같고, 자신을 아름답게 가꿔가는 것이 인생인데 내가 노후에 해야 할 일을 확실하게 찾았으니 그 문제를 풀 해법을 찾아 야지.'

그는 다시 앞마당을 천천히 걸으면서 그림에 대해 곰곰이 생각해 봤다.

명한은 하얀색 바탕에 빨강색의 조화를 유난히 좋아했다. 예를 들 어 집을 지어도 하얀 벽에 빨강 혹은 오렌지 지붕 색을 좋아했다. 자신이 경영하는 U갤러리도 하얀 벽에 붉은색 지붕이었다. 그는 행복했고 음악에 맞춰 춤을 추듯 에너지가 넘쳤기 때문에 그의 인생 그림은 밝은 파스텔칼라가 많았다.

그러나 그림속의 어린 시절 모습은 초라했다. 측은하게 잔디밭에 바싹 웅크리고 앉아 어둡고 차갑게 짙은 파랑색으로 작게 그려져 있다. 몹시 소극적이고 부정적이며 우울한 모습이었다.

'어린 시절은 가난에 찌들어 동심이 퍼렇게 얼룩졌었지. 그런데도 부모님 탓 남 탓 않고 구김살 한 점 없이 나는 잘도 자랐어. 모든 상황에서 책을 통해 현자들의 말을 경청한 후 안전한 인생길을 찾았고, 그때마다 감사하는 마음이 나를 인도해 준 거였어. 독서는 나의 등불이었어. 기적이었어.'

그는 눈시울을 적시며 빙그레 웃었다. 다시 그림을 찬찬히 들여다봤다.

위쪽에 꿈을 가득 품은 하얀 뭉게구름이 두둥실 떠있는 엷은 파란 하늘이 보였다. 그 밑에 넓은 푸른 잔디밭이 잘 정돈돼 있었다. 그 위에 아름다운 꽃들이 많이 피어 향기 그윽하게 그를 유혹하고 있었다.

'음~ 라일락향기가 엊그제 난 것 같은데 벌써 뒷산에 아카시아 꽃향긴가?'

중앙에 새 하얀 벽과 빨간색 지붕을 한 예쁘고 아담한 집이 보였다. 그가 설계해서 손수 지었다. 환상적인 다락방도 있다. 그 하늘 창으로 밤이면 별을 보고, 책을 보고, 가구 디자인을 하며 아들과 딸 아내와 함께 뒹굴던 행복한 시간도 생각났다. 노후는 그곳에서 살기를 원했다.

예쁜 집 구릉너머 골짜기에는 울창한 나무가 있고 항상 마르지 않는 맑은 물이 졸졸 흐르는 아름다운 연못이 있다. 그곳에는 이른 아침부터 온갖 새들이 찾아와 서로 정답게 인사를 나누며 짹짹거린다. 봄이 되면 하늘 높이 종달새가 지지배배 종알거렸다. 뻐꾸기의 '뻐꾹 뻐꾹' 님 부르는 소리도 그윽하다. 여름에는 선명한 노란색 깃털 옷을 입은 꾀꼬리 부부가 울창한 활엽수림에서 청아한 목소리로 멋지게 사랑 노래 부르다 목마르면 물 먹으러 왔다가 쉬어가는 작은 연못이다. 귀여운 토끼도, 다람쥐도, 노루도, 고라니도, 모두 와서 함께 물 마시는 고마운 연못이기도 하다. 그도 가끔씩 그 물을 마셔보았다.

뭐랄까?

사랑이 듬뿍 담겨 있는 달콤한 물이랄까?

사랑하는 여인과 마주 앉아 마시는 향기 그윽한 국화차 맛이라고나 할까?

그는 미완성 된 자신의 그림을 보면서 '나머지 여백은 장학재단으로 채우자.'고 다짐했다.

그는 하늘아래 가장 편안한 곳 '천안'에서 태어났다.

어린 시절 가난이라는 악마가 찾아와 중. 고등학교를 가지 못했다. 이것은 세상에서 가장 불행한 일이었으며, 그로 인해 세상은 너무나 불공평하다고 생각했다.

비록 몰락했지만 대대로 이어온 선비가문에서 태어나 유독 공부하기를 좋아하는 그에게 씻을 수 없는 엄청난 상처를 가슴에 남겼다. 그의 인생 그림에도 작고 초라하고 어둡게 그려져 있다. 페인트가 이미 굳어서 벗길 수도 없다. 다시 덧칠하기는 더욱 더 싫었다.

그는 초등학교 다닐 때 책읽기를 무척 좋아했다. 남루한 옷에 머리는 수도승처럼 빡빡 깎고, 검정 고무신을 신고 헌 교과서를 보자기로 싸서 들고 다녔다. 점심때 무료급식으로 극빈자 학생에게 주는 미국에서 보내준 누런 강냉이 죽을 먹고 다녔다. 쌀밥 도시락을 싸온 친구들은 얼른 도시락을 다 먹고 재미삼아 낄낄거리며 "김이 모락모락 나는 노오란 강냉이 죽. 나도 먹고 싶다."하며 침을 꼴깍 삼키면서 조르면

"그래. 한 번 먹어봐! 나는 맛이 별로야!" 말하며 힘없이 죽 그릇을 내주었다.

"야 맛있다! 딱 한번만 더 먹자!"하며 친구들은 차례로 얻어먹곤 했다. 그는 어느 날 학교와 자매결연을 한 미군이 지어준 아담한 학교 도서관에서 '링컨의 일생'이란 전기를 읽었다.

수업시간에 담임선생님이 "명한아? 너는 장차 꿈이 무엇이냐?" 하고 묻자

"변호사요!" 하고 주저 없이 대답 했다. 그는 정말 변호사가 되고 싶었다.

링컨처럼 가난한 사람들을 위한 인권변호사가 되고 싶었다.

중학교 입학원서를 쓸 때가 오자 그는 운동장에 외로이 서있는 플라타너스나무를 등지고 홀로 앉아 있곤 했다. 어떤 친구는 '교복을 맞췄다'고 하고 '책이 많이 들어가는 가죽 가방을 샀다'고 하면서 삼삼오오 즐겁게 떠들고 다녔다. 그러나 그는 그때까지 원서도 쓰지 못했다.

담임선생님은 마지막으로 부모님한테 허락을 받아오라고 했다. 집으로 헐레벌떡 단숨에 3km를 달려가 변호사가 되고 싶으니 중학교를 보내 달라 애원했다. 가난한 사람들을 돕는 인권 변호사가 되고 싶다고 말했다.

그러나 그의 아버지는 말없이 서 계셨고, 어머니는 작고 낡은 쪽마루에 걸터앉아 하염없이 눈물만 흘리고 계셨다. 모든 학생이 다 갔던 중학교 진학을 못하게 되자 그의 꿈은 사나운 태풍에 밀려 힘없이 산산조각 난 보잘 것 없는 조각배처럼 흔적도 없이 부서졌다.

그는 가난이 정말 싫었다. 진학을 못하자 죄인처럼 홀로 힘없이 지내는 시간이 많았다. 호숫가 잔디밭에 누워 흰 뭉게구름을 보며 자신이

'왜 태어났을까?

나는 누굴까?

초등학교만 졸업한 사람은 무슨 일을 할 수 있을까?

크나큰 죄를 지었나?

왜 악마가 나에게만 왔을까? 나는 책보기를 좋아하고 공부도 잘했는데. 무슨 이유일까?

아니야. 아니야. 아닐 거야! 나는 죄를 짓지 않았어.

혹시 가난도 죄가 되는 것일까?' 그는 어린 시절 가슴이 시퍼렇게 멍들었다.

그가 중심을 잡지 못하고 비틀거리고 있을 때에 구해준 사람은 세상에서 가장 사랑하는 그를 낳아준 어머니였다. 공사판에서 막일을

하다가 대낮부터 술에 취해 대문을 발로 차고 집에 들어온 어느 날 어머니는 창자가 끊어지는 듯 한 아픔을 내품으며 말했다.

"명한아! 엄마가 너무나 미안하구나! 네가 공부를 하지 못해 이러는 것 이 엄마는 잘 안다. 지금이라도 시작해 보거라. 시작이 어려워서 그렇지 사람이 마음만 먹으면 못할 것이 무엇 있겠느냐. 어렵겠지만 독학으로라도 하면 안 되겠니?" 어머니는 그를 보면 늘 울었다.

가슴이 메어지는 눈물이었다.

그는 가난에 찌든 초라한 어머니의 눈물에서 진실을 보았다.

용기도 보았다.

희망도 보았다.

그리고 그의 미래도 보았다.

명한은 순간 커다란 쇠망치로 머리를 얻어맞은 듯 했다. 오싹했다. 오랫동안 깊은 잠을 자던 그가 눈을 크게 뜨고 벌떡 일어난 느낌이었다. 온 천지가 요동치는 듯 했다.

"예에! 저더러 공부하라고요!"

"네가 진짜 공부를 원한다면 넌! 할 수 있다."

"정말 제가 공부할 수 있을까요?"

"그래!"

"어머니! 제가 그동안 잘못했습니다. 새 사람이 되고 공부 하겠습니다." 명한은 어머니를 부둥켜안았다. 어머니도 그도 한참을 울었다. 그는 어머니께 태어나서 처음으로 자신을 용서해 달라며 무릎을 꿇었다.

그 때가 그의 나이 18세였다.

그의 어머니는 그의 인생에 진정한 멘토(mentor)였다. 어머니가 자신의 곁을 영원히 떠나가신지 20년이 넘었지만, 지금도 이 세상에서 어머니를 가장 사랑했다. 그때 가장 사랑하는 어머니의 도움으로 '배움'이란 소중한 깨달음을 얻었다.

'그래. 배워보는 거야! 배우는데 나이가 무슨 상관이야! 숫자에 불과한 거지!

배움!

배우지 않는 게 죄인이지!

이대로 앞날을 생각하면 난 너무나 무서워!

좋은 일자리는 배운 사람들이 모두 차지할 거고.

평생 기죽어 살면서 고통을 받느니 차라리 지금이라도 공부를 시작하는 것이 낫지.

늦었다고 생각할 때가 가장 빠른 것이라고 누군가 말했잖아.

그럼. 돈은 언제 벌지?

난 돈 벌어서 가난을 면해야 하는데.

그 원수 같은 돈 때문에 학교도 못 가고,

돈 없으면 장가도 못 갈 텐데.

어질고 지혜가 많은 아내를 얻어 가난도 이기고 집안도 바로 세워야 할 텐데.

돈? 한 십년동안 돈을 돌처럼 보고 살아야지.

힘들 테지만 단단한 돌처럼 마음을 굳게 먹어야지.

돈은 대학 졸업하고 열심히 벌자!'

앞으로 돈도 많이 벌어야 하고 기울어진 집안도 바로 세우려면 똑똑한 아내를 얻어야 한다고 어린 나이에도 생각했다. 그래서 똑똑한 아내를 얻으려면 자신이 대학을 가야하며 대학 캠퍼스에서 아내를 찾을 것이라고 입버릇처럼 말했다.

'아버지는 늘 배워야 인간이 된다고 하셨어! 지금도 늦지 않았어.' 하고 생각하며 공부하기로 다짐했다. 지금 생각해도 그의 인생에서 가장 위대한 결정이 '배움' 그것이었다.

그는 '배움'이란 깨달음을 얻고 나서, 늘 따라다니던 번뇌와 고통이 모두 사라졌다. 그 후 언제나 미소를 짓고 환한 얼굴로 지냈다.

완전히 새 사람이 되었다.

머리도 단정하게 깎았다.

술집도 그날 이후 수십 년간 간 적이 없다.

친구들이 대학교 3학년 때 중학교 1학년 과정을 공부했다. 주경야독이었다. 공부하는 내내 너무나 행복했다. 과로 때문에 늘 코피를 흘리면서도 책을 보면 행복했다.

10년 내에 중·고등과정, 대학졸업이란 목표에 올인 했다.

그것은 지금까지 살아오면서 행한 것 중에 가장 위대한 일이 되었다.

미나는 명한이 장학재단을 세우고 싶다고 폭탄발언을 한 몇 개월 후 어느 날 결심을 한 듯 커피를 들고 명한의 사무실로 들어왔다.

"여보! '장학재단'에 대해 제 의견을 말하고 싶어요." 그녀는 담담하고 신중한 태도로 천천히 말했다.

"그래! 뭐 좋은 방법이 있어? 내가 어떻게 하면 좋겠어?"

　명한은 아내가 자신이 생각한 의견을 말하고 싶다고 하자 갑자기 의자에서 벌떡 일어나며 큰소리로 물었다. 하마터면 뜨거운 커피를 왈칵 엎지를 뻔 했다. 매사에 소심한 그는 말은 안 했어도 그동안 변비가 생길정도로 속이 타들어가고 있었다.

　"여보! 마음을 가라앉혀요. 당신답지 않게 왜 그래요?" 그녀는 남편의 손을 잡고 의자에 앉히며 말했다.

　"음. 알았소. 알았어. 어서 말해 봐요." 그는 잔잔하던 눈이 동그래지고 얼굴이 약간 붉어지면서 거친 숨을 내쉬며 빠르고 거칠게 말했다.

　"당신 정말 그 뜻은 변함이 없는 거예요?"

　"그렇다니까. 나는 세상에서 가장 불공평한 것이 교육을 못 받는 것이라고 생각해. 돈 많이 벌어서 장학금을 주고 싶어."

　"당신 뜻이 변함없다면 도전해 보세요. 장학재단을 설립하고 영구적으로 가난한 학생들에게 장학금을 줄 수만 있다면 멋진 일이죠. 우리가 감당할 수 있을지 알 수 없는 큰일이지만 한번 도전해 봅시다."

　그녀는 따끈한 커피를 조심스럽게 조금씩 마시면서 차분하게 또박또박 말했다.

　"여보! 그렇게 이해해 줘서 정말 고마워. 우리 힘을 합쳐 마지막으로 걸작을 만들어 봅시다. 그런데 내가 무슨 일을 해야 그 자금을 준비할 수 있겠소?" 그는 엉덩이를 살짝 들고 의자를 그녀 쪽으로 바싹 끌어당기며 더듬더듬 말했다. 숨소리가 들릴 것만 같았다. 그리고 아내가 무슨 말을 할지 예측도 못하면서 고마운 마음에 침을 꼴깍 삼키며 아내의 손을 덥석 잡았다.

주식투자입문

당신은 주식투자를 배우세요.

"당신 주식투자를 배우세요!" 미나는 차분하게 말했다.

"뭐?? 주~주식투자? 당신 지금 주식투자라 했소?" 그는 얼굴이 하얗게 질려 비명을 질렀다. 커피 잔이 심하게 흔들려 짙은 갈색 얼룩이 탁자에 그려졌다. 잔을 탁자에 간신히 내려놓으며 말했다.

"네. 주식투자라 했어요. 주식투자!" 그녀는 이미 굳게 결심한 듯 냉철하고 더욱 더 강경한 어조로 말했다.

"여보! 난! 그거 못해. 사람들이 주식하면 큰일 난다고 말했어. 다른 것은 다할 수 있어도 그것만은 정말 못해!"

"당신이 장학재단을 세우려면 큰돈을 벌어야 하는데 주식투자가 적합하다고 생각해요. 주식에 투자하여 주주가 되어 배당금으로 장학금을 주면 영구적으로 줄 수 있다고 생각해요. 그리고 그 어떤 사업보다 재미있을 거구요. 그러니 주식투자를 정식으로 배워 보세요. 당신은 어쩌면 누구보다도 금융업에 적격인 사람일지 몰라요. 왜냐하면 당신은 정직하고 근면하고 원칙을 목숨처럼 여기니까요. 정직한 사람만이 돈을 다루는 일을 할 수 있다고 봐요. 그리고 당신은 또 뭐든 평가나 분석을 좋아하잖아요." 그녀는 커피를 한 모금 더 마시면서 결연한 마음으로 힘주어 천천히 말했다.

"당신! 제 정신이야! 그건 도박이라고 했어! 우리가 지금까지 땀 흘려 벌은 돈 다 날리려고 그래?" 명한은 고래고래 소리쳤다. 그가 이렇게 큰소리를 친 것은 처음 있는 일이었다.

얼굴을 돌린 채 아예 할 수 없다며 계속하여 심하게 손사래를 쳤다.

"여보! 현명한씨! 21세기는 지식이 지배하는 지식기반 시대에요. 그래서 지식자본을 가진 사람들이 성공하는 시대라고요. 우리 주식투자라는 지식을 갖고 자본시장으로 갑시다. 우리나라 대한민국이 자유민주주의와 자유시장경제체계가 존재하는 한 경제는 성장할 것이고 그 중심에 위대한 기업이 있다고 봅니다. 주식투자는 당신이 투자공부를 몇 년 만 한다면 사무실에 앉아서 사업을 할 수 있어요. 뭐, 크게 성장하면 직원도 채용할 수 있고, 산업공해도 유발하지 않으며, 우리나라는 물론 전 세계에서 최고로 돈을 잘 버는 회사만 골라서 투자할 수도 있고, 능력만 된다면 수십, 수백, 수천억 원의 자본금을 혼자서도 관리할 수 있으니까요. 즉 혼자서 천문학적인 매출을 올릴 수 있으니까요.

그 외는 큰돈을 벌수 있는 것이 생각이 나지 않아요. 수공예목재가구 제조업은 당신이 말한 것처럼 앞으로 점점 더 돈 벌기가 어려울 거라고 생각해요. 인건비가 싼 동남아시아 제품이 시장을 장악하

면, 우리는 하는 수 없이 점점 일자리를 내줘야 할 거예요. 작품 활동
하는 것은 몰라도 제조업으로는 힘들다고 봐요. 당신이 꿈꾸는 장학
재단을 세우기 위해서 나는 주식투자가 가장 적합한 일이라 생각해
요. 무엇보다 당신 전공을 살릴 수 있으니까요." 미나는 명한에게 맞
장구를 치듯 큰소리로 힘주어 말한 다음 천천히 조목조목 합당한 이
유를 설명하며 그를 설득했다.

"그래도 난, 못해! 주식투자는 아무나 하는 것이 아니야! 주식에
손을 대면 다른 일도 못하고 다 망하게 돼! 그것은 도박이고 마약이
라고 했어." 그는 갑자기 눈동자가 험악해지고 눈살이 심하게 일그
러졌다. 그는 자신도 모르게 머리를 움켜잡았다. 슬픔이 밀물처럼
밀려왔다. 창자가 꼬인 것 같았다. 아픔이 저 깊은 심연에서부터 부
드러운 살가죽까지 아파왔다. 그녀는 남편이 너무 슬픔에 빠져서 강
하게 반응하자 일보 뒤로 후퇴하고 한참동안 말없이 생각에 잠겼다.
무슨 말을 해야 남편을 설득할 것인지 잘 생각나지 않았다. 그녀는
가슴을 수없이 쓸어내렸다.

"자본시장으로 가야 큰돈을 번다는 것은 맞아. 동의해. 하지만 그
게 그렇게 쉬운 일이냐고? 전 세계에서 잘 훈련된 가장 능력 있는 사
람들이 다 모여 전쟁을 치루고 있는 시장인데 거기서 내가 무슨 수
로 싸워 이길 수 있겠어!"그는 간신히 말했다.

현기증이 났고 다리가 후들거려 서있기 조차 어려웠다. 눈앞이 깜
깜했다. 그는 자신이 없었다. 용기도 패기도 없었다. 주식투자를 배
워서 우량주에 투자하고, 그 수익금으로 장학재단을 세우라는 아내

의 생각은 좋은 아이디어라고 생각했으나 그는 너무나 무서웠다.

초등학교만 졸업하고 어둡고 거친 세상 속으로 떠밀려갈 때처럼 무서웠다. 아무런 준비도 없이 강제로 끌려갔기 때문이었다. 젊음의 패기는 어디 갔는지 막연히 두렵기만 했다. 그렇다고 그는 자신이 좋은 아이디어를 갖고 있는 것도 아니어서 속이 매스껍고 울렁거릴 뿐이었다.

"그리고 당신 원래 대학 전공을 살릴 수 있잖아요. 당신은 누구보다도 끈기가 있고, 질기게 물고 늘어지는 도전정신과 열정이 있잖아요. 상상을 초월하는 집중력과 차분하게 분석하는 것도 적성에 맞고요. 성취욕도 남달리 강하고" 그녀는 명한이 '그것만은 할 수 없다'고 절규하는 말을 묵인 한 채 더욱 더 강한 어조로 계속 밀어 붙였다.

"그래. 그건 당신 말이 맞아. 그런데 졸업한지 20년이 넘도록 나무를 깎고 살았는데, 배운 것 다 잊어버렸지. 머릿속에 남아있는 것은 회사경영과 가구디자인 밖에는 없어."

아내가 한 말이 틀린 말은 아니라고 그는 생각 했다. 그러나 자기가 할 수 있을지 여전히 자신이 없고 무서웠다.

"다시 공부하면 다 떠오를 거예요. 당신은 '공부가 취미인 사람'이잖아요. 그리고 회사경영을 해 보았기 때문에 어떤 기업이 위대한 기업인지 알기도 쉬울 거예요." 그녀는 그가 잔뜩 겁을 먹고 미꾸라지처럼 빠져나갈 궁리만 하자 화가 났다.

"아. 이 사람은 왜 잘나가다 삐딱하게 옆으로 새고 있어." 그는 걸핏하면 아내가 '숏다리'나 '공부가 취미'인 '맑고 심심한 사람'이라고 평상시에도 놀려먹던 생각이 나서 은근히 부아도 나고 약간 심기도 불편해져 따지듯이 말했다.

"여보. 뭘. 그걸 가지고 화를 내요. 기분 나빴다면 미안해요. 주식투자로 연간평균 5~10%정도 일정하게 수익을 내거나 시중금리의 2~3배 정도의 수익을 낼 수 있다면 당신이 말한 대로 영구히 장학금을 줄 수 있다고 생각해요." 심통을 부리는 명한이 딱 걸려들었다고 생각하며 그녀는 피식 웃으며 말했다.

"시중금리의 2~3배! 그렇게 벌린다면 모두가 주식투자를 할거요. 그런데 왜 주식투자에서 돈을 잃었다는 사람들이 그렇게 많아요?"

명한은 마음이 불편해지면 아내한테 존대 말을 쓰는 습관이 있었다. 그리고 공부나 숙제하기 싫은 아이처럼 어떻게 하든 위기를 모면하고 싶었다.

"그러니까 남들보다 더 열심히 공부를 하고 노력을 해야죠. 혹시 알아요. 큰 수익을 내서 당신이 꿈꾸는 장학재단 설립도 더 빨라질지도."

미나는 명한이 계속해서 질질 끌며 어깃장을 놓자 숨이 막힐 것 같았다.

"노력이야 하겠지만, 공부만 한다고 무조건 다 되는 것은 아니잖아요."

명한은 주식투자는 공부만 한다고 될 것 같지 않다는 생각이 들었다.

"장학재단이 장학금을 많이 주면 더 좋겠지만 어째든 형편이 되는 대로 최대한 많이 주면 되는 일이잖아요."하며 그의 아내가 말했다.

"그거야 그렇겠지요." 하고 명한은 여전히 자신이 없어 힘없이 대답했다. 그러나 그녀는 명한이 충분히 해내리라고 확신하며 말했다.

마치 이 세상 이치를 꿰뚫고 있는 현자와 같이 명한의 인생 멘토가 되어 설명을 계속했다.

명한은 지난 일이 생각났다. 18세 때 무엇을 할 지 모르고 헤매고 있을 때, 그가 가장 사랑하는 어머니에게서 배움의 깨달음을 얻고 십년 동안 독학을 했다.

그리고 지금은 아내가 갈 길을 잃고 헤매고 있는 그에게 길을 가르쳐 주고 있다. 그는 아내의 말을 들어야 할지 어쩔지 판단하기 어려웠다.

"불가능은 없어요. 돈을 벌려면 돈이 많이 모여 있는 자본시장으로 가야만 해요. 그곳에 우리 함께 황금그물을 치는 거예요. 큰 고기를 잡으려면 깊고 넓은 바다로 가야하고 그곳에는 위험도 당연히 따를 거예요."
모험심에 다시 발동이 걸린 그녀가 오히려 신이 난 것 같았다.

"작은 일에도 벌벌 떠는 감성적인 작은 새가슴으로 내가 해낼 수 있을까? 달걀로 바위를 깨려 덤비는 거나 다름없는 일 같은데."

'세상에 불가능은 없다'는 그녀의 말에 명한은 마음의 갈등이 일어났다. 아내의 말에 그는 '당신 말이 맞아'하고 여기면서도 여전히 불안하고 걱정이 되어 창 너머 먼 하늘만 바라보았다.

"하기 싫다는 거예요? 그럼 당신이 좋은 아이디어를 내 봐요."
더 이상은 설득할 수 없다고 그녀는 생각했다.

"내게 좋은 아이디어가 있다면 얼마나 좋겠어요. 여보. 숨 좀 돌리고."
명한은 깊은 상념에 잠겨 봤지만 뾰족한 다른 방법이 떠오르지 않았다.

그는 하는 수 없이 인정을 했고, 그녀는 부연 설명을 했다.

"그러니까 기초부터 차근차근 배워야죠. 아주 튼튼하게요. 당신이 늘 말했듯이 '무슨 일이든 한 분야에 전문가(家)가 되려면 10년 이상 갈고 닦아야 전문가가 될 수 있다고 말했잖아요. 미래는 가(家)자의 직업시대가 열릴 거예요. 주식투자전문가(家)! 예술가, 작가 정말 멋진 이름이네요. 그리고 당신 주특기가 <공부. 도전과 실천>이잖아요. 당신은 끈기가 대단한 사람이에요. 이미 당신은 중, 고등과정을 독학으로 패스하고 대학공부를 마치고, 회사경영을 20여년 잘 해본 경험이 있는 사람이잖아요."

미나는 명한에게 자신감을 갖게 하려고 노력했다. 그러나 그는 두려운 마음뿐이었다.

"그렇긴 하지만 이것은 그런 것과는 다른데, 과연 노력한다고 될까?" 명한은 마지막까지 자기가 할 수 있을지 미심쩍어 하면서 중얼 거렸다.

그는 온 몸이 덜덜 떨려왔다. 늘 공부하는 자세로 살아왔지만, 주변에서 주식투자를 해서 돈을 벌었다는 사람보다는 망했다는 사람들의 서글픈 얘기를 많이 들어 왔다. 그는 사람들이 말하던 기억을 더듬어 봤다.

'주식투자는 절대로 해서는 안 되는 거여.

주식한다는 사람 있으면 내가 도시락 싸들고 다니면서 말릴 거라니까.

주식투자 하면 망하는 지름길이지. 사람은 땀 흘려 먹고 살아야지.

주식은 도박이고, 도박하면 패가망신 한다니까. 도박해서 부자 된 사람 있어? 봤어? 도박하는 사람은 누구든지 마지막에는 자기 마누라도 팔아먹는 다는 겨. 아이고. 건너 마을 사는 거 뭐야. 거시기 네도 주식한다고 증권회사 지점을 드나들더니 돈 홀라당 다 날렸다. 처음에 몇 번 달콤하게 돈 맛을 본 것이 화근이지. 돈 맛을 보자 간이 배 밖으로 나와서 한 번에 투자금의 수십 배씩 벌겠다고 빚까지 내서 선물인가 옵션인가에 손을 대서 피 같은 돈을 한방에 날렸다 야.

뜨거운 여름날 개 발에 땀나듯이 힘들게 땀 흘려 번 돈을 다 날리고 속 빤스만 달랑 남았다. 송충이는 그저 솔잎을 먹고 살아야 되는 겨어.'

하고 명한의 주변사람들이 말하는 소리를 들었다.

그 역시 변동성이 심해 주식하면 망한다고 생각했다. 그런 그에게 그녀는 주식투자를 배워 투자를 하면 그의 숙원사업인 '갤러리와 장학재단을 세울 수 있다'고 말하고 있으니 자기가 정말로 그 일을 잘할 수 있을 것인지 확신이 서질 않아 갈팡질팡했다.

'사랑하는 내 아내가 나를 구렁텅이에 빠지게 하지는 않을 텐데.' 누구든지 조강지처 말을 들으면 다 잘 된다고 했는데 이런 경우는 아니라는 생각이 자꾸만 들었다. 그는 감수성이 강하고 어린 아이처럼 소심한 사람이라 머릿속이 정말 혼란스러웠다.

'이러다가 수십 년 쌓아 올린 공든 탑이 모조리 한순간에 무너지는 거 아닌가?'

만약 성공하지 못하면 노후 생활이 공허하고 힘들 거라고 생각했다.

'추운 겨울날 창밖에 흰 눈은 내리는데 먹을 쌀이 한 톨도 없을 때가 있었어.

온통 세상이 차갑게 얼어붙었는데 방을 따뜻하게 할 땔감도 없었어.

어린 시절이었지만 정말 끔찍하고 무서웠어.

다시 가난해지는 것은 정말 죽기보다 싫은데….

이 길이 진정으로 내가 가야 할 길인가?

왜? 내가 가는 길은 모두가 험하고 가시밭길인거야?

왜? 다른 좋은 아이디어가 떠오르지 않는 거지?'

명한은 자신이 원망스러웠다.

"당신은 부잣집에 태어나서 가난이 무엇인지 정확히 잘 모르지?"

"그건 그래요. 난 잘 모르겠어요."

"난 다시 가난해지기 싫거든. 죽기보다 더 싫어. 무섭다고!"

"여보. 진정해요. 우리는 가난해지지 않아요. 절대로 그런 일은 일어나지 않아요. 당신은 정직하고 기초부터 차곡차곡 쌓아가는 사람이고 근면성실해서 우리는 성공할 거예요. 난 당신을 믿어요."

"진짜 그럴까?"

"여보! 배를 왜 만들었겠어요? 그냥 항구에 안전하게 모셔놓으려고 그토록 힘들게 만들어 놓은 줄 아세요?" 그녀는 더욱 더 강하게 말했다.

"왜 만들었는데?" 명한은 더욱 더 어리둥절하여 물었다.

"아! 정말 당신 그것을 몰라요? 배는 바다로 나가는 것이 타고난 운명이고 임무예요. 배가 항구에 있으면 게으른 사람이 따듯한 온돌방에 배를 쭉 깔고 아무생각 없이 있는 거나 마찬가지예요." 그녀는 다시 속에서 열불이 났지만 가슴을 쓸어내리며 차분하게 말했다.

"아! 듣고 보니 그럴듯하네. 그렇지만 주식시장은 폭풍이 몰아치는 성난 바다와 같다는데. 폭풍이 몰아치는 바다를 어떻게 항해 할 수 있겠소?” 명한은 약간 이해가 되지만 그래도 여전히 두려워하며 물었다.

“누가 폭풍이 칠 때 항해하는 것이 배라고 말했나요. 그 때는 당연히 안전하게 항구에 있어야죠. 그러니까 언제 폭풍이 오는가 알기위해 일기예보를 제때에 꼭 들어야 하듯이, 주식 투자하기 전에 미리 충분히 이론 공부와 실전 경험을 쌓고 시작을 해야죠.”

그녀도 속으로는 은근히 걱정이 되었다. 뜻도 이루기 전에 실망감에 사로잡힐지도 모른다는 생각마저 들었다. 그러나 달리 방법이 없었다. 답답했다. 아무리 봐도 남편이 초등학생 같아 보여 나중에는 측은한 생각마저 들었다.

“여보. 알았어요. 너무 세게 몰아붙이지 말아요. 내겐 당신이 있어 늘 힘이 됐어요. 당신을 믿어요. 당신이 있는 한 나는 뭐든 할 것 같아요. 태평양을 안전하게 항해 할 수 있는 크고 튼튼하고 첨단 시스템을 갖춘 이상적인 배를 제작해 봅시다.”

명한은 달리 좋은 아이디어도 없으니 일단 한 번 이론 공부라도 해보고 최종적으로 결정하기로 했다. 그는 ‘조강지처(糟糠之妻) 말을 들어서 안 되는 일 없다’는 속담이 생각났다. 아내의 말에 그제야 굳은 결심을 한 듯 말했다.

“내가 옆에서 도와 줄 테니 당신은 먼저 배를 만들 설계도 즉 주식투자에 관련된 책을 읽어 보면서 컴퓨터로 주식시장을 검색해 봐요.” 그녀는 마음을 가라앉히고 차분하게 말했다.

명한은 전혀 경험 못한 새로운 분야이고, 지구를 떠나 미지에 세계인 드넓은 우주여행을 가듯 얼마만큼 위험이 도사리고 있는지 몰라 여전히 매우 불안하고 마음이 편치 않았다. 물속에 몸을 숨기고 있다가 사정거리에 들어온 먹잇감을 향해 큰 입을 딱 벌려 날카로운 이빨로 '아~앙'하고 한입에 잡아먹는 무시무시한 악어가 어딘가에 빠끔히 눈만 내놓고 숨어 있을지 모른다고 겁을 잔뜩 먹고 있었다. 그러나 아내의 진심어린 조언을 듣고 조심스럽게 배워볼 생각을 정리하고 있었다.

그런데 이것저것 생각하다가 친척 동생이 증권회사에 근무한다는 것이 불현듯 생각났다. 증권전문가에게 자문을 청해보기로 했다.

"여보! 그래도 전문가한테 주식시장에 대한 것을 전반적으로 들어 보는 것이 어떨까?" 하고 그가 말하자

"그거 아주 좋은 생각이에요. 당신은 참 그런 멋진 생각을 잘해요. 난 그런 생각은 꿈에도 못했는데. 그런데 누구한테 자문을 청하려고요? 저도 꼭 듣고 싶어요." 하고 그녀는 눈을 반짝이며 귀를 쫑긋 세우고 동의했다.

"있잖아. 증권회사에 이십 년 이상 근무하다가 독립하여 강남에서 투자 자문사를 운영한다는 현대인(玄大人) 말이야."

"현대인! 킥킥킥. 맞아요. 현.대.인. 당신 고향집 옆집에 살았다는 키가 훤칠하게 크고 잘생긴 육촌 동생 맞죠?"그녀는 현대인이란 이름 때문에 웃음을 참지 못했다.

"아, 이 사람은. 왜, 현대인이 어째서. '대인', '대인' 이름만 좋구먼."

"그래도 좀."그녀는 또 웃었다.

"여보세요? 대인인가? 나. 명한이야. 오랜만이네. 그동안 어떻게 보냈어?" 명한은 현대인에게 전화를 걸었다.

"여보세요? 명한이 형! 잘 지내고 있어요. 그동안 어떻게 보내셨어요. 사업도 잘 되시고요?" 그는 반갑게 전화를 받았다.

"덕분에 잘 지내고 있어. 동생한테 주식투자에 대한 자문을 청하고 싶어서 전화 했어. 주식투자 좀 해보고 싶어서."

"형. 그런 중대한 일은 전화로 얘기할 사안은 아니고 한번 만나서 얘기해요. 만난 지도 오래 됐고. 점심이라도 먹으면서 얘기해요. 형" 그는 흔쾌히 승낙하며 만나서 얘기 하자고 했다.

"그래. 그럼 어디로 나갈까?"

"형. 일단 우리 집으로 토요일 날 와요."

"그게 좋겠네. 아주머니도 찾아뵙고. 그럼 그때 보자고. 시간 내줘서 고마워."

한 겨울인데도 따뜻한 봄날 같았다. 명한과 미나는 그의 집으로 갔다. 도시순환고속도로에서 빠져 나와 넓고 잘 다듬어진 도로를 타고 가라고 내비게이션이 세심하게 안내해 주었다. 그는 안락하고 편리한 시설이 잘 갖춰진 고급 아파트에 살고 있었다. 명한은 그가 만든 소품 하나를 들고 갔다.

"야. 대인아! 오랜만이다. 전에 보다 신수가 훤해졌네."

"형. 어서 와요. 찾아오는데 어렵지 않았지요?"

"아니, 아주 쉽게 찾았어."

"형수님. 저 아시죠? 잘 오셨어요. 제가 멋진 곳으로 모시겠어요."

"정말요? 감사해요."미나는 좀 어색했지만 반가웠다.

간단하게 인사를 나누고 그의 아파트에 잠깐 들려 아주머니한테 인사를 드리고 나서 그의 승용차로 호숫가 근처 근사한 식당 2층으로 곧바로 갔다.

꽤 높은 산 밑에 위치한 호수는 겨울이라 말없이 얼어붙어 조용했고 군데군데 하얗게 눈이 덮여 있었다. 멀리 가운데쯤 물이 얼지 않은 숨구멍이 있어 하늘을 나는 청둥오리 떼들이 꽥꽥거리며 들락날락 열심히 먹을 것을 찾고 있었다.

시야가 탁 트인 호수는 한 폭의 동양화처럼 평화로웠다. 좌우로 바위산이 골짜기를 이루고 그 가운데에 맑은 호숫가 있어서 너무나 아늑했다. 바위 한쪽에는 눈이 아직 매달려 햇빛에 반사되고 있었다. 몇몇 연인들은 서로에게 기댄 채 천천히 호숫가를 거닐고 있었다. 각종 물놀이 기구들이 한쪽에 가지런히 정리되어 꽁꽁 얼어붙은 얼음에 꽉 묶여 있는 것을 보니 봄이 되면 많은 시민들이 찾아오는 곳이라 생각되었다.

그들은 얼음 밑으로 따뜻한 봄이 찾아오는 눈 덮인 호숫가 시원스럽게 내려다보이는 창가 자리에 앉았다.

"어유. 참 좋네. 가슴이 뻥 뚫리는 것 같아." 명한은 맑은 호수를 너무나 좋아했다.

"아주 경치가 멋지네요. 가족들과 주말에 오면 참 좋겠네요." 미나도 좋아했다.

"형님과 형수님이 마음에 든다니 다행입니다. 봄부터 가을까지 많은 사람들이 찾아오는 곳예요. 여기에 우리가족들도 가끔 오는데 괜찮아요. 밥 먹고 산책하기도 그만이고요."동생도 즐거운 듯 미소를 지으며 말했다.

현대인은 공부도 아주 잘하던 동생이었다. 서울에 있는 S대에서 경제학을 전공하고 증권회사에서 주식 펀드매니저와 애널리스트(analyst) 경력을 갖고 있었다. 지금은 독립하여 강남에서 돈 많은 소수 고객들의 자산을 맡아 운영하고 있다고 했다.

그는 우리나라 소형주 펀드 부문 국내 1위에 오른 적이 있는 가치투자의 베테랑급 전문가이며, 펀드매니저와 애널리스트 경력을 오랫동안 갖고 있었다. 펀드매니저는 실제로 주식을 사고파는 일을 하는 사람이다. 자산운용사에서 이른바 '운용역'이라 불리는 즉 펀드매니저는 실적과 능력에 따라 그야말로 무한의 보수를 받을 수 있으며 그도 한 때 수억 원의 연봉을 받았다고 했다.

또한 애널리스트는 업종별 산업별 전망치를 추출하고 개별기업의 실적과 현황을 예측하여 분석한 자료를 투자자들에게 제공하는 직업이다. 그를 통해 주식시장에 대한 생생한 이야기들을 2시간 정도 들을 수 있었다.

"형. 잘 생각했어. 우리나라도 이제 선진국으로 진입하고 있기 때문에 부동산시장에 몰려 있는 많은 돈이 자본시장으로 흘러 들어올 것이라고 봐. 예를 들어 국민들의 자산 중에 미국은 약70%, 가까운 일본도 약60%정도가 금융자산으로 구성되어 있는데 우리나라는

20%정도 밖에 되지 않거든. 거기에 낮은 금리에도 불구하고 투자처를 찾지 못한 많은 돈이 은행에 저금형태로 묶여 있어서 앞으로 우리나라 은행금리도 계속 떨어져 1%대의 금리가 될 거야. 부동산과 금융자산이 5대5정도가 좋다고 봐.”

“동생! 그런데 주식은 변동이 너무 심하고, 큰손들이 ‘찌라시’를 뿌리고 ‘작전’이라는 것을 한다고 들었어. 개인투자자들의 피 같은 돈을 거머리나 박쥐처럼 딱 붙어서 모두 빨아 먹고 산다고 들었는데 사실이야?” 그는 궁금해서 물었다.

“아, 그거 아주 좋은 질문인데. 그거 사실이야. 그러나 사기꾼들은 어느 분야든지 다 있어. 그래서 주식투자 공부를 먼저 하고, 적은 돈으로 경험을 쌓고 저평가된 주식을 사서 장기투자를 하면 형이 걱정하는 그런 일들은 일어나지 않아.”

“난 그게 제일 걱정됐는데. 동생말대로 하면 크게 염려 안 해도 되겠네. 사기꾼들은 사실 어디에나 있지.”

“세력들은 공부 않고 돈을 빨리 벌고 싶어 하는, 다시 말해 일확천금을 노리는 사람들의 얄팍한 심리를 이용하거든. 조급하게 애타는 마음을 갖고 주식시장에 온 개인투자자들(개미)을 상대로 작전을 펴기 때문에 결국 그들의 손아귀에 들어가지 않게 투기가 아닌 투자를 해야 한다고 봐.” 동생은 전문가답게 차분하게 알려주었다.

“동생 말을 들으니 조금은 이해가 되는 것 같아. 고마워. 그 외에 주의할 사항들이 뭐 또 있을까?” 현명한은 고개를 갸우뚱하며 질문을 던졌다.

"음. 여러 가지 알아야 할 사항은 많지만 선물이나 옵션 같은 파생상품을 안 하면 돼. 그런 분야는 주식투자도 아니고 전문가나 도박꾼들이 이용하는 아주 특별한 상품이거든. 개인들이 하기에는 대단히 위험해. 주식해서 망했다고 하는 사람들 대부분 과도한 신용이나 파생상품에 손을 대서 망했다고 보면 돼. 우량주가 저평가 되었을 때 사서 고평가 되었을 때 이익을 실현하는 식의 투자를 한다면 가장 안전한 게 주식투자라고 봐. 형. 건전한 투자를 하면 망할 수가 없거든. 그러니까 그런 것은 형 성격에도 맞지 않을 거야. 그야말로 순식간에 벼락부자가 되려는 사람들이 모여서 게임을 하는 곳이라 생각하면 되거든."

사람들이 빨리 돈을 많이 벌기 원하기 때문에 그런 심리를 역이용해서 작전을 펼쳐 개인투자자들이 늘 당한다고 말했다. 명한은 정직하게 즉 일확천금을 노리지 않고, 공부하여 위대한 일등 기업의 주식이 저평가 되었을 때 사서 모으면 큰손들에게 당하지는 않을 것 같다는 생각이 들었다. 주식 전문가인 동생한테 생생한 얘기를 듣고는 아내 말대로 도전을 해야겠다는 확신이 서서 말했다.

"동생 정말 고마워! 그리고 나한테 동생이 생각하는 좋은 종목 딱 하나만 추천해 주면 안 될까?" 명한은 전문가인 동생한테 여러 가지 실무이야기를 듣고 마지막으로 종목을 추천해 달라고 부탁했다.

"형! 바로 그것이 문제야. 공부를 해서 스스로 투자할 종목을 선발할 수 있을 때 실력을 갖춰서 투자를 해야 하는데 공부도 않고 많이 올라갈 수 있는 종목을 콕 찍어 달라는 심리를 이용하여 큰손들이

속여먹기 쉬운 거야. 한방에 작전세력들의 맛있는 먹잇감이 되는 거지.” 동생은 세력들과 결탁한 소위 전문가들과 순진하고 아무것도 모르는 개인투자자들은 재미있는 먹이사슬 관계라며 껄껄 웃었다.

“동생 얘기를 듣고 보니 내가 정말 한심하군.” 명한은 부끄러웠다. 생각해 보니 세상에서 가장 어리석은 질문이라고 생각했다.

“자신의 피를 빨아먹을 흉측한 괴한한테 세상에 오직 하나 밖에 없는 소중한 몸을 스스로 통째로 맡기니 만물의 영장이라고 하는 인간이 얼마나 어리석은 거야. 다 지나친 탐욕 때문이지. 빨리 부자가 되어야 한다는 허황된 욕심 말이야.”하며 동생은 다시 한 번 명한에게 스스로 공부하여 주식투자를 하라고 충고했다.

“듣고 보니 딱 맞는 말이네.” 명한은 고개를 끄덕였다.

“종목을 추천하는 것은 굉장히 어려워요. 주가는 어떻게 될지 아무도 몰라. 신만이 알거야. 전 세계의 불특정 다수가 하는 것을 알 수 있다는 것은 불가능한 일이야. 그래서 위대한 기업이 저평가 되었을 때 매수하여 고평가 되었을 때 매도하는 장기 투자를 해야 한다는 거야. 다행히 올라가 주면 서로가 좋은데 만일 하락이라도 하면 원망만 듣게 되니까….” 하면서 그는 아주 난처해했다.

“주가를 예측한다는 것은 불가능할 것 같네. 신이라면 몰라도….” 명한은 민망해서 얼버무렸다.

“한 가지만 더 물어 볼게. 펀드를 활용하는 것은 어떻게 생각해?” 명한은 또 질문을 했다.

“펀드에 가입하는 것 보다는 공부하고 실전경험을 쌓아서 본인이 종목을 선택하고, 직접투자를 하는 것이 더 좋다고 생각해. 펀드 매니저들은 대다수 실적에 많은 부담을 안고 운용해야 하고, 또 운용회사직원 인건비와 회사의 수익을 내야하므로 실제 큰 수익을 내기 전에는 가입자가 큰돈을 벌기 어려운 부분이 많아. 내 생각에는 펀드에 가입하는 것 보다 직접투자를 하는 편이 낫다고 생각해.

그리고 내가 종목을 추천하는 것보다 형이 앞으로 공부하여 아주 작은 금액으로 수업료를 낸다고 생각하고 시간을 갖고 실전 연습을 하는 것이 좋아. 형! 재무제표는 볼 줄 알잖아?"그는 덧붙여 말을 이어갔다.

"대학 다닐 때에 회계공부를 좀 하긴 했는데 주식투자를 할 만큼 아는 건지 잘 모르겠네." 명한이 말했다.

"형이 대학 다닐 때 회계학 공부를 했다면 충분해. 재무제표를 보고 이해할 수 있으면 돼. 그리고 주식투자에 너무 겁먹지 마 형. 공부하면서 아주 적은 자금으로 실무연습을 하면서 배우면 돼."그는 친절하게 상담해 주었다.

"동생. 너무나 고마워!"

"아니야. 형. 그냥 내가 아는 거 알려줬을 뿐인데. 형! 건투를 빌어." 현대인은 진심으로 귀한 시간을 내서 상담해 주었다.

그리고 헤어지면서 소형주인 CJ프레시웨이를 추천해 주었다. 시장 조사를 꾸준히 해왔는데 국가 정책적으로 앞으로 학교급식시장이 폭발적으로 늘어날 전망이고 시장 진출을 위해 이미 대규모 투자가 이루어졌고 영업 준비를 완료한 상태라며 향후 3~5년은 전망이 좋을 것이라고 했다. CJ그룹의 자회사라 튼튼하고 음식료 업종은 항상 시장 평균이상 주가가 상승한다고 덧붙였다. 그는 또한 금융 감독원 전자공시시스템(dart. fss. or. kr)에 접속하여 각 상장회사별 공시자료를 리서치 하면 된다는 것도 알려주었다.

세계증권시장의 역사를 살펴보면 포르투갈인 바르톨로유 디아스가 희망봉을 발견한 이후 A.D1500년을 전후하여 역시 포르투갈인 바스코 다 가미가 인도항로를 개척해 유럽과 동양의 직 무역 시대를 열었다. 그 결과 동양의 보화와 진귀한 물자를 싣고 와 유럽에서 파는 해상 직 무역이 엄청난 이익을 남길 수 있었다. 단, 이러한 이익은 태풍 등의 자연재해와 해적선의 약탈 등 인위적 위험을 극복한 뒤에 얻을 수 있었다. 성공하면 막대한 부를 얻을 수 있지만, 실패하면 파산하는 투기성 무역을 위해 사람들은 주식 형태의 증서를 발행하여 필요한 자금을 조달했다.

이러한 해상무역이 더욱 발전하자 1602년 네덜란드의 암스테르담에 세계 최초의 증권거래소가 설립되었으니, 세계 증권시장(증시)의 역사는 약 400년이 넘었다.

그 후 영국 런던, 미국 뉴욕 증시가 역사와 전통의 유럽 증시를 제치고 오늘날 세계 경제의 중심지가 되었다. 우리나라증시는 1956년 3월3일 대한 증권거래소가 개장된 이래 연간 약 1400조원이 거래되고 있다.

명한과 미나는 비록 짧은 시간이었지만, 주식투자전문가에게 주식시장에 대한 많은 생생한 실무정보를 얻어 자신감을 갖고 사무실로 돌아 왔다.

그녀는 컴퓨터를 틀고 금융 감독원 전자공시시스템에 접속했다.

"어느 종목을 먼저 리서치 할래요?"

"음. 우리나라 국가대표 삼성전자부터 해보지 뭐."

"자. 그럼 들어갑니다. 이렇게 하는 겁니다. 알았죠?"

미나는 프로그램에 접속한 후 그 이용 방법을 명한에게 자세히 알려 주었다. 그는 리서치 할 때 사업보고서를 먼저 봤다. 우선 그 회사가 뭐를 하는 회사인지. 앞으로의 장기 비전은 어떤지, 매출과 영업 활동은 어떠한지, 시장점유율, 미래를 위한 연구 활동, 등등 알고 싶은 모든 것들이 다 있었기 때문이다.

사업보고서는 영업보고서라고도 불리는데 코스피, 코스닥 시장에 상장 된 회사들은 모두 분기별, 연간 사업실적을 금융 감독원에 사실대로 보고 해야 한다.

명한은 우선 우리나라 전기전자업종 중 혁신적이고 위대한 1등 기업인 삼성전자 리서치를 시작으로 업종대표종목을 차례로 리서치 해 보았다.

그는 자신이 설립한 목재가구제조회사 오너로서 규모는 작지만 회사경영을 직접 20여년 했다. 그리고 그가 세운 회사를 기업회계 기준의 원칙에 따라 장부정리를 작성하여 경영해 왔었기 때문에 사업보고서를 읽는 데 어려운 문제는 없었다.

"여보 리서치해보니 어떠신가요? 숏다리 서방님?" 미나는 신천지를 발견하고 입을 떡 벌리고 다물지 못하고 있는 명한에게 물었다.

"대단해! 대단해! 정말 대단해." 그는 아내가 숏다리라고 놀리는데도 아랑곳하지 않았다.

"어떤 회사가 그렇게 환상적인가요?" 그녀는 명한이 직접 리서치한 위대한 기업에 빨리 투자하고 싶었다.

"음. 내 생각엔 업종 대표 주들은 다 좋은데 그중에 아모레퍼시픽이 제일 마음에 드네."

"그래요? 그럼 증권사 지점에 가서 주식계좌를 개설하고 빨리 사요. 여보."

"공부를 하고 사야지. 비싸! 내 짧은 지식으로 봐도 너무나 비싸 보여. 가격이 떨어질 때까지 기다려야지."그는 저평가 될 때까지 기다리자고 했다.

"혹, 가격이 비싼 주식은 그만한 이유가 있지 않나요?"

"그렇겠지. 우리가 앞으로 주식계좌를 개설한다면 기념으로 1주씩만 사서 일단 보유하자고. 그리고 지금까지 배운 대로 평가하면 너무 비싸니 관심을 갖고 시장이 어떻게 평가를 내려주나 잘 두고 봅시다."

"그러게요. 아무튼 당신이 직접 리서치 할 수 있는 능력이 되는 것 같아 다행이에요."그녀는 정말 안심이 되었다.

"우리가 세운 U가구회사의 장부정리를 기업회계 기준대로 해온 덕분이지."

"그때, 당신이 고지식한 꼴통이라고 경리과 정양하고 당신 욕 많이 했었는데. 지금이라도 사과 할게요."

"그때 당신하고 정양이 나한테 욕 많이 먹었었지. 코딱지만 한 회사에서 장부가 맞지 않으면 퇴근도 못하게 했었지. 정양은 정직하고 마음씨가 한결 같았지만 매번 일계표가 틀렸어. 그럴 때마다 당신이 틀린 곳을 찾아냈었지. 당신이 말한 대로 의미 50%이상 주식투자공부를 한 것이라고 동감해."

"아~으으으…. 그때 생각하면 지금도 경련이 일어나요. 정말 그땐 당신이 소통할 줄 모르는 불통 꼴통 같았어요. 지금은 아니지만."

미나는 명한을 바라보며 몸을 움찔했다.

은 크는 채무제표를 정확하게 작성하여 경영을 했다. 그래서 회사 미래의 계획을 짜고 어려운 의사결정을 내려야 할 때 정말 큰 도움이 되었다. 그로 인해 그의 아내와 경리과 직원한테 원망도 많이 들었다.

그런데 이것이 주식투자 공부를 하는 데 엄청난 도움이 될 줄은 꿈에도 생각하지 못했다.

"세상에! 이런 혁신적이며 환상적인 위대한 기업이 있었네. 대단하다! 위대한 기업들과 동업을 할 수 있으니 주식투자 수익으로 장학재단을 세울 수 있겠구나! 됐어! 일단 아내 말대로 주식투자공부를 시작해 보자!"

그는 생전 처음 보는 위대한 기업들의 사업보고서를 읽으면서 리서치를 하면 할수록 자신감이 생겼다. 소심하긴 하지만 생각이 깊고 늘 연구를 좋아하는 자신에게 잘 어울리는 새로운 직업이 될 수 있다는 생각마저 들었다.

매년 십 퍼센트(%)이상 수십 %씩 성장하며,

영업이익률이나 자기자본이익률(ROE)이 매년 15%이상 늘어나고, 수십 년 동안 적자를 내지 않고, 당기순이익이 해마다 늘어나는 기업. 그리고 부채가 사실상 없고 현금성자산이 엄청 많아 결코 망할 수 없는 기업.

시장 지배력이 높아 특별한 진입장벽을 갖고 있으며, 미래를 향해 투자를 아끼지 않는, 세계로 당당하게 뻗어가는 우리나라 대표기업들의 사업보고서를 보면서 고개가 자동으로 끄덕여졌다. 자신이 세운 가구회사보다 몇 배, 아니 수십 배는 더 혁신적이라고 판단했다. 세계를 향해 뻗어가는 위대한 1등 기업에 투자하여 동업할 수 있고 주주가 될 수 있다는 것에 가슴이 두근두근 쿵쾅거렸다. 무한 경쟁을 통해 탄탄하게 성장한 세계 속의 우리나라 위대한 기업들을 리서치하면서 그는 가슴이 떨리고 감개무량했다. 명한은 '주식투자는 도박이다.'라고 말하는 사람들 말만 믿고 오십이 되도록 이 분야는 알지도 못하고 알려고도 하지 않고 살아왔다. 그는 화투는 물론, 일확천금을 노리는 복권, 경마장 그리고 강원랜드 같은 곳에는 출입한 적도 없었다.

목(木)가구를 디자인하고 만드는 것 외에는 아무것도 몰랐다. 명한은 몇 개월도 되지 않아 주식투자가 매력 있으며, 분석하기를 즐기는 자신에게도 잘 맞는다는 것을 알았다.

"여보! 혹시 알아요. 인정 많은 황금 도깨비가 나타나서 '금 나와라, 뚝딱!'하고 황금 방망이를 두드려 당신이 갈망하는 장학재단을 더 빨리 세울 수 있도록 도와 줄지 모르죠." 명한이 분석한 결과 긍정적이라고 말을 하자 미나는 흥분되어 말했다.

"황금도깨비! 아. 이사람. 못 말려 그저 운이나 대통했으면 좋겠다." 명한은 아내의 엉뚱한 생각에 웃고 말았다. 장학재단을 세우려면

'큰 물고기가 몰려있는 깊고 푸른 큰 바다. 즉 돈이 넘쳐나고 몰려있는 자본시장으로 나가서 그물을 던지자!'

하던 그의 아내 말을 회상하며 위대한 일등 기업의 주주가 되는 것이 미나가 말하는 황금도깨비라고 생각했다. 드디어 그는 도전하기로 했다.

주식공부와 실전연습을 하면 성공할 수 있다고 확신했다. 자신감이 가득해진 그는 벌떡 일어나 동쪽 하늘을 향해 두 팔을 높이 치켜올렸다.

'하늘은 스스로 돕는 자를 돕는다.'는 격언을 되새기며 밝게 웃었다.

　현명한은 아내의 의견대로 주식투자를 하기로 드디어 굳은 결심을 했다. 하늘을 쳐다보니 먹구름이 물러나고 높고 푸른 맑은 하늘에 하얀 뭉게구름이 두둥실 춤을 추고 있었다. 그 옛날 호숫가로 달려가서 잔디밭에 누워 보았던 그 하얀 뭉게구름처럼 보였다. 흘러가는 구름 속에 자신이 살포시 탄 느낌이었다.

　그의 아내는 명한이 120% 노력을 하며 사는 사람이라고 칭찬인지 비웃음인지 모를 말을 늘 했었다. 그는 무슨 일이든

　'전문가가 되려면 10년 이상 경험을 쌓아야 실력이 갖춰진다.'는 신념으로 실천해 왔다. 명한은 업종 대표기업의 리서치를 한 후 자신감을 얻고 아내에게 말했다.

　"여보. 나, 주식투자 할게."

　"정말요?"

　"그래. 리서치를 해보니 자신감이 생겼어."

　"합리적으로 잘 결정할 줄 알았어요. 고마워요."그녀의 눈가가 촉촉해졌다.

　"먼저 이론공부와 실습을 해 볼게. 리서치를 해본 결과 위대한 기업들이 많다는 것을 알았어. 당신 말이 맞더군! 그런데 그걸 당신은 어떻게 알았어?"

　"저도 잘 몰라요. 땅문서 즉 등기권리증을 많이 소유한 사람이 부

자이듯이 회사 소유권인 주식 많이 가진 사람이 부자라고 판단했어요. 우리도 주식을 계속 사서 모으면 부자가 될 것이고, 그러면 재단을 세울 수 있고 그 배당금으로 장학사업을 영구적으로 할 수 있다고 생각한 것뿐이에요. 그냥 감으로 잡은 거죠…. 호호호”

“고마워! 주식투자를 추천해줘서. 이제 주식투자에 자신감도 생겼고, 위대한 회사의 주주가 되어 동업을 하고, 함께 성장한다면 장학재단도 충분히 세울 수 있다는 생각이 들어. 그리고 소규모 가족투자자문사도 세우고 싶어.”

“투자자문사요?”

“그래. 실력이 쌓이면 우리 가족들의 자산을 관리하는 회사를 설립하면 좋겠다는 생각이 들어. 가족금융회사를 세우는 거지.”

“그것도 좋은 생각이네요. 당신과 늘 함께 일하고 싶어요.”

“나도 고마워. 자산관리에 가장 천부적인 능력을 갖춘 민족은 유대인들이지. 수 백 년 전부터 가족회사로 창업한 그 유명한 로스차일드 가문을 비롯해서 현재 미국을 이끌고 있는 민족이 유대인들이지. 3% 유대인들이 미국을 운영해가고 있다고 들었어. 아니 전 세계를 이끌고 있다고 해도 지나친 말은 아니지. 우리 민족이야말로 정직하고 성실하고 머리가 좋은 민족인데…. 어쩌면 유대인보다 더 훌륭한 민족일 수도 있는데.”

그는 주식투자를 하면 망한다는 막연한 공포에서 벗어나, 모든 것은 무지에서 비롯된 오해였다고 생각했다. 콜럼버스가 황금을 찾으러 신대륙을 찾아 스페인 항구를 힘차게 떠날 때처럼

"위대한 결정을 축하해요. 당신은 할 수 있어요. 함께 넓은 바다로 나가기 위해 배를 만들어 봅시다. 어떠한 무서운 폭풍우가 밀려와도 태평양을 단숨에 가로지를 최첨단 장비를 탑재한 크고 튼튼한 배를 만듭시다." 그녀는 응원을 아끼지 않았다.

2006년 봄 그들은 증권계좌를 개설하기 위해 난생처음 증권회사 지점을 방문했다.

흥분되는 마음으로 엘리베이터를 탔다. 단숨에 쭉 올라갔다. 마치 하늘에 닿은 느낌이었다. 명한과 미나는 앞으로 십 년간 실력을 쌓기 위해 소액 투자로 실전연습을 하고 십년 후부터는 꾸준히 돈을 번다는 계획 하에 나란히 증권계좌를 개설했다.

그들은 신세계를 향한, 미래를 향한 힘찬 발걸음을 내디뎠다.

눈에 번쩍 띄는 것은 입구에서 바라보이는 벽면을 가득 차지하고 있는 전광판이었다. 모든 종목이 시시각각으로 가격이 변하는 것이 번쩍거리며 한눈에 들어왔다.

일부 투자자들은 아예 그곳으로 매일 출근하는 것 같았다.

"와우! 또 올라간다! 으하하하…." 어떤 이름 모를 노신사는 매수한 종목이 다시 올라가는지 흥분하여 탄성이 자기도 모르게 나왔다. 전광판은 온 통 빨간색으로 물들었고 모두가 신이 나 있었다. 모두가 사랑하는 연인들을 쳐다보는 것처럼 두 눈을 반짝거리며 전광판을 보고 있었다.

명한과 미나는 간신이 차지한 의자에 앉아서 구경을 했다.

"여보! 참 신기하네. 회사의 소유권인 주식을 저렇게 쉽게 샀다 팔았다 하네." 명한은 전광판을 뚫어져라 쳐다보고 있는 아내를 보며 말했다.

"그러게요. 정말 간단하네요." 그녀도 신기하다는 듯 말했다.

동생한테 추천받았던 CJ프레시웨이를 찾아보니 12,000원을 넘나들고 있었다.

그는 부자가 된 기분으로 행복이 가슴 가득한 채 그녀와 함께 처음으로 개설한 주식투자 증권통장과 CMA통장을 들고 증권회사를 나왔다. 사무실로 돌아온 후 미나는 증권 프로그램을 컴퓨터에 깔았다.

명한은 옆에서 엄마와 함께 시장을 간 아이처럼 신기해서 지켜봤다.

우리나라 주식시장의 코스피 시장에 상장된 767여개 종목과, 코스닥 시장에 등록된 1,021여개 종목을 합하여 대략 1,788여개의 종목을 리서치 할 수 있었다.

"와! 주식시장이 이 작은 모니터 속에 모두 있네. 실력만 갖춘다면 안방에서도 사업을 할 수 있는 세상이야. 편리하군."

"정말 좋은 세상이네요. 이제 돈 잘 버는 좋은 회사를 찾아내는 것은 당신 몫이에요." 그녀는 감개무량했다. 이제 남편이 정말 위대한 좋은 기업을 발굴하고 적기에 투자하여 성공하기를 자축했다. 그들은 주식투자 전문가 현대인한테서 추천받았던 CJ프레시웨이를 한 주당 12,000원에 각자 10주씩 샀다.

"여보. 소액투자지만 우리가 진짜 주주가 됐네. 이제 CJ프레시웨

이는 10주만큼은 우리 회사야!” 명한은 생전 처음 주주가 된 것을 자
축했다.

“벌써 든든하네요.” 그녀도 주주가 됐다며 활짝 웃었다.

그들은 맨 주먹으로 결혼한 후 밤낮없이 땀 흘려 일한 소중한 돈
으로 처음으로 땅을 사서 등기권리증을 들고 집에 들어온 그날처럼
뿌듯했다.

그녀는 어린아이처럼 계속 속삭였다.

“여보. 그땐, 우리한테도 부동산 보유세가 나오는 것이 꿈이었잖
아요. 땅이 한 평도 없었으니까요.” 그녀는 사랑 하나만 굳게 믿고 결
혼했다. 그러나 그녀가 한 번도 경험하지 못한 불편함이 한두 가지가
아니었다. 설마 설마 했는데 닥치고 보니 가난이란 현실 앞에 너무나
슬펐다. 그래서 밤마다 어떻게 사느냐고 눈물을 흘리곤 했었다.

“그땐 정말 그랬었지….” 그는 신혼 때를 생각하니 가슴이 메어지
듯 아팠다.

아내의 눈물을 볼 때마다 가장으로써 커다란 책임감을 느끼면서

“내가 지켜줄게. 당신을 지켜줄게. 나에게 시간을 주고 나를 믿어
줘.” 라며 아내를 위로해 주었다.

미나는 주주가 된 것이 너무나 감격스러웠다.

명한은 전설 같은 옛이야기를 들으며 아내에게 약속한 것을 지키
려고 구정과 추석, 단 이틀만 쉬고 363일 일했던 초인적인 젊은 시절
을 떠올려 보았다.

“여보. 그 시절이 우리 인생에서 가장 위대한 때였어요. 난 당신이

항상 내 곁에 있어서 힘든 줄 몰랐어요. 그리고 우리 아이들이 있어서 행복했어요."

"여보! 대학 졸업 바로 전 신혼살림을 차렸을 때 생각나요? 88서울 올림픽을 앞두고, 대한민국이 최고로 행복에 빠져 있을 때, 우리는 월세를 주기로 하고 오포에 돼지 축사였던 낡은 건물을 개조하여 방 하나 만들어 연탄을 때며 살던, 그때가 생각나요?"

"생각나지. 거기서 부자의 꿈을 꾸면서 수년간 살았는데, 내가 그것을 어떻게 잊겠어! 뭐 한마디로 신화였지."

"겨울에 방바닥은 뜨거웠으나 얇은 시멘트 블록으로 쌓은 집이, 낡고 헐어서 벽이 갈라진 틈새로 매서운 바람이 들어와 위풍이 세차게 불었어요. 그래서 벽 밖에다 당신이 비닐을 쳤지요. 하루는 밤에 목마르면 마시려고 머리맡에 떠다놓은 물을 잠자다 먹으려고 했으나 얼어붙어서 먹지 못했죠. 그런데도 아이들이 감기도 한번 안 걸리고 참 씩씩하게 잘 자랐어요. 우리 네 식구가 아주 작은 방 하나에서 예쁜 다람쥐 가족처럼 서로 사랑하며, 정말 오순도순 행복하게 살았어요." 그녀는 동화를 읽는 것처럼, 먼 옛날 얘기처럼 그윽한 눈빛으로 얘기했다.

"그때. 우리가 결혼하고 3년 만에 창업하고, 그리고 다시 3년 만에 공장과 집을 지을 땅을 사러 행운과 희망의 땅 모가로 1톤 화물차 타고 열심히 다녔지. 행복했었지. 희망이 넘쳤고 세상 모두가 우리를 축복하는 것 같았어." 명한은 싱긋 웃었다.

"간신히 대출을 받아 보태서 모가에 경사지고 기다란 못생긴 밭을 매수하고 건축비가 부족하자 당신이 우리 집을 손수 지었죠. 오포에서 밤낮없이 열심히 일해 알뜰히 모은 돈으로 635평을 사서 튼튼하게 우리 집과 사무실을 붙여서 40평 짓고, 당신 작업실 100평 지어 이사했죠. 그때 당신은 하루에 거의 18시간은 일했어요. 컴컴한 새벽에 일어나 일하기 시작하여 점심 먹고 약10분정도 잠깐 오침을 취하고 밤까지 일했어요." 그녀는 신화 같은 지난 일들을 회상 했다.

"전설이지. 그런데 그것이 사실이었어."

"맨 처음 수도꼭지만 틀면 따스한 물이 나오는 기름보일러가 깔린 새 집으로 이사 했을 때, 찬 곳에서 생활하던 우리 아이들이 더워서 적응을 못하고 '엄마 우리 집으로 가자. 우리 집으로 가자.' 하며 돼지 축사였던 집에 가자고 밤마다 보채던 정겨운 추억도 당신 생각 나요? 그 녀석이 벌써 아픈 환자에게 친절하고 가슴 따듯한 의사가 되겠다고 해요.

그때 행복했던 만큼이나 처음으로 주식을 사서 주주가 된 오늘도 세상 모든 것을 다 얻은 기분 이예요. 위대한 기업에 주주가 되려고 하는 것은 장학사업을 영구적으로 해보자는 프로젝트의 첫 삽을 뜨는 날이잖아요. 멋진 날 이예요. 여보!" 미나는 지난 어려웠던 시절을 회상하면서 가슴이 들떠 말을 길게 했다. 그리고는 활짝 핀 해바라기처럼 얼굴에 행복을 가득 담고 부엌으로 가서 뭔가를 들고 들어왔다.

"아니 이게 뭐야!" 그는 깜짝 놀랐다.

"여보 오늘처럼 역사적인 날 그냥 넘어갈 수 없죠. 안주와 술이 부실해도 맛있게 드세요. 퇴근 때 운전은 내가 할게요."

그녀는 막걸리와 그가 좋아하는 두부, 묵은지를 하얀 접시에 담아 가지고 왔다.

"역시. 당신과 나는 호흡이 잘 맞아. 고마워. 당신이 한잔이라도 술을 마실 수 있었다면 금상첨화였을 텐데."

그는 힘든 일을 한 후에는 늘 막걸리를 한 사발씩 마셨다. 가슴이 후련해지고 소화도 잘되고 값도 저렴해서 즐겨 마셨다.

"좋다! 오늘따라 막걸리, 두부, 그리고 김치 맛이 일품이군."

그는 아내가 따라주는 막걸리를 단숨에 마셨다. 가슴을 타고 찌르르한 느낌이 창자까지 내려갔다. 약간 시큼한 묵은지에 하얀 두부를 싸서 먹었다. 환상적인 궁합이었다. 그는 그녀의 행복한 얼굴을 보며, 최선을 다하는 아내가 무한히 감사했다.

소액으로 실전 경험을 얻기 위해 주식을 매수했다.

"당신이 찾아낸 우리나라 최고의 주식 아모레퍼시픽도 사요."

"글쎄. 지금은 너무 비싼 것 같은데. 조금 기다려 봅시다. 여보! 유일한 박사님이 세운 유한양행주식을 사자고." 하고 그가 말하자

"그래요~ 당신이 평소에 늘 유일한 박사님을 존경했잖아요. 세상에서 가장 멋진 분이라고 말했죠."하며 그녀는 장단을 맞췄다.

그는 직접 리서치 하여 발굴한 종목들 중에 처음으로 우리나라 대표적 사회적 기업인 유한양행을 주당 130,000원에 10주를 샀다. 그가 유한양행을 매수한 이유는

사회적 기업, 우리나라 제약업의 국가대표, 무 차입 투명 경영, 앞

으로 노령화로 인한 노인인구가 폭발적으로 증가하면 약이 많이 팔릴 것 같고 제약시장은 진입장벽이 높은 산업 등의 이유로 마음이 끌렸다. 또한 매출 성장은 연간 10%이상 꾸준하고, 수익성을 평가할 때에 가장 중요하게 여기는 영업이익이 15%이상, 자기자본이익률(ROE) 매년 15%이상 꾸준히 증가하고 있어서 투자하기에 적합했다.

ROE란 당기순이익을 자산 중에서 남의 돈, 즉 빚을 제외한 자기자본(순자산)으로 나눈 값이다. 이는 기업이 자기 자본으로 어느 정도의 이익을 올리고 있는지 나타내는 값으로, 주주지분에 대한 운용효율을 나타내는 지표다. 다른 지표와 함께 평가해서 기업의 미래가치가 개선될지 악화될지 판단할 수 있다. 자기자본 이익률이 높을수록 좋은 기업이고 주가도 높게 형성되는 경향이 있다. 이것은 또한 부채를 늘려서 즉, 자산을 늘려서 공격적으로 경영을 할 때(자산=부채+자본), 그리고 경영활동과 관계없이 부동산 매각을 통해 이익이 증가 할 때 일시적으로 수치가 높아지지만 유한양행은 정상적으로 영업활동을 통한 값이 15%이상으로 양호한 수치를 보이고 있었다.

당기순이익도 아주 양호했다. 또한 유한양행의 자회사인 '유한킴벌리(미국인회사 지분30%보유)'와 '유한락스(지분100%)'등을 소유하고 있어서 지분법 평가이익이 연간 400억 이상 장부에 잡히고 있었다. 주주에게는 연말이면 현금배당금이 주당 1,000원, 추가로 무상증자를 통한 주식배당으로 5%씩 해오고 있었기 때문에 매력적이고, 현금을 엄청나게 쌓아놓고 있어서 안전하다고 믿을 수 있어 매수 하였다.

명한은 주식투자공부를 열심히 했다. 그가 읽은 수많은 책 중에 윌리엄 오닐(William J O'Neil)이 지은 '최고의 주식 최고의 타이밍(How to Make Money: A Winning System in Good Time or Bad)'이란 책이 특히 마음에 들었다.

이 책은 명한에게 깊은 감명을 주었다.

오닐은 주식투자를 CAN SLIM이라는 방법으로 아주 간결하게 알려주고 있었다.

그는 C를 현재의 주당 분기 순이익(Current Quarterly Earnings Per Share), A를 연간 순이익 증가율(Annual Earnings Increase)로 표시하고 이 두 가지가 전년 동기대비 적어도 20~30%씩 성장하는 기업을 찾으라 했다.

N은 신제품, 경영혁신, 신고가(New Products, New Management, New Highs)를 기록하는 기업을 매수해야 하며, S는 주식시장에서의 수요와 공급(Supply and Demand) 즉 발행주식수가 많아 언제든지 매도할 수 있고, 높은 수요 즉, 매수자가 많이 있는지를 잘 살펴보고 거래하라고 했다. L은 주도 주인가 소외주인가(Leaders or Laggard)를 조사하여 철저하게 시장에서 주도 주를 매수해야 하며, I는 기관의 뒷받침(Institutions Sponsorship) 즉, 시장에서 리더들의 움직임을 살피고 집중적으로 매수하는 종목이어야 하며, M은 시장의 방향(Market Direction) 즉 장기간에 걸쳐 주가가 크게 상승하는 대세 상

승장인 강세장을 황소에 비유하여 부르는 불 마켓(bull-market; 황소 뿔로 주가를 들어 올린다는 의미에서 강세장을 말한다.)인지, 경기 불황으로 부진한 약세장을 이어가는 느린 곰에 비유한 베어 마켓 (Bear-Market; 곰은 싸울 때 아래로 내려찍는 자세를 취한다는 데 빗대 하락장을 베어마켓이라 부른다.)시장인지, 아니면 약세장 속에서 주가가 일시적으로 상승하는 반등장세(反騰場勢)장인지를 판단하여 강세장(불 마켓)에 신중하게 매수하라고 말했다.

다시 말해 윌리엄 오닐은 주식시장을 이끌고 가는 주도 주를 매수 하라고 했다. 매출과 영업이익, 당기순익이 전년 동기 대비나 전 분기 대비 최소 20~30%이상 폭발적으로 성장하는 종목 중에 신 고가를 칠 때 매수하라고 했다. 즉 높은 가격에 매수하라는 것이다. 다시 말해 주가의 어느 특정 가격대에 매수한 투자자가 많이 몰려있는 가격대인 매물대를 돌파할 때 과감하게 매수하라고 조언했다.

또한 이 시대에는 단순히 자신의 직업에 안주하여 월급만 받는 것은 충분치 않다고 말했다. 가고 싶은 곳을 가고, 갖고 싶은 것을 갖기 위해서는 반드시 지혜롭게 저축을 해야 하고, 누구나 투자를 해야 한다고 그는 말했다. 투자를 통해 얻어지는 2차 소득과 투자 수익이 당신의 목표를 성취하고, 진정으로 안정적인 삶을 사는 원천이 될 것이라고 오닐은 말하고 있었다.

"여보. 윌리엄 오닐이 쓴 이 책 말이야 정말 신기하네." 명한은 알 수 없다는 듯 그의 아내에게 말했다.

"뭐가 신기한데요?"

"지난번에 안양에서 만난 동생은 분명히 시장점유율이 높은 우량주가 저평가 되었을 때(주식은 싸게 사서 비싸게 파는 것) 사라고 했는데, 또 전 세계에서 주식투자로 돈을 가장 많이 벌은 위대한 가치투자자 워렌버핏(Warrent Buffett)도 기다리고 기다리다가 저평가 되었을 때 매수 하라고 말했는데 이 책에서는 시장에서 실적이 가장 좋고 제일 활발하게 거래가 집중되고 있는 주식을 신 고가를 경신할 때 사야 돈을 벌 수 있다고 하니 어느 장단에 춤을 출지 판단이 서질 않네."

명한은 판단하기 힘들었다. 그래서 아내에게 어떤 것이 좋은가를 묻고 싶었다.

"저 같으면 거래량이 폭발하여 주가가 붉게 타오르는 종목에 베팅을 하겠어요. 그런 종목을 발굴 했어요?" 그녀는 달리는 말에 올라타야 한다고 주장했다.

"응. 발굴했어. 현대중공업이야. 실적도 믿기 어려울 정도로 좋아. 그런데 주가가 공중에서 외줄타기 하는 것처럼 위험하게 보여. 너무 비싼 것 빼고는 모든 것이 완벽해." 명한은 윌리엄 오닐과 아내의 육감을 믿어 보기로 했다.

명한은 다시 한 번 오닐이 쓴 책을 읽어봤다. 이 책은 주식투자를 너무나 간단명료하게 분석해 놓았다고 명한은 생각했다. 그는 시장에서 주도 주를 찾아야 한다고 말했는데, 주도 주는 분명 '현대중공업'이었다. 주식은 우선 실적＋성장성＋모멘텀이란 박자가 맞아야 한다고 책에 수없이 반복하여 쓰어 있었다.

현대중공업은 연간 50%이상씩 경이적인 실적과 성장을 올리고 있었다. 그리고 모멘텀(momentum, 상승추세)도 최고였다. 그야말로 한마디로 서프라이즈였다.

명한은 현대 중공업을 발굴해놓고 한동안 투자를 결정하지 못했다. 어마어마한 장치산업이라 시장 진입장벽은 높지만 경기민감 업종이라 만약에 경기가 하락하여 침체로 빠진다면 나이아가라 폭포처럼 걷잡을 수 없이 주식가격이 폭락한다고 그가 읽은 책에 쓰여 있었기 때문이었다. 그렇지만 명한은 자신도 모르게 시장에서 미래 전망도 좋고 최고로 잘 달리고 있는 '천리마'인 '주도 주' 현대중공업에 마력처럼 이끌려 들어갔다.

결국 명한과 미나는 달리고 있는 조선업의 대표주자 현대중공업을 매수하기 시작 하였다. 먼저 유한양행과 CJ프레시웨이 두 종목은 잘 움직이지 않았는데 현대중공업은 달랐다. 매일같이 불기둥이 솟아오르고 번쩍거렸다.

입에서 불을 내뿜는 용의 등에 올라타고 하늘을 날아오르는 기분으로 조심스럽게 매수하면 가격은 다시 오르고 또 올랐다.

그들은 입을 딱 벌릴 수밖에 없었다.

처음에는 실전연습을 하려고 아주 조금만 투자를 했었는데 자신감이 붙고 수익이 많이 발생하자 나중에는 많은 자금을 투자했다.

"여보. 빨리 와 봐요." 그녀는 작업실에 있는 명한한테 당장 와보라고 야단이었다.

"왜 그래. 거래처에서 급한 주문이 왔어?"명한은 달려갔다.

"오늘도 또 올라가요! 하늘을 뚫을 것 같아요. 돈이 눈덩이처럼 불어났어요." 그녀는 믿을 수가 없었다.

"와우! 대단하네. 이무기가 용이 되어 승천한 게 맞고만." 명한도 미나처럼 믿을 수가 없었다. 그러나 어쨌든 기분은 너무나 좋았다. 그리고 그게 끝이 아니었다. 매일같이 동쪽에 붉은 태양이 떠오르듯 붉은 기둥은 높아져만 갔다.

그리고 점점 주식투자에 자신감이 생겼다.

"여보! 너무 많이 오른 것 아녀요. 팔아야 하지 않아요." 그녀는 어느 날 갑자기 불안해 졌다. 주가가 언제 떨어질지 몰랐다. 그러나 자고 일어나면 계속 오르고 또 올라 어쩔 줄 몰랐다. 가슴이 뛸 뿐이었다.

"나도 잘 모르겠어. 대박이네. 대박! 가는데 까지 가봅시다. 하하하. 굉장하네!" 명한은 가슴을 졸였지만 정말이지 뭐가 뭔지 알 수 없었다.

누군가가 높은 건물 옥상에 올라가서 돈을 지나가는 행인들에게 '줍는 사람이 임자'라고 말하며 마구 뿌리는 것 같았다.

누구나 온 사방에 날리고 있는 돈을 부지런히 줍는 사람이 임자인 것 같았다.

"와우! 누가 이렇게 많은 돈을 하늘에서 뿌렸지? 하늘나라에 왕자님이 뿌리셨나?"

그들은 커다란 복주머니에 돈을 주어 담기에 여념이 없었다.

정말 신나는 나날들이 하루 이틀도 아니고 일 년 반이나 이어졌다.

미국 서부 개척시대 캘리포니아 주에 황금이 발견되어 강가에 떠내려가는 황금 노다지를 주어 담아 벼락부자가 되었다는 얘기는 들었지만 작은 컴퓨터안의 주식시장에도 황금노다지가 있는 줄은 꿈엔들 몰랐다.

짧은 기간에 너무나 많은 돈이 벌렸다. 목가구를 만들어서 돈을 버는 것과는 비교되지 않았다. 목재가구는 노동집약적 산업이었기 때문에 돈을 벌기 위해서는 많은 노동 시간을 투입 시켜야만 했다. 또 그것을 팔아서 수금을 해야 했고, 미래에 언제 발생할지 모르는 애프터서비스와 직원들의 안전사고까지 책임을 지고 난 다음에야 비로소 이익이 발생한다. 그러니 그 이익금은 미미할 수밖에 없다. 그래서 명한은 하루에 항상 15시간 이상 일을 했었다.

현대중공업은 1997년 3월에 13,280원이었으나 명한과 미나가 투자를 시작할 때(2006년 처음 현대중공업을 매수하기 시작할 시점)에는 어마어마하게 오른 후였으므로 100,000원이었다. 그런데 2007년 11월이 되자 550,000원까지 하늘 높은 줄 모르고 치솟았으니 수익이 엄청났다.

주식시장에는 전 세계 수많은 불특정 다수가 투자와 투기를 한다. 투자의 고수들은 돈이 있는 곳은 어디나 향긋한 돈 냄새를 본능적으로 먼저 맡는다. 마약견의 코는 코도 아니다. 그러면 고수들을 쫓아 하수들까지 모두가 구름처럼 모이고 판돈이 태산같이 쌓여 큰 장이 열린다. 벌떼처럼 몰려들기 때문에 우리가 상상할 수 없을 정도로 투기장으로 변한다. 옛날 삼국시대 같으면 말 타고 칼과 창, 그리고 활과 화살을 들고 전쟁을 했다.

노획물을 갈취하려고 목숨을 내놓고 혈전을 벌였을 것이다. 현대에도 무기만 돈으로 바뀌었을 뿐 지식이란 병법을 들고 싸우는 주식투자 삼국시대인 것이다.

미나는 흥분한 말투로 계속 소리 지르듯 말했다.

"여보! 우리 지금 분명히 도박하는 것은 아니죠? 이러다가 우리 정말 부자 되겠어. 당신이 말하던 10년 동안 꾸준히 실력을 연마한 후 우리 가족경영투자회사를 세우고, 갤러리와 장학재단을 세우자는 당신의 꿈이 더 빨리 이루어질 수도 있을 것 같아요."

"그럴지도 모르지. 그렇지만 주식투자 역사를 보면 세계 최고 실력을 갖춘 워렌버핏(warren Buffett)이 45년 연 평균 25% 수익을 냈다고 하고, 미국 월가에서도 연평균 10년 이상 15%이상 수익을 내면 실력을 인정받는 다고 했는데." 하며 명한이 말하자

"에이. 그 정도쯤이야. 뭐 그리 어려울 것 같지 않아 보이는 데요. 우리도 벌써 수백% 벌었잖아요." 그녀는 자신감이 하늘을 찌를 듯 했다.

"지금은 종목을 잘 선택했고 운도 따라서 쉽게 수익을 내고 있지만 손실을 많이 내는 때도 있을 거야. 우리도 사업을 하면서 많이 경험해 왔잖아."

그는 뭔가 알 수 없는 위험이 있을 것이라고 생각하며 주가가 치솟을 때마다 불안해했다. 사업이란 경기가 좋을 때는 누구나 돈 벌기가 쉽다.

그래서 혹자는 사업은 운칠기삼(運七技三 즉, 사람이 살아가면서 일어나는 모든 일의 성패는 운에 달려 있는 것이지 노력에 달려 있는 것이 아니라는 말)이라고 하지 않았던가? 호경기에 벌은 돈을 불

경기에 어떻게 방어하느냐가 진정한 실력인데 그는 주식투자에서는 경험이 전혀 없어서 불안했다.

투자의 기본은 '돈을 잃지 않는 것이다.'라고 했다.

정답이라고 그는 생각했다.

장학재단을 세우려면 돈을 지속적으로 벌어야한다. 손실 나는 경우도 있겠지만 최종적으로는 돈을 벌어야 가능한 것이다.

"여보! 현대중공업 주가가 얼마나 더 갈 것 같아요?" 미나가 물었다.

"글쎄. 나도 몰라. 아무 누구도 모를걸. 아마 신만이 알거야."

"어떻게든 분석해 보세요. 주가는 PER로 계산한다면서요?" 그녀도 불안했다.

"어. 그것도 아서? 감동적인데. 알았어. 분석해 볼게. 그렇잖아도 나도 불안해서 못 견디겠어. 언제 터질지 모르는 시한폭탄을 가슴에 끌어안고 사는 것 같아." 그가 차분하게 마음을 가라앉히고 지금까지 배운 지식으로 주가가 얼마나 더 오를지. 얼마나 고평가 되었는지 산술적으로 분석해 보려고 할 때 미나가 급히 물었다.

"명한씨! 먼저 PER. PBR이 무엇인지 알려줘야겠어요."미나는 답답한 듯 말했다.

"알려 줄게. 미나도 배우는 것이 좋지."

"PER(Price earing ratio)란 주가 수익배율을 말하는데 주가(시가총액)가 일정기간 기업이 올린 주당순이익(EPS)혹은 당기순이익의 몇 배가 되는지를 나타내는 배율 지표야.

또한 PER=1주당 가격(시가)/주당순이익(EPS)=시가총액/당기순이익 이란 등식이 성립하고 예를 들어 현재 어떤 기업의 PER가 10이라고 한다면 현재 주식가격이 1주당 순이익의 10배에 거래되고 있다는 것을 의미하는 거지. 또한 이것을 투자수익률로 환산한다면 1/10(PER)×100=10%가 되는 거야. 즉, PER은 주가를 주당순이익(earning per share: EPS)으로 나눠 주가의 수익성 지표로 사용하고 있는 거야.

또한 EPS(주당순이익)은 기업이 벌어들인 순이익(당기순이익)을 그 기업이 발행한 총 주식수로 나눈 값. (EPS= 당기순이익/주식 수) 즉 1주당 이익을 얼마나 창출하였느냐를 나타내는 지표로 그 회사가 1년간 올린 수익에 대한 주주의 몫을 나타내는 지표이고, 따라서 EPS가 높을수록 주식의 투자 가치는 높다는 것이야.

이 같은 현대적 투자기법을 창시한 사람은 금융사상가이자 철학자이며 가치투자기법의 아버지라 불이는 벤자민 그레이엄 (Benjamin Graham (1894-1976))이라고 해. 그는 언제나 재무제표와 계량적 분석을 중시하였고, '오마하의 현인'이라 불리는 살아있는 전설적인 가치투자자 워렌버핏(warren Buffett)의 첫 번째 스승이기도 하지. 또한 그는 <현명한 투자자>라는 투자자를 위한 지침서를 지은 제 1세대 가치투자자 이기도 해.

그리고 가치투자란 기업의 가치에 믿음을 둔 주식 현물 투자 방법을 말하는 거야. 가치투자를 지향하는 주식 현물 투자가들을 가치투자자라고 부르고, 기업의 가치를 구성하는 요소는 순자산가치, 성장가치, 수익가치와 기타 무형의 가치들이 있는 자산가치형 투자자,

성장가치에 중점을 두고 투자하는 성장가치형 투자자 등으로 다양하게 나누고 있는데, 가치투자의 창시자라고 하는 벤자민 그레이엄은 처음으로 주식의 가격은 회사의 가치와 관계가 있다는 것을 알아냈고, 회사의 가치는 회사가 벌어들이는 돈과 회사가 가지고 있는 순자산가치에 따른다고 보았어. 벤자민 그레이엄 이전에 주식은 그저 하루하루 시세가 변동하는 투기 대상일 뿐이었지만 벤자민 그레이엄 이후에 수많은 가치투자 추종자들이 생겨 주가는 기업의 가치를 따른다고 믿는 가치투자자들이 주류로 떠올랐지. 가치투자자들은 회사 지분의 일부를 사서 회사를 소유한다는 생각으로 투자하는 사람들이 많고, 비교적 오랫동안 보유하는 투자자들이 많은 것 같아.” 라고 명한은 자신이 배운 것을 미나에게 자세하게 설명했다.

“뭐. 알쏭달쏭하지만 이해가 가는 것 같아. 그래도 좀 더 쉽게 예를 들어줘요.”

“예를 들어 A사의 주가가 30,000원에 시장에서 거래 되고 있고, 1주당 순이익이 3,000 원이면 PER은 10(배)가 되는 거야. (30,000/3,000＝10배)

또 여기서 주당순이익(EPS)이란 1회계연도에 발생한 당기순이익을 총 발행 주식수로 나눈 것으로 1주가 1년 동안 벌어들인 수익을 나타내는 지표이지.

그리고 PER의 배수가 높으면 기업이 영업활동으로 벌어들인 이익에 비해 주가가 높게 평가된 것이고, 낮으면 이익에 비해 주가가 낮게 평가되었음을 의미하는 거야. 또한 PER가 10배라하는 의미는 투자자가 투자한 후 원금을 회수하는 데 걸리는 기간이 10년 걸린다는 의미이기도 해.”

"정확하게 이해가 되는 것 같아. 명한씨 정말 고마워. PBR은?" 미나는 눈을 반짝거렸다.

"주식가치를 평가하는 방식 중 두 번째로 주가순자산비율(PBR: Price on Book value Ratio)로 평가를 할 수 있는데, 주가가 순자산에 비해 1주당 몇 배로 거래되고 있는지를 측정하는 지표이지. 수식으로는 주가 순자산비율=주가/ 주당 순자산가치로 표시하지. 여기서 순자산이란 기초자본금과 자본잉여금, 이익잉여금의 합계를 말하며, 이를 자본 총계라고도 하지. 재무상태표의 총자본 또는 자산에서 부채(유동부채+고정부채)를 차감한 후 금액을 말하는 거야.

또한 순자산은 장부상의 가치로 회사 청산 시에 주주가 배당받을 수 있는 자산의 가치를 말하는 거지. 따라서 PBR은 재무내용면에서 주가를 판단하는 척도로 많이 사용하고 있어. 특히 전통적 가치투자자들이 이 방법을 사용하지. PBR이 1이라면 특정 시점의 주가와 기업의 1주당 순자산(자산-부채=자본)이 같은 경우이며 이 수치가 낮으면 낮을수록 해당기업의 자산가치가 저평가 되었다고 보는 거야. 즉, PBR이 1 미만이면 주가가 장부상 순자산가치(청산가치)에도 못 미친다는 뜻이지.

PBR은 보통 주가를 최근 결산재무제표에 나타난 주당 순자산으로 나눠 배수(倍數)로 표시하므로 주가순자산배율이라고도 해. 만일에 회사가 망한다면 회사는 총자산에서 부채를 우선 변제해야 하고, 그리고 남는 자산이 주주의 몫이 되는 거지. 그러나 PBR로 평가할 때는 이 수치가 낮은 이유는 대부분 회사가 성장이 멈췄거나 역성장할 때, 혹은 수익성이 안 좋아서 투자자들로부터 비정한 버림을 받왔을 때 주로 나타나므로 상당히 주의를 요하는 투자 방식이기도 해. 이 주가순자산비율을 이용하여 투자의 판단 근거로 삼고 싶다면, 몇 년에 한 번씩 세계적 경제 불황이 닥쳐서 기업의 성장성, 수익성이 뛰어나지만, 주가가 시장흐름에 휩쓸려서 추락했을 경우 사용하는 것이 좋은 거지.

예를 들면 한국의 1997년 외환위기, 2000년의 IT버블, 2008년의 미국 발 글로벌금융위기 등이 발생 했을 때 성장성이 뛰어나고, 혁신적이고 위대한 1등 기업들도 모두 함께 시장의 공포에 밀려서 폭락할 때나, 아니면 위대한 회사가 일시적인 단기 악재로 인해 주가가 한없이 떨어질 때이지.

다시 말하면 성장성, 수익성이 뛰어난데도 불구하고 주가가 하락하여 PBR이 낮아 졌을 경우 자신 있게 매수하여 장기투자를 할 수 있다면 좋은 투자 수익률을 올릴 수 있을 거라고 확신하거든." 명한은 자신이 배운 것을 미나에게 자세하게 설명했다.

"명한씨! 너무나 고마워."미나는 활짝 웃었다.

'주가는 언제나 실적의 그림자'라 했다. 어느 기업이나 매출이 늘고, 영업이익이 늘어날 것이라고 예상되면, 투자자들이 벌떼처럼 모여든다. 그리고 주식가격은 서서히 높은 하늘을 향해 움직이기 시작한다. 맨 먼저 가치투자자들이 저평가된 주식을 사고, 돈 냄새를 맡은 투기꾼들이 하나 둘씩 모이고 불이 붙으면 구름처럼 모여들어 탐욕이 이글거리는 투기장으로 변한다. 화약을 등에 지고 불속으로 뛰어드는 많은 투기꾼들 덕분에 저평가 된 우량주를 싼 가격에 매수하여 인내를 갖고 기다리던 가치투자자들은 이때를 이용하여 많은 돈을 벌고 매도하여 이익을 실현하는 때이기도 하다.

현명한은 그가 지금 보유하고 있는 현대중공업의 PER(주가수익비율)과 PBR(주가순자산비율)를 조사해 봤다.

현대중공업의 2006년 결산이 끝나고 확정된
EPS(주당순이익)은 9,380원,
BPS(주당순자산)은 61,117원,
조사 당시 2007년 8월에 주가는 380,000원 이었다.
PER= 380,000/9,380=40배,
PBR=380,000/61,117=6배이다.

이 수치는 경기민감 업종인 조선업은 일반적으로 PER=10배미만, PBR=1배미만 이었던 것에 비하면 역사상 유례가 없는 최고 고점임을 말해 주고 있었다.

그러나 주가란 실적을 먹고 대나무처럼 자라기 때문에 미래가치를 따져봐야 하는 데 이것이 명한을 혼란하게 했다.

'내가 미래의 일을 어떻게 알 수 있나?' 생각하며, 미래의 일은 누구도 정확하게 알지 못하지만, 어쨌든 꼭 알아내야만 했다. 그래서 증권사 애널리스트들이 조사하여 미래가치를 발표해 놓은 수치로 다시 대입하여 계산해 보았다.

"여보. 뭐가 그리도 복잡하고 빨리 계산을 못하고 있어요? 당신 수학 잘 못했죠?" 수학을 잘하는 미나가 옆에서 초초하게 물었다. 명한은 수학에 약한 편이었다. 재미있게도 수학에 강한 그녀는 조사를 싫어하고, 수리에 약한 명한은 좋아했다.

"나도. 급해. 뭐 수학을 잘 하지는 못했지만." 하고 그는 느릿느릿 말하면서

"주가는 미래 실적을 먹고 살아. 그래서 시장에서 늘 선 반영되어서 계산하기 어려워. 2006년 확정된 실적을 갖고 계산하면 간단하게 PER=40배 고평가, PBR=6배는 고평가야.(적정가격: PER=10~15배, PBR:1.5~2.5배) 그렇다면 얼른 팔아야해."하고 말하자 그의 아내는 놀라며

"그렇게 높은 가격이면 언제 터질지 모르는 폭탄을 가슴에 꼭 끌어안고 있는 거나 마찬가지잖아요. 빨리 팔아야겠네요." 그녀는 말했다.

"좀 기다려봐. 주가는 미래를 반영하니까 2007, 2008년 예상 치로 계산해 볼께." 명한이 말했다.

"그렇다면 빨리 계산해 봐요. 답답해 죽겠네." 하면서 그녀는 재촉했다.

"당신도 꽤나 귀여운 데가 있어. 재미있는데!"하고 그가 농담을 하자

"여보, 명한씨 그걸 말이라고 해요. 남은 속이 타들어 가고 있는 줄도 모르고." 하며 미나는 안절부절 못했다.

명한은 2007년 실적 예상 치로 평가해보았다.

EPS＝21,289원,

BPS＝87,211원이었다.

PER＝380,000/21,289＝17배,

PBR＝ 380,000/87,211＝4배였다.

주가가 높은지 낮은지를 자산 가치로 계산하는 PBR로 산정해 보면 보통 업종 대장주를 2~2.5배가 적당하다고 보며, 아주 보수적으로 볼 때는 1~1.5배를 적정한 값으로 봤다. 이경우를 산정해 보면

2007년 예상 순자산가치는 87,211원이었으니, 적당한 주가는 PBR을 2배로 잡으면 적정주가＝2배×87,211＝174,422원가 되어 현재 시장에서 380,000원을 넘어섰으니 상당히 고평가되었음을 알 수 있었다.

2007년도 중반을 넘었고 성장성이 원래 뛰어났으므로 예상실적을 2008년을 기준으로 하여 계산해 보면 EPS＝48.326원(2007년 현대중공업 1주당순이익)이 예상되어 있었다.

이것을 토대로 계산하면 주가＝PER×EPS이므로 주가수익비율(PER)을 적정하게 10배로 가정한 2008년도의 미래 예상주가는 10배×48.326원＝483,260원 15배로 한다면 2008년도의 미래 예상주가는15×48,326원＝724,890원, 2007년 8월 주가는 380,000원에 거래되고 있으므로 주가는 미래수익을 반영하여 계산하면 2008년까지 최소 480,000원까지는 더 갈수 있다고 가정할 수 있었다.

모든 실적은 결산이 나와 봐야 확실하게 알 수 있다. 그러나 미래

실적을 가지고 모든 투자자는 점치듯 자기 판단으로 결정을 해야 한다고 생각했다.

미나는 명한이 계산해 놓은 미래의 현대중공업 주가를 보니 더욱 판단하기 어려웠다.

미래의 실적에 대한 계산의 판단 기준을 좀 높게 평가해서 투자하는 공격적인 투자를 할 것인지, 아니면 낮게 보수적으로 평가하여 팔아서 이익을 실현할 것인지, 아니면 앞으로도 성장을 꾸준히 할 것으로 판단하여 계속 보유할 것인지는 오르지 투자자 자신이 결정을 내려야 하는 것이라고 생각했다.

실적에 대해 제일 정확하게 알 수 있는 사람은 아마도 그 회사의 CEO일 것이다.

현명한과 이미나는 고민하고 있었다.

"여보. 우리 증권회사에 가서 얼마나 더 갈지 상담이나 해 봅시다." 하고 그녀가 제안했다.

"그거 좋은 생각이오. 상담해 봅시다. 우리 보다는 경험이 많을 테니까."

명한과 미나는 현대중공업의 주가가 도대체 얼마나 더 오를지 판단하기가 어려웠다. 그래서 증권회사에 가서 상담해 보려고 개설한 지점을 방문했다.

문을 열고 들어가니 증권 계좌를 개설할 때보다 더 많은 투자자들이 들떠 웃고 있었다. 모두가 돈을 많이 벌어서 투자에 대가들 같은 여유 있는 모습이었다.

벽면 전광판은 붉은 빛으로 온통 번쩍거리고 있었다. 모두가 싱글

벙글 벼락부자가 된 것처럼 입을 다물지 못하고 얼굴이 활짝 펴서 애기꽃을 피우고 있었다.

'야! 또 오른다!' 하고 누군가가 큰소리로 외치면 박수를 치며 모두가 좋아라 했다. 천국처럼 느껴졌다.

둘이서 전광판을 신나게 쳐다보다가 상담실을 찾았다. 큼직한 책상 가장자리에 D과장이란 직함이 세워져 있었다. 한눈에도 전문가처럼 보였다.

"여기 지점에 거래하는 현명한 입니다. 제 생각에 너무나 주가가 오른 것 같아서 급락할까봐 불안해서 상담하러왔습니다."

"어서 오십시오. 여기에 앉으십시오." 하며 D과장은 친절하게 말했다.

"네. 감사합니다."

"어떤 종목을 상담하고 싶으신가요? 고객님."그는 웃으면서 말했다.

"현대중공업요. 너무 비싼 것 같아서 지금이라도 팔아야 하는지, 아니면 더 들고 가야 하는지 불안해서요. 밤에 잠이 오질 않아요." 명한은 천천히 대답했다.

명한은 D과장이 어떻게 답변할지 몹시 궁금했다.

"하하하. 너무 겁먹지 마십시오. 고객님. 주식하신지는 얼마나 되셨나요."

"초보나 다름없습니다. 이제 이 년차입니다."

"처음에는 누구나 다 그래요. 현대중공업이라. 시장에 주도 주를 잡았네요. 대어를 낚았어요. 매수단가가 얼마죠?"

"평균매수단가가 13만원입니다."

“네~에! 고객님! 축하합니다! 대단한 수익을 내고 있습니다. 평균 단가도 낮으니 그냥 쭈~욱 들고 가세요.” D과장은 자신 있다는 듯 시원시원하게 대답해 주었다.

“그냥 쭈~욱입니까? 그래도 대략 매도가격은 알려 주어야 하지 않습니까?”하고 명한이 조심스럽게 묻자.

“내년에는 100만원이 넘어갈 겁니다. 다시 한 번 축하합니다.”그는 말했다.

“100만 원요? 100만원이라 했나요? 그거 확실해요?” 명한은 100만원이란 말에 짜릿한 느낌을 받았다. 그러나 믿어지지 않았다.

“네. 저희 H사의 분석으로는 그 정도는 충분히 간다고 봅니다. 다시 한 번 축하드립니다. 저희들도 이렇게 수익을 많이 남긴 고객님들의 상담을 받을 때 무한한 보람을 느낍니다. 감사합니다.”

“정말입니까? 확실합니까?” 믿기지 않는다며 재차 물었다.

“손님 저 전광판에 나타난 반짝이는 하늘의 별들을 보십시오. 저거 쉽게 꺼지지 않아요. 그냥 들고 가세요. 이런 큰 시장은 언제 다시 올지 몰라요. 기회가 왔을 때 크게 한번 먹어야 합니다. 걱정 마세요.” 하면서 호언장담했다.

“그래도 제 생각에는 현대중공업의 주가는 지나치게 고평가된 것 같아 불안합니다. 다시 한 번 분석해 주십시오.”

“무서워하지 마세요. 주식은 너무 겁먹으면 못합니다. 저를 믿고 보유하고 더 지켜보세요.” 그는 너무나 자신 있게 말했다.

“네~에. 감사합니다.” 명한과 미나는 일백만원은 충분히 갈수 있다는 D과장의 말을 듣고 마음이 한결 가벼워졌다. 그리고 일단 더 보유하기로 했다.

우리나라 주식시장이 1956년 개장한 이래 1980년대에 역사상 최고로 달렸다. 아마도 80년대는 주식으로 수십 수백 배씩 벌어 벼락부자가 된 사람들이 많았을 것이다. 그러나 90년대 천 길 낭떠러지로 굴러 떨어졌다가 다시 2000년대 들어서 달리고 있었다. 결국 위대한 기업은 계속 성장했으며 그때마다 주가는 계속 올랐다.

명한과 미나는 자신들이 투자한 현대중공업을 보면서 행복했다. 주식시장에 나온 투자자들은 모두가 입이 귀에 걸려 있었다. 걱정하는 사람이 정신병자 같았다. 그러면서도 그는 끊임없이 불길한 예감이 들었다. 객장에 노인 분들과 아이를 업고 온 애기 엄마까지 열심히 주식매수 주문을 넣고 있었기 때문이었다.

아이를 업고 온 애기엄마까지 주식을 사는 때는 상투(최고 비싼 때)라고 어느 주식투자 책에 쓰여 있었기 때문이다.

주식투자 모임

명한과 미나는 가격이 하늘 높은 줄 모르고 치솟고 있는 전광판의 역사적인 숫자를 보려고 빈자리를 찾았다. 현대중공업의 주가는 한 차례 커다란 조정을 하고 다시 힘을 다해 오르고 있었으나 그 힘이 이전보다 약하여 힘을 비축하기 위해 숨고르기를 하고 있었다. 언제 다시 사상 최고값을 갱신하며 하늘을 향해 치고 올라갈지 알 수 없었다. 그러나 현명한은 미래실적 예상치가 너무 좋게 나와 있고, H증권사 직원의 말을 듣고 일단 한번 믿고 기다려 보기로 했다

"여보! 정말 현대중공업의 주가가 100만원까지 올라갈까?"미나는 명한에게 물었다.

"알 수 없지. 진짜 갈지도 모르잖아. 한 번 지켜봅시다."

"그렇게까지 올라가면 난 팔을 거야. 당신은?"

"난 60만원까지 올라가면 모두 팔을 거야. 너무 비싸거든." 명한이 말했다.

그는 주식 가격은 아무도 모른다고 생각했다. 진짜 100만원까지 갈수도 있지만 목표가를 60만원으로 그는 잡고 있었다.

꽉 찬 증권사 지점은 앉을 자리가 보이지 않았다. 왼쪽 구석 둥근 원형테이블에 두 자리가 남아있는 것을 그녀가 어렵게 발견했다.

"여보! 저기!" 하고 언제나 활발한 그녀는 재빠르게 갔다.

'실례합니다.'하고 목례를 하며 그들은 앉았다. 그 테이블에는 남자 둘 여자 하나 세 명이 앉아서 뭐가 그리 좋은지 싱글벙글 웃으며 얘기를 나누고 있었다.

그런데 그중에 잘 생기고 키가 큰 중년 신사가 갑자기

"주식투자는 무조건 주도 주에 올라타고 달리면 되는 거야!" 큰 소리로 말했다.

"주도 주에 올라타는 것이 주식투자에서 그렇게 중요한가요?" 하고 명한이 묻자

"네. 주식투자는 주도 주에 올라타는 것이 제 오랜 경험으로 비춰 봤을 때 제일입니다. 하하하핫." 하고 호탕하게 웃으며

"오늘 같이 좋은날, 이렇게 좋은 인연으로 우리가 만났으니, 오늘 은 제가 술 한 잔 사겠습니다. 저는 조씨 '조현주'올시다. 그냥 조씨 라고 불러주세요."조씨는 사교적이고 이해심 많아 좀처럼 남들과 싸 우지 않을 것 같은 신사처럼 보였다.

정말로 돈을 많이 벌었는지 함박웃음을 지으며 부드러운 말투로 호탕하게 말했다. 키가 작아 '숏다리'라고 놀림을 받아온 그는 조씨 가 자신과는 비교도 안 되는 사람이라고 생각했다. 그는 여성들의 시선을 단번에 사로잡을 만한 매력적인 멋진 남자이며, 특히 지혜가 많아 보였다.

조씨는 훤칠한 키에 피부도 희고 모든 것이 시원스럽게 아주 잘 생긴 중년 남자였다. 푸른색 정장차림에 반짝이는 갈색 구두를 신 고, 얼굴에 잔잔한 미소를 띤 부드러운 남자였다. 조씨한테 은은한 향수 냄새가 났다. 또한 갈색으로 물들인 약간 긴 머리에 약하게 파 머를 해서 유명 배우처럼 보였다.

그때

"주식투자는 타이밍입니다!" 하고 조씨 옆자리에 앉아 있던 남자 가 말했다. 그는 계속 이어갔다.

"주식투자는 거래량을 가지고 타이밍을 잡는 겁니다. 실적, 재무 제표 다 필요 없어요. 부동산 '떴다방'처럼 투기꾼들이 몰려와야 큰 시장이 열리고 큰돈을 법니다."

그는 옆으로 째진 눈을 좌우로 휘번득거리더니 이내 아래를 보며 말했다. 흰자위가 많아 보였다. 좀처럼 사람들과 자신의 눈을 마주치기 싫어하는 사람처럼 보였다. 그는 머리도 길고 잘 빗지도 않아 부스스하게 보였고, 언제 감았는지 번질번질 개기름이 흐르고 있었다. 옷차림도 야전 점퍼 같은 군복에 검게 물들인 옷을 일부러 남루하게 입고 다니는 것 같았다. 그는 그 자체가 멋이라 생각하는 것 같았다.

목소리도 신사 같은 조씨와는 달리 걸걸했다. 의자에 비스듬히 기대어 앉아 음산한 분위기를 풍기고 있었다.

"저는 '한방'이라고 합니다. 매매주특기는 '상한가' 따라잡기와 옵션과 선물 매매입니다. 이 바닥에서는 '한방'하면 누구나 압니다. 앞으로 한방이라 불러 주십시오."

"한방!"미나는 웃음을 참느라 안간힘을 쓰고 있었다.

한방은 조씨와는 전혀 다른 사람 같았다. 그는 좀처럼 웃지 않을 것 같았다.

키는 컸지만 깡말랐다. 무슨 일이든 빨리 안 되면 참지 못하는 거칠고 난폭한 사람처럼 보였다. 아마도 PC방이나 도박장이 그의 놀이터였을 것이고, 게임을 잘하는 도박의 승부사 기질을 타고 났을 것이라고 현명한은 생각해 보았다. 그는 '쩐의 전쟁'이라 불리는 주식시장 최전선에서 치열하게 전투하는 특전사 전투병 같았다. 상대를 쳐다 볼 때도 정면 아니면 아래를 보는 특유의 몸짓이 밴 사람이었다. 그리고 잘 보면 눈동자가 약간 충혈 되어 있어서 밤샘을 잘 하는 사람 같았다. 잘생기고 부드러운 신사 같은 조씨와는 달랐다. 명한은 자신과 성격이 정반대의 사람이라고 직감적으로 느꼈다.

"아! 그리고 제 본명은 '손한방'이라고 합니다. 그리고 이쪽은 제 아내 입니다" 하고 삐딱하게 의자에 등을 기댄 채 자신과 그의 아내를 소개 했다.

"이영자예요. 이렇게 좋은 분들을 만나게 되어서 반가워요." 손한방의 아내는 씽긋 웃으면서 인사했다.

그녀는 얼굴이 둥글고 갸름한 고전적인 형으로 잘 웃고 천성이 착해 보였다. 남편만 믿고 의지하며 살아가는 전형적인 알뜰한 가정주부 같았다. 화장을 진하게 하였지만 얼굴에 검버섯이 희미하게 피어난 것이 왠지 마음고생을 겪으며 생활하는 것 같았다. 뭔지 모를 그늘이 짙게 드리워져 보였다. 손한방과는 서로 궁합이 잘 맞지 않을 것 같았다. 투기를 좋아하는 남편 때문에 고생을 많이 한 것은 아닌가? 명한은 혼자 생각해 보았다. 그리고 불규칙적이고 거친 사람을 가장으로 둔 그녀의 가정생활이 화목하지는 않을 것 같았다. 명한은 아주 재미있는 만남이라고 생각했다. 호탕하고 멋진 조씨, 한국형 미인인 손한방의 아내 이영자, 그리고 언제나 고독한 하이에나 같은 최고의 투기꾼 손한방을 운명적으로 만났다.

명한과 미나는 웃으며

"현명한입니다. 이쪽은 제 처입니다. 이렇게 멋지고 좋은 인연, 오래 간직하겠습니다. 만나서 반갑습니다."하고 인사를 나눴다.

"안녕하세요. 이미나라고 합니다." 이영자를 보면서 미나는 인사했다.

명한은 주식투자 선배들에게 실전 경험담을 듣고 싶어서 조씨가 안내한 생맥주집으로 아내와 함께 갔다.

8월 하순이었지만 아직 습도도 높고 한낮에는 찌는 듯 더웠다. 창 밖을 내다보니 구름 한 점 없던 날씨가 갑자기 어두컴컴하더니 천둥 번개를 동반해 소낙비가 무섭게 내리고 있었다.

"오늘 같이 좋은 날 술 마시기 좋은 분위기를 하늘이 알아서 도와 주는군." 분위기를 리드하는 호탕한 조씨가 혼자말로 중얼거렸다.

한 테이블에 앉아 있던 다섯 명은 증권사 지점에서 엘리베이터를 타고 1층 생맥주집으로 내려갔다. 창 밖에는 먹구름이 잔뜩 낀 하늘 에 요란한 천둥소리를 내면서 소낙비가 사정없이 내리고 있었으나 안으로 들어와 보니 내부는 약간 어두웠지만 따스한 기운이 피어올 랐다. 약 10여 평 규모의 작고 아담한 공간이었다.

애잔한 음악이 촉촉하게 흘러나오고 천장에 매달린 희미한 전등 불빛만이 테이블을 비추고 있었다. 호탕한 조현주는 생맥주 다섯 잔 과 구수한 냄새가 나는 튀김 닭을 시켰다.

"오늘은 이 조씨가 쏩니다. 마음껏 마십시다. 오늘처럼 멋진 날! 창밖에 비까지 내리는 오늘, 오늘이 우리의 첫 만남입니다. 앞으로 도 우리 자주 만나서 서로 형제처럼 의지하고 따끈한 정보도 교환하 면서 지냅시다. 그래서 말인데 우리 모임의 이름을 '주식투자를 사 랑하는 모임' 이란 의미로 '주사모'로 합시다. 그리고 봉사차원에서 초대회장은 조씨가 맡겠습니다."

"좋습니다." 모두 만장일치로 조씨의 제안에 찬성했다.

"자, 다들 잔을 높이 들어주세요! 오늘 같이 좋은 날 술을 마시지 않는다면 언제 마시겠습니까? 저는 오늘도 많은 돈을 벌었습니다. 오늘이 지나고 내일 해가 다시 뜨면 돈은 다시 채워질 것입니다. 우리의 영원한 주사모를 위하여! 하하하." 조씨라고 불러 달라던 조현주는 '오늘'이란 말을 유난이 많이 쓰는 정말 호탕한 사람이었다. '주사모'란 모임을 즉석에서 만들고 초대 회장까지 자처했다. 그는 사람들을 즐겁게 만드는 재주가 있는 사람 같았다.

그들은 '주식투자'라는 공감대로 엮어져 오래된 친구들처럼 웃고 떠들며 맥주를 마셨다.

"자, 오늘 우리 주식투자로 만난 인연, 앞으로 대박나기를 기원하며, 다 같이 건강과 행복을 위하여 건배!" 하고 조현주가 또 분위기를 띄웠다.

"현명한씨 이름 한 번 참 좋네요. 현명한. 현명한. 매사에 현명한 판단을 내릴 것 같습니다.하하하~! 현명한씨! 우리 비슷한 연배 같은데 올해 몇이요?" 맥주를 시원스럽게 쭉 단숨에 들이켜고 나서 웃으며 조현주가 명한에게 말을 걸어 왔다.

"정유생입니다. 현주씨는요?"

"저도 정유생입니다. 아! 이거 굉장한 인연입니다. 오늘이 정말 좋은 날인가 봅니다. 다행스럽게 나이도 같고, 주식투자도 함께하고, 오늘 만난 인연이 보통이 아닙니다. 우리 앞으로 친구로 지냅시다. 인생 뭐 있습니까! 친구와 함께하고 맛있는 거 많이 먹고. 상대방 칭찬 많이 하고, 싫은 소리 하지 말고. 좋은 이야기 많이 듣고, 즐기는 것이 참다운 인생 아니겠습니까. 즐기면 행복해지고 그러면 건강합니다. 자. 다들 한 잔 더 쭈욱 하십시다. 오늘같이 좋은 날을 위하여 건배!" 조현주는 현명한에게 자신과 친구로 지내자며 호탕하게 말하고 시원스럽게 건배를 외쳤다.

"그럽시다. 우리 서로가 각자 살아온 인생은 다르겠지만, 주식투자의 길을 동행하니, 외로울 때 이렇게 술도 마시면서 주식정보도 공유하면 서로에게 도움이 많이 될 것 같네요." 명한도 흔쾌히 말했다.

"이거 실례인줄 알지만 현주씨는 무슨 일을 하시나요?" 하고 명한이 묻자.

"에이, 이봐 친구! 현주씨가 다 뭐야. 그냥 조현주. 조씨라고 해." 하고 조현주는 씨익 웃으며 명한의 손을 잡으며 말했다.

"그래 좋아. 친구하자. 현주친구는 무슨 일을 하는 거여?"

"무슨 일을 하는 거여! 아, 이 친구 말하는 걸 보니 영락없는 충청도 양반이구만. 푸~ 으하하하." 조씨는 재미있다는 듯 큰소리로 웃었다.

"맞네. 하늘 아래 가장 편안한 곳 천안이라네."

"충청도 사람들 말은 느려도 동작은 민첩하지. 좋아. 나는 여기가 고향이라네. 우리 앞으로도 좋은 친구가 되자고. 이봐. 명한이 친구 어디 한 번 내가 뭐하는 지 알아 맞춰봐." 하며 조씨는 재미있다는 듯 명한에게 물었다.

"글쎄. 내가 봐서는 투자를 잘 할 것 같은데. 이를테면 주식투자 같은 거."

"역시 현명한, 이름처럼 판단력이 예리하군. 맞아. 나는 투자를 해. 부동산 투자도 하고, 그 중에 주식투자를 많이 하는 편이지. 하하하!"

“그럼 주식투자에 대해 잘 알겠네?” 명한이 궁금해서 물었다.

“물론 잘 알다마다. 무엇이든 물어봐 내가 모르는 것 빼고 다 알려줄게.”

오래된 친구처럼 주고받는 두 사람의 말에 모두가 즐겁게 웃었다.

“그럼 마음 놓고 물어볼게. 주식투자란 무엇이라고 생각해?” 명한이 질문했다.

“현명한 이름처럼 예리한 질문을 하네. 음. 그거야 당연이 ‘주도주에 올라타는 것’이지. 시장에서 가장 주목받는 미인주인 주도 주를 찾는 것이 주식투자라고 생각해.

주식투자는 아주 단순하게 해야 돈을 버는 이상한 게임이거든.”

“단순하다고?”

“그래. 종합지수, 다우지수, 경기, 업황, 환율, 유가, 정책, 정치, 주변국 사정 등등 다 필요 없거든. 시장에서 가장 각광받는 업종 중에서 1등주에 과감히 올라타고 드넓은 초원을 달리는 거야. 단숨에 천리를 달릴 수 있는 천리마를 찾는 게임이지.

나는 주도 주에 올라타서 60일 이동평균선이라는 고삐만을 꽉 잡고 매매를 하거든.

주식투자에서 돈을 벌려면 확고한 원칙을 지켜야 돼. 간단하지만 대단히 어렵지.” 목이 말랐는지 시원하게 생맥주를 쭉 들이키며 조씨는 말했다.

현명한은 조씨가 침 튀기며 열변을 토하자 고개를 끄덕였다.

손한방이 바닥에 침을 '퉤'하고 뱉고 내려다보면서 말했다

"타이밍이요?" 하고 명한이 물었다.

"주식은 간단합니다. 어렵게 생각하면 주식은 못 합니다. 시장을 잘 지켜보면 돈을 벌고 싶어 하이에나처럼 몰려다니는 투기꾼들이 한 번에 몰리면 한방에 상한가가 나오거든요. 거래량이 폭발하는 길목을 지키면 대박을 내는 겁니다.

거래량은 주가의 그림자입니다.

그리고 거래량은 누구도 속일 수 없습니다. 거래량이 폭발한 후에 들어가면 됩니다. 내 경험으로는 틀림없습니다. 제 말대로 한번 따라해 보세요.

거래량이 폭발하지 않으면 주가는 절대로 가지 않습니다. 아주 쉽죠. 왜 그 '동물의 왕국'을 보면 악어가 물속에서 두 눈만 빠끔히 내놓고는 먹잇감이 올 때까지 차지게 기다렸다가 사정권내에 들어오면 아~앙 하고 한방에 낚아채잖아요. 그리고는 절대로 놓지 않죠. 먹잇감이 도망치려고 발버둥 치면 악어는 물속에서 사정없이 구르기를 하여 혼을 빼죠. 바로 그때 먹어치우는 겁니다. 바로 그겁니다. 아주 쉽죠!"

"한방! 주식투자는 한방입니다." 손한방은 한방이라고 열변을 토했다.

"늘 외줄 타는 광대처럼 위태위태합니다. 저는 자나 깨나 남편걱정입니다. 위험한 선물 옵션과 같은 파생상품이나 상한가만 쫓는 남편 때문에 마음 편한 날이 없어요. 상한가를 맞아 불고기를 푸짐하게 먹는 날이 유일한 낙(樂)이에요. 그러나 남들처럼 가치투자를 하면 좋겠어요. 그러면 한동안 주식을 보지 않아도 되잖아요. 그리고 앞마당에 아름다운 꽃도 가꾸고, 행복이 가득한 집을 만드는 것이 소원이에요. 남편은 도대체 밤과 낮도 없어요. 밤에는 미국이나 유럽의 주식시장을 보기 때문이에요. 하루 온 종일 컴퓨터만 보고 살아요. 어느 땐 우리가 부부인가? 하는 쓸쓸한 생각이 들 때가 많아요. 말도 없고."

손한방의 아내 이영자는 남편이 항상 '한방'을 쫓는 것이 마음에 걸리고 집안에서 대화가 없어서 살아가는 맛이 없다고 투덜거렸다. 그녀는 지금까지 그런대로 잘 해왔으나 언제 터질지 모른다고 했다. 투자가 아니라 늘 투기만을 하는 남편이 걱정된다고 말했다. 명한이 보기에도 손한방은 천성이 승부사로 태어나 투자가 아니라 투기를 해야 만족하는 사람인 것 같았다. 타고난 천성이라 그 스타일을 고치기는 어려워 보였다.

"영자씨 말에 저도 공감이 가는 것 같아요. 너무 위험하게 투자하면 걱정스러울 것 같아요." 미나는 진심으로 걱정되어 말했다.

"그럼. 기회가 올 때까지 참을성 있게 기다렸다가 악어처럼 먹잇감을 한방에 덥석 문다는 말씀입니까?" 명한은 급등 주 매매를 안 해봐서 신기하다는 듯 물었다.

"맞아요. 나는 항상 기회를 잡기 위해 기다려요. 뭐. 주식투자는 기다림의 미학이라고 할까? 기다리다가 대어 낚을 기회를 놓치기도 하지만, 기다리면 기다린 만큼 커다란 대가를 받거든요. 행운은 세상 누구에게나 똑같이 오는 것입니다. 아주 공평하게 말입니다. 찾아온 기회를 어떻게 활용하느냐가 성공과 실패를 가르는 겁니다.

내 경험상 기다리다가 '이때다' 싶으면 가차 없이 재빨리 낚아챕니다. 뭐 다른 동물로 표현한다면 이를테면 으음. 그렇지. 왜 있잖아요. 독수리가 먹잇감을 찾기 위해 높은 창공에서 빙빙 돌면서 아래를 물샐틈없이 수색하다가 적당한 먹잇감을 발견하면 일순간에 급 하강 비행하면서 날카롭고 거센 발톱으로 먹잇감을 순식간에 낚아채고 절대로 놓지 않듯이 매수하여 수익을 내는 것이 내 특기입니다.

주식투자는 거의 모두가 투자자들 간의, 일종의 심리 싸움이라고 생각합니다. 주식투자는 배짱이 두둑한 사람이 이기는 게임입니다. 그래서 깡을 키워야 잘할 수 있습니다.상대방 심리를 이용하는 고도의 심리 전술이라고나 할까? '골리앗' 처럼요."

"골리앗이 무슨 뜻인가요?" 명한은 처음들은 말이라 재차 물었다.

"기관과 외국인 투기꾼들 중에 자금을 대규모로 보유하고 공매도, 작전, 과감한 투기를 일삼으며 시장을 교란하여 개미들을 빨아먹는 세력들을 총칭하는 은어입니다." 손한방은 자신의 경험담을 마치 큰 전투에 참전하여 이기고 돌아온 영웅처럼 이야기했다. 그래서 처음 듣는 사람은 그의 말에 빨려 들어가 주식투자는 '한방'에 타이밍을 잡고 단숨에 많은 돈을 버는 것처럼 들렸다.

명한은 자신도 언젠가는 골리앗에게 당할 것 같은 불안감이 들어 경계해야 할 것 같다는 생각이 들었다.

"그 타이밍만 잘 잡으면 돈 벌기는 힘들지 않을 것 같네요. 저는 그 '타이밍' 맞추기가 정말 힘들었어요. 왜. 그런 거 있잖아요. 내가 사면 떨어지고, 팔면 오르고." 명한도 자신의 경험담을 말했다.

"저도, 그런 때가 많이 있었습니다. 그럴 때마다 속이 뒤집어 집니다. 화도 나고, 나중에는 화병에 위장병까지 걸려서 병원신세를 졌던 경우도 있었습니다." 하고 손한방은 자신이 상한가를 쫓다가 병원신세를 진 경험을 애기 했다.

"그럼. 그렇게 어렵고 무서운 급등 주 매매를 하시는 특별한 이유가 있습니까?"

"아. 그거야. 짜릿한 쾌감 때문입니다. 딱 한방! 오늘처럼 후덥지근하고 무더운 날씨에 냉장고에서 갓 꺼낸 시원한 맥주를 단숨에 마시는 통쾌함이라 할까? 아무튼 그 맛을 본 사람은 세월을 낚는 밋밋한 가치투자는 못합니다."

손한방은 KO를 날리기 위해 준비하고 있는 프로 복서 같아 보였다. 또한 자신이 죽는 줄도 모르고 불빛에 달려드는 '불나방'같다는 생각도 들었다. 명한은 손한방이 앞으로도 계속 운이 따르기를 기원했다.

한방의 미래가 몹시 걱정 되었지만 급등 주 매매법이 궁금했다.

"급등 주 매매에 뭐 특별한 비법이라도 있는 겁니까?" 명한이 다시 물었다.

"비법? 비법은 무슨 비법. 그런 거 없습니다. 그냥 오랫동안 실전경험 속에 돈을 잃고 벌고 하다가 스스로 터득한 겁니다. 경험이 오래되면서 자연적으로 알게 된 겁니다. 뭐 이를테면 아프리카 밀림에서 굶주린 사자가 엉덩이가 예쁜 꽃사슴 한 마리를 사냥하는 식이라고 생각하면 됩니다. 뭐랄까? 동물적인 감각이라 할까? 뭐 그런 겁니다. 명한씨도 주식 투자를 잘할 것 같은데 주식한지 얼마나 됐습니까?” 하고 손한방은 궁금한 듯 물었다.

“저는 초보에요. 이제 겨우 2년차입니다. 앞으로 주식투자공부를 더 하고 실전경험을 쌓아서 제게 맞는 투자법을 찾으려고 합니다.” 명한은 겸손하게 말했다.

한편 손한방의 급등 주 따라 하기를 한참동안 귀담아 듣던 조씨가 생각이 난다는 듯 다시 말했다

“명한이 친구! 내가 오늘 말하지만, 나는 주식투자를 이십 년 이상 해 왔어. 친구처럼 한참 배울 때, 지금이 가장 좋은 때야. 주식은 알면 알수록 상처도 많이 받아. 초보자들은 누구나 주식투자만 하면 금방 돈을 많이 벌수 있다고 생각하지. ‘대박’이 틀림없이 찾아올 거라고 굳게 믿지. 그래서 스스로 행복에 빠지기도 해. 그러나 세상에 돈 벌기가 그렇게 쉬운 것은 절대로 아니지. 어쩌다 운이 좋아서 돈이 벌리면 실력이 향상되어서 수익을 낸 줄로 착각하거든. 가슴에 바람이 잔뜩 들어가서 그 다음부터는 과감하게 배팅을 하지. 그러면 벌은 것 모두 날리는 것이 주식투자라는 걸 알아야 진정한 투자자의 반열에 올라갈 수 있는 거야.

즉 리스크 관리를 할 줄 알아야 고수가 된다고 생각해. 쉽게 말해

주식투자는 돈을 많이 벌려고 욕심을 부리는 것이 아니고 잃지 않으려고 투자를 해야 그 때부터 진정한 수익을 낼 수 있다는 얘기야. 말처럼 쉽지는 않지만 본인의 투자 원칙 하나쯤 개발해서 그것을 항상 첨단 무기처럼 사용하면 승산이 있다네. 삼국지에서 관우가 비장의 무기인 '청룡도'를 차고 다니며 천하를 호령하는 것처럼. 아! 참! 그건 그렇고, 친구는 그동안 무슨 일을 했어?"

조씨는 처음 본 명한이 매우 호감이 가서 자신이 그동안 경험한 주식투자이야기를 하다가 명한에게 직업이 무엇이냐고 물었다.

"목(木)가구 디자이너 겸 제작자로 가구제조회사를 운영하고 있어."

"예술가네. 이봐. 예술가 친구! 주식투자는 예술이 아니야! 주식투자는 치열한 전쟁이라니까! 쩐의 전쟁! 이봐! 친구. 명한 친구! '쩐의 전쟁'이라는 말 들어봤어? 아마 들어 봤을 거야. 현명한 자네가 못 들어 봤을 리가 없지. 1900년 전 중국의 삼국시대는 칼이나 창을 잘 쓰고 힘이 세면 존경을 받는 영웅이었지만, 오늘날에는 세상이 변했어. 옛날 삼국시대가 아니잖아. 전 세계가 경제 전쟁 속에 살고 있거든. 안 그래? 내말이 맞지? 오늘날에는 칼 대신 돈을 갖고 싸움을 하는 세상이야. 방식은 뭐 옛날이나 비슷하지만…." 조씨는 끄윽 하고 트림을 하며 다시 말했다.

"오늘날에는 돈을 많이 버는 자가 일자리도 많이 만들고 존경받으며, 이 시대에 유비도 되고 관운장. 장비도 되는 시대라네. 좀 서글픈 생각도 들지만 우리는 세상을 돈이 지배하는 시대에 살고 있는 거야. 가구회사를 오랫동안 경영했으면 돈은 많이 벌었을 텐데 그래. 왜 이런 험한 전쟁터에 나왔어? 특별히 돈 욕심이 나서? 대박의 꿈을 꾸며?" 조씨는 주식시장은 사나운 전쟁터 같다며 알려주듯 명한에게 질문 했다.

"아니. 뭐. 순수 예술가는 아니고. 그것보다도 죽기 전에 꼭 해야할 일이 있어서 무섭지만 주식투자를 배우고 있는 중이야."

"그게 뭔데?"

"친구. 미안하지만 지금은 말하기가 좀 그래. 다음에 기회가 되면 얘기해 줄게.

아. 현주 친구! 나 한 가지 묻고 싶은 게 있는데. 주식투자경험이 많다고 하니까 질문하는데 존경할 만한 유명한 주식투자 선생님 아는 분 있어? 아무래도 전문가한테 주식투자를 정식으로 더 배워야겠어." 명한은 주식투자를 정석으로 배우고 싶었다.

"존경받는 유명한 선생님? 응. 있~지. 딱 한 명 있기는 한데. 주식투자 고수들은 그분을 필명으로 '공명 선생'이라 부르는 유명한 분이 계시지."

"공명 선생? 어디서 많이 들어본 이름이네. 조씨! 나한테 그분 소개시켜줄 수 있나?" 명한은 유명한 전설적인 선생이 있다는 얘기를 듣고 뛸 듯이 기뻤다.

"소개? 나도 잘 몰라. 어렴풋이 들은 얘기야. 그리고 그 분은 아무에게나 주식투자 비법을 알려주지 않는다고 했어. 그리고 지금은 주식시장을 떠나 은퇴한 상태야. 나도 공명 선생의 제자가 되려고 엄청나게 애를 썼는데도 퇴짜 맞았어. 그래서 포기 했어. 혼자서만 고상한 척하는 그놈의 고약한 영감탱이."

“왜?”

“그 고약한 영감탱이는 괴짜야. 물귀신 같거든. 지금은 다시는 아무 누구에게도 주식투자를 안 가르치신다고 들었어. 한때 주식투자로 갑부가 될 뻔 했으나 IMF때 망했다고 들었어. 잘 됐지 뭐.”

“조씨? 그런데 뭐가 그리도 유명한 투자 전략가라는 거야?”

“아. 그 분! 에이 고약한 영감탱이. 주식투자만큼은 나도 인정하지. 평생 주식투자만 했거든. 실전경험도 다양하고, 그리고 소문에 의하면 강남에서 가장 잘 나가던 주식투자 스타 강사였대”

“주식투자에도 스타 강사가 있어?” 명한은 깜짝 놀랐다.

“당연하지. 주식투자야 말로 수강료가 아무리 비싸도 배워야 한다고 생각해. 돈을 가장 많이 벌수 있는 21세기 최첨단금융기술인데. 이봐, 친구! 대학을 왜 다니는 거야. 다 돈 잘 벌려고 다니는 것 아냐? 주식투자를 배우는 것은 오늘날 자본주의 자유 시장경제에서 대학을 나오는 것보다 더 중요한 거야. 미래가 달려있다고.”

“그래? 친구 말이 맞는 것 같기도 하네. 주식투자를 돈 내고 배우는 것은 당연하다고 생각해. 그건 그렇고 음~ 강남에서 스타 강사였다면, 그럼, 잘 가르치시겠네.”

“나도 예전에 한 번 공명 선생이 은퇴하고 서울에 사실 때 제자가 되려고 찾아가서 사정 했지만 제자가 되지 못했어. 제자가 되려면 먼저 정직하고 투자 목적이 분명해야 해. 쉽게 말해 돈을 벌어서 어떻게 쓸 것인지 명확히 밝혀야 하고, 좋은 곳에 쓰지 않으면 제자로 받아주지 않는다는 것이 그분의 철학이야. 나는 돈을 벌면 멋지게 마음껏 자신을 위해 쓰겠다고, 이를테면 예쁜 여자 많이 만나서 즐겁게 살겠다고 했다가 퇴짜 맞았어. 괴팍한 노인네! 어유! 퉤! 퉤! 퉤!" 조씨는 투덜거렸다.

"그래? 아주 독특한 철학을 갖고 계시네. 까다로운 선생님이시네. 그러나 나는 더욱 더 구미가 당기는 걸." 명한은 궁금했다.

"명한이 자네는 공명 선생한테 부탁하면 아마 제자로 받아 줄 수도 있을 거야. 한번 찾아가 봐." 조씨는 명한에 대해서 정확히 아는 것처럼 말했다.

"조회장! 부탁할게! 꼭 좀 선생님이 살고 있는 곳을 알려줘."

"그래 알려주지. 요즘엔 설봉산 호숫가 양지 바른 언덕에 살고 있다고 소문을 들었어." 조씨는 명한에게 말했다.

"그래? 어유. 그렇게 가까운 곳에 사신다구? 고맙네! 조씨! 고마워."

"자네가 한번 찾아가서 제자가 되어 달라고 간절히 말해 봐. 그러면 '나는 공명 선생이다. 너를 제자로 받아 주겠노라'하고 받아줄지 모르잖아. 하하하."

"현주씨 고마워! 내 평생에 은인을 만났네. 꼭 은혜를 갚을게."

"은혜는 무슨 은혜."

명한은 조씨에게 너무나 감사했다. 꼭 찾아가서 제자가 되리라고 결심했다.

명한과 미나는 현대중공업 주식이 증권회사에서 내년에 100만원은 간다고 안심하라는 말을 듣고 혹시 거기까지 갈수도 있을 것 같다는 생각에 마음이 붕 떠 있었다. 그리고 객장에서 만난 조씨와 급등 주를 쫓는 고독한 하이에나 손한방 부부를 만나 '주사모'회원이 되었고, 주식투자에 대한 생생한 경험담을 들으며 맥주를 마시고 즐거운 시간을 보냈다. 명한은 조씨가 말한 리스크관리를 잘해야 한다는 충고와 손한방이 말한 '골리앗'에 대한 말이 마음에 와 닿았다. 특히 골리앗이 자신을 많이 괴롭힐 거라고 생각했다.

그들은 다음에 다시 만날 것을 약속하고 헤어졌다.

제조회사 폐업

현명한은 주식투자 공부를 열심히 했다. 한 번 빠지면 그 일에 올인 하는 성격이다 보니 그는 미래의 예상실적이 좋고 시장에서 1등으로 달리고 있는 주도 주를 열심히 찾았다. 리서치한 결과 현대중공업을 찾아내 분산투자가 아닌 집중투자를 했다. 대다수 주식투자 책에는 철저히 분산투자를 하라고 했다. 그러나 세계에서 주식투자를 가장 잘하는 오마하의 현자인 워렌버핏은 분산투자가 아닌 집중투자를 해야 한다고 말했다. 명한도 집중투자가 맞는다고 판단했다. 분산투자는 안전하기는 하겠지만 관리하기가 어렵고, 시장의 평균 수익률 이상 수익을 내기 어렵다고 생각했다.

집중투자 결과 관리하기 편하고, 수익은 시장 평균을 훨씬 뛰어 넘는 많은 돈이 벌렸다. '황금 알을 낳는 거위'가 바로 거기에 있었다.

그러나 그는 투자한 종목이 너무나 많이 올라서 당시 거위의 배를 갈라 수익을 실현할 것인지, 아니면 계속 알을 낳게 해야 하는 지 고민이 많았지만, 주식시장은 너무나 활력이 넘치고 미래 전망이 좋을 것이라고 판단해 황금 알을 더 낳게 보유하기로 결정했다.

그는 혁신적이고 시장지배력이 강한 1등 기업에 장기투자를 하는 것이 수공예 목재가구를 만드는 것보다 성공할 확률이 높으며 그 수익 배당금으로 그가 꿈꾸는 장학재단을 세울 수 있을 것이라 생각했다.

그의 목가구 제조회사는 제조원가에 이미 인건비가 차지하는 비중이 40%가 넘어가고 있었다. 순이익률은 5% 미만으로 떨어지고 있어서 멀지않은 미래에 한계치에 도달할 것으로 판단하고 있었다. 각종 환경규제와 노동집약적인 산업이라 전망이 불투명한 가구회사를 정리해야겠다고 결심했다. 대신 U갤러리에 집중하여 제조업이 아닌 작품 활동을 통한 작가공방을 운영하기로 마음먹었다.

돈이 넉넉할 때 정리해야 직원들 위로금과 창업비를 줄 수 있다고 판단하여 조심스럽게 동업자인 아내에게 먼저 말했다.

"여보. 회사를 정리 합시다. 그리고 갤러리를 활성화 시키고, 주식투자를 배워서 소규모 가족 투자회사를 설립합시다." 그는 비장한 각오로 말했다.

"네~에? 여보? 회사를 정리해요?" 미나는 깜짝 놀랐다.

"회사 정리하고 주식투자를 배워야겠어." 명한은 아내에게 그의 계획을 말했다.

"여보. 그래도 우리가 어렵게 세운 회사를 정리한다는 것은 다시 한 번 심사숙고하고 결정해야 하지 않아요? 난 걱정이 많이 되요. 당신 주식투자를 가볍게 보는 것 아니에요. 여보!" 그녀는 정말 걱정이 되었다.

"동업자인 당신도 목재가구회사에 대한 미래 전망은 훤히 알고 있잖아. 정부에서는 환경 감시단을 발족하여 이 잡듯이 뒤지고 으름장을 놓고 다니는 것이 이제는 신물이 나고, 각종 규제에도 머리가 아파. 우리나라에서 제조업을 하면 대역죄인 취급을 받는 것은 더더욱 치가 떨리고."

"그건 당신 말이 맞아요. 그렇지만 하루아침에 정리를 한다는 것은 너무나 성급한 것 같아요."

"아니, 당신도 알다시피 수공예 목재가구를 만드는데 이미 인건비 비중이 40%를 넘어가고 있어. 수익을 내려면, 한국에서 개발하고, 베트남이나 인도네시아 같은 인건비가 싼 곳에서 만들어다가 팔아야 한다고 생각해."

"그럼 동남아시아로 생산기지를 옮기면 되지 않을 까요?" 그녀는 말했다.

"그렇게 하고 싶지 않아. 제품의 질이 떨어질 거야. 또 관리도 어려울 것이고."

"당신 말이 맞긴 해요. 우리나라에서 앞으로 제조업을 하는 것은 어려울 거예요. 특히 3D업종인 수공예 가구제조업을 하기란…."

"대신, 갤러리를 더 활성화시켜서 작품 활동을 통한 공방운영을 합시다. 그리고 가구 만들기 학원도 운영하고, 참신한 디자인을 개발하여 로열티를 받을 수도 있고, 또 내가 늘 말했던 것처럼 가구 만드는 것을 갤러리 내(內) 무대에 올려 공연 입장료를 받읍시다. 난 멀지 않아 목재가구 만드는 과정을 연극처럼 공연을 할 수 있는 때가 올 것이라고 생각해. 그리고 갤러리 내에 펜션과 카페도 운영하면 우리가 앞으로 살아가는 데 아무 문제가 없을 거야. 기계소리 안 나고 부드러운 음악이 흐르는 공간을 연출해 봅시다.” 명한은 확고하게 마음을 굳히고 있었다.

미나는 명한이 회사를 정리 하자고 하자 몹시 불안했다. 큰애가 대학 1학년이고, 둘째가 고2이기 때문이다. 그러나 그녀는 크게 반대하지는 않았다. 가구시장의 전망이 밝지 않은 것은 사실이었기 때문에 어쩌면 남편의 말이 맞을 거라고 생각했다. 그녀는 남편을 믿었다. 늘 정직하게 땀 흘려 노력하는 사람이라 갤러리운영과 신사업인 주식시장에서도 잘 적응할 것이라 생각했다.

“난 가구 제작 중에 도장작업을 생각하면 앞이 깜깜해져. 화학도료 냄새와 분진이 발생하는 곳에서 직원들이 일하는 것을 보면 회사를 빨리 그만 두고 싶어. 그리고 겁도 많이 났고, 내가 늘 중죄를 지은 죄인이라는 생각이 들었어.”

“동감이에요.”그녀도 인정했다.

“각자 공방을 세워 작품 활동을 하면서 공장이 아닌 예술 촌을 만드는 것이 미래에 우리가 갈 길이라고 생각해. 그리고 언젠가는 정식 갤러리를 세워 예술품만 취급할 수 있는 날이 올 거야. 내가 직접 만드는 목재가구는 소량으로 제작하여 작품으로 판매하고 싶어. 공장 형태의 대량생산체계인 가구 제조업은 중단하는 것이 좋다는 진단을 내렸어.”명한의 설명에 미나는 고개를 끄덕였다. 남편이 제조업체 사장으로 새벽부터 늦은 밤까지 너무나 많은 고생을 하는 것이 항상 안쓰럽고 측은하기까지 했었다.

그는 그들이 세운 가구회사를 정리해야 하는 이유를 동업자인 그녀에게 추가로 자세히 설명했다.

"여보! 목공작업을 하다가 기계에 손가락이 절단된 직원에게 최선을 다해 보상을 해주었지만 장애를 입은 손가락을 볼 때마다 가슴이 너무나 아프고, 앞으로 또 발생할 수 있는 일이다 보니 안전사고가 염려되어 잠을 제대로 잘 수가 없어.

또 화학페인트를 직원이 잘못 다뤄 공장 바닥에 흘렸는데 때마침 남한강 환경감시대가 들이닥쳐 환경법을 위반했다며 으름장을 놓고 부당한 돈거래에 응하지 않자 고발되어 환경법 위반 벌금을 내고 환경사범이 된 것을 생각하면 더 이상 공장을 하고 싶지 않소. 나는 당신이 더 잘 알지만 남에게 욕 한번 안하고 살아온 사람인데 말이야."

그는 직원들 건강과 환경문제 때문에 더 이상 목가구제조업을 하고 싶지 않았다.

"알았어요. 당신 판단이 섰다면 지금 돈이 있을 때 직원들 위로금도 주고 공방을 낼 수 있도록 창업비도 조금씩 이라도 주어 정리해요. 그리고 새로운 길을 닦읍시다. 당신도 작품 활동을 하면서 직원들 공방이 정상화 될 때까지 보살펴 주어요."

그녀는 그와 창업 때부터 동업을 해왔기 때문에 그의 말을 이해했고 아쉬웠지만 동감했다. 그나마 소규모로 갤러리에서 직접 디자인하고 제작하여 소비자에게 직접 인터넷 판매를 하자는 명한의 제안에 위안을 삼았다. 그리고 창조공간인 U갤러리에서 목공학교와 카페, 펜션까지 할 계획을 이미 세우고 있었기 때문에 그녀는 쉽게 이해하고 받아들였다.

현명한은 동업자 이미나의 동의를 얻고 오십대 초반에 스스로 그들이 세운 회사를 정리하고 가구제조업 사장에서 은퇴했다.

그의 인생에 가장 잘 나가고 화려했을 때 사장이라는 직함을 내려놓았다.

평범한 삶을 버리고 가보지 않은 미지의 세계로 발을 들여 놓았다.

그를 아는 모든 사람들은 깜짝 놀랐다.

"한참 일할 나이에 은퇴 한다고요? 아니, 보통 사람들은 명퇴를 당할까봐 벌벌 떨고 다니는데, 건강이 나빠졌나요? '말기 암' 같은 것이라도…." 하고 그의 지인들은 한결같이 물었다.

"아. 아닙니다. 암이라뇨? 아주 건강해요." 현명한은 정색을 하며 부인했다.

"그럼 대체 왜 그렇게 빨리 은퇴를 합니까?" 그들은 도저히 이해가 가지 않았다.

"목재가구 작품 활동과 디자인 개발을 하려고 합니다." 하고 현명한은 대충 말했다.

"작품이 나오면 꼭 연락해 주십시오, 그동안 너무나 감사했습니다. 그리고 건강하십시오." 거래처 사장들은 모두가 한마디씩 했다.

현명한은 지난날들을 다시 한 번 생각해 보았다.

공부 10년, 사업 21년, 31년을 마치 멈출 수 없는 철마처럼 달려오기만 했다.

은퇴 후에는 U갤러리에서 작품 활동, 여행 그리고 마음껏 책도 보고 싶었다.

영어공부와 철학을 꾸준히 공부하여 늙어서 철학서도 쓰고 싶었다.

학자이셨던 할아버지를 꼭 빼닮았다는 그의 어머니 말씀처럼 독서할 때가 가장 행복하고 즐거웠다. 앞으로 다시 학생이 될 것이라 생각하니 벌써부터 가슴이 뛰었다.

그는 형편이 어려운 학생들에게 오랫동안 장학금을 주었다. 장학금을 줄 때마다 학생들에게 말하였다.

"학교를 졸업하고 사회인이 되면 죽기 전까지 적어도 한번쯤은 다른 학생들에게 장학금을 주십시오. 그것이 내가 바라는 바입니다. 앞으로 열심히 공부하여 훌륭한 사람 되십시오." 명한은 늘 그렇게 젊은이들을 격려했다.

명한과 미나는 갤러리를 남기고 그들이 함께 세운 가구제조 회사를 정리했다.

돈을 벌려면 돈이 넘쳐나는 곳으로 가서 그물을 쳐야 한다고 했다. 그는 충분히 검토한 후 결심 했다. 그리고 재단을 세우기 위한 첫발을 내딛었다.

좌절과 희망

(첫 번째 주식투자 실패)

주식시장의 불기둥은 점점 높게 타오르고 있었다. 돈의 탐욕으로 겹겹 쌓아 올린 붉은 불기둥이 거대한 화산의 이글거리는 검붉은 용암이 되어 온 천하를 불바다로 덮을 것만 같았다. 그러나 하루만 참으면 수천만 원씩 수익이 발생하고 있어 가슴이 떨렸다. 대 폭락장이 이제 막 시작될 것이라는 말과 여전히 시장 한쪽에서는 우리나라 코스피가 3,000포인트도 가고 5,000포인트까지 간다고 하면서 낙관적인 리포트가 범람하였다.

현명한은 '주식투자로 재단을 설립하고 가난하지만 공부에 성취욕이 강한 학생들에게 장학금을 주어 우리나라를 이끌 인재를 키우고 싶다.'며 가슴에 부푼 꿈을 품고 시작했다.

그러나 주식투자 2년차인 그가 봐도 너무 빠르게 오르고 있었다. 주식차트의 기울기 각도가 45도를 넘어 거의 수직에 가깝게 되었다.

주식차트는 이미 수개월간 위험하다고 경고라도 하듯 들쑥날쑥

톱니를 만들고 있었다. 그러나 H증권사 D과장은 100만원은 갈 테니까 꼭 들고 가라고 했다.

그가 2008년 예상 실적으로 계산한 현대중공업의 목표가격은 60만 원 이었다. 100만 원은 못 가도 60만원은 가리라고 굳게 믿고 이익실현을 하지 않고 있었다.

2007년 11월이 되자 주가는 더 뜨거웠다. 마지막 힘을 다해 하늘을 향해 달렸다.

"여보. 오늘도 또 올라가네요. 도대체 정상은 어디일까요?" 그녀는 높이 타오르는 주식차트를 바라보며 말했다.

"참! 잘 달리네! 숨도 쉬지 않고 잘 달려. 그런데 왜 이리 초초하고 불안한가?"

"난 급락하여 주식시장이 차디차게 식기 시작하면 무조건 모두 팔아서 이익실현 할 거예요."그녀는 어금니를 꽉 물었다.

"난 60만 원 이상에서 분할로 이익 실현을 할 거야. 힘들어도 버티자. H증권사 직원은 100만원은 간다고 했지만, 난 내가 정한 목표가격 60만에 도달하면 이익 실현이다."

그는 60만원을 고수했고 또 주식계좌에 늘어나는 돈을 보면서 흥분의 도가니에서 자신도 모르게 감정 컨트롤을 못하고 있었다. 마침내 현대중공업 주가는 50만원 벽을 훌쩍 넘더니 55만원 고지를 향해 점프했다.

그는 정상이 어디인지 알 수 없었다. 밑에서 꼭대기를 올려다보니 55만원 고지도 까마득하게 높아서 잘 보이지 않았다. 배고픈 사자가 먹잇감을 향해 살금살금 다가가듯 숨을 죽이고, 목표주가 60만 원 고지를 바라보고 있었다.

"여보. 55만 원을 찍었어요! 정말 아슬아슬하네요. 가슴이 터질 것 같아요!" 그녀는 어깨를 움찔했다. 무섭다는 생각마저 들었다.

"그래? 제발! 제발! 제발! 조금만 더 가라! 이제 다 온 거야. 고지가 눈앞이네. 이제 5만 원만 더 올라가면 60만 원부터 조금씩 분할 매도 합시다! 이정도의 힘이면 충분히 거기에 도달할 것이요. 과연 어디까지 갈지 정말 궁금하네! 버티는 자가 승리하는 거지!" 명한은 화장실도 못가고 한 손으로 아랫배를 잡고는 입을 오므리고 뚫어지게 차트를 쳐다봤다.

그러나 그곳이 최정상이었다.

"여보! 주가가 급락하고 있어요. 빨리 팔아야 되는 거 아네요?"

그녀는 공포에 싸여 다급하게 그를 불렀다. 주식시장 전체가 어느새 차디찬 푸른 바다색으로 변하고 있었다. 거래량을 보니 엄청났다. 큰손들이 움직인 것 같았다.

"글쎄. 아직 목표주가에 도달하지 못했는데, 미래 예상 실적도 너무 좋고."

"그렇지만 시장은 이미 차디차게 느껴져요. 얼른 팔아야죠. 여보!"

"어! 어~! 어허. 좀 더 기다려 봅시다."

그는 몹시 불안했으나 자신이 정한 목표 가격까지는 보유하기로 마음먹었다. 눌림 목을 형성한 후 다시 60만 원대를 향해 날아올라 갈 것이라고 믿었다.

그러나 2007년 11월 7일 55만원이 사상 최고가였다. 그 후 37만 원대까지 순식간에 떨어졌다. 정말 눈 깜짝할 사이에 하락률이 무려 마이너스 31.63%였다.

손한방이 말한 골리앗이 활동을 한 것 같았다. 그는 섬뜩했으나 매수평균가격이 13만원이었고 이제는 주가가 크게 조정을 받았으니 제자리를 찾아서 다시 상승할 거라 생각했다. 그 후 다시 반짝 상승하여 482,000원까지 올라갈 때 시장은 1차 매도기회를 주었었지만 그 때도 팔지 못했다. 다시 60만원을 향하여 상승하리라고 굳게 믿었기 때문이다. 그러나 또다시 2008년 1월 30일이 되자 27만 원대까지 하락했다. 고점대비 반 토막이 났다. 손 쓸 사이도 없이 무너져 버린 것이다. 그 후 2008년 6월에 35만원까지 재차 상승하여 마지막 이익실현 찬스를 주었었지만 그는 '이제는 정말 상승하겠지'하며 계속 붙들고 기다렸다.

"여보! 아쉽지만 그만 주식을 팔자고요. 나는 더 이상 기다리지 못하겠어요. 숨이 막혀 죽을 것 같다고요. 팔아서 이익을 챙기고 시장을 지켜보는 것이 좋겠어요. 당신 말을 믿고 버티다가 이익금의 30%는 날아갔어요."

그녀는 주가가 다시 35만 원대로 복귀하자 명한의 판단이 잘못되었다며 모두 매도하여 이익을 실현했다. 169%라는 놀라운 수익을 거두고 이익을 실현한 것이다.

그러나 그녀는 명한이 보유하자고 해서 기다렸다가 이익금이 더 많이 줄었다며 투덜거렸다. 최선을 다해 리서치하고 시장에서 최고로 달리는 실적 좋은 주도 주를 발굴하여 투자한 후 많은 돈을 벌 때는 '당신은 주식투자를 위해 태어난 사람!'이라며 칭찬을 하더니 시장상황이 바뀌자 무책임하다며 그에게 짜증을 내었다.

"그게 왜 내 책임이란 말이요? 못된 세력들! 투기꾼들이 책임을 져야지." 그는 속이 뒤집어진 상태에서 아내가 짜증을 내자 버럭 화를 냈다.

"당신은 안 팔아요? 제발 이익이 남았으니 그냥 팔고 다음 기회를 보자고요." 그녀는 자신의 계좌를 정리하고 명한에게도 더 늦기 전에 이익을 실현하라고 강력하게 권했다. 그러나 명한은 자신이 정한 룰대로 꼭 붙들고 갔다.

주가는 원래 오르락내리락을 반복하는 것이 다반사이기 때문에 안정을 찾고 다시 상승하리라 생각했다.

그러나 명한은 주식투자 실전경험이 전혀 없는 것이 화근이었다. 그에게 운도 따르지 않았다. 세계금융시장에 무서운 복병이 숨어 있는 줄 몰랐다.

2008년 9월5일 리먼브라더스가 파산을 하면서, 현명한의 신념은 그야말로 똥고집이 되고 말았다. 전 세계증시가 차디차게 얼어붙었고, 현대중공업 주식가격도 꽁꽁 얼어붙어 언제 풀릴지 알 수가 없었다.

2008년 10월 27일 103,000원까지 와서야 멈출 수 있었다.

브레이크가 파열되어 고장 난 자동차가 급경사 내리막을 인정사정없이 달려 내려오는 것과 같았다. 어떻게 멈췄는지 신기할 정도였다. 주식시장은 완전히 무너졌다.

성난 파도만이 일렁이는 무서운 차디찬 검은 바다로 변했다. 시장의 투자자들도 모두 시퍼렇게 질렸다. 명한은 시간이 좀 지나면 목표가격에 도달하리라고 바보스럽게 믿었다. 그러나 글로벌 금융위기가 쉽게 해결될 기미를 보이지 않았다. 외국인들은 계속해서 보유하던 주식을 팔았다.

그의 주식계좌에 쌓였던 수많은 돈이 어디론가 사라지고, 마이너스 계좌가 되었다.

그는 만신창이가 됐다. 무엇보다 자신의 신념이 무너졌다. 그의 가슴은 사나운 파도에 밀려 목숨만 간신히 부지한 채 어느 이름 모를 낯선 무인도에 떠밀려온 기분이었다. 주식시장을 쳐다보지도 못하고 갈팡질팡했다.

"오! 하느님! 이 불쌍하고 탐욕스럽고 멍청한 저를 어떻게 하시렵니까? 더러운 탐욕에 물든 자들이 신음하며 고통 받는 지옥에 보내어 마음 컨트롤을 자유롭게 할 수 있는 투자자로 만들어 주시려고 그러십니까? 하느님! 저는 절대로 손해나고 주식을 팔지는 못하겠습니다. 저를 도와주십시오."

그는 손해보고 팔수는 없다고 생각했다. '투자의 본질은 돈을 잃지 않는 것이야. 돈을 잃지 않는 거! 돈을 잃지 않는 것!'이라고 두 주먹으로 가슴을 치면서 이를 악 물고 버텼다. 한없이 추락하던 주가는 힘겹게 바닥을 치고 다시 올라오기 시작했다. 그러나 그는 2008년 11월 10일 187,000원까지 간신히 올라오자 매도하고 말았다. '투자에서 돈을 절대 잃지 않는다.'는 그의 신조만큼은 지켰다.

그러나 그는 다시 매수할 시점에 도달했다는 것을 느끼면서도 또다시 언제 지옥까지 끝없이 추락할지 몰라 공포에 질려 매도했다. 원금까지 손실이 발생한 것은 아니었지만 초라한 수익을 냈다.

'이런 바보 멍청이가 또 어디에 있단 말인가?

주식투자에 성공하여 장학재단을 세운다는 큰 꿈은 이제 물 건너 사라진 것인가?

이제 어떻게 하지?

세상 사람들이 이 사실을 알면 모두가 욕심쟁이 애꾸눈이라고 조롱할 거야.

흑흑흑. 아이고! 아이고! 아이고!

내가 살면서 이렇게 황당하고 어려웠던 순간이 또 있었나?'

명한은 자신의 머리를 사정없이 쥐 박았다. 그래도 가슴이 답답하고 머리가 터질 것 같았다. 명한은 사력을 다해 물고기(돈) 떼가 다니는 길목에 그물을 쳐서 그물 속으로 수많은 물고기를 몰아넣는데 까지는 성공 했었다. 그러나 깊은 물속에서 그물 속에 갇힌 물고기들을 잡아먹으려는 상어 떼(세력들)의 공격을 받아 그물이 찢어져 대부분 빠져나간 것을 몰랐다. 이리 쫓기고 저리 도망가던 힘없는 몇 마리만 잡혔다. 2년간의 농사는 망치고 말았다.

명한은 쓸쓸한 공허만이 가슴에 가득히 맴돌고 있었다. 눈보라가 몰아치는 시베리아 벌판 한 가운데 알몸으로 서 있는 기분이 들었다. 텅 빈 공허 그 자체였다. 창밖은 벌써 겨울을 재촉하는 비가 내리고 싸늘한 바람이 강하게 불고 있었다. 강풍에 창문이 심하게 덜컹

거렸다. 그때마다 뚫린 가슴은 서늘해졌다. 그는 잠을 자려고 눈을 감고 있었으나 머릿속이 너무나 혼란하여 도무지 잠이 오지 않았다.

늦은 밤 거실로 홀로 나와 소주를 병 채로 마셨으나 취하지 않았다. 머릿속이 휑하니 아무 생각이 없는데, 눈을 감으려 해도 감기지 않고 멀뚱히 뜨고 있었다.

'목표가격 60만원! 60만원! 60만원! 아휴! 이놈의 탐욕!'

며칠이 지나 마음을 간신히 가라앉히고 바둑판에 복귀하듯 시장의 발자취를 다시 조사해 봤다. 2008년 10월 달에는 폭포처럼 주식 가격이 떨어졌다.

코스피(KOSPI)지수가 -57.21%라는 영화의 한 장면처럼 참담하게 추락했다.

코스닥(KOSDAQ)지수는 참혹하게 -70.68%까지 하락하였다.

부동산투기로 발생한 글로벌 금융위기의 근원지인 미국의 다우산업지수는-54.43%,

상해종합지수 -72.82%,

일본의 니케이225지수 -61.77%,

영국 파이낸셜 FTSE100지수(타임스100) -48.76%,

프랑스 CAC40(꺄끄40지수)-60.20%,

독일DAX30(닥스30지수) -55.97% 등 무지막지하게 하락했다.

전 세계 모든 자산 가치(주식, 채권, 부동산 등)가 반 토막 이상 났고, 대다수 종목들은 거의 휴지가 되다시피 떨어졌다.

"여보. 나 주식 그만 둘래. 나는 주식투자가가 될 수 없어!

배워서 할 것 같지 않아. 갤러리 사업에 집중 해야겠어." 명한은 힘없이 말했다.

머릿속의 모든 것이 밖으로 빠져나간 기분이 들었다.

2년 동안 주식투자 공부를 한 것이 후회스러웠다.

그는 애널리스트처럼 종목분석은 그런대로 하지만 투자자로서는 재주가 없다며 이제 투자를 중단하겠다고 한낮 땡볕에 시들어 축 처진 호박잎처럼 기가 죽어 아내에게 말했다.

"여보. 내가 주식투자를 해보라고 권해서 당신한테 큰 고통을 주었네요. 가슴이 찢어지게 아프고 미안해요. 그리고 늦게 팔아서 수익금이 줄어든 것이 당신 책임이라고 한 말 정말 미안해요." 그녀는 사과하며 위로했다.

"그게 당신 탓인가요. 세계경제를 절반이상 쥐고 흔드는 미국인들의 광적인 부동산 투기 때문이지. 그리고 내가 목표가격만 고집했어. 똥고집 말이야."하며 그는 KO패를 인정하며 어깨를 축 늘어뜨렸다.

"여보! 당신은 투자의 수익은 적었지만, 어느 애널리스트 못지않게 분석은 잘한다고 봐요."

"분석만 하면 뭘 해. 제때에 매도를 잘 해야지."

"당신에게 험한 길을 안내해서 정말 미안해요."

"이 길은 내 길이 아니야!"

"일단, 당신은 푹 쉬어야 해요. 그리고 맑은 정신에 미래를 다시 생각해요. 여보!"

"아니야. 아니야! 나는 주식투자에 적합한 사람이 아니라는 것을 알았어."

"여보! 당신 좋아하는 강릉 해변 갈래요? 넓은 바다도 보고, 회도 맛있게 먹어요." 미나는 명한이 걱정되었다.

"강릉?"

"그래요. 당신이 가장 좋아하는 곳. 그 곳에 가면 늘 고갈된 에너지를 충전했잖아요. 10대에 만났다는 예쁜 하얀 얼굴의 여 스님도 생각해보고. 호호호."

"그거 좋은 생각이네. 갑시다." 명한은 미나의 제안에 흔쾌히 승낙했다. 그는 마음이 답답하면 강릉 바닷가를 찾았다. 깨끗한 푸른 바다를 보면 늘 힘이 났다.

영동고속도로를 2시간 달려서 경포해변에 도착했다. 모래사장을 프라이팬에 달달 볶듯 뜨거웠던 지난여름의 많은 추억이 모래더미에 묻힌 채 바다는 싸늘한 바람을 일으키며 철썩철썩 쉼 없이 노래하고 있었다.

"아! 바다다!" 명한은 바다로 걸어갔다. 그러나 예전처럼 즐겁지 않았다.

"저기 그네가 있네. 우리 그네타자. 응?"미나는 빈 그네를 가리키며 말했다.

"그래." 그들은 가만히 그네에 앉았다.

"오빠? 오빠랑 그네 타니 정말 좋다. 여기 잘 왔지?" 멍하니 먼 바다만 바라보고 있는 명한에게 미나는 말을 붙였다. 명한은 미나가 오빠라고 하면 좋아했다.

"으~음 그러지 뭐." 그녀가 오빠라고 불러도 명한은 화난 사람 같았다.

"오빠. 그냥 아무 생각 말고 매력 넘치는 미나만 바라봐. 캠퍼스 벤치에서처럼…."

"그래. 고마워." 그래도 말이 없다.

"오빠? 내가 밀어줄까?"

"에이. 그만 둬 힘들잖아."

"괜찮아 오빠. 오빠는 지금까지 나와 우리 애들을 밀어줬잖아!"

"내가 그랬나?"

"그랬지. 오빠는 항상 우리 가족을 위해 천리마처럼 달려왔지."

"그러게!"

"오빠? 뭐 생각해?"

"그냥. 뜻이 약간 다르긴 하지만 바다를 보니 해불양수(海不讓水) 글귀가 생각나서."

"해불양수!"

"왜. 우리아이들 서예선생님께서 나에게 써서 주신 글말이야. 큰 사람 되라고. 아니, 될 거라고 하시며 주신 거."

"아. 표고해서 오빠 책상 앞에 걸어두고 늘 보고 다짐하는 거."

"그래 그거. '바다는 어떠한 물도 마다하지 않고 받아들여 거대한 대양을 이룬다.'는 뜻으로 모든 사람을 차별하지 않고 포용하는 것을 말하는 글말이야.”

“오빠, 큰사람이 틀림없이 될 거야. 난. 믿거든. 오빠가 고사 성어를 했으니까 나도 장단을 맞춰볼까. 음. 뭐로 할까? 당서(唐書) 배도전에 나오는 말로 할게. ‘이기고 지는 것은 병가에서 일상적인 일이다’라는 승패병가지상사(勝敗兵家之常事)로 하지 뭐. 예부터 전쟁에 이기고 지고 하는 것은 당연한 것이라 했어. 기뻐하지도 낙심하지도 말고 앞으로의 대책에 보다 신중을 기하라는 뜻이니 오빠도 너무 걱정하지마. 첫술에 배불은 것이 어디 있겠어.” 그녀는 명한의 차갑게 얼어버린 마음을 풀어주려 위로의 말을 했다.

“미나 말이 맞기는 맞는데. 고마워. 언제나 이 못난 사람 곁에 있어줘서.”

“아니, 오빠 잘난 사람이야. 너무 앞서가서 그렇지.”

“내가 그런 사람인가?”

“그럼. 아~ 참. 오빠 가슴 좀 보자.” 그녀는 명한의 셔츠 단추를 풀으며 말했다.

“왜이래. 누가 보면 어쩌려고.”

“괜찮아 우린 부부잖아. 오빠의 얼어붙은 가슴을 따듯한 내 손으로 녹여줄게.” 미나는 명한의 가슴에 손을 대고 부드럽게 문질러주었다.

“어때? 오빠 가슴이 녹았지? 뜨거워졌지?”

“이제 됐어 그만해 온몸이 다 뜨거워지는 느낌이야.”

“온몸이? 호호호.”그녀는 그윽하게 명한을 올려다보며 웃었다.

"고마워."

"아휴! 배고프다!"

"그래, 우리 밥도 먹고, 회도 먹고, 술도 마시러 가자." 그들은 바다가 훤히 내려다보이는 곳에 앉아서 싱싱하고 맛있는 회를 먹었다. 명한은 겨울의 문턱에 있는 바다를 보았다. 아내의 가슴 마사지를 받고, 소주 몇 잔까지 먹고 나니 얼어붙었던 마음이 녹아내리는 것 같았다. 명한은 하루 동안 시원한 바다를 보고 와서 긴장되었던 마음이 약간은 안정 되었다.

그는 '무릎에 사서 어깨에 팔라'는 격언을 생각해 봤다. 그에게 가슴에 와 닿는 말이라고 생각했다. 이는 인간의 탐욕을 경계한 말일 것이다. 주식가격이 무릎쯤 올라 왔을 때 즉, 추세가 상승세로 완전히 돌아서면 매수하고, 머리끝을 지나 어깨까지 내려오면 즉, 하락세로 전환하면 매도를 하라는 격언이다. 현대중공업의 경우 35만 원대가 어깨였다고 생각했다. 그러나 그는 실행에 옮기지 못했다.

지나친 탐욕이었을까?

2008년 글로벌 금융위기에 대해 명한은 조사를 해 보았다.

1850년에 설립된 세계5위 투자은행 리먼 브라더스가 2008년 9월 5일 과도한 부채를 감당 못하고, 부도를 내고 파산하면서 금융 공황이 발생했다.

그는 리먼브라더스를 파산시키고, 세계금융위기를 초래하며 자신에게 그토록 정신적 고통을 받게 한 '서브프라임 모기지론'이 무엇인지 궁금했다.

서브프라임 모기지론이란 미국의 비우량주택담보 대출이라는 것을 알았다. 신용도가 낮은 저소득층 사람들에게 은행이 부동산을 담보로 하여 주택자금을 장기간 빌려주는 부동산 담보대출이다. 서브프라임이란 미국의 신용등급 중 하나이며, 가장 낮은 등급에 속한다는 것을 명한은 그때서 알았다.

문제는 금리가 낮아지자 주택에 대한 부동산투기가 일어나기 시작했다. 집값이 오르니까 신용도가 낮은 사람들까지 돈을 벌기 위해 혈안이 되어 은행 대출을 받아 집을 샀다. 그러나 부동산값이 투기 열풍으로 하늘 높이 올랐고, 금리가 다시 오르기 시작하자 큰손들이 이익실현을 위해 부동산을 팔기 시작했다. 집값이 너무 많이 올랐다는 공포감이 퍼지면서 매물을 쏟아내자 집값은 순식간에 폭락하고 대출이자는 반대로 점점 오르면서 집을 다시 팔아서 빚을 갚으려 해도 팔리지 않았다. 이로 인해 대출금 상환을 못해 대출자들이 더 이상 채무를 상환하지 못하고 파산하면서 돈을 빌려준 리먼 브라더스까지 결국 파산한 사건이었다.

2008년 서브프라임 모기지의 거품붕괴를 예일대 로버트 실러 교수가 경고하는 것을 경제신문을 통해 보았으나 주식투자 초보자였던 명한은 대수롭지 않게 여겼었다.

부동산 투자는 안전하다고 누가 말했던가?

한순간에 수많은 사람들이 알거지가 되었는데….

우리나라 주식시장에서는 외국인들이 부족한 돈을 메우려고 투자금을 회수하기 위해 보유 중이던 주식을 대량으로 팔아서 급락한 것이었다.

리먼브라더스(Lehman Brothers), 베어스턴스 (Bear sterns), 메릴린치(Merrill Lynch)등 미국의 대형 투자은행 3개사가 파산하고, 세계 최대 보험사인 AIG사가 파산 직전까지 갔었다. 돈에 대한 탐욕으로 일어난 것임을 명한은 알았다.

현대중공업을 60만원이란 목표가를 정해 고집을 피운 것도 지나친 탐욕이라고 명한은 반성했다. 고평가 됐던 것이 사실이라고 인정했다. 주식가격은 기업실적에 연동해서 한 발씩 단계적으로 움직여야 정상인데 미래실적에 도취되어 시장 반응이 너무나 빠르게 과잉반응해서 폭등했기 때문에 폭락은 불가피했던 것이라고 생각했다.

"여보? 아직도 마음이 잡히지 않아요?" 미나는 걱정이 되어 물었다.

"아직. 갈등이 심해. 주식투자가 내 적성이 아닌 것 같아서." 명한은 고개를 저었다.

"그럴수록 마음을 굳게 먹어야죠."

"마음을 아무리 굳게 먹어도 나 같은 개인투자자는 항상 불리하긴 마찬가지야. 골리앗이 가격을 끌어내리면 꼼짝없이 당하는 경우가 많아. 개인투자자는 정보력도 한계가 있고, 공포분위기를 조성하고, 근거 없는 호재를 터트려 개인투자자들을 끌어 모아 주가가 올라가면 한번에 '빵'터뜨리고 매도하니, 대학생과 초등학생이 돈을 걸고 내기 축구시합을 하는 것과 같다고." 명한은 주식시장이 골리앗 때문에 불공평한 게 너무 많은데 그것을 이길 묘책이 떠오르지 않아 갈등이 심했다.

"골리앗요?"

"그려. 골리앗. 손한방이 말한 공매도와 작전을 펴서 주식시장을 혼란에 빠뜨리고 순식간에 초토화시키는 피도 눈물도 없고 개인투자자들이 돈을 잃어야 쾌재를 부르는 일종의 대규모 투기꾼들 말이요. 그놈들 때문에 개인투자자들이 늘 먹잇감이 되는 것 같아. 우리가 이길 힘도 없고."

"그러니까, 공부를 해야죠. 골리앗의 흉계를 거꾸로 이용하는 방법도 있을 거구요. 우선은 지나친 욕심도 자제하면서 말이에요." 명한과 미나도 골리앗에 대해 확실하게 몰랐다. 명한은 자기 힘으로는 이길 수 없다고 판단했다.

"여보 그럼 당신 장학재단의 꿈은 어떻게 할 거예요?" 조심스럽게 그녀는 물었다.

"그것은, 세워야지."

"그럼. 어떻게 세울 건데요?"

"그것이 문제요. 현재로서는 방법이 없고 마음만 아프니."

"당신이 받은 상처를 생각하면 저도 가슴이 아파요. 그러나 당신이 이제 겨우 2년 밖에 주식투자공부를 하지 않았고, 원금까지 손실을 낸 것은 아니잖아요. 피 빨아먹고 사는 골리앗을 연구하면 무슨 방법이 있을 거예요. 역으로 이용하면 그들이 곤두박질 쳐놓은 주식을 싸게 살 수 있는 경우도 생길 거예요. 기회는 앞으로도 많이 있을 거라 믿어요.”

그녀는 그가 하루 빨리 상처를 씻고 공부하기를 진심으로 바랐다.

명한은 며칠 밤 낮 없이 고민하다가 그녀의 격려로 정신을 가다듬었다.

명한이 곰곰이 생각해 보니 그녀 말대로 이제 겨우 2년차였다.

그의 생활철학과도 맞지 않는다는 것을 깨달았다.

‘내 잘못으로 너무나 힘들게 해서 정말 미안해. 미안해! 미안해!’ 그는 눈을 감고 수없이 자신의 상처받은 가슴에 사과하고 어루만졌다. 차디차던 그의 가슴은 이제 많이 따뜻해 졌다.

그러나 영원한 ‘을’의 입장에서 골리앗 ‘갑’의 횡포를 어떻게 방어할지 캄캄했다. 세력들은 작전을 하기 전 먼저 사 모아 놓고는 검증되지 않은 기업의 좋은 뉴스를 일방적으로 내보낸다. 그리고 개인 투자자들이 ‘이제는 가겠구나!’하고 모여들면 몰래 팔고 도망치는 간단한 수법 하나만으로도 꼼짝없이 당하고 있다. 너무나 불공정한 게임을 해야 한다고 명한은 생각했다. 어쨌든 이미 2년 동안 읽고 공부한 30여권의 투자 관련 책들을 다시 꼼꼼히 읽기로 했다. 골리앗을 이길 다윗의 심정으로 공부하고 노력했지만 아직은 다윗이 못되고 있어서 스스로 안타까웠다.

그러자 그녀가 한 가지 제안을 했다.

“여보. 혼자서 책을 보는 것 보다 스승이 있어야 더 빨리 배우는 것 아니에요?” 그녀는 ‘스승을 찾아 배우라’고 제안했다.

그는 자신이 미처 생각하지 못한 아주 좋은 아이디어라고 생각했다.

“스승! 스승이라. 그건 당신 말이 맞는 것 같은데. 그런데 주식투자 전문가 스승을 어디서 만나지.” 그는 푸념하듯 말했다.

“작년에 증권사 지점에서 만난 조현주씨가 말한 분을 한번 찾아가면 어떨까요?”

“공명 선생 말이에요?”

“공명 선생, 그 분이 주식투자의 살아 있는 ‘신’이라고 현주씨가 말했잖아요.”

“맞아. 아주 좋은 생각이네. 고마워. 그런데 나를 공명 선생이 제자로 받아줄까?”

“제자가 되어 달라고 부탁을 해 봐야죠. 이런 때 당신 주특기를 발휘해야죠. 당신은 정의를 위해서는 절대 포기하지 않는 불굴의 도전정신이 매우 강하잖아.” 그의 어머니가 어린 시절 그에게 말한 것처럼 그녀가 그를 위로하며 말했다.

명한은 자신의 무릎을 ‘탁’하고 쳤다.

“역시 미나야!”

스승을 찾아라!

매섭고 춥고 우울한 겨울은 가고, 꽃피는 봄이 다시 왔다.

만물이 깊은 잠에서 깨어나고 기지개를 켰다. 스승을 찾아 배우라는 아내 말에 그는 새 희망을 찾았고, 봄기운에 새로운 힘을 얻었다. 그는 사계절 중 특히 봄을 가장 좋아했다. 새싹이 돋아나는 이른 봄을 제일 좋아했다. 산수유와 생강나무는 잎이 나기도 전에 노랗게 희망을 품고 찾아왔고, 뒤를 이어 목련도 활짝 피었다. 대부분의 꽃들은 남쪽의 해를 보고 피어나지만 목련의 꽃눈은 북쪽(임금이 계신 곳)을 향하여 있다하여 북향화(北向化)라고 하기도 한다. 개나리, 벚꽃도 만개할 것이다. 봄을 맞이하여 명한은 다시 활력을 완전히 찾았다. 온 대지에 활력이 넘치고 명한도 뭔가 새로운 도전을 하고 싶은 욕망이 가슴속 깊은 곳에서 꿈틀거리고 있었다.

그는 훌륭한 스승을 만나 정통으로 배우고 싶었다. 생생한 실전 경험담을 듣고, 실전투자연습을 해야겠다고 생각했다. 그러나 친구

조씨가 가르쳐준 공명 선생의 거처가 어느 지점인지 명한은 생각나지 않았다.

"여보. 작년에 조씨가 적어준 공명 선생님 주소를 어디에 두었는지 생각나? 아무리 찾아도 없네."

"당신이 두었잖아요. 나는 몰라요. 그렇게 중요한 것을 잘 보관했어야죠. 조현주씨한테 다시 전화해서 물어 봐요."그녀는 투덜거렸다.

"여보세요. 어. 친구. 나. 현명한이여. 그동안 잘 지냈는가?"

"아이고! 이게 누구야! 명한이 친구. 나는 아주 잘 지내고 있지. 그래 자네는?"

"나. 그저 그래. 지난해 글로벌 금융위기 때 망가져서 고생 많이 했어. 그래서 자네가 말해준 공명 선생님을 찾아가 주식을 본격적으로 배우려고 해."

"이 친구 고생을 단단히 했나 보군. 그것은 자네만 혼자서 한 고생이 아니잖나. 전 세계인들이 한 고생이었어. 선생님한테 배우고 나면 투자업계의 큰손이 될 거야. 아마도 자네라면 공명 선생도 제자로 받아 줄 걸세." 하며 명한을 위로해 줬다.

"작년에 자네가 준 공명 선생님 주소를 잃어버렸어. 미안한데 다시 알려줘야겠네."

"알려 줄게. 그리고 우리 만나세. 자네 주식투자 이야기도 들어보고 싶고, 내가 차 한 잔 살게. 자네 와이프도 모시고 나오게." 하며 조씨는 반가워했다.

"그거 좋지." 명한이 말했다.

그들 셋은 작고 조용한 아늑한 카페에서 만났다.

맑은 호숫가 훤히 내려다보이는 카페 2층 창가에 앉았다. 호수를 좋아하는 명한은 마음이 너무나 편했다. 낮 시간이라 그런지 손님은 별로 없었다. 서로가 오랜만이라 악수를 하며 반갑게 인사를 나눴다. 진한 커피향이 코끝을 강하게 자극했고 가슴을 파고드는 음악이 분위기를 포근하고 행복하게 해 주었다.

이천이 고향이라는 조현주는 늘 호탕한 사교적인 사람이었다.

"조씨. 지난해 글로벌 금융위기를 어떻게 넘겼나?"하고 명한은 화제를 바꿨다.

"나라고 별수 있나. 다들 힘들었지. 그래도 나는 '주도 주 60일선 매매'를 한 덕분에 적당한 타이밍에 잘 빠져 나오고, 다시 좋은 타이밍을 노리고 있어."

조씨는 주식투자에 있어서 철저한 원칙을 갖고 시장이 안 좋을 때는 투자를 중단하고 관망을 하다가 좋아지면 다시 한다고 했다. 명한은 자신이 한 투자 방식은 조씨처럼 주도 주를 한 것은 같은데 시장 상황이 좋지 않을 때도 계속 한 것이 차이점이라고 생각했다.

명한은 아무리 '주도 주'를 투자한다고 해도 20개월 이동평균 선을 이용하는 장기투자가 바람직하다고 생각했다. 주식투자는 가격이 아닌 가치(수익가치, 성장가치, 자산가치)를 보고 장기 투자를 하는 것이지만 가격을 전혀 고려하지 않으면 지난해와 같은 위기를 맞이하면 많은 손실을 볼 수 있다는 것을 경험을 통해 알 수 있었다.

그는 현대중공업의 성장가치에 묻어 두었다가 된서리를 맞았다.

조씨의 원칙을 살펴보면

첫째 돈을 잃지 않는다. 즉 리스크 관리를 한다.

둘째 '주도 주'에 투자한다.

셋째 60일 이동평균선 매매 원칙을 목숨처럼 지키며 투자를 한다.

가장 단순하고 명료한 원칙으로 기업의 가치나 가격에 상관하지 않는다.

그는 주식시장에서 주도 주가 될 업종을 찾는다. 그리고 주도업종 중에 1등 기업을 선택하여 60일 이동평균 선을 생명선으로 삼고 투자한다. 주가가 60일 선을 올라타면 매수, 이탈하면 가차 없이 매도한다는 것이 그의 '주도 주 60일 매매법'이라고 했다. 그래서 그는 시장이 안 좋을 때는 언제나 쉬고 있다.

조씨는 주식투자 경력 20년 중에 이런 단순한 매매 법을 몸에 익히는데 10년이 걸렸다고 했다. 그도 수없이 시행착오를 겪고 많은 돈을 수업료로 바치고 10년이란 오랜 세월 끝에, 변동성 많은 주식시장에서 꾸준히 수익을 낼 수 있었다고 했다.

특히 골리앗이 아무리 날뛰어도 꾸준히 수익을 낼 수 있다고 말했다.

전설적 가치투자자인 워렌버핏의 원칙이 생각났다.

첫째 '돈을 잃지 않는다.'

둘째 '첫째 원칙을 절대 잊지 않는다.' 이다.

그는 10년 이상 보유하지 않을 주식은 절대로 사지 말라 했다.

명한은 가슴깊이 새겨두었다. 투자의 세계에서는 절대로 잊어서는 안 될 명언이다.

명한은 조씨의 투자 원칙을 듣고 자신도 원칙을 세워봤다.

첫째 돈을 잃지 않는다.

둘째 '주도 주'에 투자한다.

셋째 20개월 이동평균선 매매 원칙을 목숨처럼 지키며 투자를 한다.

명한이 조씨와 다른 점은 길게 들고 가야 더 안정적인 수익을 낼 수 있다고 생각했다. 그러나 공부를 더하고 실전 경험을 많이 쌓은 후에는 가치투자자가 되고 싶었다.

조씨는 늘 '주식투자는 주도 주 올라타기'라고 무의식적으로 말했다.

문제는 이를 철저하게 지키지 못한다는 것이 문제였다.

조씨가 이 원칙을 지키는데 10년이 걸렸다는 것이 명한은 이해가 되었다.

자본주의 자유시장경제시스템의 꽃이라 할 수 있는 주식시장은 자기가 힘들게 창업을 하지 않고도 위대한 기업의 주인이 될 수 있다는 것이 최대 장점이다.

그리고 기업가는 좋은 아이디어나 기술을 보유하고 있다면 부족한 자금을 이자 한 푼 안내고 주식시장에서 조달받아 더 많은 일자리를 늘리고 경제발전에 큰 도움을 줄 수 있으니 너무나 좋은 제도라고 명한은 생각했다.

기업가치가 저평가 되었을 때 매수하여 기업이 성장을 멈추지 않는 한 계속 보유할 수도 있고, 고평가 되었을 때 매도하는 방법으로 주식투자를 할 수 있는 것이다.

조씨의 투자 이야기를 들으며 명한은 조씨에게 감사했다.

"그래. 어떤 종목에 투자하려고?" 명한이 궁금하여 조씨한테 묻자

"그야 물론 시장에서 선두로 달리는 주도 주를 찾아야지." 조씨는 서슴없이 대답했다. 조씨는 주도 주를 찾아서 올라타 달린다는 확고 부동한 철학을 갖고 있었다.

"주도 주? 주도 주라 했는가? 맞는 말인 것 같네. 주도 주!"

명한은 마치 중얼거리듯 맞장구를 쳤다. 자신도 주도 주인 현대중공업에 투자하여 많은 돈을 벌었었으나 자신이 정한 목표가격을 고집하다가 수익금을 모두 잃은 쓰라린 경험을 되새기면서. 조씨처럼 60일선 타는 방법에 대해서도 다시 한 번 생각해 봤다.

같은 주도 주를 투자했었는데 조씨는 60일 이평선을 이탈하자 곧바로 팔아서 많은 수익을 챙겼다는 것이다. 절대로 욕심을 부리지 않는다고 말했다. 발끝에서 머리끝까지 모두 먹으려는 지나친 탐욕을 부리지 말아야 주식시장에서 돈을 벌수 있다고 했다. 조씨가 진정한 고수라고 명한은 생각했다. '고수'란 자신의 투자 원칙을 철저히 지킬 수 있는 사람이라고 생각했다.

"아. 내 정신 좀 봐. 공명 선생님 사시는 곳을 알려달라고 나와서 다른 이야기만 했네. 공명 선생님은 어디에 사시는가?"

"자연 속에서 자연인으로 사신다고 해. 맑은 호숫가 훤히 내려다 보이는 산속 언덕에 말이야."

"산속에 사신다구? 거기가 어딘데?"

"설봉산!"

"설봉산에??"

"그래. 설봉산 호숫가 위 아늑한 양지바른 곳에 사신다고 들었어.

또 공명 선생이 주식투자의 전설적인 투자전략가라는 것은 잘 알려졌지만 은퇴 후 어디에 사는지 아는 사람은 아마 별로 없을 거야. 어떤 투자 고수가 그곳에 공명 선생이 사신다고 말하는 것을 슬쩍 들었을 뿐 다시 찾아가서 제자로 받아 달라고 간청을 하지는 않았어. 틀림없이 거절당할 테니까. 노인네 고약하거든."

"그럼 내가 어떻게 찾을 수가 있어?"

"설봉산을 올라가다가 맑은 설봉호수를 지나 오른쪽 경사진 양지바른 곳 정남향 언덕에 황토 토담이 있는데 거기에 공명 선생이 거처한다고 들었어."

"호수 위 언덕에 있는 작은 토담집 말이야?"

"맞아. 작은 토담집이 있는데. 그곳에서 자연인으로 사신대."하고 조씨가 말했다.

"그래서 일반인들이 잘 모르는구나. 이제야 알겠네."

"공명 선생님의 제자가 되려면 어떤 사람이어야 하는데?"

"그것은 지난번에 얘기하지 않았나? 내가 듣고 경험한 바로는 공명 선생의 제자가 되려면 첫째, 마음이 호수처럼 깨끗하고, 탐욕이 없어야 한다는 거야. 특별한 목표가 있는 사람이어야 하고, 어떠한 어려움이 닥쳐도 반드시 실천할 수 있는 불굴의 투지가 있는 사람이어야 한다고 들었어. 그놈의 노인네! 스스로 고고한 학이라고 혼자서 생각하는 영감탱이! 하지만 실력하나는 틀림없지." 조씨는 욕을 하듯 말했다.

“마음이 호수 같고 탐욕이 없는 사람? 특별한 목표? 실천할 투지?”

“그것은 난 자세히는 모르지만 범죄나 싸움, 시기, 질투 등이 없는, 모든 사람들이 행복한 삶을 누리며 살아가는 정의로운 사회를 만들기 위하여 주식투자를 하는 깨끗한 사람만이 그 분의 제자가 될 수 있다고 들었어. 매우 까다롭지.”

“그래. 참으로 까다롭네, 제자가 되려면 대단히 어렵겠네.” 명한은 공명 선생님의 제자가 되는 것이 매우 힘들겠다고 생각했다.

“조현주씨. 그럼 그토록 괴짜인 공명 선생을 만나 제자가 되는 것은 하늘에 있는 별을 따기 보다 더 어렵겠는데요.” 하고 옆에서 이야기를 듣고 있던 미나는 궁금한 듯 물었다.

“말하자면 그렇죠. 어렵습니다. 아무튼 이 혼탁한 사회를 깨끗하게 정화시키고 행복하게 만들 수 있는 꿈이 있는 맑고 깨끗하고 정직한 사람이면 공명 선생의 제자가 될 수 있을 거라고 확신합니다. 저는 마음이 깨끗하지 못하여 제자가 되지 못했지만요.” 조씨는 자신을 잘 아는지 피식 웃으며 말했다. ‘주식투자로 세상을 아름답게 만들고 사람들을 행복하게 만든다!는 꿈이 있다면 틀림없이 ‘공명 선생은 제자로 허락 할 거야’하며 용기를 가지라고 조씨는 말했다.

명한은 참으로 기묘한 인연이라고 생각했다. 어쩌면 자신과 좋은 인연이 되어 주식투자의 비법을 전수 받을 수 있을지도 모른다는 생각이 들었다. 자신이 과거에 ‘목가구로 세상을 아름답게 만들고 사람들을 행복하게 만든다!라는 경영이념으로 가구제조업을 창업하여 그대로 실천 했었는데. 공명 선생님은 주식투자로 세상을 아름답게 만든다는 확고부동한 철학을 갖고 계시다니 명한은 어떠한 일이 있어도 그분을 만나서 제자가 되어야겠다고 굳은 결심을 했다.

"조 선생님. 언제 아주머니도 모시고 나오세요." 미나는 조씨의 아내가 어떤 사람인지 매우 궁금해서 물었다.

"네. 집사람은 통 나오지 않습니다. 살림만 합니다. 정원에 꽃만 가꾸면서요. 다음엔 꼭 같이 나오자고 얘기 하겠습니다." 조씨는 겸연쩍게 웃으며 얼버무렸다.

"조씨. 또 보자고."명한은 인사를 했다.

조씨는 지인과 약속이 있다며 다시 시내 찻집을 향해 바삐 걸어갔다.

명한과 미나는 공명 선생이 홀로 사는 곳을 알아내고 조씨한테서 미스터리 같은 이상야릇한 얘기를 듣고 집으로 왔다.

개나리가 만발한 희망찬 봄이 왔지만 명한은 깊은 상념에 잠겼다. 조씨한테 공명 선생님의 제자가 되기 어렵다는 얘기를 듣고 나니 어떻게 해야 제자가 될 수 있을지 고민이 많이 되었다.

"일단 한 번 찾아가 봐요. 어디 계시는지는 대략 알았으니 부딪쳐 가면서 방법을 알아봅시다."하고 언제나 지혜로운 미나는 명한에게 제안했다.

"그럽시다. 역시 당신이요. 내가 당신이 없었다면 세상을 어떻게 살았을지 암담하다니까." 그는 좋은 생각이라며 그녀의 의견에 맞장구를 쳤다.

그는 공명 선생님을 만나 제자가 될 수 있기를 간절히 바라며 설봉산으로 향했다.

설봉산 [雪峯山]은 이천시를 수호하는 진산(鎭山)이다.

시가지를 양팔로 감싸 안은 듯 둘러싸고 있는 경기도 이천시 관고동(官庫洞)에 있는 해발 고도 394m로 오밀조밀한 운치와 주봉 부근에 울창한 혼합림과 기암괴석이 볼만하여 시민들이 즐겨 찾는 아름다운 산이다.

<동국여지승람>에 "설봉산은 부의 서쪽 5리 되는 곳에 있는데 진산이다"라는 기록이 있어 예로부터 설봉산으로 불리어 왔음을 알 수 있으며, 북악, 무학, 부학, 등의 여러 가지 다른 명칭으로 불리기도 한다.

무학(舞鶴)과 부학(浮鶴)은 산 정상에서 산세를 굽어볼 때 학이 나래를 벌린 모습과 흡사하여 유래 되었다고 한다.

주봉에서 동쪽으로 약 1.5㎞ 떨어진 지점에는 칼 모양의 날카롭고 거대한 칼바위가 있고, 칼바위를 중심으로 한 전망이 탁 뜨이고 넓은 고원지대에 포곡식(包谷式) 산성인 설봉산성(사적 423)이 있다. 신라시대 성터로 여겨지는 곳에 남천정(南川停) 터와 봉화대 터가 있다. 또한 삼국시대에 이 일대가 전략 요충지였던 탓에 산 성터가 여러 군데 있으며, 신라 때 의상(義湘)이 창건한 영월암(향토유적 14), 그 밖에 고려 때 건립된 영월암 대웅전 뒤쪽의 커다란 자연 암석을 다듬어 바위면 전체에 조각한 마애여래입상(보물 822), 설봉서원(雪峰書院), 3층 석탑 등 유물과 법왕정사라는 절터가 있다. 또한 영월암 밑으로 삼형제 바위가 우애를 자랑하며 든든하게 서있다.

설봉산 남서쪽에는 세계도예인의 축제장인 2001년도 세계도자기 EXPO단지, 시립박물관이 있고, 문학 동산이 중앙에 있다. 그곳에는

특히 문학평론가이며, 시인이고. 수필가인 채수영님의 '설봉산'을
제목으로 쓴 시가 우뚝 서 있다.

설봉산

채수영

설화의 성터를 돌아가는
부악은 머리이자 가슴이라
나래 펼친 학의 깃 바람으로
설봉호에 내려오면
하늘이 담겨주는 파문들이
햇살을 춤추게 한다

깊이로 맺은
마음 고운 사람들과
산정(山頂) 사잇길 돌아
정갈하기 맑은 바람과 더불어
시내로 내려오면
가슴 행복한 사람들을 만나는 눈엔
설봉호의 물이 고인다.

사람 내음이 그리운 날은
장날의 소음이 박자를 맞추는 곳에서
깊은 정을 전달하는 인심 따스한 것도
설봉산에서 내려온 물과 바람 탓이라면
이천 사람들은 그 정기를 담아
맑은 가슴으로 산다

　명한은 설봉산 문학 동산을 갈 적마다 설봉산을 아주 잘 표현한 시라고 생각하며 읽어보곤 한다. 산세가 사납지 않아 갓 시집 온 수줍은 새색시 같은 산이다.

　골짜기를 따라 이어진 설봉호수(관고저수지)는 잉태된 생명이 가장 안전하게 쉴 수 있는 어머니의 자궁과 같이 신성한 곳이다. 어린 시절 맑은 호숫가에서 꿈을 꾸며 자랐던 그에게는 이곳이 늘 어머니의 한없이 따뜻한 품과도 같은 곳이라 생각되었다.

　이런 신성이 깃든 명산에 그가 찾던 주식투자를 배울 스승님이 살고 계신다니, 생각만 해도 가슴이 설렜다. 그는 찰떡궁합 미나와 함께 공명 선생을 찾아 설봉산을 향해 떠났다. 공명 선생에게 드릴 산삼주를 어렵게 구해 들고 갔다. 30분을 걸어서 호숫가에 도착했는데 양지바른 경사진 곳을 쳐다보니 잔디밭에 푸른색이 감돌고 아지랑이가 피어오르고 있었다. 바야흐로 만물이 긴 겨울잠에서 깨어나 눈을 뜨고 있었다. 명한은 조씨가 알려준 언덕을 올려다봤다. 개나리가 노랗게 황금물결을 이루고 있었다.

　"아무것도 없는데…."

　"진짜 아무것도 없네요."그녀는 그를 쳐다보며 말했다.

　한참동안 그가 언덕을 바라만 보고 있는데 그녀가

　"여기서 쳐다보지만 말고 한번 올라가 찾아봐요. 여보!"하고 성큼성큼 앞장서서 올라갔다. 호숫가 훤히 내려다보이는 양지바른 곳이었다. 그가 세상에서 가장 좋아하는 명당자리라고 입에 침이 마르도록 말하던 곳이었다.

“올라와서 맑은 호수를 내려다보니 정말 좋다!” 그가 행복한 미소를 지으며 어린아이가 손꼽아 기다리던 소풍을 나온 기분으로 말하자

“그러게요. 올라와 보니 오늘 따라 정말 다르게 보이네요.”하고 그녀도 어깨를 들썩거리며 즐겁게 앞을 내려다보며 말했다. 그러나 그 곳에는 그들이 찾는 공명 선생의 거처는 보이지 않았다.

아무것도 없고 잔디밭과 나무와 황토더미 뿐이었다.

“아무것도 없네. 여기가 정말 공명 선생님이 사시는 곳인가?” 하고 명한이 미나에게 묻자.

“글쎄요. 정말 모르겠네요.”

“혹시 우리가 잘못 찾은 거 아닐까?”

“조현주씨 말로는 분명히 여기라고 했어요.”

“조씨가 분명 여기쯤이라고 말하긴 했는데.” 명한도 조급해져서 말했다. 둘은 아무리 찾아도 토담집 그림자도 발견하지 못하고 날이 어둑해지자 지쳐 집으로 내려왔다.

“우리가 도깨비한테 홀린 것 같아요.”하고 그녀가 어이가 없다는 듯 푸념을 했다.

“글쎄. 조씨가 우리를 골탕 먹이고 있는 것은 아닐까?”그도 이상한 생각이 들었다.

“여보. 당신 말대로 우리가 조현주씨한테 속고 있는 것 같아요. 나는 앞으로 다시 찾아가도 찾지 못할 것 같아요. 당신도 포기하세요. 세상에 그런 일이 있을 것 같지 않아요.” 그녀는 어리석었다는 생각이 들었다. 명한도 이상한 생각이 들었다.

"잡시다. 여보." 산비탈을 헤매고 다녀서 피곤했는지 그녀가 하품하며 말했다.

"여보. 먼저 자요. 조금만 더 생각해보고요."명한은 아무리 곰곰이 생각해 봐도 이해가 되지 않았다. 그렇다고 조씨가 일부러 거짓말을 할 것 같지는 않았다.

그는 날이 밝으면 다시 가보리라 생각하고 잠자리에 들었다. 아침이 되자 그는

"여보! 나 설봉산에 다시 가봐야겠어. 빨리 갖다 올게!"

"아침도 안 먹고 가요?"

"아침 운동 겸 갔다 오지 뭐. 또 가봐서 없으면 깨끗이 포기 해야지." 명한은 마치 뛰어가다시피 산에 갔다. 호숫가에서 올려다보니 역시 아무 것도 없었다. 올라가서 봐도 아무것도 없었다. 동쪽에서 붉은 해는 솟아오르고 호수는 아무 일 없다는 듯 잠잠했다. 명한은 정신을 가다듬고 천천히 내려와서 집으로 왔다.

"찾았어요?"그녀는 아침상을 차리다 말고 다급하게 물었다.

"아니. 아무 것도 없어. 아무 것도." 명한은 허탈했지만 하는 수 없었다. 아침을 먹고 서재로 갔다. 창 너머로 설봉산이 올려다보였다. 커피를 마시며 아무리 생각해도 있을 것 같지 않았다.

조씨의 말은 공명 선생의 제자가 되려면, 마음이 아주 호수처럼 깨끗하고 탐욕이 없어야 한다고 했다. 그리고 특별한 목표가 있고, 어떠한 어려움이 닥쳐도 반드시 실천할 수 있는 불굴의 투지와 도전 정신이 있는 사람이어야 한다고 했다.

그는 조용히 자신의 마음을 들여다보았다. 분명 주식투자를 배우려는 의도는 좋았으나 욕심이 지나쳤다고 스스로 생각했다. 공명 선생을 만나지 못했지만 마음을 정갈히 하고 주식시장을 냉철하게 볼 수 있는 계기가 된 것 같아 마음의 위안을 얻었다. 그리고 잡념을 홀홀 털고 나니 마음이 설봉호수처럼 깨끗해 졌다.

그때 전화벨이 울렸다.

"여보세요?"

"나. 조씨. 공명 선생님을 만나 봤는지 궁금해서 전화했어."

"못 만났어. 조씨 말대로 마음이 깨끗하지 못한가 봐."

"이봐. 친구. 겨울에 찬바람을 막아줄 잣나무가 울타리처럼 무성한 안쪽에 있다고 했어. 다시 찾아봐. 자네는 분명 제자가 될 수 있다고 나는 확신이 드는 걸. 제자가 된 후 비법을 전수받으면 나한테도 꼭 알려 줘야 돼. 친구!"

"제자만 된다면 조씨 뿐만 아니라 많은 사람들에게 알려줘야지."

"그러니까 자네는 제자가 될 수 있다는 거야. 절대 포기하지 말라고."

"고맙네. 친구! 다음에 또 연락하세." 명한은 조씨의 전화를 받고 다시 용기를 되찾았다. 그 옛날 그가 늦게 공부를 시작할 때도 모든 사람들이 불가능하다고 하지 않았는가? 그는 오히려 차분해졌다. 공명 선생을 다시 찾아뵈러 가야겠다고 마음먹었다. 포기하지 않으리라, 꿈이 있는 한 꿈은 이루어질 것이라고 믿었다. 찾지 못해 실망했던 그녀도 그에게

"당신은 꿈을 이룰 거예요. 하느님이 도와주실 거예요."

"고마워." 하고 그녀의 손을 꼭 잡았다.

명한은 다음날 온천욕을 하고 아내와 함께 다시 공명 선생의 집을 찾아 나섰다. 그는 호숫가 언덕 위 양지바른 곳에 잣나무가 무성하게 자라나 마치 울타리를 만들고 있는 숲속에 황토토담이 있다고 한 조씨의 말을 상기시키며 좀 더 깊숙이 찾아보았다. 개나리, 목련, 벚꽃 등 장관을 이루었던 것이 엊그제인데 벌써 주변이 온통 철쭉과 연산홍 꽃밭으로 물들고 있었다. 오래된 은행나무가 양쪽에 여러 그루 있고 가운데에 아주 큰 느티나무 한그루가 동양화처럼 서 있었다. 그 뒤에 황토로 쌓은 작은 토담 같은 것이 하나 보였다. 느티나무 가지가 굵고 잎이 돋아나기 시작하여 작은 토담이 보이지 않았던 것이다. 그 밑에 언제나 쉴 수 있는 작은 평상이 놓여 있었다. 분명 이곳이 조씨가 말했던 공명 선생의 집이 틀림없다고 생각했다. 안으로 들어가니 아늑한 골짜기에 평평한 자리가 있고 아주 작은 토담 집 하나가 보였다.

"여기가 공명 선생님이 사시는 곳 같은데."하고 그가 엉거주춤 서성이며 말하자

"문을 열고 들어가 봐요"하며 그녀가 그의 등을 떠밀었다. 갑자기 '삐익!'하며 귀청이 떨어져 나갈 만큼 요란한 소리가 났다. 낡은 헌 나무문 소리가 요란했다.

"아이쿠! 간 떨어지겠네!" 순간 그는 다리를 후들후들 떨었다. 긴장된 마음을 가다듬고 조용히 토담 대문 안으로 들어가니 놀라우리만큼 아늑한 운치 있는 정원이 있었다. 가운데에 우주를 닮은 맑은

작은 연못이 있고 안쪽에 작은 집이 있었다. 이곳은 상상속의 에덴의 동산이라고 착각을 할 정도로 자연인이 살기에 적합하도록 모든 것을 갖춘 곳이었다.

"여보세요? 아무도 없어요?"하고 불러도 아무 기척도 없다. 아마도 공명 선생은 외출중인 것 같았다. 자연인이 사는 곳이라 전기, 수도, 전화 등도 없으며 핸드폰은 더 더욱 지니고 있을 것 같지 않았다. 그들은 아늑한 주인 없는 정원에서 한참을 기다리다가 하는 수 없이 다음에 다시 찾아오기로 하고 집으로 내려오기로 결정했다.

"여보. 일단 오늘은 내려갑시다. 이곳이 선생님께서 사시는 곳이 확실한 것 같으니 오늘은 우리에게 운이 좋은 날이네요. 이곳에 이런 신비한 곳이 있다니…. 뭐 30분이면 올수 있는 가까운 거리에 계시니 다시 찾아와서 부탁을 드립시다. 여보. 내려가요."하고 미련이 남아 엉거주춤하고 있는 명한에게 이번에도 그녀가 설득했다.

"그렇게 하지 뭐."그는 아쉬운 듯 말했다.

"틀림없이 조씨가 말한 공명 선생님 집이 맞을 것 같아요."하고 미나는 자신 있게 말했다.

"그런 것 같아. 이제 찾았으니 언제든지 다시 찾아오면 만날 수 있을 거야." 명한은 미나의 손을 잡고 언덕길을 내려왔다. 그들은 설봉 호수 쪽으로 향했다. 천천히 걸으며 황토 토담집을 한 번 더 올려다 보았다. 밑에서는 잣나무 숲속에 있어 보이지 않았는데 호수 쪽에서 보니 그냥 희미하게 황토 언덕처럼 보였다.

"언제 선생님을 뵐 수 있을까?"

"글쎄. 이제 선생님 거처를 알았으니 구름 한 점 없는 화창한 좋은 날 다시 찾아와요. 그리고 당신 너무 서두르지 말아요. 천천히 해요. 좀 더 느긋해져요." 그녀는 오히려 풀지 못하던 문제라도 시원하게 풀은 학생처럼 들떠 있었다. 그러나 그는 어떻게 해야 하루 빨리 선생님을 만나 자신이 배우고 싶은 공부를 할 수 있을까 하고 생각하니 조급해졌다.

"여보. 우리 호숫가나 산책하고 집에 갈까요?"

"아. 그거 좋지." 산비탈을 내려와 그들은 다정하게 손을 잡고 호숫가 산책로에 들어섰다. 그는 맑고 잔잔한 호수를 내려다보았다. 나무로 만든 아치형의 좁은 백운교다리를 막 지나고 있을 때 커다란 잉어 한 쌍이 그들처럼 맑은 물속에서 다정하게 헤엄쳐 지나가고 있었다.

"여보. 여기 밑을 봐요. 사랑스런 잉꼬 잉어 한 쌍이 사랑을 나누고 있어요."

"나도 보고 있어. 금슬이 아주 좋은 가봐. 우리처럼…." 명한은 힘을 주어 아내의 왼쪽 어깨를 잡으며 말했다.

"그러게요." 배시시 사랑스럽게 그윽한 미소를 지으며 명한을 쳐다보았다.

"여보. 내가 당신이 제일 좋아하는 고등어조림 맛있게 해줄게요. 당신은 온천욕하고 와요. 우리 오늘 저녁에 잉꼬 잉어처럼 아름다운 사랑을 나눠요. 어때요. 좋은 생각이죠?"

"정말이야? 좋은 생각이네. 우리 오늘 밤 신혼 때처럼 멋지고 행복한 밤을 보내자고." 그들은 서로를 사랑스럽게 쳐다보며 손을 잡고 마치 떨어져서는 못살 것 같은 연인처럼 다정하게 집으로 왔다.

공명 선생을 찾아서

화창하고 구름 한 점 없는 멋진 날이 밝았다.

명한과 미나는 선생님을 뵈러 두 번째 설봉산으로 향했다.

두근거리는 가슴을 안고 조심스럽게 설봉산으로 향해 갔다. 맑은 호숫가를 지나 100여 미터 쯤 구불구불한 산길을 올라 시야가 탁 트인 양지 바른 언덕에서 깊은 심호흡을 한 후 황토 토담집으로 들어갔다.

문이 열려 있어서 기쁜 마음에 얼른 앞마당으로 들어갔다. 선생님께서 계실 거라는 예감이 들었기 때문이었다.

"선생님! 공명 선생님! 안에 계십니까?"이번에도 아무리 불러도 인기척이 없다.

운동하러 산에 오른 것일까? 난감했다. 그렇다고 어떻게 연락할 방법도 없었다. 이웃도 없고 선생님과 약속을 하고 온 것도 아니고 답답했다. 황토 토담집이 정말로 공명 선생이 사는 집인지 조차도 의심이 갔다. 아니면 이미 빈집이 되었는지도 모른다는 생각이 들자 명한은 가슴이 덜컥 내려앉았다.

"여보. 어떻게 해야 선생님을 만나 뵐 수 있을까? 참 답답하네." 실망하여 그는 중얼거리듯 말했다.

"글쎄요. 참. 힘드네요. 세상일이 다 내 뜻대로 되는 것이 아니지만, 이건 도무지 알 수 없네요. 일단 집에 가서 잘 생각해 봐요."그녀도 답답하긴 마찬가지였다.

그들은 허전한 마음에 서로의 손을 깍지 끼고 황토 토담집에서 내려와 맑은 설봉호숫가를 천천히 걸으며 깊은 생각에 잠겼다. 명한은 공명 선생에 대해 아는 바가 전혀 없었다. 가족 사항도 모르고 왜 홀로 자연인으로 산속에 사는 지도 알 수 없었다. 조씨의 말만 믿고 일방적으로 찾아가 주식투자의 사부가 되어달라고 떼를 쓰려 하는 것이 무모한 짓인지도 모른다는 생각이 들었다.

그는 하나하나를 차근차근 생각해봤다.

"어떻게 해야 공명 선생님을 만날 수 있을까? 우선 만나야 제자가 되게 해 달라고 부탁을 하던 거절을 당하든 결정이 날 텐데…." 그는 답답했다.

"정말 어렵네요."미나도 좋은 방법이 떠오르지 않았다.

"운동 삼아서 매일 들려봅시다." 하고 명한이 아내에게 말하자

"하는 수 없잖아요. 당신 말대로 운동이라 생각하고 설봉산을 오르는 수밖에" 그녀도 실망하여 힘없이 대답했다.

그는 그녀를 보고 씩 웃었다.

"아니. 지금 우리가 뭐하는 거지?"

"주식투자를 배우려고 이러는 거 아녀요?" 그녀는 대답했다.

"주식투자를 배우기는 배워야 하는데 너무나 힘든 것 같고 뜬구름 잡는 것 같아서 말이야." 하고 말했다.

세계최고의 고수들이 쓴 책도 수없이 많다. 그 중에 워렌버핏이나 윌리엄 오닐이 있다. 그들을 스승으로 모시고 배워도 될 텐데 이 방법이 맞는지 회의가 들었다.

그를 제자로 받아주실지 아닐지도 모르면서 제자가 되려고 집착하는 자신이 잘못 생각한 것 아닌가 하는 의구심을 잠깐 동안 가져보았다. 그러나 곧 반성했다.

"청하여라. 너희에게 주실 것이다."라는 마태복음서 7장 7절에 나오는 하느님의 말씀이 생각났다. 그는 스승을 만날 수 있게 해 달라고 하느님께 간절히 기도했다.

그는 이미 나이가 오십대 중반으로 치닫고 있어 젊어서 배우는 것보다 매우 느리게 적응 하겠지만, 더 많은 노력을 기울이면 반드시 자신이 원하는 꿈을 이룰 수 있을 것이라고 믿었다.

세계최정상에 오른 사람들은 한결같이 훌륭한 스승에게 오랫동안 배우고 익혀서 실력을 쌓았다고 생각했다. 혼자서 배운 그는 자신의 약점이 무엇이며 어느 것을 보완해야 하는지 잘 몰랐다. 그래서 하루라도 빨리 자신의 약점이 무엇인지를 따끔하게 충고해주고 가르쳐주는 진정한 스승을 만나고 싶었다. 명한은 칭찬을 많이 받으면 자신의 약점을 고치치 못한다고 생각했다.

그에게는 '참 잘 했어요.'보다는 '수고했어. 노력하면 앞으로 더 잘하겠어.'라고 다정하게 말해줄 스승이 필요했다.

'칭찬은 고래도 춤을 추게 한다.'는 말도 있지만, 과도한 칭찬으로 자만에 빠지고 싶지 않았다. 자만에 빠지면 그 때부터 성장은 멈춘다고 그는 생각했다.

명한은 공명 선생을 진심으로 존경하는 스승으로 모시고 싶었다. 또한 영원한 사제지간의 정을 나누며 그가 꿈꾸는 주식투자를 배우고 실천하여 성공하기를 진심으로 바랐다. 그러나 그는 아직 공명 선생의 제자가 된 것도 아니고 만나지도 못하여 애간장을 태우고 있었다.

"여보! 우리가 앞으로 더 노력하고 노력해 봅시다. 우리는 앞으로 수십 년 동안 이 길을 가야한다고 이미 결심을 했으니 말이요." 그는 말없이 호숫가를 따라오며 걷고 있는 아내에게 말했다.

"여보! 너무 조급하게 마음먹지 말아요. 당신이 늘 말하는 '천천히' 그리고 '멀리 봐'를 생각하며 감사하는 마음으로 기다려요." 그녀는 남편을 위로하고 싶었다.

"그려. 고마워."

집으로 돌아온 그는 겸손하고 사심 없는 마음으로 자신을 가만히 들여다보았다.

자신이 너무나 일방적이었다는 생각이 들었다.

그는 '삼국지'를 회상해 보았다.

'1900여 년 전에 유비는 어떤 방법으로 공명 선생에게 다가가 그분의 마음을 얻었을까?'하고 곰곰이 생각해봤다. 유비는 공명 선생을 두 번 씩이나 찾아갔으나 만나지 못했다. 그러자 유비는 정직하고 간곡한 마음을 담아 편지를 썼던 방법이 불현듯 생각났다.

그는 진실을 담은 편지를 써서 공명 선생께 보내면 어떨까? 하는 생각을 했다.

선생님이 어떤 분이신지도 모르지만 만나려면 편지가 좋은 방법 같다는 생각이 들었다. 그래서 일단 편지를 써서 설봉산에 올라가 토담집 방문 앞에 놓고 오기로 했다.

‘편지를 어떻게 쓰지?’ 그는 막막했다.

사람의 마음을 얻기란 어려운 것이라고 명한은 생각했다.

사람은 ‘자기의 마음을 알아주는 사람에게 자신의 목숨을 바친다.’고 했다.

그러나 그는 공명 선생의 마음을 얻기는커녕 한 번도 본적 없으니 우선 만나기를 갈망했다.

명한은 유비가 제갈량을 얻기 위해 삼고초려(三顧草廬) 했던 것을 생각하며, 제자가 되기 위한 간곡한 사연을 적어 공명 선생님에게 전해 보기로 마음먹었다.

명한은 정성을 다하기 위해 온천물에 목욕하고, 투명한 설봉호수처럼 정갈한 마음으로 책상 앞에 앉았다.

“아랫마을 사는 현명한이라 합니다.

두 번씩이나 선생님을 뵈러 왔었으나 뵙지 못하고 그냥 돌아서는 마음 안타깝기 그지없습니다. 생각해 보면 제가 선생님을 알지도 못하면서 선생님의 제자가 되어 주식투자를 배우겠다고 무례하게 청하는 것 같아 죄송함이 한이 없습니다.

주식투자 수익금으로 장학금을 영구히 줄 수 있는 장학재단을 만들고 싶어 선생님께 주식투자를 배우고 싶습니다.

저는 책보기를 무척 좋아했지만 집안이 찢어지게 가난하여 중. 고등학교 진학을 못했습니다. 저는 그때 결심하였습니다. 정직하고 근면 성실하게 일을 하여 성공을 하면 꼭 장학금을 많이 주겠다고 생각했습니다. 가난하지만 배움을 갈망하는 많은 젊은이들에게 장학금을 주어 미래의 훌륭한 인재로 키우고 싶습니다.

바라옵건대 선생님께서 어질고 자비로우신 마음을 베푸시어, 제자로 삼아 주신다면 최선을 다해 배우고 꼭 장학재단을 설립하여 젊은이들에게 장학금을 주겠습니다. 부디 도와주시옵소서. 선생님의 넓은 가르침을 얻고자 다시 마음을 가다듬고 찾아뵙도록 하겠습니다.”하고 그는 간절히 편지를 썼다.

정성을 다해 쓰고 곱게 접어 봉투에 넣은 후 숨을 크게 내쉬었다.

명한은 약간 바보 같기는 해도 늘 진실했으며 성실했다. 힘들 땐 늘 파란 하늘을 보면 힘이 솟고 하얗게 웃곤 했다.

언젠가는 공명 선생의 수제자가 되어 주식투자법을 배워 투자에 성공하고, 재단설립을 꼭 하리라 거울을 보며 주먹을 불끈 쥐었다.

나이 오십이 넘었지만 그는 언제나 꿈이 많았고, 새로운 영역에 ‘도전’하기를 좋아했다. 또한 늘 서로 협력하여 더 큰 발전과 서로에게 ‘윈-윈(승리)’을 가져오는 ‘경쟁’을 좋아 했다, 그러나 상대를 끌어내리고, 짓밟고, 죽여야 내가 사는 ‘전쟁’은 싫어했다. 그는 선의의 ‘경쟁’을 ‘전쟁’으로 오해하여 경쟁하기를 싫어하는 많은 사람들을 보면 안타까웠지만, 자신은 지금도 행복하게 ‘도전’과 ‘경쟁’을 즐기고 있었다.

명한은 공명 선생을 만나러 가기 위해 다시 온천에 가서 몸을 닦고 정갈한 마음으로 깨끗한 옷으로 갈아입었다. 오늘은 선생님을 만날 수 있을 거라는 가슴 뛰는 희망을 품고, 정성을 다하여 정직하게 쓴 편지를 가슴에 품었다. 무엇하고도 바꿀 수 없는 소중한 편지를 넣은 주머니에 한 손을 살포시 얹었다. 손이 파르르 떨렸지만 가슴은 따뜻해졌다. 가슴이 따뜻해지니 좋은 생각만 떠올랐다. 오늘 정말 선생님을 만날 수 있을 것만 같았다. 그는 웃으며 공명 선생이 사신다는 산으로 향했다.

선생님을 찾아뵈러 간다고 하자 미나는 따라 나서지 않았다.

"나는 오늘 할 일이 많아서 함께 가지 못할 것 같아요. 이번에는 당신 혼자서 최선을 다 해보세요. 아무튼 우리에게는 좀 야속한 선생님인 것 같아요." 하고 그녀는 차분하게 말했다.

명한은 껄껄 웃으며 "여보. 걱정 말어. 내게도 선생님 마음을 얻을 비책이 있어. 문제는 우선 만날 수가 있어야 할 텐데. 내가 정성을 다해 편지를 썼어. 그 황토 토담집이 선생님께서 사시는 집이라야 할 텐데."

"그러게요. 우선 선생님을 만나는 것이 급선무인 것 같아요. 오늘은 웬일로 여유가 있어 보이네요." 미나는 그의 성격이 일단 심사숙고하여 결정을 내리면 열정적으로 달려들어 좀 급한 면이 있었는데, 오늘은 여유가 있어 보이는 것이 이상하다는 생각마저 들었다.

"좀 소심한 것은 맞지만 내가 뭘 그리 매사에 조급해한다고 그래요. 돌다리도 두드려 가며 건너는 성격이라 그렇지." 그는 능청까지 떨었다.

"그게 그거지 뭐예요." 그녀는 말했다.

그는 절대 포기 할 수가 없었다. '지성이면 감천'이란 말을 생각하며 집을 나섰다. 맑고 파란 하늘을 보며 오늘은 왠지 기분이 좋은 날이라고 생각하며 천천히 걸어 공명 선생이 살고 있다고 굳게 믿는 황토 토담집에 도착했다.

작은 토담집 나무문을 열고 들어갔다. 봄이 무르익어가고 있어 앞마당에 꽃들이 마치 그에게 '어서 오세요'하고 인사하며 반기는 듯 했다.

"공명 선생님 계십니까? 아랫마을에 사는 현명한입니다." 이번에도 인기척이 없었다. 명한은 이제 황토 토담집이 공명 선생님 집이라고 단정 짓고 불렀으나, 안 계신 것이 틀림없었다.

'어찌하여 선생님은 올 적마다 계시지 않는 것일까? 혹시 이곳에 선생님이 사시지 않는 것 아닐까? 아니야 틀림없이 여기서 사실거야. 조씨의 말대로 여기가 확실해' 그는 순간 마음이 어수선했지만 이내 가다듬고. 정성을 다해 쓴 편지를 방문 앞 쪽마루 위에 놓은 다음 작은 돌멩이 하나를 올려놓고 집을 나섰다. '공명 선생님! 꼭 읽어 주십시오'하고 간절한 기도를 하고 집으로 왔다.

"선생님을 만나 봤어요?" 아내는 다급하게 물었다.

"아니 이번에도 선생님은 계시지 않아. 그래서 만나게 해 달라고 간절한 희망을 담은 편지를 방문 앞에 정성스럽게 놓고 왔어. 그렇지만 선생님을 만날 수 있다는 희망이 왠지 들어." 그는 희망적으로 말했다.

"그래요. 당신 편지를 읽으시고 진심을 알아 주셨으면 좋겠어요. 선생님도 당신을 직접 만나면 제자로 받아 주실 거라 믿어요."그녀는 기도하는 마음으로 말했다.

그는 마음이 한결 가벼워졌다. 날씨도 쾌청하고 기분도 좋았다.

"여보. 오늘 선생님 만나러 다시 갑시다." 하고 그가 말하자

“그래요 좋아요. 날씨도 참 좋네요. 오늘은 아마도 선생님이 집에 계실 것 같다는 생각이 들어요. 혹시 알아요. 당신이 보낸 편지를 읽으시고 감동을 받고 당신이 올 것을 기쁘게 기다리고 계실지.” 다시 공명 선생님을 만나러 가야겠다고 아내에게 말하자 그녀는 흔쾌히 찬성했다.

마침내 공명 선생이 사는 황토 토담 작은 대문 앞에 도착했다. 이마에 땀이 송골송골 맺혔다. 문을 열고 들어가면서

“선생님 계십니까? 아랫마을에 사는 현명한입니다.” 하고 들어갔다. 순간 방문 앞에 놓아두었던 편지를 확인했다. 없었다. 명한은 갑자기 가슴이 두근두근 뛰기 시작했다. 인기척도 전혀 없었다.

“여보! 편지가 없어. 선생님이 보셨나 봐!” 그는 귓속말로 아내에게 말할 때 소름이 돋았다.

“그래요. 보셨다면 아마도 감동하셨을 거예요.”그녀도 가슴 졸이기는 마찬가지였다.

“선생님이 편지를 진짜 보셨을까?”

“보았겠죠. 누가 보겠어요?”

“혹시 쥐나 고양이가 물어 갈까봐 편지위에 작은 돌멩이를 올려 놓았는데.”

“에이. 말도 안 돼! 당신의 마음을 담은 소중한 편지를 어떻게 물어갈 수 있어요?”

“그놈들이 그걸 알아? 그냥 씹어 버렸는지.” 명한은 가슴이 졸였다.

“선생님 안에 계십니까? 아랫마을 사는 현명한입니다.”하고 재차

떨리는 소리로 말했다. 그러나 목소리가 좀처럼 크게 나오지 않았다. 조용히 눈을 감고 가슴에 손을 올려보았다. 그래도 그는 진정되지 않았다. 너무너무 떨렸다.

그 때였다.

방문이 빠끔히 열린 틈으로 방안을 쳐다보니 선생님께서 낮잠을 주무시고 계셨다. 그는 직감적으로 소문에 듣던 공명 선생이라는 것을 느꼈다. 너무나 기쁘고 감사했다. '하느님 감사합니다!'하고 마음속으로 감사의 기도를 드렸다.

"여보. 선생님이 편하게 주무시고 계시네요." 하고 그녀가 말했다.

"그러게. 오늘은 운이 좋은 날이네." 그는 가슴이 떨려왔다.

두 손을 마주잡고 기도하듯 작은 쪽마루에 걸터앉았다. 이제 선생님께서 일어나실 때까지 기다리면 되는 것이다. 한참을 생각하다 문득 생각하니 선생님을 만나면 드리려고 준비한 '산삼 주'를 집에 두고 왔음을 알았다. '앗뿔사, 이럴 수가!' 탄식이 절로 나왔지만 하는 수 없었다. 다음에 갖다 드릴 수밖에 없다고 생각하면서 즐거운 마음으로 기다렸다. 아마도 선생님은 점심 식사 후 낮잠을 주무시는 습관이 있는 것 같았다. 해는 벌써 화두재에 걸려 긴 그림자가 생기고 있었다.

'화두재는 과거에 마장면에서 이천읍내로 통과하던 고개로서 설화에 의하면 중국사신이 효양산(부발읍 소재)에 금송아지를 찾기 위해 오던 중 오천리에서 어느 노인에게 앞으로 갈 길을 물으니 노인이 대답하기를 오천 역(5,000驛)을 지나 화두(火頭)재 고개를 넘어 이

천읍(2,000邑)을 거쳐 억억다리(億億橋)를 건너서 구만리 뜰 (90,000
里)을 통과해야 한다고 말하자 그 사신이 그만 되돌아갔다는 고개이
다. 그 노인이 바로 효양산을 지키는 산신령이 되었다고 한다.' 화두
재를 바라보며 그 옛날 전설을 떠올리며 조용히 앉아 있었다.

"선생님을 깨우면 안 될까요? 조금 지나면 해가 지고 어두워져요.
여보!" 초조하게 마냥 기다리던 그녀가 말했다.

"아. 글쎄 좀 더 기다려 봅시다." 그는 약간 조급했지만 곤히 잠든
선생님을 깨운다는 것이 마음이 편치 않았다. 한참 만에 선생님은
몸을 움직이셨다.

이미 그들이 기다린 지 두 시간은 지난 것 같았다.

"선생님. 아랫마을 사는 현명한입니다." 하고 그가 인사를 드리자
일어나셔서 밖으로 나오셨다. 명한은 허락이라도 받은 것처럼 가슴
이 뭉클했다. 너무나 감격스러워 몸이 굳어 버렸다.

"이제 당신의 진심을 아셨나 봐요." 하며 그녀가 나지막이 중얼거
렸다.

"글쎄. 선생님께서 제발 내 마음을 알아 주셨으면 다행이겠는데."
그도 속삭이듯 말했다.

"처음 뵙겠습니다. 아랫마을 사는 현명한입니다. 그리고 이쪽은
제 아내 이미나입니다. 안녕하세요? 선생님!" 하고 인사를 드리자.

"내가 편지는 잘 읽었어요. 서재로 들어오시게나." 의외로 친절하
게 맞아 주셨다.

황토로 발라진 작은 방에는 흙냄새와 삼면이 각종 책으로 꽉 차

지식 냄새가 가득했다. 경제 관련 전문서적과 인문학 책들이 많았다. 책 표지가 많이 낡은 것으로 보아 수없이 읽으신 것 같았다.

창가 쪽으로 작은 경상 하나가 가지런히 놓여 있고, 그 위에 사군자 중 하나인 매화꽃이 그려진 필통과 작은 도자기 화병에는 이름 모를 야생화가 꽂혀 있었다. '하루라도 책을 읽지 아니하면 입안에 가시가 돋친다.'는 의미가 담긴 일일부독서구중생형극(一日不讀書 口中生荊棘)이라 쓰여진 독서대, 그리고 작은 돋보기안경이 정갈하게 놓여있었다. 책이 많이 있는 것으로 보아 책읽기를 매우 좋아하는 것 같다고 명한은 생각했다. 그는 자신도 설봉산이 보이는 서재에 많은 책이 있으며 책 일기를 즐기는 사람이었다. 그래서 그는 온통 책으로 둘러쌓인 방을 보며 친밀감이 느껴졌다.

남쪽으로 난 창으로 파릇한 잔디와 가운데에 작은 샘이 보이는 아름다운 정원이 보였다. 작은 방 가운데 오래된 찻상을 사이에 두고 앉았다. 아마도 외부에서 귀한 손님이 오면 맞이하는 학식 높은 선비의 사랑방 같은 역할을 하는 곳이라고 명한은 생각했다.

공명 선생은 작고 아담한 키, 단정하게 잘 빗은 머리에 하얀 서리가 내렸지만, 한 눈에 봐도 건강하게 보였다.

얼굴이 유난히 희고 코는 날카롭게 솟아 있었다. 이마가 넓고, 눈썹이 짙고 길게 자란 사이로 빛나는 눈동자가 맑고 투명하여 특히 지적이었다. 약간 마른 가냘픈 체구였지만, 황토 물을 들인 개량 한복을 입은 곱상하고 깔끔한 인상을 주는 아주 단아한 선비 같은 사람이었다.

"정식으로 인사 올리겠습니다. 선생님! 현명한입니다. 그리고 이쪽은 제 아내 이미나입니다. 지난번에 세 번이나 선생님을 뵈러 왔었으나 한 번도 뵙지 못하고 이제야 뵙게 되어 기쁘고 감사드립니다." 조심스럽게 명한은 인사를 올렸다.

"자. 현명한씨. 그리고 이미나씨 앉아요." 하고 국화차를 준비하시면서 말했다. 잠시 후 따뜻한 국화차가 찻상에 조심스럽게 올려지고

"명한씨 우선 차부터 마셔요." 하고 공명 선생이 말했다.

"네 감사합니다. 선생님!" 명한은 노랗게 우러난 향이 그윽한 차를 한 모금 마셨다. 뭐라 표현할 수 없는 깊은 맛이 정갈하고 입맛에 잘 맞았다. 아마도 공명 선생이 산에서 채취하여 정성을 다해 말린 귀한 차라고 생각했다.

"명한씨의 편지는 잘 읽어 봤어요. 그런데 나는 이미 주식시장을 떠난 지 오래 됐어요. 또한 주식투자를 다시는 가르치지 않겠다고 마음먹은 지도 오래됐고요. 이젠 어느 누구도 가르치지 않아요. 차나 마시고 내려가시게나." 공명 선생은 더 이상 주식투자를 가르치지 않는다고 점잖게 거절했다.

"네~에?? 다시는 주식투자를 가르쳐주시지 않는다고요!"

명한은 청천병력 같은 소리에 어안이 벙벙했다. 도대체 정신을 차릴 수가 없었다.

밤하늘에 별을 따듯 어렵게 찾아왔고, 평생 스승으로 모시고 배우려 했는데, 더 이상은 주식투자를 가르치지 않는다니! 이런 경우 어떻게 해야 하는가? 대쪽같이 완고해 보이는 공명 선생의 마음을 어떻게 돌려놓을 수 있을까? 그는 입이 얼어붙어 한참동안 고슴도치처

럼 바싹 웅크리고 가만히 있었다. 분명 그의 편지는 다 읽었다고 했
다. 그런데도 가르침을 중단하였다고 하며 거절을 하니 무슨 말로
설득을 해야 할지 순간 생각이 나지 않았다.

"선생님 저를 제자로 받아주십시오. 저는 꼭 주식투자를 배워야 합
니다." 명한은 눈물이 핑 돌았다. 공명 선생의 단호한 눈을 쳐다보면
서, 한참 만에 제자로 받아달라는 애끓는 간곡한 부탁을 했다. 어느
새 그는 머리를 숙이고 있었다,

"명한씨는 왜 주식투자를 그토록 배우려 합니까?" 공명 선생은 명
한이 너무 측은해 보였는지 배우려는 이유를 물었다.

"돈을 벌기 위해서입니다."

"돈이라…. 돈. 돈. 돈……. 그래요. 돈 벌어서 어디에 쓰려 합니까?"

"장학재단을 세우기 위해서입니다."

"장학 재단이라." 공명 선생이 그를 뚫어져라 쳐다만 보고 있으니까

"선생님 또 다른 이유도 있습니다." 하고 마음이 급하여 그는 말
했다.

"그게 무엇이요?"

"누군가는 투자를 해야 고용이 창출 된다고 봅니다. 실업은 소득
불균형과 사회불안을 야기할 수 있으며, 좋은 일자리를 만드는 것이
진정한 복지이고, 행복이라 생각합니다. 그리고 돈을 벌기 위해서는
반드시 투자를 해야 한다고 봅니다."

"그럼 왜 하필 주식투자입니까?"

"투자를 통한 돈 벌기는 직접투자인 창업이 가장 좋은 방법이라

고 생각됩니다. 그리고 창업하면 사장보다 더 뛰어난 인재를 고용해야 하는데 제가 직접 창업하여 경영을 해보니 그것이 말처럼 쉽지가 않다는 것을 알았습니다. 그래서 저보다 능력이 월등히 좋은 훌륭한 사업가가 경영하는 혁신적인 기업을 찾아 주식투자를 통해 동업을 하는 것이 더 현명하다고 판단했습니다.”

“음. 투자는 고용 창출이며 능력 있는 사업가를 믿고 하는 간접투자라. 또 다른 이유가 있어요?”

“예. 요즘 같은 저금리 시대에는 주식투자가 대안이라고 생각합니다.”

“저금리라~ 명한씨? ‘저금리시대’란 말을 했는데 만일 주식투자를 한다면 연간 몇 %나 벌고 싶은가요?”

“은행 정기예탁 금리의 2~3배 정도의 수익을 목표로 하고 있습니다.”

“음~ 뭐 또 다른 이유가 있소?” 공명 선생은 철저하게 검증이라도 하듯 캐물었다.

“예. 또 있습니다. 피 땀 흘려 무에서 유를 창조한 우리나라의 위대한 기업들이 외국인투자자에게 그 소유권을 빼앗겨서입니다. 그로 인해 투자 열매인 이익 배당금이 해마다 외국으로 나가는 것이 안타깝습니다.” 명한은 1997년 외환위기 당시 IMF 경제식민지 때를 상기하며 말했다.

“음~ 명한씨는 그동안 무슨 일을 했나요?” 눈을 지그시 감고 듣기만 하던 공명 선생님이 갑자기 다른 얘기를 꺼냈다.

“목(木)가구 제조회사를 창업하고 운영해 온 목가구 디자이너 겸 제작자입니다.”

“그래. 그럼 가구 만드는 일은 아주 잘 하겠구먼. 그럼 계속 가구나 만들면 될 일이지, 왜 이제 와서 주식투자를 배우려 하는가? 다 부질없는 짓이야!”

“선생님! 도와주십시오. 선생님께 이미 말씀드렸지만, 주식투자를 공부하여 위대한 기업에 투자하고 싶습니다. 우리나라 미래를 짊어지고 갈 위대한 기업에 투자하여 기업이 성장하는데 작으나마 보탬이 되고 싶고, 양질의 일자리를 만드는데 일조하고 싶습니다. 그리고 수익금으로 장학재단을 세워 배당금을 받아서 이 나라를 짊어질 젊은 인재에게 다시 투자하고 싶습니다.”

“가구회사를 경영하면서 장학재단을 세워서 명한씨의 꿈을 펼칠 수도 있지 않나요? 왜 하필이면 주식투자야. 안 하는 게 더 현명해. 매우 위험하거든. 송충이는 솔잎을 먹어야지. 왜 자꾸 뽕잎을 먹으려하나. 으흠, 에휴~ 돌아가시게. 나는 주식시장에서 벌써 은퇴한 사람이야.” 공명 선생은 냉정하게 거절했다.

“선생님! 부탁드립니다. 저는 선생님을 만난 것을 운명이라 생각하며 장학 사업은 사명이라 생각합니다.”

“이봐요. 현명한씨! 생떼를 쓴다고 다 되는 것이 아니에요. 알 만한 사람이 왜 이리도 꽉 막혔어? 내 그놈의 ‘떼법’ 때문에 신물이 난 사람이야!” 날카로운 눈빛으로 명한을 쳐다보며 공명 선생은 말했다.

“용서해주십시오 선생님!”명한은 생떼를 쓰고 있다는 말을 듣고 진심으로 사과했다.

무조건 상대방이 틀렸고 자신이 옳다고 주장하며, 상대가 들어주지 않으면 폭력까지 행사하는 일부 퇴보단체들을 보면서 무자비하고 야만적이며, 미래가 아닌 퇴보로 이끄는 폭도들이라고 생각되어 가슴이 아팠었다. 그는 진심으로 뉘우쳤다.

"나는 이미 오래 전에 주식투자를 그만 뒀어요. 장학재단을 세우겠다는 자네 생각은 나쁘지 않네. 아주 훌륭하다네. 훌륭한 선생은 서울에 가면 많이 있고 자네가 원한다면 소개장을 써 줄 수도 있네. 다시는 이 문제로 나를 찾아오지 말게! 주식투자는 아무나 하는 것이 아니야. 이게 다 자네를 위해서야. 성실하게 생긴 사람이 엉뚱한 짓을 하려고 해!" 공명 선생은 단호하게 거절했다.

명한과 미나는 난감했다. 그러면서도 속으로 잘 생각해보니 공명 선생의 말도 틀리는 말은 아니라는 생각이 들었다. 하는 수 없이 오늘은 해도 지고 어둡기 시작하여 일단 집으로 내려가야겠다고 생각했다. 그리고 연구를 많이 하고 충분히 생각한 다음 다시 찾아와 말씀을 드려야겠다고 생각했다.

"선생님. 선생님의 충고는 고맙게 마음속에 간직하겠습니다. 다시 찾아뵙겠습니다. 안녕히 계십시오."

"다시는 올 생각 말아요. 명한씨 하던 일이나 충실이 하세요." 공명 선생은 냉정하게 말했다. 무거운 발걸음을 간신히 옮겨 황토대문을 나오니 벌써 날은 어두웠다.

발걸음이 차마 떨어지지 않았으나 어찌할 수가 없었다. 어렵게 공명 선생을 만났으나 단칼에 거절당하고 보니 하늘이 무너지는 것 같았다.

"여보. 너무 걱정하지 말아요. 이제 선생님을 만났으니 다시 찾아

가서 잘 부탁드리면 틀림없이 허락하실 거라고 생각해요.” 뜨거운 눈물을 흘리며 땅만 쳐다보고 집으로 뚜벅뚜벅 걷고 있는 명한을 보며 그녀는 따뜻하게 위로했다.

서산에 해는 이미 졌고 발걸음은 천근만근 무거웠다. 명한은 하늘을 보니 저 멀리 북극성이 일어날 차비를 하는 것 같았다. 그는 흐르는 눈물을 손으로 훔쳤다. 그리고 제발 북극성이 그의 앞날을 밝게 밝혀주기를 바라며 조심조심 산길을 내려와 그의 몸과 마음을 편안히 감싸줄 집으로 향했다.

“여보! 우리가 공명 선생이 하신 말씀처럼 길을 잘못 가고 있는 것은 아닐까?” 하고 그는 조심스럽게 아내에게 말했다.

“글쎄요. 제가 당신을 주식투자 하라고 힘들게 힘한 곳으로 인도한 것 같아서 마음이 몹시 아프네요. 우리 차분하게 다시 한 번 잘 생각해봐요.” 그녀는 정말 걱정스런 눈빛으로 말했다.

“가다가 공판장에 들려 싱싱한 두부를 사서 당신 좋아하는 새우젓두부찌게 끓여줄까요?”

“좋지. 좋아. 하~아! 참 어렵네. 세상살이가 말처럼 쉬운 것 없네. 더 심사숙고 해 봅시다.” 공명 선생의 말을 듣고 그들은 머리가 혼란했다. 도전을 하지 않는다면 장차 장학재단도 세우지 못할 거라 생각하니 마음이 심란했다.

정말 모든 것을 포기하고 싶다는 생각이 들었다. 지금껏 벌은 돈 갖고 편안히 살면서 아내와 전 세계 구석구석 여행을 하고, 골프나 치러 다니면 어떨까? 초등친구들과 지인들을 초청해 갤러리에서 와인 파티도 가끔씩 열고 말이야. 차라리 보통 사람들처럼 '인생 뭐 있어. 둥글둥글 사는 게 인생이지.'하며 입을 헤 벌리고 즐기며 살았으면 좋겠다는 생각마저 들었다.

"여보 힘내세요." 그녀는 걱정이 되어 말했다.

"고마워! 시간을 갖고 잘 생각해 봅시다."

그는 공명 선생의 진심어린 충고를 듣고 자신이 가야 할 길을 곰곰이 생각해 보았다. 선생님의 말씀이 전혀 틀린 말은 아닌 것 같았다. 주식투자는 수익이 높은 반면 손실 날 위험성이 큰 곳이라고 생각했다. 돈 벌기 위해 수단과 방법을 가리지 않는 비열한 골리앗과 건전한 투자자들이 한데 뒤엉켜 구린내 나는 누런 똥밭에서 돈을 서로 먼저 차지하려고 구르는 전쟁터처럼 느껴지기도 했다. 돈을 벌기 위한 세계경제전쟁의 최전방 전투장이라고 생각했다. 골리앗들이 하루 하침에 벼락부자를 꿈꾸는 탐욕으로 검게 물들은 어리석은 개인투자자들을 맛있는 한 끼 먹잇감으로 생각하여 꿀꺽 삼키는 무서운 전쟁터임에 틀림없다. SNS를 통한 무차별적인 거짓말도 범람한다. 어디를 가나 지뢰밭 투성이다.

그래서 그는 투자를 먼저 배우고 가치투자라는 무기를 들고 세계경제전쟁에 참전하려 했던 것이다.

공명 선생이 본업과 기본에 충실하라고 충고를 하여 그는 다시 한 번 냉철하게 가구시장을 생각해 봤다. 그는 과거 수공예 목재가구 제조에 창업투자를 성공적으로 했다. 그가 창업할 당시에 우리나라에 들어오는 가구수입품들은 유럽, 특히 이태리나 미국 산으로 국산보다 훨씬 비싸고 럭서리한 것들이었다. 그래서 그가 만들던 목재가구 제조업은 경쟁력이 있었다. 그러나 현 상황은 정 반대다. 인건비가 싼 나라에서 헐값에 무차별하게 만들어서 수입되고 있다. 가구 제조는 노동집약적인 산업이다. 그래서 많은 경쟁업체들은 일찍부터 인건비가 싼 동남아시아로 제조시설을 옮겨갔다. 더군다나 일부 몰지각한 수입업자들이 자신들은 한 푼도 개발비를 들이지 않고, 국내에서 개발비를 많이 들여 개발한 히트 친 모델을 인건비가 싼 동남아로 옮겨 가 똑같이 복사해 왔다. 영세한 수입업자들이 대다수라 의장등록을 해도 뾰족한 방법이 없었다. 붙잡아도 돈을 청구할 방법이 없다. 돈이 없는 사람들이 생계수단으로 범죄를 저지르기 때문이다.

인건비와 부대비용을 합치면 우리나라보다 100배 이상 저렴한 베트남에서 만들어 와서 무차별하게 시장을 혼란에 빠뜨리고 있었다. 수공예 목재가구에 투자하는 것이 오히려 주식투자를 하는 것보다 더 위험한 투자가 되고 있다고 이미 판단되었다. 컴퓨터에 입력해서 천연목재가 아닌 가공 목재로 손쉽게 만들어 파는 업체들은 성장을 이어가고 있었다. 그러나 그는 그렇게 만들고 싶지 않았다.

공명 선생은 그가 해오던 가구 제조업에 대해 상세히 알지 못할 거라고 생각했다. 평생을 주식투자만 해왔기 때문에 대한민국에서 제조업을 하는 사람은 모두가 죄인이 되어가고 있다는 것을 전혀 모를 것이라 생각했다. 그는 심지어 한국에서의 제조업체 사장을 '천벌을 받을 사람'이라고 말하는 사람도 보았다. 일자리 창출은 모두

그들이 했는데 욕이란 욕은 바가지로 뒤집어쓰고 사는 사람들이 제
조업체 사장들이라고 그는 생각했다. 그래서 이해가 되도록 설득을
하면 제자로 받아줄 지도 모른다 생각했다. 주식투자는 경기가 안
좋을 때, 즉 위험하고 고평가 되었다고 판단이 서면 투자를 멈추면
된다. 그러나 제조업은 위험하다고 아무 때나 생산을 그만 둘 수 없
다. 직원들의 생계가 달린 문제이기 때문이다.

명한이 운영하던 회사도 적자가 날 때도 일을 해야만 했던 끔찍한
기억이 있다. 제조업은 경기가 좋을 때만 골라서 할 수 있는 것이 아
니다. 어떠한 악조건이 밀려와도 사장은 이끌고 앞으로 나아가야만
한다. 후퇴 하면 모두가 망하기 때문이다.

세상은 빠르게 변하고 있다. 자고 일어나면 있던 것이 사라지고
새로운 것이 나온다. 미래 학자들의 말에 의하면 앞으로 700만개의
일자리가 사라지고 200만개의 새로운 일자리가 생길 거라고 예측한
다. 그렇다면 500만개의 일자리는 어디로 사라진다는 말인가? 주식
투자 사업이나 일반사업이나 리스크가 항상 뒤따른다.

그는 세상에서 위험부담이 가장 큰 사업은 수공예 목가구 제조라
고 생각해 왔었다. 생산비 중에 인건비 비중이 무려 40%에 육박하
기 때문이다.

천신만고 끝에 공명 선생을 찾아 갔으나 '본업에 충실해라!'는 충
고를 듣고 퇴짜를 맞았다. 그는 냉철하게 수없이 생각하고 계산해
보았다. 그러나 그는 주식투자에 다시 도전을 하기로 했다. 리스크
가 오히려 적다고 판단했기 때문이었다.

성공한다면 영구히 젊은 인재를 키울 수 있는 재단을 세울 수 있을

것이다. 만일 실패 한다면 그의 귀한 자산 중 일부가 사라질 것이다.

주식투자는 도박을 하는 것도 아니고 새로운 분야에 대규모 자금이 필요한 무리한 창업을 하는 것도 아니다. 공부를 하고 실전투자 경험을 충분히 쌓아 정식으로 투자를 할 계획이며 실력이 부족한 상태에서는 큰 자금을 투자하지는 않을 것이다.

그래서 그는 다시 도전하기로 했다.

주식투자는 한번 리서치해서 투자를 하면 2~3년 혹은 십년 동안 별로 할 일이 없기 때문에 갤러리에서 작품 활동은 계속할 수 있다고 생각했다. 흥미로운 것은 투자한 '돈'은 밤낮을 가리지 않고 주인을 위해 일을 한다는 것이다. 사람처럼 잠을 자지도 않고 놀지도 않는다.

그는 공명 선생에게 다시 찾아가서 소상하게 본업이 처한 리스크 요인과 자신의 미래계획을 설명하고 제자로 받아줄 것을 다시 설득해 보기로 했다.

미래를 선도할 혁신적이고 위대한 기업을 찾아내어 간접투자를 하여 주주가 되는 것이 더 리스크가 적은 안전한 투자라고 생각하고 있었다.

현명한 공명 선생의 제자가 되다

"공명 선생한테 허락 받아 올게!" 그는 아내에게 자신 있게 말했다.

"저도 같이 갈게요. 조금만 기다려요."하며 그녀가 이번에는 힘을 보탰다. 그는 당당하고 힘차게 적극적으로 걸어갔다. 그녀가 봐도 이상할 정도였다. 우선 마음의 여유가 있어 보였다. 그가 언제나 힘든 일을 해결할 즈음에는 그런 모습이었다고 그녀는 생각했다. 그래서 그녀도 마음이 한결 가벼웠다. 이번에는 대문을 내 집처럼 밀고 들어가니 선생님이 정원 잔디밭 작은 평상에 앉아 계셨다. 마치 명한이 찾아올 것을 미리 알고 계셨던 것 같았다.

"선생님 그동안 별고 없으셨습니까?"

"오! 명한씨! 다시는 찾아오지 말라고 했지 않았나요?"

"네. 선생님께서는 지난번에 '본업에 충실하라'며 제자로 받아줄 수 없다고 하셨습니다. 가구업의 어려움을 말씀드리고 허락해 달라고 찾아왔습니다."

"그럼. 본업의 어려움이 무엇인지 들어나 봅시다."

"네. 지난 번 선생님의 말씀은 충분히 이해가 되었습니다. 그리고 일방적으로 생떼를 쓴 것 같아 죄송합니다. 너그러운 마음으로 용서해 주십시오. 선생님께서는 본업에 충실하라고 말씀하셨는데 그것도 문제가 많이 있습니다. 왜냐하면 수공예 목재가구는 노동집약적인 산업입니다. 선진국 진입을 앞두고 있는 우리나라에서는 경쟁력을 이미 잃어가고 있어서 오히려 주식투자를 하는 것보다 더 위험하다고 봅니다.”

“아. 그런가. 주식투자보다 더 위험하다고? 나는 가구산업에 대해서는 아무것도 모른다네.” 그가 자세히 설명하자 공명 선생은 고개를 끄덕이셨다.

“주식투자 실력이 갖춰지면 제가 갖고 있는 일부 부동산을 팔아서 기초 자본을 투입하고 계획대로 성공을 한다면 20년 안에 장학재단을 세울 수 있다고 생각합니다. 그래서 저는 선생님의 도움이 필요합니다. 또한 장학재단을 세우기 전까지, 지금처럼 매년 주던 장학금도 최선을 다해 주고 제 자신의 행복을 얻을 수 있는 봉사활동도 열심히 하겠습니다. 허락해 주십시오. 선생님!”

그는 정직하게 말했다. 그는 자신이 장학재단을 세우기 위해 필수 조건으로 주식투자실력을 갖춰야 하며, 또 설사 재단을 세운다고 해도 제조업을 해서는 오래 지속적으로 재단을 관리할 수 없을 것이라 말했다. 그러니 주식투자를 배울 수 있도록 제자로 받아 달라고 거듭 청했다.

주식투자실력 없이 재단을 세우고 그 돈을 은행에 맡겨서 운영한다면 앞으로 본격적인 저금리 시대가 도래 하면 재단 관리자 인건비를 벌기도 어려워져 누군가가 지속적으로 장학금을 후원해 주지 않는다면 장학금은 줄 수 없을 것이라고 설명했다.

“명한씨 말을 들으니 주식투자를 정통으로 배우면 장학재단은 잘 운영할 것 같은데 갤러리사업과 주식투자를 동시에 하는 것이 가능하겠습니까?”

"장학재단은 앞으로 20년 후에 설립할 예정이라고 말씀 드렸습니다. 선생님이 저를 제자로 받아주시면 열심히 배우겠습니다. 주식투자는 위대한 기업을 발굴해 나무를 심어 가꾸듯 몇 년 내지는 수십 년을 농부의 마음으로 투자할 생각이라 많은 시간이 드는 것은 아니라고 생각합니다. 갤러리 사업과 병행은 충분하다고 생각합니다. 제발 도와주십시오. 선생님!"

그는 간절히 제자로 받아 달라고 말했다.

한참을 아무 말 없이 눈을 감고 계셨다. 명한은 조용히 기다렸다.

드디어 공명 선생이 살며시 눈을 뜨셨다. 어두운 세상을 따뜻하게 밝혀줄 것 같은 눈빛이었다. 입가에 엷은 미소를 짓고, 천천히 그를 쳐다보셨다.

"명한씨? 오늘부터 자네를 제자로 받아주겠네."

"정말입니까? 스승님!"

"그래. 제자로 받아 주겠네. 자네는 마음이 순수하고 매사에 열정적이라 마음에 들어. 그리고 뜻도 아주 높고. 자네는 실천할 사람으로 보이네."

"감사합니다. 감사합니다. 스승님…." 그는 너무나 감격했다.

뛸 듯이 기쁘다는 말이 무엇인지 알 것 같았다. 그의 두 눈에서 뜨거운 눈물이 두 볼을 타고 흘러 내렸다.

"선생님 감사합니다. 선생님의 훌륭한 제자가 될 수 있도록 남편을 잘 내조할 것을 선생님께 약속드리겠습니다." 하고 미나도 감격의 눈물을 흘리면서 말했다.

　"앞으로 나와 한 가지 약속을 해야 하네. 공부하는 것 외에는 나에 대해서나 가족사에 대해서 더 이상 알려고도 묻지도 말게나." 하고 공명 선생은 다짐을 받았다.

　"예. 묻지 않겠습니다. 스승님!" 공명 선생은 입을 굳게 다물고 한 참을 침묵하시다가 이내 평온한 얼굴을 되찾으시고는

　"명한씨? 갖고 왔다는 산삼주를 이리 주게. 사제의 예를 갖춰야겠네."

　"예. 알겠습니다. 여기 있습니다, 선생님" 하고 그녀가 꺼냈다. 그리고 부엌으로 가서 느티나무와 은행나무로 만든 작은 둥근 나주 식 소반 위에 술잔 두 개와 간단한 안주를 올려서 가지고 왔다.

　명한은 공명 선생께 성실한 제자가 되겠다는 맹세의 의미로 큰 절을 올리고 나서 정성을 다해 선생님께 한잔 가득하게 따라 올렸다. 그러자 이번에는 공명 선생이 명한에게 술을 따랐다. 둘은 잔을 들어 서로 신의를 다할 것을 맹세하며 잔을 비웠다. 옆에 있던 그녀는 국화차를 마시면서 사제의 만남을 자축하는 것을 보며 즐거워했다.

　"명한이 자네는 끈기가 대단해. 자네는 참을성이 있어서 성공을 할 수 있을 거야." 환한 미소를 지으시며 먼저 공명 선생이 입을 열었다.

　"스승님! 감사합니다. 기본부터 다시 차근차근 성실하게 공부하겠습니다."

　"공부는 다음 주부터 일주일에 두 번씩 월요일과 수요일 날 오전9시부터11시까지 할 계획이니 준비해 오도록 하게나. 교과서는 없고 자네가 알고 싶은 것을 질문하면 내가 답하는 식으로 수업을 할 거네. 그러니 자네는 질문할 사항을 공부해 오게나. 그리고 수업료는 없으니 걱정하지 말게."

"네. 스승님! 잘 알겠습니다. 다시 한 번 더 감사드립니다."하고 선생님께 정중히 인사하고 황토대문을 나왔다. 명한과 미나는 꿈인가 생시인가 하고 서로 꼬집어도 보고 실성한 사람들처럼 웃고 울면서 하늘을 날아가듯 허둥거리며 집으로 왔다.

세상에 이런 기쁜 일이 다 있을까? 최고의 스승님에게 그것도 단 한명의 제자만을 두고 마치 가정교사처럼 일대 일로 가르쳐주신다는 말씀을 듣고 그는 처음에 정말인지 믿어지지 않았다. 마치 장학재단을 벌써 세운 것 같았다.

공부하면 현명한이 아니었던가?

그는 언제나 스스로 길을 찾았다. 길이 막혔거나 없을 때는 만들어서 간 사람이다. 감격의 노래가 절로 나왔다. 최고의 명성과 완벽한 능력을 갖춘 스승님을 모셨으니 어깨에 하늘을 날수 있는 천사의 날개를 달은 듯 했다. 하늘 높이 날아 어디든지 날아갈 수 있을 것 같다고 생각했다. 인생이란 때론 이런 신명나는 순간이 있어야 살 맛나는 세상이라고 생각했다.

그는 입에서 진도아리랑이 절로 나왔다.

아리 아리랑 쓰리 쓰리랑 아라리가 났네.
아리랑 음 음 음 아라리가 났네. (두 줄이 연속적으로 후렴부로 사용 된다.)
문경세재는 웬 고갠가 구부야 구부구부가 눈물이 난다(로다).
아리 아리랑 쓰리 쓰리랑 아라리가 났네. 아리랑 음 음 음 아라리가 났네.
청~천 하늘에 잔별도 많고
우리네(요네) 가슴에는 수심도 많다(가슴속에 희망도 많다). 후렴

날다려 가거라 날다려 가거라
무심한 우리 님아 날다려 가라. 후렴
노다가세 노(놀)다가세 저달이 떨다지도록 노(놀)다가 가세. 후렴

현명한은 신명이 났다.

우리 민족의 애달픈 정서와 해학으로 가득 찬 아리랑을 부르며 덩실 덩실 춤을 췄다. 그는 몸치라 춤이라곤 전혀 모르는 사람인데 진도 아리랑에 맞춰 춤이 절로 나왔다. 어깨가 저절로 돌아가고 발끝이 덩실덩실 움직였다. 무아의 경지로 빠져들면서 완벽한 춤꾼이 되었다.

"조~으타! 좋아. 얼씨구, 절씨구나 좋구나 좋아!"그의 춤 숨씨도 예술이었다.

"여보! 어머 세상에! 당신 뭐하세요? 호호호. 프흡. 킥킥. 호호호 하!" 그녀는 너무나 배가 아파서 허리를 앞으로 숙이며 웃었다.

미나는 처음 보는 광경에 깜짝 놀라서 말했다. 수십 년을 같이 살았어도 남편의 이런 모습을 보는 것은 처음이었다. 사실 그녀는 춤을 잘 췄다. 그녀가 고운 한복을 차려입고 관객이 많은 무대에서 봉사단원들과 고전 무용을 공연한 한 적도 있었다. 그녀가 오른손을 들어 집게손가락을 살포시 펴고 천정을 향해 가볍게 찌르면서 왼발을 내딛는 순간 어깨가 잔잔한 맑은 호수의 물결처럼 일렁이며 앞으로 나왔다. 과연 하늘에서 내려온 천사의 날개깃처럼 자연스럽고 부드러웠다.

"어~ 미나인가. 아이고~ 이게 누 누거. 하늘에서 내여 온 미나 천사가 아닌겨! 어서 어서 어서 이리 와서 함께 춤을 추자구. 아. 이

렇게 기쁜 날에 술과 춤이 없어서야 되겠어. 큰 사발에 걸쭉한 막걸리 좀 따라보구려 얼싸! 좋다. 좋아! 우리 한번 걸쭉~하게 놀아 봅시다. 노래하면 우리 가락이요. 춤 하면 우리 전통 어깨춤이지. 이렇게 신명이 나서 어깨춤을 추고 허리를 살살 비틀면서 삐그르르 돌면 춤이지." 그는 정말 행복했다. 신명(끼)도 많고 인생을 알고, 인생을 즐길 줄 아는 사람이라는 것을 그녀는 비로소 알았다. 그녀는 그가 예술가라는 것을 잊고 있었던 것이다.

"여보, 술 여기 갖고 왔어요. 서방님! 호호호호호. 쭉~ 들이키세요. 서방님. 그리고 여기 안주로 달콤한 뽀뽀! 놀아요. 신나게 놀아보자고요." 그녀가 필(feel)받자 행복은 두 배로 커졌다.

"뭐라! 서방님! 허허허 하하하 푸하하하! 좋다! 좋아. 아. 오늘처럼 기쁜 날이 어디 또 있겠는가. 놀자! 놀자! 신명나게 놀자! 얼씨구!" 그는 다시 아리랑을 부른다. 목소리가 약간 쉰듯하여 걸쭉한 진도아리랑이 딱 맞는다.

장고야 울어라 밤새도록 울어라 너도 울고 나도 울고 밤새도록 울어라.
아리 아리랑 쓰리 쓰리랑 아라리가 났네. 아리랑 음~ 음~ 음~ 아라리가 났네.

부부는 신명나게 합창을 했다.
그는 세월이 가든지 말든지 신경을 전혀 안 쓰고 아리랑을 부르고 춤을 추었다.

산업혁명과 주식투자

그는 공명 선생과의 첫 번째 수업을
'투자란 무엇인가?'에 대해서 토론을 하기로 계획을 세웠다.

투자에 대해 생각하면서 명한은 천천히 공원을 걸었다. 그는 중요한 일을 할 때는 항상 천천히 산책하면서 생각하는 습관이 있다. 가만히 앉아서 생각하는 것보다 가볍게 걸으면서 생각하면 좋은 생각이 잘 떠올랐다. 좋은 생각이 날 때마다 수첩에 적어서 서재로 들어와 정리 하였다.

일요일 하루 종일 그가 좋아하는 산책로와 책상을 오가면서 내일 공부할 것을 생각했으나 원론적인 생각만 가득했다. 물론 그는 '주식투자'라는 투자 범위는 좁혀진 상태라 하지만 종목도 많고 어느 업종이 장기적으로 성장할 것인지 분간하기 어려웠다. 드디어 월요일 아침이 밝았다. 언제나 붉은 태양으로부터 강력한 에너지를 온몸에 받아 충전을 했다. 생기가 가득하고 상쾌했다. 스스로 신바람을 불어넣고 아침을 먹고 황토 토담으로 출발했다.

"사제의 연으로 맺은 우리가 주식투자 공부를 하기로 한 첫 날이네. 너무 급하게도 또 너무 느리게도 하지 말고 물이 흘러가듯 자연스럽게 공부하기를 바라네."

공명 선생은 자연스럽게 하라고 말했다.

"명심하겠습니다." 명한은 공명 선생의 '자연스럽게'라고 한 말이 너무나 좋았다.

그가 깨달은 인생철학 중에 자연의 순리대로 사는 '자연스럽게'가 있기 때문이었다.

"오늘 첫 시간인데 뭘 배우고 싶은가?"

"스승님! 투자란 무엇인가"를 배우고 싶습니다.

"그래. 자네는 그것이 가장 궁금한가 보군. 그것은 차차하기로 하고, 오늘은 수업 첫째 날이니 가볍게 산업혁명에 대해서 토론 하는 게 어떻겠는가? 투자를 알려면 거시적인 큰 틀을 이해해야 하거든." 하며 그가 생각하지도 못했던 분야를 꺼냈다.

"산업혁명이라 말씀하셨습니까?"

"그래 산업혁명. 산업혁명에 대해서 집고 넘어가야지. 삼국지에 나오는 삼국 시대와는 달리 현대에는 국지전을 빼고는 돈이라는 신무기를 갖고 숨 막히는 경제전쟁을 하고 있지. 그 경제전쟁의 중심에는 항상 산업혁명이라는 것이 있었고 그것이 병법인 것이니 그것을 이해해야 오늘날의 전쟁에서 승리할 수 있는 것이지." 하며 첫 수업은 1~3차 세계경제전쟁이 있었던 산업혁명과 앞으로 다가올 제일 중요한 제4차 산업혁명에 대해 수업을 하자고 말했다. 돈을 벌려면 드넓은 바다에 고기떼가 어디에 있는가를 알아내고 그물을 쳐야 많은 고기를 잡을 수 있듯이 주식투자를 하려면 먼저 세계경제의 흐름을 알아야 한다고 했다.

산업혁명에 대해서는 그도 많이 들어서 대충은 알고 있었다. 그렇지만 그것이 주식투자와 관련이 있는지 의아했다.

"스승님 어찌하여 투자에 대해 질문 하였는데 산업혁명에 대해서 토론을 하고 투자로 들어가자고 하십니까?"

"투자는 산업 전체를 보다 더 멀리, 넓게, 깊게 보고, 큰 틀을 이해하고, 그 틀 속에서 가장 중요한 핵심을 찾아내는 것이 매우 중요하기 때문이라네. 시대의 흐름을 따라야 하는 것이지. 산업혁명은 농업에서 공업화로 변한 것이지."

제1차 산업혁명

"스승님! 산업혁명과 같은 커다란 패러다임(paradigm)을 잘 인식하고 투자를 해야 한다는 말씀입니까?"하고 명한은 이해가 잘 되질 않아 물었다.

"그래. 맞아. 제1차 산업 혁명(産業革命, Industrial Revolution)은 1784부터 1869까지 영국에서 시작된 기술의 혁신과 이로 인해 일어난 사회, 경제 등의 큰 변혁을 말하는데, 산업혁명은 농업 문명사회로부터 공업문명사회로의 이행을 뜻하므로 보통 이를 '공업화'라 부르기도 하지. 산업 혁명은 후에 전 세계로 확산되어 세계를 크게 바꾸어 놓았지." 라고 공명 선생은 말하며 호암 약수터에서 떠온 시원한 약수를 한 모금 마시고 계속 이어갔다.

"그럼 스승님. 18세기 후반에 만들어진 혁신은 어떤 것들이 있었나요?"

"한마디로 대단한 거였지. 그 당시에 대표적인 것은 증기기관(steam engine)의 발명이라고 볼 수 있지. 증기기관에 대해서는 자네도 이미 배워서 알잖아?"

"예. 스승님. 주전자에 물을 끓이면 증기가 발생하고 발생한 증기를 밖으로 새나가지 못하게 기계장치를 하면 엔진의 피스톤을 움직이게 할 수 있고 열에너지를 운동에너지로 바꿀 수 있다는 원리라고 배웠습니다."

"맞아. 바로 그거야. 하지만 우리가 지금 과학을 논하자고 여기까지 얘기를 하는 것은 아니야. 우리가 공부하고자 하는 것은 주식투자야. 어느 기업에 투자를 할 것인가를 과거의 예를 들어서 배우고 현재에 적용하려고 공부하고 있는 중이야."

"예. 스승님. 머리에 쏙쏙 들어옵니다. 꼭 명심하겠습니다."

"다행이군. G. 스티븐슨(George Stephenson)의 증기기관차 발명은 그 속도와 능률면에서 획기적인 성공을 하여 철도시대를 맞이하게 되었어. 마침내 1825년 석탄을 탄갱에서 뱃길까지 운반하는 세계 최초의 철도인 스톡턴~달링턴 철도가 개통되었고, 이어 1830년에는 맨체스터~리버풀철도가 개통되어 상업적 성공을 거두었어.”

“스승님. 당시에 철도가 개통되었다는 것이 믿어지지 않고 너무나 신기합니다.”

“그런가? 나도 신기하긴 마찬가지야. 내가 이쯤에서 퀴즈 하나 내 볼까?”

“퀴즈요?”

“음. 머리 좀 식히자고. 1825년 ‘스톡턴~ 달링턴까지 달리는 세계최초의 철도가 개통하였는데 그 당시 증기기관차의 속도는 얼마나 빨리 달렸을까?”

“음. 글쎄요. 음. 사람이 빠르게 달리는 속도가 아니었을까요?”

“그래. 그 이유는?”

“예전에 서부 영화에서 본 기억이 있는데 석탄을 태워서 움직이는 기차가 서부의 갱단이 탄 말보다 느리더라고요.”

“그래서 시속 몇 킬로미터 간다는 거야?”

“약, 18킬로미터 정도요.”

“근접한데 맞은 거로 하지 뭐. 16킬로미터였다고 하는데 화차 직원이 석탄을 더 많이 넣었다면 최대 18킬로미터는 달렸을 거야. 하하하.”

“네~에? 그 정도면 정말 사람이 달리기를 하는 것과 같았네요.”

“그랬지. 그래도 그 땐 천지가 개벽될 발명품이었겠지.”

“스승님. 그럼 직물, 증기 기관, 증기기관차, 제철산업이 당시의 산업을 주도했다면 그와 관련된 혁신적인 산업에 투자자들이 몰렸을 것이고, 그 투자자들은 많은 돈을 벌었겠는데요."

"오케이. 제대로 봤어. 자네는 수업 첫 시간부터 나와 장단이 잘 맞는 것 같아 가르치는데 힘이 덜 드는 군."

"감사합니다. 스승님!"

"제1차 산업 혁명은 세계 근대화의 촉매가 되었어. 철도와 직물산업에 투자자들이 구름처럼 모여 경제 구조의 혁명적 변화를 가져왔지. 그리고 마침내 기업가가 탄생됐지." 공명 선생은 마치 경제학 강의를 하는 것처럼 말했다.

"주식투자에 대해 감이 잡히는 것 같아요. 스승님!" 그는 고개를 끄덕였다.

"정말 그렇게 생각하는가?"

"예. 그렇습니다. 주식투자를 어떻게 접근해야 할지 이해가 되는 것 같습니다."

제2차 산업혁명

"그렇다면 고맙네. 그럼 1차는 이쯤하기로 하지. '전기, 화학, 철강 등의 기술혁신으로 촉발된 2차 산업혁명'은 1870년부터 1970년 사이에 미국을 중심으로 일어났지. 미국은 이때부터 세계의 모든 패권을 잡았어. 세계 최고의 부자나라가 된 것이야. 한마디로 2차 산업혁명은 전기와 생산조립라인의 출현으로 대량생산을 가능하게 했지. 중화학 공업의 혁명이라고도 해. 전기는 1879년 에디슨(Thomas Alva Edison)이 백열전구를 발명함으로써 시작되었고, 백열전구의 발명은 훗날 컴퓨터를 만드는 밑바탕이 되었지.

전기의 발명은 '인류의 삶을 송두리째 완전히 바꿔놓는 것!' 그 자체였다고."

"스승님은 에디슨의 팬인 것 같아요."

"암. 좋아하지. 그가 전구를 발명하지 않았으면 세상은 어둠 그 자체였을 거야."

"감사한 일입니다." 현명한은 정말 에디슨에게 감사했다.

"자네 세상을 확 바꾼 괴짜천재인 에디슨이 말한 명언들 중에 기억나는 것 있나?"

"예, 있습니다. '천재는 99%의 노력과 1%의 영감으로 이루어진다.'라고 한 말을 기억합니다." 명한은 이 명언을 늘 공감했다.

"그래. 맞아. 발명왕이면서도 해학이 넘치는 분이셨지. 나도 생각나는 게 하나 있어. '인생에서 실패한 사람들 중 다수는 성공을 목전에 두고도 모른 채 포기한 이들이다.'라고 한 말이 생각나는구먼. 자네는 성공할 거야."

"감사합니다. 스승님!"

"여담이지만 전기가 대한민국에 처음으로 불 밝히게 된 것은 언제인지 아는가?"

"그것은~음~ 모르겠습니다." 명한은 고개를 갸우뚱거렸다.

"놀라지 말게나. 우리나라에 전기가 처음 들어온 때는 1887년 3

월 건청궁에 불을 밝히면서 시작되었어. 왕실 사람들이 모두가 뒤로 넘어지는 충격 그 자체였지. 그로부터 13년 뒤인 1900년 4월10일 종로에 세 개의 가로등이 점등되었고 지금도 전기 없이는 단 하루도 버티기 힘든 세상이 되었지.”

“스승님. 2차 산업혁명 당시는 전기관련 산업에 투자를 했었다면 많은 돈을 벌었을 것 같습니다.”

“명한이 자네는 돈을 너무 밝히는 것 같은데. 돈. 돈. 돈. 하며 살면 건강에 안 좋고 돈이 자네한테 질려서 도망갈지도 몰라.”

“스승님. 저는 그냥 이해를 빨리 해보려고 한 말입니다. 물론 돈을 사랑합니다. 돈을 소유하려는 욕심이 아니고 사랑한다니까요.”

“돈을 사랑하는 거나 소유욕이 있는 거나 마찬가지 아닌가?”

“스승님 저는 ‘사랑’이라는 말은 절대로 변하지 않는 숭고한 것이라고 생각합니다. 돈에 대한 사랑도 마찬가지입니다. 진정한 사랑을 받고 자란 돈이라야 이웃을 사랑하는 돈이 된다고 봅니다. 사랑은 받는 것 보다는 주는 것이 진정한 사랑이라고 생각합니다. 그래서 사랑은 배려이며, 사랑하는 상대에게 언제나 편하게 해 주는 것이 사랑이라고 생각합니다.”

“뭘 그런 것 가지고. 농담이야 이 사람아. 사랑! 듣기만 해도 가슴 설레고 너무나 좋은 말이네. 그래 자네 말이 맞네. 사랑이란 말을 요즘은 너무 많이 쓰고 있어. 사실 주는 사랑보다 받는 사랑을 더 좋아하면서 말이야. 입만 열면 ‘사랑한다. 사랑한다.’하다가도 조금만 싫은 소리 들으면 바로 파르르 하면서 돌아서기도 하지.”공명 선생도 명한의 말에 동감 했다.

"예. 저도 그렇게 생각합니다. 스승님."

"참. 내 정신 좀 봐. 우리 어디까지 했지?"

"제2차 산업혁명의 전기발명에 대해서 이야기 하던 중이었습니다. 그 당시 탄생한 제품들이 투자자들에게 인기가 있었나요?"

"엄청났지. 세상을 확 바꿀 수 있는 신제품이 나오면 자연적으로 돈이 모이고 그러면 누군가는 큰돈을 거머쥐게 되었지."

공명 선생은 간단명료하면서도 전체를 한눈으로 볼 수 있게 설명했다.

그는 공명 선생의 지난 산업혁명 역사를 들으면서 많은 것을 느꼈다.

역사는 구시대적이라며 쓰레기처럼 생각하는 사람들도 있다. 역사를 버리는 사람은 '황금 알을 낳는 거위'의 배를 가르는 것과 같다고 생각했다.

"스승님. 제 2차 산업혁명 중에 나온 발명품 중에 가장 인상에 남는 혁신적인 제품은 무엇이라고 생각하십니까?"

"글쎄. 그 시대는 신제품이 너무나 많아서…. 우리는 주식투자를 하는 사람이니까 투자의 관점에서 본다면, 뭐 굳이 고른 다면, 음. 음~ 제록스사가 만든 복사기가 있는데 복사기에 대해서 자네는 어떻게 생각하는가?"

"예, 복사기는 황금도깨비라고 생각합니다."

"황금도깨비! 어째서?"

"복사기는 순식간에 말 그대로 글씨, 그림 등을 실물과 꼭 같게 사진처럼 뚝딱 만들어 낼 수 있으니까요."

"음. 그럴듯하군. 20세기에 들어 경제가 비약적으로 발달하자 처리하고 보고할 업무량이 산더미처럼 많아졌지. 그러자 새로운 혁신적인 복사기가 필요했지."

"예. 스승님. 만약 복사기가 없었다면 굉장히 불편했을 겁니다."

"맞아. 제록스 코퍼레이션((Xerox Corporation)의 복사기는 아주 특별했거든. 그래서 사람들에게 사랑을 한 몸에 받았어. 그래서 매출이 폭발적으로 증가한 거지."

"정말 누구에게나 필요했을 것이고, 아마 저도 샀을 것 같아요."

"맞는 말이야. 당시에는 굉장한 신제품이었지. 1960년대가 시작될 무렵 제로그래피(xerography)라는 새로운 원리를 바탕으로 하고, 보통 종이로 영구적이며 양호한 품질로 복사할 수 있는 기계가 발명된 거야. 그 효과는 즉각적이었어. 화산이 폭발한 것처럼 정말 폭발적이었지." 공명 선생은 열변을 토했다.

"스승님. 혁신적인 신제품이네요."

"물론이지. 세상을 깜짝 놀라게 한 혁신적인 신제품이지. 당시 미국에서 1년 동안 복사되는 양은 1950년대 중엽에 약 2000만장 이던 것이 1964년 95억장으로 껑충 뛰었고, 1966년에는 140억장으로 늘어났거든."

"그렇게 많이 복사를 했어요?"

"그럼. 그 시대는 산업이 폭발적으로 발달하여 정말 대량생산체계에 접어들었었고, 인건비를 줄여서 생산비를 낮추려고 기업인들은 애를 썼거든."

"처음에는 가짜 짝퉁이라고 싫어했다고 들었습니다."

"처음에는 복사 즉 'COPY'라는 단어에는 '사기'라는 의미가 담겨 있고 '위조' (counterfeit)와 동의어로 쓰였다고 해. 지식인들이 많이 꺼렸지만 새로운 시대 앞에서는 모두가 소용없는 가치관들이었어. 제록스는 1960년대의 가장 괄목할 만한 기업 성공 사례가 되었지."

"당시에 어느 정도로 회사가 성장을 했습니까?"

"뭐. 어마어마했었지. 1959년의 회사(그때 회사 이름은 헬로이드 제록스였음) 매출액은 3300만 달러이었는데, 1961년에는 6600만 달러, 1963년 1억 7600만 달러, 1966년 5억 달러 이상으로 폭발적으로 증가했거든. 당시에 제록스사의 최고경영자인 조지프 윌슨이 말한 것처럼 이러한 성장률이 20년 동안 계속 이어진다면 제록스의 매출액이 미국 국민 총생산(GDP)을 능가할 수 있다고 할 만큼 대단한 것이었지. 이런 일은 결코 일어나지는 않았지만, 아무튼 어마어마하게 성장한 것이야." 하고 공명 선생도 믿기지 않는 다는 표정을 지었다.

"자네가 그 성장률이 얼마나 되었는지 계산 해 보는 것은 어떻게 생각하는가?"

"예. 스승님. 당장 계산기로 눌러보겠습니다."

"으와! 오! 마이 갓! 이럴 수가! 스승님 7년 동안 년 평균 성장률이 무려 47.44%나 됩니다. 대단합니다." 그는 자기가 계산한 결과를 보고도 도무지 믿기지 않았다.

계산기를 잘못 눌렀나 싶어 다시 해봐도 틀림없었다.

"만약 회사가 매년 이처럼 높은 성장률을 계속 유지 한다면 어떻게 될 거라고 생각하는가?” 하고 공명 선생은 그에게 다시 물었다.

“다시 계산해 보겠습니다. 첫 해를 100이라고 보았을 때 5년 후에는 696이 되어 대략 7배 성장하고, 10년 후에는 4,854가 되어 약 48배, 20년 후에는 235,671 가 되어 2,356배로 증가 합니다. 실제 이런 기업이 있었습니까?”

“암. 있었지. 제록스 코퍼레이션이 7년 동안은 그렇게 성장했지.” 하며 공명 선생은 신화를 얘기하듯 자신 있게 말하였다.

보통 창업 초기에 소기업들은 이처럼 폭발적으로 성장하는 경우가 종종 있다. 그러나 거대 기업이 되어서도 이처럼 성장하는 기업이 있었다는 것에 그는 흥분을 감추지 못했다.

당시 미국의 주식, 투자 정보, 경제 칼럼, 기업 랭킹 등을 제공하는 종합 경제지 포춘(Fortune)이 발표한 대로 본다면 1961년 까지만 해도 미국500대 기업에 들지 못했지만 1966년에는 순이익 기준으로 63위, 매출기준으로 9위, 주식 시가총액으로는 대략 15위를 차지한 기업이 되었으니 정말 어마어마하게 성장을 기록한 것이라고 그는 생각했다.

그는 마치 자신이 위대한 기업을 창업했던 것처럼 마음이 설레었다. 이런 위대한 기업을 찾을 수 있는 능력을 갖춘다면 자신도 크게 성공할 수 있으며, 그가 꿈꾸던 장학재단의 설립이 가능하리라고 확신했다.

“이런 혁신적인 신제품을 만들어 내는 위대한 1등 기업을 찾아내어 과감하게 투자를 하는 것이 주식투자라네” 공명 선생은 한마디로 ‘주식투자란 무엇인가?’를 콕 찍어서 설명했다. 그는 ‘주식투자는 바

로 이런 것!'이라고 영원히 지워지지 않게 자신의 머릿속에 도장을
찍어 준 것 같은 분명한 느낌을 받았다.

"스승님. 저는 정말 가슴 떨리는 깊은 감명을 받았습니다."

"맞아. 나도 동감이네. 자네 이런 대단한 회사의 주가는 얼마나 올
랐는지 궁금하지 않은가?"

"글쎄요. 스승님 얼마나 올랐는지 조사해 보게 시간을 주십시오."

"아. 시간은 넉넉하지. 천천히 점검해봐. 서두르지 말고." 공명 선
생은 태연하게 말했다. 스스로 생각하고 연구하여 하나하나를 알게
하고 발표를 통하여 정확한 지식을 쌓게 했다. 이를테면 문답식으로
강의를 했다.

"스승님. 주가는 최고 161달러 40센트까지 올랐을 것입니다."

"그래. 그 근거가 뭐야?"

"제록스사의 장부를 알 수 없어서 대략 주당 1달러라고 계산하고,
매출액 성장률이 47.44%가 되므로 7년 지난 후 매출은 약 15배 성
장하였습니다. 매출이 15배 증가했다면 이론상으로는 주가도 15배
올랐을 것입니다. 그래서 한 주당 15달러가 되었을 것입니다. 주가
는 정상적으로는 기업의 성장률만큼 올라야 한다고 생각합니다. 그
러나 제록스 코퍼레이션처럼 혁신적이고 위대한 기업에 투자자들이
벌떼처럼 모였을 것이고, 틀림없이 버블이 크게 형성되었을 것이라
고 생각해 10배의 프리미엄을 붙여서 계산하였습니다."

"아. 그래. 아주 그럴듯한 판단이야. 사실 미래 일들을 알 수 있는
사람은 아무도 없지. 혹시 가장 잘 알 수 있는 사람은 그 회사를 경영

하고 있는 CEO 정도는 알 수 있을 텐데. 그것도 대략적으로 아는 것이야."

"스승님 실제는 얼마나 올랐습니까?"

"놀라지 말게 자네가 산정한 것 보다 훨씬 높은 가격으로 거래가 됐어. 주당 20센트 하던 주가가 한때 267달러까지 치솟았으니 상상도 못하는 일이 발생한 것이었지."

"옛! 1,335배! 그것도 7년 동안에요!" 명한은 입을 딱 벌리고 경악했다.

"아. 그거야. 말하면 잔소리지. 제록스에 대한 일반투자자들의 열광이 얼마나 대단했던지 그 주식은 1960년대 주식시장의 '골콘다 (Golconda)'가 되었어.

"스승님. '골콘다'는 무슨 뜻입니까?"

"아. 그것은 다이아몬드 가공으로 큰 부를 쌓은 인도 남부의 고대 도시인데, 여기서 유래해서 '무진장의 부'라는 뜻으로도 쓰이고 있지."

"그럼 벼락부자가 되었다는 의미 인가요?"

"말하자면 그렇지. 1959년 말에 그 주식을 사서 1967년까지 보유한 사람이라면 누구나 66배의 경이적인 수익을 올렸지. 그리고 1955년에 헬로이드 주식을 샀던 투자자들은 180배의 수익을 올렸어. 그러니 여기저기에 '제록스 백만장자' 무리가 생겨 난거야. 그들은 모두 수백 명이나 되었는데, 대부분 로체스터 지역에 사는 사람들이거나 그곳 출신이었어."

"대박!" 그는 흥분하여 자신도 모르게 튀어나왔다.

"자네 말대로 대박이었어."

"부자가 그렇게 많이 생겨났다니…."

"암. 말도 못했지. 대부분 세상에 없는 혁신적인 신제품이 나오면 사람들은 열광하기 시작하지. 그러면 주가는 달리는 천리마로 순식간에 변하고 투자자들은 잘 달리는 말 등에 올라타고 질주하지. 주가가 천정부지로 오르고 소위 말하는 버블(거품)이 생기게 된다네. 달리고 달려 말이 마지막 아슬아슬한 천 길 낭떠러지로 굴러 떨어져야 끝이 나게 되지. 즉 회사의 성장이 멈추거나 횡보할 때까지 달리지. 제록스 주가도 결국은 42달러로 곤두박질 쳤지만 그 때에는 아무도 주식을 사려 하지 않았어."

"스승님의 말씀을 듣고 보니 정말 제록스는 대단한 회사였습니다. 그런데 그렇게 대단한 회사의 주식 가격이 왜 그렇게 다시 떨어졌습니까?"

"대단한 회사였지. 자네도 앞으로 이런 회사를 찾아야 해. 그리고 과감한 투자를 해야지. 주가가 떨어진 것은 버블이 생겨서 그 거품이 원래대로 꺼진 것뿐이지 회사의 펀더멘털(기초체력)에는 아무런 문제가 없었어. 잘못된 것은 투기자들뿐이었어. 물론 나중에는 경영에 어려움을 겪었던 때도 있었지만 말이야.

자. 오늘은 수업을 여기까지만 할 것이니, 궁금한 것이 더 있으면 제록스사에 대한 공부와 다음 시간에 수업할 3차 혁명과 미래에 다가오는 4차 혁명에 대해 공부를 해 오게."

"예. 잘 알겠습니다. 감사합니다. 스승님."

수업 첫 날부터 신명나게 산업혁명에 대한 공부를 했다. 두 시간이 어떻게 갔는지 몰랐다. 그는 집으로 돌아오는 내내 제록스에 대한 신화가 머릿속에서 떠나질 않았다.

명한은 공명 선생의 토담집을 내려와서 생각을 정리하고 집에 가던 중 그가 좋아하는 설봉호수에 잠깐 들렀다. 벌써 나무들은 녹음이 우거져 있었다.

이제 제법 한낮에는 뜨거웠다. 여전히 호수는 맑았다. 잔잔한 호숫가 벤치에 그는 편안히 앉았다.

"호수야. 너는 알지? 내 마음을."

"알지요. 저는 당신을 오래전부터 잘 압니다."호수는 여전히 그의 친구였다.

"호수야. 내가 전문 투자자가 될 수 있을까?"

"그럼요. 명한씨 당신은 세상에서 가장 유명한 전설적인 투자자가 될 거에요."

"고마워. 호수야. 너는 내 삶의 동반자이고 진정한 친구야. 아주 어린 시절 산정호수에서부터 말이야."

"고맙습니다. 힘들 땐 언제든지 저에게 오세요. 당신을 포근히 안아드리겠어요."라고 호수는 격려해 주는 것 같았다.

미래에도 우리는 언제나 돈이라는 희귀한 첨단 무기를 갖고 '쩐의 전쟁'을 치열하게 치르게 될 것이라고 그는 생각했다.

선진화된 유럽이나 미국은 천국 같은 곳에서 풍요롭게 잘 살고 있는데 아프리카지역과 아시아 일부지역은 왜 어렵게 살아갈까? 그는 인도의 델리 시가지를 여행했었는데, 그곳에서 천국과 지옥을 한눈에 볼 수 있었다. 도로 하나 사이로 뉴델리는 천국이고 올드델리는 지옥과 같았다. 오늘날 동서양의 빈부격차가 일어난 것이 과학의 발달이 가장 큰 원인이겠지만 '경제' 즉 '돈'에 대한 정확한 인식의 차이가 천국과 지옥을 갈라놓았다고 그는 생각해 보았다.

돈이 있다고 모두가 행복한 것도 아니고, 돈이 없다고 불행한 것은 물론 아니다. 그러나 그는 자신이 가난을 직접 경험해보니 가난한 것이 좋은 것은 아니라고 생각했다. 마음이 가난한 것을 빼고 말이다.

돈의 개념을 정확히 아는 사람은 투자를 한다. 그리고 기업가에게 투자된 돈은 혁신적인 신제품을 개발하는 산업혁명을 이끌고, 경제적 자유란 풍요를 만든다.

우리나라가 일찍이 산업혁명의 기술을 받아 들였다면 치욕적인 일제 강점기는 없었을 것이라고 명한은 생각했다.

투자를 하지 않으면 단순히 하루하루를 먹고 살기 위하여 노동을 제공하는 것 외에는 없다. 그리고 매일 매일 고단한 삶을 살아야 한다.

또한 투자를 모르면, 부자로 가는 길(투자의 길)을 버리고, 안타깝게도 빈자의 길을 택한다. 그러면 자신도 모르는 사이에 더욱 더 가난한 길을 하염없이 가게 된다.

그는 가난한 사람들이 대부분 빈자의 길을 택하는 것이 너무나 가슴이 아팠다.

투자공부를 하여 위대한 기업에 투자를 한다면 누구나 부자의 길을 걸을 수 있을 텐데 말이다.

투자를 통해 발생한 이익금은 투자자의 몫이 된다.

주식투자로 우량주를 한 두주씩 사서 모으는 것은 땅을 한두 평씩 지속적으로 사서 팔지 않고 모으는 논리나 같은 것이라 그는 생각했다. 누구나 풍요로운 경제적 자유를 마음껏 누리기 위해서 말이다. 선진화된 투자지식을 배워야 우리가 가지고 있는 귀중한 것(돈)을 송두리째 빼앗기지 않고 잘 살 수 있다고 생각했다.

주식투기를 하면 반드시 망할 것이고, 투자를 하면 흥할 것이다. 투자를 배우지 않으면 눈에 보이는 탐욕 때문에 투기를 하다가 귀중한 돈을 잃게 된다. 하지만 건전한 투자를 하면 주식시장에서 돈을 잃을 확률은, 직접투자(창업이나 사업)보다 훨씬 안전한 것이 주식투자라고 생각했다.

그는 외환위기(1997, IMF)를 가장 안타깝게 생각했다. 그 당시 피땀 흘려 쌓아온 우량한 기업들이 쓰레기 값에 선진국에 팔리는 참담함을 보았기 때문이다. 금융선진국들에게 소중한 돈을 더 이상 빼앗기지 않으려면 단 한 주라도 위대한 기업의 주식을 사 모아야겠다는 생각이 들었다.

1997년 11월 21일, 우리나라 정부는 국제 통화 기금(IMF)에 구제 금융을 신청한 날이었다. 당시 우리나라에서 외국에 갚아야 할 돈이 1500억 달러가 넘었는데, 우리나라가 가지고 있는 달러는 40억 달러에도 못 미쳐 나라가 파산 직전이었다. 경제주권을 상실하고 경제

시민지가 된 외환위기가 닥치자 주식시장은 완전히 무너졌고, 수세기 동안 투자에 능수능란하게 훈련된 선진국 투자전투병들이 자본시장 대문을 활짝 열어 놓은 우리나라 기업들의 소유권을 팔고 사는 증권시장에 무자비하게 난입하여 쑥대밭을 만들었다.

총과 대포 대신 돈이라는 우리 정서에는 아주 생소한 파격적인 신무기를 들고 한 순간에 쳐들어 왔다. 그들은 위대한 대한민국의 기업들만 헐값에 샀다. 그리고 현재까지도 기업의 주인으로 배당금을 가져가고 있다.

마치 16C 스페인 정복자 코르테스가 500여명 소수 정예 기병대를 이끌고 '천연두'라는 최첨단 무기를 들고 전염병을 퍼뜨리자 500만 명이나 되는 아즈텍 제국의 찬란했던 아즈텍 문명도 하루아침에 정복당하고 노예가 되어, 오늘날까지 민족혼을 상실하고 언어와 문화마저 영원히 상실한 것과 비슷하다고 그는 생각했다.

유교 문화를 이어받은 우리나라는 전통적으로 돈이라는 신무기를 사용하는 훈련을 제대로 받지 못하고 자랐다. 어려서부터 어른들은 늘 '황금(돈) 보기를 돌 같이 하라'라고 가르쳤다.

학교 공부 열심히 하여 좋은 대학 가고, 좋은 회사에 취직하여 부자가 되는 투자는 하지 말고, 빈자가 되는 노동만 하라고 가르쳤다.

일자리를 창출하는 투자는 하지 않고 자기 혼자만 배 두드리고 사는 부동산 투기만 열중했다.

주인이 되는 창업을 포기하고, 직장인이 되기 위한 공부에만 천문학적인 돈을 쏟아 붓고 있다. 그것은 미래의 투자가 아니라고 생각했다.

그는 첫 수업을 받고 집으로 가면서 많은 생각을 했다.

주식투자를 열심히 배워서 위대한 기업에 투자를 해야 한다고 다짐했다.

"서방님! 오늘 수업은 어떻게 잘 받았어요?" 하고 미나는 웃으며 물었다.

"예. 잘 받았습니다. 부인, 허허허! 대단했어. 선생님께서는 산업혁명에 대해서 거시적으로 공부하고 난 후 강론으로 들어가자 제안을 하셔서 제1차와 2차 산업혁명에 대한 개괄적인 것을 배우고 왔어. 특히 제2차 산업혁명 말쯤에 복사기를 만든 미국의 제록스사에 대한 놀라운 성장 이야기에 많은 감명을 받았어."

"제록스사요?"

"그래 복사기 만드는 회사 말이야.

"그래요? 우리가 흔히 쓰는 복사기로 그렇게 성장했다니 정말 믿어지지 않네요."

"글쎄. 나도 깜짝 놀랐어."

"그래. 다음 시간에는 뭘 배우기로 했어요?"

"다음시간은 제3차 혁명과 앞으로 다가올 제4차 혁명에 대해 공부하자고 하셨어."

"제 4차 산업혁명이요? 그것이 뭔데요?"

"나도 사실은 잘 모르겠어. 미래의 새로 태어나는 산업의 혁명. 뭐

바이오, 인공지능(AI) 로봇, 사물인터넷(IOT), 무인자동차, 그런 게 아닐까 생각해."

"그럼, 미리 공부를 해야겠네요."

"그래야지 밥 먹고 미래학자들의 얘기를 찾아 들어봐야겠어."

"아무튼 당신. 축하해요. 당신은 뭔가 열심히 할 때 매력이 넘쳐요."

"열심히 배워야지. 이런 기회가 다시 오기는 어려울 테니까."

"맞아요. 그렇지만 건강을 챙겨 가면서 하세요."

"고마워. 너무 걱정 말아. 신나는 일을 하면 몸에 무리가 가지는 않아. 몸에서 스스로 에너지를 만들어 보충해주거든. 그리고 이렇게 배울 기회가 나에게 주어졌다는 것이 너무나 감사하고 가슴 시리도록 행복해."

제3차, 4차 산업혁명

제3차, 4차 산업혁명에 대해서 조사를 해 보았다. 그는 조사하면서 인생이 정말로 무상함을 느꼈다. 세상에 존재하는 모든 물질은 언제나 쉬지 않고 변하고 있다. 과거에는 천천히 변해서 적응이 가능했는데, 이제는 무섭도록 빠르게 변한다. '세상이 이렇게 빨리 변하나! 그리고 앞으로는 얼마나 더 빨리 변할까?'

점점 더 전문적이고 지식을 갖춰야 살아갈 수 있는 지식이 지배하는 시대의 막이 오르고 있다는 것을 뼈저리게 느꼈다. 그는 첨단 산업을 훌륭하게 경영하는 혁신적이고 위대한 기업을 발굴하여 주식을 사서 동업(주주가 바로 주인)을 한다면 빠르게 변하는 시대를 쫓아가지는 못한다 해도 다가올 노후생활은 문제없이 잘 적응할 것이라 생각했다.

제4차 산업혁명은 더 더욱 무섭게 변할 것이라고 미래 학자들은 엄포를 잔뜩 놓고 있다. 정말 두렵기까지 하다. 인공지능(AI)로봇이 이미 나와서 커피 전문점에서 손님을 맞이하고 사람처럼 일을 하고 있다니 놀랄 일이다. 로봇이 우리 생활영역에 깊숙이 파고 들어와 일을 하는 것이 현실이 되었으니, 인간이 만물의 영장이라고 뽐내던 시절은 저만치 간 느낌이다. 더 나아가서 기계가 인간을 지배하는 날이 다가오는구나 하고 생각하니 그는 오싹했다.

앞으로 대다수의 전통적인 일자리가 사라지고 새로운 일자리가 생길 것이다. 제2차 산업혁명 때 사람이 글을 쓰다가 복사기가 나와서 업무가 빨라지고 편리해졌던 기억도 엊그제 같은데 사람이 생산하던 물건들을 3D, 4D, 5D 등의 프린터가 글자를 인쇄하는 수준이 아니라 통째로 물건을 찍어 낼 수가 있다니.

대량실업은 조만간에 현실이 될 것 같았다. 로봇기계한테 일자리를 빼앗긴 사람들이 어떻게 살아갈지 의문이 들었다. 그는 다가온 제 4차 산업혁명에 대한 리서치를 하다가 혼란에 빠져들었다.

공명 선생은 어떻게 생각하시는지 질문을 하고 싶었다. 두 번째 수업을 받으러 설봉산 황토 토담집으로 갔다. 나뭇잎들이 하루가 다르게 무성해져가고 있었다. 황토대문을 열고 들어갔다.

"스승님! 안녕하세요? 현명한 입니다."

"어서 오게나. 공부는 많이 했나?"

"아닙니다. 조금 밖에 못했습니다."

"스승님! 국화차를 제가 끓일까요?"

"그렇게 해 주겠나?"

"예."

"오늘 수업은 제3차 혁명과 이제 막 시작한 제 4차 혁명에 대해서 하기로 했지?"

"예. 스승님!"

"그래. 자네는 3차 혁명에 대해서 어떻게 생각하나"

"예, 제3차 산업혁명은 1960년대 시작된 반도체와 PC, 인터넷이 발명된 '디지털 혁명'을 의미하며, 1969년부터 시작된 컴퓨터를 활용한 정보화, 자동화 시스템이 구축된 시대라고 알고 있습니다. 컴퓨터를 활용한 인터넷의 발달과 스마트 폰의 등장이 인상적이었다고 생각합니다."라고 그는 답했다.

"맞는 말이네. 미국에서 시작된 디지털시대라고도 해."

"스승님! 주식시장을 가장 뜨겁게 달군 업종은 어떤 것이 있었나요?"

"글쎄. 아무래도 소형컴퓨터(가정용 PC)의 대중화와 인터넷, 생명공학이 아닐까." 하고 한참을 생각한 후에 말씀하셨다.

"스승님. 역사상 최단기간에 세계최고 갑부가 된 마이크로소프트 (MS: Microsoft Corporation)사에 대해 알고 싶습니다."

"왜? 자네도 세계 최고 부자에 관심이 많은가?"

"예. 하루 빨리 우리나라에서 세계 최고 부자가 나오기를 진심으로 바랍니다. 세상에 없는 혁신적인 제품을 개발하여 세계적인 기업이 되고, 주식가격이 천정부지로 올라 주식투자자들이 부자가 되는 과정을 직접 보고 싶습니다."

"맞는 말이네. 모든 사람들이 원하는 것 중에 세상에 없는 것을 개발하는 회사가 진정한 리더가 되고 엄청난 성장을 하지. 또 그렇게 시대를 앞서간 사람이 최고 갑부가 되는 것은 당연한 거지. MS회사처럼 말이야. 아마도 제3차 산업혁명기간에는 자네가 알고 싶어 하는 MS가 가장 혁신적인 회사라고 생각하네."

"저도 그렇게 생각합니다." 명한은 빌 게이츠를 생각해 보았다.

"마이크로소프트는 1975년 4월 4일 19살의 빌 게이츠(Bill Gates)와 21살의 폴 앨런(Paul Allen)이 함께 뉴멕시코 주 앨버커키에서 자본금 1500달러로 공동 설립한 회사라네. 창업당시 기초 자본금 1500달러는 하버드대 기숙사에서 친구들과 포커를 해서 마련한 돈이라는 것이 전설처럼 전해지고 있어서 더욱 더 재미있지.

그들은 하버드 법대 재학생이었는데 회사를 설립한 후 자퇴한 천재들이었어."

공명 선생도 약간 흥분하여 말했다.

"하버드는 누구나 가고 싶어 하는 최고의 명문 대학인데 자퇴를 했어요?"

그는 깜짝 놀랐다.

"그러니까 천재이고 괴짜지."

"스승님! 저 같으면 대학을 졸업하고 그 다음에 창업을 했을 것 같아요. 졸업 후 창업했어도 늦지 않았을 텐데요."

"아니. 그들 생각은 달랐어. 아마 그들은 개인용 컴퓨터가 일반화되기 전에 다른 사람들보다 먼저 소프트웨어를 더 빨리 개발해야 한다고 생각했을 거야. 그 당시는 애플과 IBM이란 컴퓨터회사가 존재했거든. 특히 애플을 설립한 천재 스티브 잡스가 있었지. 빌이 실제로 대학을 졸업하고 회사를 창업했더라면, 몇 년간의 소중한 시간이 흘러 다른 사람들에게 기회를 선점 당했을지도 몰라. 그렇게 되면 지금처럼 세계최고 부자와 MS사의 지금과 같은 큰 업적을 달성하지는 못했을 거야. 세상일에는 뭐든지 다 때가 있는 거야." 공명 선생은 설명했다.

"세계최고 부자가 된 것은 당연한 것 같습니다."

"당연하지. 자네도 이미 알고 있지만 그들은 전 세계인들의 생활 패턴과 문화를 확 바꿔놓았잖아. 개인용 컴퓨터가 없었다고 생각해봐. 또 인터넷이 없는 세상을 상상해봐. 인류에게 이런 시대는 단 한 번도 없었거든. 자네가 관심을 갖는 주식시장으로 들어가 보면 아마 자네는 놀라 넘어 질걸." 공명 선생은 힘주어 말했다.

"예. 맞습니다."

"MS는 매년 20~30%의 경이적인 성장을 했고 3년에 두 배씩 커나갔어, 물론 제2차 산업혁명기간에 이룩한 제록스의 7년 연속 40%대의 성장에는 못 미쳤지만, 세계에서 가장 영향력 있는 IT기업으로 성장했지."

“선생님은 연세도 저보다 훨씬 많으신데 컴퓨터에 대해서 저보다 잘 아시는 것 같아요?” 하고 그가 묻자

“아니야. 컴퓨터나 인터넷 사용에 대해서는 잘 몰라. 난 주식투자 종목으로 연구를 해서 빌 게이츠와 MS사를 아는 것뿐이야.” 얼굴이 약간 붉어지면서 말씀하셨다.

“주식투자를 하려면 스승님처럼 확실하게 조사를 해야겠다고 생각 듭니다.”

“그렇다네. MS는 컴퓨터 운영체제의 시장 점유율이 세계적으로 약 90%정도야. 거의 독점이지.” 공명 선생님은 MS에 대해 잘 알고 있었다.

“스승님. 빌 게이츠가 왜 대학을 자퇴하고 19세의 어린 나이에 창업을 했는지 이제 알 것 같습니다.”

“대단한 결정이었지. 산업의 패러다임을 확 바꿔놓았지. 한마디로 제조에서 정보화시대로 산업의 틀이 바뀐 거야.

그리고 대박의 꿈을 갖고 투자자들이 엄청난 투자를 했어. 최단 시간 내에 세계최고 부자가 된 것은 당연한 거지. 공장도, 제품을 만들지도 않고서 말일세.”

“스승님. 빌 게이츠는 정말 비전이 있는 천재가 틀림없다고 생각됩니다.”

“암. 대단한 천재지. 우리나라에도 그런 천재가 나올 거야. 우리 언제쯤 나오나 기다려 보자고. 그때는 우리도 부자가 될 수 있을 테니까.”

"정말 그런 천재가 많이 나왔으면 좋겠습니다."

"아마 우리나라 젊은이들 중에도 틀림없이 빌 게이츠 같은 천재가 등장할거야."

"스승님. 그런데 MS의 주식가격이 어떠했는지 매우 궁금합니다."

"결론부터 말하면 초기에 투자한 투자자들은 모두가 백반장자가 됐어. 1986년에 나스닥에 상장한 MS의 주가는 1990년까지 무려 8배가 치솟으며 투자자들을 사로잡았어. 그런데 1990년 주식가격은 거우 주당 1달러도 안되었지. 8배나 주식가격이 오르자 사람들은 주가가 너무 많이 올랐다며 '버블'이라고 논쟁을 많이 했어. 그러나 계속 상승하여 마침내 1998년 9월 17일에는 주식가격이 106달러까지 하늘 높이 솟았지. MS가 세계에서 시가총액 1위회사로 등극 했지, 빌 게이츠 회장은 43세에 1천억 달러를 거머쥔 (1998년 기준 한화 120조원) 사상 최대 갑부가 된 순간이었어." 하면서 공명 선생은 동화에 나오는 왕자님 같았다고 힘주어 말했다.

"정말 어마어마합니다. 그렇다면 빌 게이츠가 벌은 돈을 시간당으로 환산하면 도대체 얼마를 벌었을까요?" 명한은 호기심이 발동했다.

"자네 말 잘했네. 어디 한번 계산 좀 해 보게나."

"예. 계산해 보겠습니다. 와우! 오 마이 갓! 세상에! 시간당 4백 56만 6천 달러를 벌었어요. 한화로 대충 시간당 54억! 스승님 정말 대단한데요."

'억!!'소리가 저절로 났다.

“음. 대단했지. 그런 기록은 역사상 처음이었거든.” 공명 선생도 동의했다.

“그런데 스승님! 빌 게이츠는 세계에서 역사상 유례없는 최고 갑부가 되고도 기부를 한 푼도 내지 않았던 구두쇠였다고 들었습니다.”

“맞아. 그는 세계 최고 부자가 되고도 기부를 하지 않아 언론들이 앞장서서 비난했는데도 꿈쩍하지 않았던 냉혈 사업가였어. 구두쇠로도 세계일등 이었지.”

“그런데 어떻게 세계에서 가장 큰 자선재단을 세웠는지 궁금합니다.”

“빌게이츠는 포브스가 발표하는 부자순위에서 1등 부자를 여러 번 했어. 세계최고의 재벌이었는데도 기부할 생각이 전혀 없고 돈을 더 버는 데만 온 신경을 썼었어.”

“그런 빌 게이츠가 어떻게 마음을 바꿨나요?”

“장가를 잘 간 거야. 그리고 부러울 정도로 행운아야. 유복한 집안에서 태어나 고생도 안했고, 돈 버는 것도 세계 최고잖아. 빌 게이츠는 그의 부친까지 나서서 사회에 봉사와 기부하라 조언했어도 꿈쩍하지 않았지만 아내 멜린다 게이츠 말을 듣고 마음을 바꿨지. 참으로 다행스런 일이지. 남자는 장가를 잘 가야 진정으로 성공할 수 있는 거야.” 산속에서 자연과 함께 자연인으로 사시는 공명 선생까지도 몹시 부럽다는 눈치였다. 남자는 처복이 있어야 행복한 사내라고 그는 생각했다.

“장가요?” 그는 귀가 번쩍 들렸다.

“자네도 장가를 잘 들었다고 생각하나?”

“예, 물론입니다. 저도 장가는 기가 막히게 잘 들었다고 자부하고 있습니다.”

"자네 아내가 이미나씨라고 했지?"

"예. 이미나예요. 이름도 참 예뻐요. 스승님 그렇지 않아요?" 그는 말했다.

"음. 이름만 예쁜 게 아니고 마음도 외모도 모두가 예쁜 사람이야. 자네도 여복이 참 많아. 남자가 최후에 성공하려면 여복이 있어야 해. 남자 팔자는 여자한테 달렸어. 여복이 많은 남자가 빌게이츠처럼 행운아야."

"스승님, 아내는 얼굴만 예쁜 게 아니라 톡 튀어 나온 꽉 찬 이마를 가졌어요."

"암. 미나씨는 정말 대단하지. 그런데, 자네는 눈도 깜짝 않고 홀아비인 내 앞에서 아내 자랑을 그렇게 할 수 있는 건가?" 공명 선생은 너털웃음을 웃었다.

"예~에? 아이고! 스승님. 제가 잠깐 정신이 나갔었나 봅니다. 죄송합니다." 명한은 참으로 천진한 사람이다. 어쩌면 바보 같다. 그는 아내를 너무나 사랑한다. '미나가 나를 구해줬어. 그렇지 않았으면 장가도 못하고 총각귀신이 되었을 거야. 사랑해!'하며 항상 아내에게 감사했다.

명한이 빌 게이츠에 대해 생각에 잠겨 있을 때 공명 선생이 질문을 했다.

"우리나라 최고 갑부 넘버원은 누구인가?"

"이건희 삼성그룹회장님이 아닐까요?"

"맞아. 그런데 그분을 재산이 얼마인지 아는가?"

"예. 보유 주식가격의 변동 때문에 계산하기는 어렵지만 대략 11
조원정도 된다고 들었습니다."

"맞아. 우리나라에서는 큰돈이지만 빌 게이츠에 비하면 초라하지."

공명 선생은 아쉬운 표정을 지으며 말했다.

주식투자자들의 관심은

'미래에 어떤 분야. 어떤 기업이 세상을 이끌고 인류에게 희망을
줄 것인가.'에 있다. 언제나 그랬듯이 아무도 만들지 못했던 새로운
혁신적인 제품이 세상에 출현할 때마다 투자자들을 흥분의 도가니
로 몰아넣었다는 것을 지난 과거의 발자취를 통하여 그는 배웠다.

세상이 깜짝 놀랄 신제품이 출시되면 주가는 천정부지로 오른다.
주식은 언제나 미래의 꿈을 먹고 쑥쑥 자란다. 한차례 강세장을 주
도했던 업종은 다음 강세장에서는 힘을 쓰지 못하는 경우도 많이 있
다. 그러나 위대한 기업들일수록 오래 오래 장수를 한다. 우리나라
의 경우 60여년 이상 독주하는 아모레퍼시픽이 그 좋은 예이다. 결
국은 혁신적인 위대한 1등 기업만이 살아남는 다는 것을 절실히 깨
달았고 그런 위대한 회사를 발굴하여 투자를 해야만 한다는 것을 알
게 되었다.

"3차 산업혁명에서 무엇을 느꼈는가?"하고 공명 선생이 질문했다.

"예. 새로운 것을 창조하는 혁신적인 기업만이 왕관을 쓸 자격이
있다는 것을 알았습니다. 그리고 투자는 반드시 1등 기업에 해야 한
다는 것도 알았습니다."

"음. 자네가 제대로 보았네. 투자는 자선사업이 아니거든. 냉철하

게 분석해서 과감하게 실행에 옮기는 것이 생명이라네. 앞으로 명심하게. 세상을 혁신으로 이끌 수 있는 위대한 1등 기업을 찾아 투자를 해야 자네가 꿈꾸는 장학재단을 세울 수 있다네." 하고 공명 선생은 흐뭇한 표정을 지으며 말했다.

제 4차 산업혁명

"예. 스승님. 꼭 명심하겠습니다."

"자. 이 정도만 이해를 하고 넘어가면 충분할 것 같네. 우리가 가장 중요하게 공부할 이제 막 태동한 제4차 산업혁명에 대해 공부해 볼까?" 하시면서 화제를 바꿨다.

"예. 스승님."

"자네는 4차 산업혁명이 무엇이라 생각하는가?"

"예. 스승님. 확실한 것은 아직 모르겠습니다. 그냥 어렴풋이 예습한 것을 말씀드린다면, 오늘날 우리는 제4차 산업혁명의 출발선에 와 있다고 들었습니다.

그 중에 핵심은 인공지능이 탑재된 소프트웨어가 인터넷을 통해 각종 사물을 연결해 컨트롤할 수 있는 시대가 열린다고 들었습니다.

우리나라에서는 인공지능(AI)은 Naver(네이버)가, 사물인터넷(IOT)은 삼성전자 등이 앞으로도 성장을 주도할 것이라 생각합니다.

그리고 '4차 산업혁명의 핵심은 로봇이 인간을 대체한다.'고 하는데 애니메이션이나 공상과학(SF)영화 속에서 본 세계로 여행이 시작될 것 같습니다.” 명한은 말했다.

“그래. 수고 많았네. 나는 오래 전에 은퇴하였고, 자연인으로 산속에 살고 있어서 제 4차 산업혁명에 대해서 아는 것이 별로 없어. 자네가 스스로 찾아야 하네. 지난 1~3차까지의 산업혁명을 회상해보면 그 속에 해답이 분명히 있다고 보네. 아무튼 주식투자를 한마디로 종합해보면

인류의 삶을 송두리째 완전히 바꿔놓는 기업!
상품을 개발하든 서비스를 제공하든 새로운 가치를 창출하는 기업!
인류가 감동하여 행복에 물들게 하는 기업!

우리 주식투자자들에게는 바로 이 말을 꼭 기억해야해. 반드시!

이런 놀라운 가치를 창출하는 위대한 기업을 찾아서 과감하게 투자를 하는 것이 주식투자의 본질이며 성공하는 지름길이라는 것을 명심하게나.”하시며 공명 선생은 그에게 스스로 새로운 세상을 선도할 위대한 기업을 찾으라고 말했다.

“예. 스승님, 성실하게 찾아보겠습니다.” 그는 자신 있게 대답했다.

“그래. 고맙네. 자네는 충분히 해낼 거야.”

명한은 산업혁명으로 경제는 물론 정치 사회 문화 예술에 이르기까지 혁신적인 변화를 가져왔으며, 그동안 산업혁명을 이끌어 적응한 국가와 개인은 번영했고 그러지 못한 경우 쇠락했던 것을 지나온 역사를 통하여 알게 되었다.

"스승님! 4차 산업혁명이 약간 두렵기도 합니다."

그는 걱정이 되었다. 특히 일자리가 사라진다는 얘기를 듣고 서글 프기까지 했다.

"너무 걱정할 필요 없네. 차근차근 적응하면 되는 것이니까?"

공명 선생은 미리부터 너무 걱정하지 말라고 했다.

"제 4차 산업혁명도 미국이 주도해서 이끌어 가고 있다고 생각합 니다."

"아마 그렇게 될 거야. 남들이 가지 않은 새로운 분야를 가는 길은 험한 길이야. 미지의 세계를 개척하는 용감한 개척자가 더 인간다운 풍요로운 삶을 사는 것은 당연하지. 우리나라 젊은이들 중에서도 많 은 혁신적 리더들이 나왔으면 좋겠어."

"예, 우리나라의 젊은이들도 미래 세계를 이끌 전 세계 젊은이들 과 어깨를 나란히 하고 창업에 도전하는 그 날을 기대합니다. 우리 나라에도 자수성가한 젊은이들의 롤 모델이 많이 있다고 봅니다. '투자의 신'이라고 말할 수 있는 미래에셋 박현주 회장, 네이버 창업 자 이해진, 셀트리온의 서정진회장 등 수없이 있습니다."

"암. 그렇고말고. 우리나라에도 자수성가한 위대한 사업가들이 많지. 앞으로 더 많이 나와야지. 그래서 모두가 정신 바싹 차리고 투 자를 배워야 한다고 생각하네. 경제전쟁에서 패배하면 경제 속국으 로 전락하고 앞으로는 기술을 따라잡기도 쉽지 않다고 생각하네.

산업혁명에 대한 것은 오늘로 마무리 할 거네. 다음 번 공부는 자 네가 말했던 '투자'에 대해서 본격적인 각론으로 들어갈 걸세. 주말 잘 보내고 다음 주에 보게나."

“감사합니다. 스승님. 수고 많으셨습니다.” 그는 황토집 대문을 나섰다. 산업혁명에 대한 것을 전반적으로 공부하고 나서 주식투자에 대한 자신감을 가졌다.

집에 돌아오니 그의 아내가 반갑게 물었다.

“늦. 깍. 이. 만. 년. 학. 생! 산업혁명에 대한 것은 무사히 마치셨어요?” 그녀가 밝게 웃으면서 물었다.

“음. 잘 마친 것 같아. 지난 250여 년간의 산업 활동을 한눈으로 보고 나서 주식투자에 대한 자신감이 많이 생긴 것 같아. 사실 처음에는 주식투자가 너무나 막연하고 광범위하게 느껴졌었거든. 그런데 이제는 그 범위가 보이는 것 같아. 어디에 투자를 해야 하는지를 알 것 같아. 미래 투자에 대한 범위가 좁혀져서 경제신문이나 미래학자들의 말을 잘 경청하면서 세계경제의 흐름을 읽고 투자처를 발굴한다면 성공하리라 믿어.” 그는 상당한 자신감을 갖고 있었다. 이를테면 상세 지도를 보면서 항해의 방향키를 잡은 듯 했다.

“여보! 당신이 자신감을 가졌다니 다행이고 감사하네요.”

“다음에는 ‘투자’를 공부 한다고 하셨어.” 그는 한껏 들떠서 즐겁게 말했다.

아침을 맛있게 먹고 커피를 마시며 둘은 식탁에 나란히 앉았다. 따스한 커피 잔을 만지작거리며 그는 아내에게 그동안 공부한 얘기를 장황하게 설명한 후 서재로 들어갔다. 맑은 하늘이라 공명 선생이 사는 설봉산이 훤히 보였다. 가까이 계셔서 언제든지 찾아가서 공부할 수 있어 너무나 감사했다.

명한은 다가오는 4차 산업혁명에 대해서 인터넷으로 리서치를 해봤다.

공명 선생이 산업혁명에 대한 말을 꺼내기 전까지는 전혀 생각도 하지 못했다.

그의 스승은 주식투자는 인류의 삶을 송두리째 완전히 바꿔놓는 기업! 인류가 감동하고 행복에 빠져들게 하는 새로운 가치를 창출하는 위대한 기업에 투자해야 하는 것이라고 했다. 전 세계에서 시가 총액 상위에 속하는 기업들을 조사해 봤다. 투자자들의 사랑을 한 몸에 받고 있다면 틀림없이 미래를 이끌 위대한 기업일거라고 생각했다. 투자자들의 촉은 매우 발달 되어 있다. 그들이 미래를 이끌 위대한 기업들을 그냥 쳐다만 보고 있을 리가 없다고 생각했다.

조사를 간단히 해보니 구글, 애플, 페이스북 등의 기업들이었다.

이들 기업의 미래 사업의 핵심 키워드는 '플랫폼'이라고 했다.

이들은 새로운 가치를 창출한 기업들이며, 마이크로소프트사가 PC를 중심으로 한 과거 플랫폼의 최강자였다면 지금은 애플, 구글, 페이스북 등이 각각 모바일 검색 광고 및 웹, 소셜네트워크 등의 분야에서 플랫폼을 지배하며 세상을 뒤흔들 것이라고 했다. 자신들만의 강점을 지닌 플랫폼을 기반으로 각자 영역에서 절대강자로 군림하기 위해 서로의 영역을 빼앗고 시장 지배적인 플랫폼을 손에 쥐기 위해 격렬한 전쟁을 벌이는 중이라고 했다.

플랫폼이란 원래 기차승강장을 의미한다. 그러나 지금은 다양한 비즈니스 모델을 창출하는 인프라로 해석되고 있었다. 승강장은 승객이 어디론가 가고 오며 서로 만나는 거점이다. 사람과 물건들이 많이 모이는 곳은 언제나 돈이 흐르고 통상적으로 사업이 잘 된다.

이런 플랫폼이 디지털 시대에서 미래를 이끌 핵심 가치로 등장할 것이라고 했다.

구글(Google)은 검색 플랫폼기업이다. 인터넷의 수많은 정보들 가운데 궁금한 것을 찾아보기 위해 접속해야 하는 정보의 통로다. 구글은 모바일 운영체제 안드로이드를 만들었다. 구글이 가진 플랫폼의 이용자는 어마어마하다. 그래서 '플랫폼'기업으로 강력하게 성장하고 있다.

경쟁력 있는 플랫폼 기업에 투자하는 것이 위험을 줄이고 수익을 늘리는 방법이라고 전문가들은 말했다.

그는 플랫폼에 대해 이해가 잘 되지는 않았지만, 새로운 시대가 열리는 것은 분명하다고 생각했다. 그래서 우리나라의 플랫폼 기업에 대해 조사해 봤다. 네이버가 플랫폼 기업이 될 것이라고 전문가들은 말했다. 그는 그냥 우리나라 최대의 인터넷 검색 기업인줄 알았지 미래의 플랫폼 기업이 될 수 있을 것이라고는 생각 못했다.

주식투자자는 새로운 패러다임을 만드는 혁신적인 기업을 발굴하고 적정한 가격에 투자를 하여 주주(주인)로써 기업이 벌어들이는 부를 공유하는 것이라고 생각했다.

명한은 네이버를 관심종목에 편입했다. 그리고 네이버가 플랫폼 기업으로 크게 성장하기를 기대했다. 막연하기만 했던 주식투자의 미래가 보였고 가슴이 설레었다.

투자란 무엇인가?

'투자란 무엇일까?' 그는 창밖을 쳐다보면서 한참을 생각했다.

'투자는 스노우 볼(Snow Ball)이다.' 라고 생각해 봤다.

'그래. 투자는 처음에 어렵게 종자돈을 마련하여 굴리기 시작하면 눈덩이처럼 커지는 거야. 처음에는 아주 작은 눈덩이를 손안에 넣고 꾹꾹 눌러 다진 다음 그것을 눈밭에 굴리기 시작하면 한없이 커지잖아.' 어린 시절 함박눈이 내리면 마당에서 눈사람을 만들기 위해 즐겁게 했던 놀이가 기억났다.

복리의 마술로 기하급수적으로 늘어나는 돈이 스노우 볼과 같다고 생각했다.

투자는 '큰 나무'가 아닐까? 그래 '느티나무' 그거 맞는 것 같다. 깨알만한 씨앗이 땅에 떨어지면 수분과 온도의 도움으로 새 생명이 싹튼다. 온갖 폭풍우와 살을 에는 듯 한 혹독한 겨울을 견디며 오랜 세월을 보내다보면 큰 나무로 성장한다.

그리고 뜨거운 여름날 많은 사람들을 불러 모은다.

사랑과 이별에 대한 숱한 이야기를 들어주는 느티나무가 되는 것이다.

겸손하고 마음씨 착한 느티나무는 지위고하를 막론하고 세상사 많은 이야기를 늘 경청한다. 하소연하는 사연을 싫증 없이 잘 들어주기 때문에 사람들은 모두가 느티나무를 좋아한다. 그 덕분에 배운 지식이 엄청 많아 볼록해진 배를 쓰다듬으며 느티나무는 자신이 덕을 많이 쌓아서 허리가 굵다고 넌지시 말한다.

그러나 아무래도 너무 상상 속으로 투자를 끌어들여 철학적으로 생각하고 있는 것 같았다. 투자는 냉혹한 것이다. 투자는 돈이며, 돈을 투자하면 반드시 돈의 자식인 이자가 생겨야 투자라고 할 수 있을 것이다. 투자는 영업활동을 통해서 꾸준히 수익이 발생해야 하고, 그 수익이 투자한 주주에게 배당금으로 지급되어야 진정한 투자라고 그는 생각했다.

이와 반대되는 개념은 '투기'라고 명한은 생각 했다.

투기란 '팔아야만 돈이 회수 되는 것'이라고 그는 생각했다.

흔한 것이 '부동산 투기'다. 팔아서 차익을 내는 행위다. 그러나 부동산도 상업용이나 업무용으로 사서 그곳에서 수익이 매년 발생한다면 땅 값이 오르고 내리는 것 상관없이 '투자'라고 그는 생각했다.

투자는 팔지 않아도 일정하게 수익이 발생하는 것이다. 투자는 일자리을 창출해 준다. 투자는 우리에게 밤낮을 가리지 않고 쉬지 않고 일을 하여 돈을 벌어준다. 하지만 투기는 오르지 자신의 이익만을 생각하기 때문에 서민들의 적이라고 그는 생각하고 있다. 가격이 계속 오르면 서민들은 이기적인 투기자들 때문에 불행해진다. 부동산 투기가 빈부(貧富) 즉, 양극화의 주범이라고 생각했다.

"선생님 만나면 무슨 과목을 공부하기로 되어 있어요?" 하고 그의 아내가 물었다.

"음. 투자. '투자란 무엇인가?'대해 하기로 되어 있어."

"어려운 과목이네요."

"어렵지. 그래서 첫 번째로 하는 거야."

"만약에 말이에요. 누군가가 투자를 하지 않는 다면 세상은 어떻게 될까요?"

"투자를 하지 않는다? 일자리가 사라지겠지. 실업은 끔찍한 거야."

"그러네요. 투자공부 재미있게 하세요." 그녀는 아들한테 말하듯이 말했다.

"누가 공부를 재미로 하나?"

"당신요."

"하긴 공부를 재미있어 하는 사람은 바로 나네."

그는 공명 선생의 황토 토담집으로 투자를 배우러 갔다. 삼복더위가 시작되어 땀이 줄줄 흘렀다. 황토대문을 들어가기 전에 손수건을 꺼내 이마에 땀을 닦고 들어갔다. 선생님은 설봉호숫가 내려다보이는 서재에 앉아서 그를 기다리시고 계셨다. 단정하게 허리를 곧게 세우고 앉아 계셨다.

"스승님 현명한입니다. 안녕하세요?"

"응. 어서 오게나."

“스승님 차 한 잔 드시고 하실 거죠?”

“음. 좋지.”

“언제 마셔도 이 국화차는 깊은 맛이 나”

“선생님 더 드릴까요?”

“좋지. 한잔 더 따라봐”하시며

“오늘은 투자에 대한 공부를 하기로 했었나?”

“네. 그렇습니다. 선생님.”

“그래. 투자라. 자네는 투자가 무엇이라 생각하는가?”

“네. 투자란 돈을 대어 사업을 하거나 수익형 부동산을 매수하여 매달 혹은 매년 수익금을 창출하는 것을 투자라 생각합니다. 미래의 가치를 보고 하는 것입니다. 그래서 무모한 투자는 원금 손실로 이어질 가능성이 크다고 봅니다.”

“그렇다면, 투자의 기본은 무엇이라고 생각하는가?”

“투자의 기본은 ‘돈을 잃지 않는 것’이라고 생각합니다. 그러므로 투자하기 전에 반드시 가치를 평가해야 하고, 미래에 도래할 수익가치보다 저평가 된 것에 투자를 해야 한다고 생각합니다.”

“그럼 투기는 무엇이라고 생각하나”

“네. 투기는 투자의 반대 개념으로 매수한 물건을 팔아서 차익을 남기는 행위를 투기라고 생각합니다. 가치가 아닌 단순히 가격만 보고 매매하는 행위를 말합니다.”

“음. 그래. 개념정리가 확실하군. 자. 그럼 투자에 대해서 차근차근 공부해 볼까.

투자란 미래의 수익 가치를 봐야하네. 즉, 지금 눈앞에 보이는 가격보다는 앞으로 어떤 산업이 성장할 것인지를 찾는 게 투자의 핵심이지. 우리가 배우는 주식투자 또한 미래의 성장 가치에서 우선적으로 찾아야 한다고 생각하네.”

“스승님. 한마디로 주식투자란 무엇이라고 생각하십니까?”

“한마디로 말해서 ‘미래를 선도할 위대한 1등 기업에 투자하여 주주가 되는 것’을 주식투자라고 생각하네. 위대한 기업이란 ‘미래 산업의 판도를 바꿀 수 있는 기업’ 즉 미래를 선도하는 능력을 갖춘 기업이라 생각하네. 우리는 그런 위대한 기업에 집중 투자를 해야 한다고 보네. 이미 우리가 공부를 했지만 제록스 복사기, 마이크로소프트의 윈도우 운영체계, 구글의 인터넷 검색엔진, 애플의 스마트 폰, 삼성전자, 아모레퍼시픽, 네이버, 바이오기업 등과 같은 기업 말일세.”

“스승님. 그렇지만 일반적으로 사람들은 주식 투자는 위대한 기업에 투자하는 것보다는 ‘시세차익을 목적으로 상장회사의 증권을 사고파는 일’이라고 말하는 사람들이 많은 것 같습니다.”

“물론이야. 그렇지만 나는 그렇게 생각하지 않아. 주식투자를 순간순간 시세를 따라서 매매를 한다면 돈 벌기는 매우 어렵다네. 내가 평생 경험해본 주식투자는 한마디로 말하면 결국 위대한 기업의 주주가 되어야 큰돈을 벌수 있고, 간단하게 예를 들어 ‘삼성그룹’만 봐도 다른 회사들보다 아주 혁신적인 미래지향적인 기업이었다는 것을 알 수 있네. 모두가 무모한 짓이며 할 수 없다고 반대할 때 미래를 보고 과감하게 투자한 ‘반도체’분야만 해도 이건희 회장이 미래를 내다보는 식견이 얼마나 위대했는지 알 수 있다네. 우리가 그런 위대한 삼성전자에 같이 투자를 했었다면 모두가 부자가 될 수 있었을 거야.”

“네. 스승님의 말씀에 공감이 갑니다. 꼭 명심하고 리서치 하겠습니다. 그런데 스승님 선물과 옵션에 대해서도 말씀해 주십시오.”

“왜. 한번 해 보려고? 자네는 그 분야에 관심을 갖지 않기를 바라네. 알려주고 싶지도 않고, 한마디로 제로섬 게임이야. 도박판이라고 생각하면 돼. 또한 선물 및 옵션과 같은 파생상품에 투자하는 것은 주식투자라 부르지 않으며 현물(주식회사가 발행한 증권) 투자만을 주식투자라고 하지. 일반적으로 주식투자라 함은 시세차익을 목적으로 주식회사가 발행한 증권을 사고파는 투자활동을 의미하는데 그 대상은 상장주식이나 비상장주식이 될 수도 있으나, 코스피 및 코스닥 등의 주식시장에서는 상장주식만 매매가 가능하므로 일반적으로 상장주식의 매매를 의미한다네.

과거에는 증권사지점에서 주문하거나 주식 브로커 등을 통하여 매매하였으나 인터넷의 발달로 현재는 컴퓨터를 이용한 직접 투자가 늘었으며, 매매의 편리성으로 인해 단타매매도 많이 늘어 주식투자가 투기로 변해 사회적으로 큰 문제라고 생각한다네.”

“맞습니다. 스승님.”

“주변 사람들이 하는 투기에 휘말리지 말고 과연 10년 후에도 이 산업이 성장할지 고민하는 자세가 주식투자의 기본이고 반드시 필요하다고 보네. 지난 과거의 데이터를 보면 대개 10년 전 후로 산업의 패러다임이 바뀐다는 것을 알 수 있을 거야, 새로운 경제, 새로운 산업이 이제 막 태동할 때 매수한다면 보유기간이 10년은 되는 것이고 중간에 확실하게 성장할 때 매수하여도 몇 년은 보유를 할 수 있다는 계산이 나온다네. 가치투자의 황제이며 살아있는 전설, 워렌 버핏이 말한 '10년 이상 보유하지 않을 종목은 사지 마라'라고 한 말이 여기에 해당한다고 보네. 버핏은 그만큼 시장을 정확하게 포착하는 특별한 감각을 갖고 있다고 난 생각하네." 하고 공명 선생은 말했다.

"스승님! 그럼 주식투자를 할 때 미래의 수익가치를 보는 것이 제일 중요한 사항인가요?"

"물론이지. 미래 산업 가치에 대한 확신 없이 계량적인 분석을 토대로 투자를 하는 것은 투자가 아니라네. 장부에 기입된 수치상의 밸류에이션(기업 가치 평가)은 어떤 상황에서 작성되었는가에 따라 그 결과가 상이하게 다르기 때문에 쉽게 미래를 예측하면 안 된다는 것이야. 가정이 검증 안 된 숫자는 그림에 불과한 것이라네. 숫자를 조금만 바꾸면 수익률이 확 올라가는데, 이는 말장난과 다를 바 없다는 것을 명심해야 한다네. 항상 주식투자를 할 경우 투자할 기업이 발표한 장부를 계량적으로 분석된 숫자에 의존하기 전에, 국내외 시장의 흐름을 먼저 보고 그 다음에 성장 가능성이 있는 산업과 기업을 발굴하는 게 올바른 리서치 순서라고 생각한다네."

"스승님. 미래가치를 보는 것이 너무나 막연하고 어렵습니다." 명한은 이해가 될 듯 말 듯해 다시 질문했다.

"아! 그거! 나도 정확히는 모르고 누구라도 미래를 정확하게 알 수 있는 사람은 한 사람도 없으니 너무 걱정 말게나. 다만 우리는 경제 신문이나 책을 통해 미래학자들의 얘기를 잘 귀담아 들으면 경제의 패러다임이 어떻게 흘러가는지 알 수 있는 것이라네. 그리고 미래를 이끌 산업을 먼저 리서치하고 그중에 1등 기업을 선택하는 것이 주식투자자의 몫이라네."

"아~아! 새로운 것을 배웠습니다. 저는 지금까지 장부에 기입된 수치상의 밸류에이션만 보고 예를 들면 주가수익비율(PER)이나 주당순자산비율(PBR) 등과 같은 지표에 의존해서 투자를 결정해 왔습니다. 앞으로는 성장 가능성이 있는 산업과 기업을 먼저 염두 해 두고 리서치 하겠습니다. 스승님!"

"그럼. 모든 투자는 늘 안심하고 투자하기에는 항상 리스크가 따르는 법이야. 주식투자도 마찬가지지. 그렇다고 너무 겁을 먹을 필요는 없다네. 예를 들면 바이오나 화장품 산업은 앞으로 꾸준히 성장할 산업이지.

특히 바이오산업은 이제 태동한 것이나 마찬가지이고 앞으로 수십 년 성장을 지속할 것으로 보네. 화장품도 마찬가지고. 이런 성장 가능한 사업에서 1등주를 찾아서 장기투자를 한다면 특별히 겁을 먹지 않아도 된다네. 산업이 성장하면 결국 주식가격 즉 기업 가치는 상승할 수밖에 없기 때문이라네."

"그렇지만, 주식투자를 하다보면 돈을 많이 벌고 싶다는 '탐욕'과 주가가 떨어질 때 원금이 손실날 수 있다는 '공포감'에 사로 잡혀서 판단이 흐려집니다. 스승님!" 하고 그의 경험담을 말하자

"그러니까 아무거나 마구 매수하면 안 되지. 신중하게 리서치해 발굴한 종목들을 관심종목으로 묶어서 오랫동안 관찰해야 한다네.

다시 말하지만 미래를 이끌 업종 중에 실적이 제대로 나오는지 철저하게 조사한 다음 저평가 되었는지를 확인해야 한다네. 매수할 때는 분할로 여러 번 매수한 후, 매도는 내재가치에 도달한 목표가격까지 인내할 수 있어야 하네."

"예. 스승님! 꼭 잊지 않겠습니다." 그는 주가가 급등할 것 같은 생각이 들어 급하게 매수했던 부끄러운 기억이 났다.

"투자를 하려면 통찰력과 용기가 있어야 해. 그래서 우리는 앞으로 세상이 어떻게 변하는지 큰 그림을 보기위해 산업혁명을 공부한 것이라네. 큰 틀에서 도도하게 흐르는 세상의 변화와 산업의 흐름을 볼 수 있는 통찰력을 키워야 하고, 용기를 갖고 자신이 선택한 투자에 확신을 가질 수 있는 마음가짐이 필요하다네.

그래서 반드시 실전투자 연습이 필요하지. 산업혁명과 같은 큰 패러다임을 파악하고 미래 세계를 이끌고 갈 산업을 찾아 그 속에서 1등 기업을 상대로 실전투자를 통한 경험을 쌓고 자신만의 확고한 투자 원칙을 세우는 것이 매우 중요한 거야. 다양한 경험을 축적해야 흔들림 없는 자신만의 원칙을 세울 수 있는 것이야. 자네도 앞으로 많은 실전경험을 쌓아가야지."

"예. 명심하겠습니다."

"너무 딱딱하게 공부를 하고 있나?"

"아닙니다. 스승님. 저는 이렇게 문답식으로 공부하는 것이 아주 좋습니다."

“자네는 투자와 투기 중에 어느 것을 선택하고 싶나?”

“예. 당연히 투자를 선택할 것입니다.”

“어째서?”

“투자는 투자자가 이익을 내려고 시작하지만 그로 인하여 일자리가 생기고 고용이 늘면 사회전체가 투자로 인한 부가가치를 골고루 나누는 효과가 발생합니다. 그러나 투기는 혼자만 잘 살려고 하는 행위입니다. 투기자들에 의해 땅값이나 아파트, 건물 값이 올라가면 선량한 일반 서민들의 행복은 날아갑니다.”

“정직하게 살면 정직하지 않은 사람들에게 당한다고 들었는데.”

“정직하고 바르게 살면 주변에 정직하게 사는 좋은 이웃들하고 어울려 살게 되거든요. 나쁜 사람들은 나쁜 사람들끼리 어울립니다. ‘부처의 눈에는 부처님만 보이고 돼지의 눈에는 돼지만 보인다.’는 거나 같은 논리라고 생각합니다.”

“아! 그것도. 듣고 보니 맞는 것 같기도 하고. 그렇지만 세상에는 너무나 얄팍한 사람들이 많아서 쉽지 않을 걸.”

“그렇습니다. 그렇지만, 세상에는 좋은 사람들도 많이 있어서 다행입니다.”

“자네는 진정한 천국이 있다고 믿나?”

“예. 천국은 가까이에 있는 사람들을 사랑하면 천국이라고 생각합니다.”

“허허. 가까이 있는 사람을 사랑하면 천국이라! 그렇다면 지옥은?”

“지옥은 그 반대라고 생각합니다. 미워하는 것입니다.”

"의미 있는 말이야. 누군가를 사랑하는 것은 쉬운 것 같으면서도 어려워."

"스승님처럼 산속에 사시면 욕심 많은 사람들을 보지 않아서 좋으시겠어요."

"음. 그렇긴 하지."

"산속에서 신선처럼 사시는 것이 무척이나 부럽습니다. 스승님."

"내가 부러워? 허허. 사람은 자네 말대로 좋은 이웃들과 어울려 사랑하며 살아야 행복한 거 아닐까?"

"예. 스승님! 앞으로도 좋은 이웃들을 사랑하며 정직하게 살겠습니다."

"아니. 우리가 무슨 말을 하다가 옆으로 새었지?"

"투자에 대한 것을 공부하고 있습니다."

"아~ 그랬지. 투자에 대해 말하다가 투기를 말했었지. 음…. 나는 투자를 이렇게 생각해." 하시며 공명 선생은 한참동안 생각에 잠기셨다가 말씀하였다.

"투자란 말이야. 이익을 얻기 위하여 어떤 일이나 사업에 자본을 대거나 시간이나 정성을 쏟는 것이지. '이익을 얻기 위하여' 라고 정의 했듯이 이익이 발생된다는 가정 하에 자본 즉 돈을 대고, 매월 혹은 매년 이익이 발생하도록 시간과 온갖 정성을 다 쏟는 행위라고 생각하거든." 공명 선생은 투자의 정의를 말했다.

"스승님! 투자는 돈도 벌고 일자리도 만들지만 실패할 경우 참혹하다고 봅니다. 친척과 지인들의 돈까지 빌려다가 함께 망하는 경우가 많이 있습니다."

"그래서 투자를 배우고 실전 경험을 쌓아서 사업을 해야 하는 거지."

"예. 맞습니다. 기본적인 실력도 갖추지 않고 시작하는 사람들이 너무나 많은 것 같습니다. 예를 들어 창업센터 같은데 가서 겨우 몇 주 교육받고 곧바로 창업을 하는 경우가 많습니다. 또 정부에서 창업 지원비까지 받아갑니다. 아까운 국민들의 세금만 날리는 거죠. 그러나 그것은 망하는 지름길입니다."

"망하는 지름길이라고?"

"제 생각으로는 이론교육을 받은 후에도 적어도 3년 이상 실전경험을 쌓고 창업해야 한다고 생각합니다. 창업을 하고나면 같은 업종에 수십 년간 종사해온 베테랑들이 많이 있기 때문입니다. 그들과 경쟁하여 이겨야 하기 때문입니다."

"맞는 말이야. 너무 쉽게 빨리 돈을 벌고 싶어 하기 때문이지. 소위 '대박'을 꿈꾸며 말이야. 명한이 자네 말대로 이미 수십 년 경험을 갖고 있는 실력자들과의 경제전쟁에서 승리할 수 있다고 자만하는 거지. 겨우 훈련병에 지나지 않는데 말이야."

"맞습니다. 스승님!"

"투자는 어려운 것이 너무나 많아서 매력이 있는 것이 아닐까?"

하고 공명 선생은 생각하시다 말했다.

"예. 그래서 투자를 좋아합니다."

"투자는 이 세상에서 가장 아름다운 예술이라고 생각하는데 자네 생각은 어떤가?"

"맞습니다. 투자는 정말 예술입니다. 스승님!"

"이건 여담인데 투자를 하는 것이 두려워 직장인이 최고로 안전하다고 하는 사람들이 있는데 이 점은 어떻게 생각하는가?"

"저는 직장인이 되는 것이 안전한 투자라고 생각하지 않습니다."

"어째서?"

"저는 리스크가 큰 투자라고 봅니다. 상위 약 30%정도를 제외하면 나머지는 위험합니다. 실업자가 되면 직장인도 망하는 거니까요. 저라면 직장인이 되기보다는 차라리 3~5년 정도 사업을 실습하고 배워서 창업을 하겠습니다."

"맞는 말이네. 직장인도 리스크가 있기는 마찬가지야. 그래서 많은 사람들이 공무원을 택하지 않을까?"

"예. 스승님. 공무원이 망할 확률이 적은 것은 사실입니다. 그러나 누가 국민을 위해 일자리를 만듭니까? 일자리를 만들 생각은 않고 혼자만 잘살라고 하니까 큰 문제라고 생각합니다. 더군다나 어렵게 일자리를 만드는 기업을 나쁜 집단으로 매도까지 하는 몰지각한 사람들도 있습니다."

"음. 참으로 어려운 문제야. 그래서 리스크가 큰 많은 직장인들은 노후를 위해 주식투자를 배워야 한다고 생각하네. 자신의 소득에 10~15%씩 위대한 기업의 주식을 조금씩 수십 년간 사모아서 주식 배당금도 받고 또 은퇴 후 한주씩 팔아서 생활비로 쓴다면 많은 도움이 된다고 생각하네."

"예. 스승님! 좋은 방법이라고 생각합니다."

"자네는 기초 지식이 충분하고 공부를 열심히 하기 때문에 조기에 수료가 가능할 것 같네. 수료 후에는 자네가 혼자서 실전 경험을 쌓아가야 하네. 이론보다는 경험이 더 중요하거든."

"예. 스승님. 최선을 다하겠습니다."

"잠시 목 좀 축이고 하자고."

"예. 스승님."

안전성

"자. 그럼 우리 주식투자에 대해서 시작해 볼까?"

"예. 스승님!"

"자네는 주식투자에서 가장 중요하다고 생각하는 것은 무엇이라고 생각하는가?"

"안전성이라고 생각합니다."

"안전성? 주식투자는 일반적으로 다른 투자보다 수익성이 훨씬 높은 반면 위험성 또한 높은 투자라네. 그래서 '안전성'도 중요하지."

"예. 돈을 잃지 않으려면 안전해야 한다고 생각합니다."

"그럼. 안전하다는 기준은 어떻게 정할 수 있는가?"

"안전한 주식이란 망하지 않을 기업에 투자하는 것이라고 생각합니다."

"망하지 않을 기업이 있을까?"

"기업이 반드시 망하는 것은 아니라고 생각합니다. 물론 미국의 예를 들면 보통 기업의 생존 기대수명은 평균 30년이라고 합니다.

그러나 창업한지 수백 년이 지난 기업들도 있습니다. 예를 들면 1802년에 설립한 미국기업 듀폰(Dupont), 우리나라 아모레퍼시픽 그룹이 1945년에 창업하여 벌써 70여 년 동안 1등으로 잘 달리고 있습니다. 늘 성공에 안주하지 않고 혁신적이며, 유사시를 대비한 사내유보금이 많고, 특히 부채가 적으며, 매출과 수익이 지속적으로 늘어나는 혁신적인 기업은 절대로 망하지 않을 거라 생각합니다."

"맞는 말이네. 그래서 우리는 땅을 살 때 최소한 등기부등본을 떼어 확인 후 매수하듯이 주식을 사기전에 기업의 재무제표를 꼭 확인해야 한다네. 기업의 장부를 보지 않는 사람은 주식을 사면 망할 수 있네. 대단히 위험한 도박을 하는 것이지.

부채가 많으면 경기가 호황일 때는 문제가 없지만, 기업의 매출과 수익이 감소하는 침체 국면에 빠지면 차입금이 많은 기업은 이자부담까지 겹쳐서 경영이 어렵게 될 수 있네. 자네 말대로 부채비율이 낮은 기업이 안전하다고 볼 수 있네."

"예. 스승님."

"우리는 주식투자의 안전성에 대해서 공부하는 중이야. 그렇다면 주식투자에서 안정성은 무엇을 의미한다고 보는가?"

"예. 망하지 않을 위대한 기업에 투자를 해야 한다고 생각합니다."

"맞는 말이네. 좀. 구체적으로 말하면 재무제표가 양호하고, 성장성이 뛰어난 위대한 기업이 일시적으로 주가가 하락하여 기업가치(내재가치)가 저평가 되었을 때 투자(매수)하는 것이 안전성이 보장된 투자라는 것을 명심하게"

"예. 명심하겠습니다."

수익성

"다음으로 중요한 것은 무엇이라고 생각하는가?"

"음. 뭐지. 으~음 돈을 잘 벌어야 하지 않을 까요?"

"맞네. 그렇지. 돈을 잘 벌어야지. '수익성' 이라고 하지."

"예."

"기업의 매출이 급성장을 해도 결국 신바람이 나는 것은 머니 머니 해도 현금이 들어와야 좋지. 안 그런가?"

"맞습니다."

"주식투자를 할 기업의 수익성은 어느 정도가 되어야 좋을까?"

"제 생각에는 영업이익률이 최소한 12~15%이상, 자기자본이익률(ROE)이 15%이상은 되어야 된다고 봅니다."

"암. 그 정도는 되어야지. 영업이익률과 ROE는 높을수록 혁신적인 기업이지."

"스승님. 당기 순이익도 중요하지 않나요?"

"중요하지. 꼭 유의할 사항이 있어. 이익은 많을 수로 좋아. 그런데 기업회계기준에서 이해하기 곤란한 것이 있어. 바로 창고에 쌓여 있는 재고 자산이나 매출채권이 모두가 순이익으로 회계처리 된다는 것이야.

창고에 쌓여 있는 재고자산을 모두 순이익으로 인식하는 것은 말도 안 되지. 팔아서 기업에 현금이 들어온 것도 아닌데, 순이익이 많이 발생한 것으로 장부에 잡히거든. 또한 사업과 관계없는 회사의 부동산이나 보유한 유가증권 등의 매각으로 인해 일시적인 순이익이 증가하는 경우도 있다네. 그래서 재무제표 중에 재무상태변동표나 현금흐름표를 잘 확인해 봐야 하네."

"재무제표를 상세하게 검토하는 것이 무엇보다도 중요한 것 같습니다. 스승님."

"아주 중요하다네. 수익성에 대해서는 이쯤하고 사는 이야기 좀 하고 공부하자고."

"좋습니다. 스승님."

"삶을 성공하는 가장 단순한 방법이 있는 것 같네. 그것은 건강을 지키고, 삶의 기초 과정인 학교를 졸업한 후, 직업을 갖는 것이라네. 그리고 투자를 배워, 위대한 기업에 자기소득의 10~15%씩 수십 년간 투자하여 주주가 된다면, 퇴직 후 경제적 자유를 마음껏 누릴 수 있으며 누구나 행복할 거라고 확신하네."

"맞습니다. 스승님! 행복이란 작은 것에 만족하고 감사하는 마음이라 생각합니다."

젊은이의 멘토가 되다

"맞네. 그리고 자네가 성장하면서 특별한 인생경험이 많은 것 같은데 많은 젊은이들에게 경험담을 들려줄 수 있겠나?"

"제가 멘토가 될 수가 있을까요?"

"되고말고. 자네가 이 시대의 진짜 멘토야. 자네는 가장 밑바닥부터 시작하여 인생을 한 단 한 단 쌓아 올렸어. 젊은이들에게 장학금을 주기위해 주식투자를 배운다고 한 목표도 아주 특별해."하며 공명 선생은 말했다.

"감사합니다. 스승님."

"멘토가 되어주게. 자네가 소설을 쓰는 이유도 멘토가 되기 위한 것 아닌가?"

"예. 저는 젊은이들에게 하고 싶은 말들을 소설을 통하여 전해주고 싶어서 소설을 쓰고 있습니다." 명한은 정말 그랬다.

"자네가 쓴 소설이 완성되면 꼭 읽고 싶군! 참. 좋은 생각이네."

"정말 그렇게 되었으면 좋겠어요. 스승님."

"그럼 자네가 쓰는 소설을 조금만 지금 들려줄 수 있나?"

"예. 그럼요.

인간은 신(神)이 아닙니다.

누구나 불완전한 존재입니다. 그러나 신기하게도 신은 인간에게 한 가지씩 놀라운 능력을 주셨습니다. 가슴속 깊이 내면을 들여다보면 자신이 타고난 능력이 무엇인지 찾을 수 있습니다. 그 능력을 찾아서 아름답게 가꿔가는 것이 인생입니다.

즉, 전문가(家)가 되는 것입니다. 특히 주식투자전문가가 어떻습니까? 의사, 판사, 변호사등 사(士)자의 직업이 추앙받아온 것이 사실이지만, 앞으로는 시대가 변화해서 문화, 예술. 음식, 취미 등 모든 직업을 통틀어 전문가의 시대가 왔습니다.

미래는 전문가(家)의 시대입니다. 가(家)자의 직업은 지속적으로 새로운 가치나 서비스를 개발해야 하고 끝없는 혁신과 공부를 해야 하는 스릴이 있어서 좋습니다. 제 4차 혁명이 다가와도 안심할 수 있습니다. 인간의 감성을 다루는 것을 로봇이 가장 어려워하기 때문입니다. 사회가 빠르게 변화하고 있고 인간의 욕구가 다양해지고 있어서 미래가 있습니다. 쉬운 것 같은데 매우 어렵습니다. 그래서 인생이 아름답고 도전할 가치가 있다고 봅니다.

모두가 자신이 좋아하는 분야에 전문가(家)가 되기 바랍니다.

경제적 자유를 누리십시오.
그 방법으로 주식투자를 배우라고 권합니다.
전업투자자가 될 필요는 없습니다. 근면 성실하게 살면서 수십 년간 위대한 기업의 주식을 조금씩 사 모아서 노후에 생활비로 충당하면 행복할 것입니다.

자신을 사랑하십시오. (이기심이 아님)
자신을 버리면 누가 당신을 사랑하겠습니까?
스스로 사랑하고 아픈 상처를 어루만져 주십시오.
이는 오르지 자신만이 할 수 있는 위대한 일이라고 생각합니다.
당신을 아름답게 가꾸고 지켜야 하는 사람은 바로 당신입니다.
당신이 주인이니까요.

새로운 가치를 창조하십시오.
땀 흘려 노력하고 선의의 경쟁과 도전을 즐기면서, 하느님이 이미 만

든 창조물에 집착하지 마시고 인간의 노력과 감성으로 만들어 내는
오르지 인간만이 해 낼 수 있는 새로운 가치창조에 도전하십시오.
즉 세상에 없던 새로운 기술, 서비스, 디자인 예술과 문학 등을 통해
소비자의 감성을 자극하여 더 행복하게 해주고 더 높은 가치를 인정
받을 수 있는 가치를 창출하십시오. 즉 가격이 비싸도 지갑을 열고 싶
어 하는 가치를 통한 경제적 자유를 얻게 되기를 진심으로 바랍니다.
태어날 때 정해진 삶은 어디에도 없습니다. 땀 흘려 노력하면 운명이
바뀝니다.
푸른 하늘을 보며 행복하게 사는 아름다운 세상을 함께 만들었으면
좋겠습니다.
그 중심에 당신이 있으니까요.”

명한은 누구나 행복하기를 진정으로 바랐다. 그리고 그 행복은 각
자가 가꾸어 가는 것이라고 말했다. 동물원의 동물로 만드는 사회주
의가 아닌, 자유민주주의 체계가 있는 한, 그리고 무한 경쟁을 통한 자
유 시장경제 원리가 존재하는 한 누구나 잘살 수 있다고 말했다. 목표
를 정하고 10년 이상 땀 흘려 노력한다면 성공할 수 있으며 행복한 삶
을 살수 있다고 그의 경험담(이 소설속의 내용들)을 들려주었다.

“자네 얘기를 듣고 나니 가슴이 뭉클하네. 내가 이 나이에도 무엇
이든지 ‘하면 된다.’는 자신감이 생기네. 멋진 인생이야. 멋져!

자네는 운명을 스스로 개척한 사람이야. 항상 긍정적이야. 자네보
다 우월한 사람들을 인정하고 존경하며 늘 배우잖아. 그것이 신이
내린 선물이고 축복이지. 신의 선택을 받은 거고. 어찌 보면 인간은
한 없이 나약한 존재야. 자신을 믿어주고, 이야기를 들어주고, 때로

는 조언을 해주는 누군가가 있을 때 인간은 더 발전할 수 있어. 그렇지만 스스로도 스트레스의 공격을 방어하는 면역력을 기르고, 심리적 상처에 대한 회복탄력성을 키워야 해. 즉 마음의 근육을 강화하는 훈련도 꼭 필요한 것이지.” 공명 선생은 감동해서 눈시울을 적셨다. 그리고 긍정에너지가 넘치는 제자를 둔 자신이 너무나 행복하다고 느꼈다.

“스승님. 저는 아름다운 세상에서 좋은 사람들을 만나 행복하게 살고 있습니다.”

“맞네. ‘배움’, ‘꿈’, 어질고 정숙한 아내! 그게 진정한 파라다이스야.”

“스승님. 긍정의 힘과 열정이 가난과 고통을 이겨내는 열쇠라고 생각합니다.”

“대단하네. 젊은이들에게 ‘사랑’과 ‘창조’ 외에 조금 더 말해주게나.”

“예. 몇 가지는 꼭 들려주고 싶습니다.

   1. 꿈 (삶의 목표)
   2. 경청
   3. 자신에게 정직
   4. 배움
   5. 기부와 봉사
   등을 들려주고 싶습니다.”

“삶의 목표인 꿈을 어떻게 세우는 것이 좋을까?”공명 선생은 물었다.

“땀 흘려 노력 하는 ‘참된 꿈’이어야 합니다. 그리고 삶의 목표는 길게 세우는 것이 좋다고 생각합니다. 하루살이는 하루가 평생이므로 하루 동안 최선을 다해 살아갑니다. 어떤 이들은 오늘만을 위해 살라고 권하는 사람들도 있지만, 사람은 백세시대에 살고 있어서 하루살이의 하루가 인간에게는 일백년이 됩니다. 장기계획을 세워서 천천히 즐기면서 실천해 가야 한다고 생각합니다. 소설이나 연극처럼 인생을 3막으로 세우면 더 좋고요.”

“연극 같은 인생 3막이라…. 그런데 자네는 3막을 어떻게 나눴는가?”

“단순합니다. 제1막은 ‘배움’, 2막은 ‘돈’벌기, 3막은 ‘기부와 봉사’입니다.”

“원더풀! 멋진 말이네. 그러나 인생은 정답이 없는 것 같네. 자신에게 가장 알맞은 것이 무엇인가를 생각하고 스스로 결정 내려 후회 없이 걸으면 된다고 보네.”

“맞습니다. 스승님. 그 밖에도 근면, 성실, 인내, 건강관리, 서로 사랑하기, 친구사귀기 등 많이 있다고 봅니다.”

“맞아. 그런데, 경청을 왜 두 번째 항목에 넣었나?”

“예. 제가 남의 말을 듣는 것이 너무나 어려워서입니다.

첫 번째 경청은 독서입니다.

작가의 말을 일방적으로 듣는 것은 정말 어렵습니다. 그러나 우리가 성공하기 위해서는 좋은 책을 많이 읽어야 한다고 생각합니다. 그 속에 인생의 길이 있습니다.

그리고 서로가 대화나 토론할 때 경청을 해야 성공할 수 있다고 생각합니다. 진정한 소통은 남의 의견을 존중하고 잘 들어주는 것인데 쉽지 않습니다.

아무튼 저는 첫 번째 경청은 잘 합니다. 그러나 두 번째 경청을 잘 못하여 고치려고 많이 노력하고 있습니다.” 명한은 정말 반성하고 노력하고 있었다.

“자네가 경청을 잘 못한다고? 내가 보기에는 그런 것 같지는 않은데 말이야.”

“스승님! 부끄럽습니다. 정말 잘 못하고 있습니다. 일부러 잘난 척하려고 말하는 것은 아닌데, 얘기를 하다보면 저도 모르게 제 이야기에 심취되어 길게 말하는 때가 있습니다. 그래서 저의 좌우명과 가훈도 ‘경청’으로 바꾸었습니다.”

“‘경청’은 대인관계에서 중요하지. 어쩌면 삶의 기본이라고 나는 생각하네. 사실 나도 경청은 잘 못하는 편이지. 경청할 줄 아는 사람은 위대한 사람이야. 대인이지. 아니 진정한 군자라고 할 수 있지.”

“저는 세상에서 가장 어려운 것이 경청이라고 생각합니다. 경청으로 평가한다면 저는 소인임에 틀림없다고 생각합니다.”

“뭘. 그렇게까지…. 자신의 약점이 무엇인지 알고 고치려고 노력하는 사람은 반드시 고칠 수 있어. 그리고 그런 사람이 정말 멋진 사람이지. 그런 면에서 자네가 소인은 아니야. 자네가 노력한다면 자네는 ‘대인’이 될 거라 믿네.

사람은 누구나 자기 말을 들어주기를 원해. 그래서 누구나 자칫하면 말이 많아질 수 있어. 그렇지만 말을 많이 하면 사람들은 싫어하지. 말을 많이 하면 자신의 약점을 자발적으로 상대에게 알려주어 치명적인 약점이 노출되므로 결국 자신에게도 엄청난 손해가 된다고 보네.”

“명심하겠습니다. 스승님!”

“그리고 왜 자신에게 정직해야 되는지 설명 좀 해보게.”

“예. 일반적으로 남에게 정직한 사람도 자신에게 거짓말을 하고 사는 경우가 많습니다. 예를 들면 무엇을 하기로 한 계획을 세워놓고 실천을 안 한다든지. 아니면 자신을 믿지 못하여, 충분히 할 수 있는 일인데도 ‘나는 그 일을 결코 할 수 없어.’하고 포기하는 경우 말입니다. 삶의 계획을 자신이 세우고 실천하지 않는 것은 정직하지 못한 사람이라 생각합니다. 자신에게 정직한 사람은 남에게도 정직하다고 생각합니다.

한마디로 자신의 내면을 잘 들여다보고 아름답게 가꾸고, 진심으로 위로해 주고, 자신을 속이지 말아야 한다는 뜻입니다. 늘 바르게 생각하고 바른 생활을 해야 한다는 의미도 담고 있습니다.”

“좋은 얘기네. 자신을 사랑하고 자신에게 정직한 사람들은 100% 성공하지. 참. 간단하고 쉬운 말 같은 데 실천하기가 너무 어려워. 그래서 성공하는 사람들이 많지 않은 거야. 자네는 바른생활이 몸에 배어 있어. 나도 자네에게 배워야 할 것 같아. 고맙네. 그리고 네 번째 ‘끊임없는 배움’이라는 것도 인상적인데 어떤 깊은 의미를 담고 있는지 설명을 부탁하네.”

“예. 스승님. 인간은 끊임없이 배워야 한다고 생각합니다.

학교에서는 정답을 정해놓고 가르친다고 생각합니다. 그러나 인생살이는 정답이 없어 끊임없이 배워야 한다고 생각합니다. 누구나 학교 졸업 후 직업을 구할 때 본인이 하고 싶은 일을 모두가 하는 것이 아닐 것입니다. 그렇게만 될 수 있다면 얼마나 좋겠습니까?

아마 대다수는 하고 싶은 일과는 전혀 다른 엉뚱한 일을 어쩔 수 없이 할 것입니다. 정말 하고 싶지 않은 일을 생존하기 위해 하는 경우도 많이 있을 겁니다.

그렇지만 그곳에서 삶의 진정한 의미를 발견할 수 있습니다. 스스로 고정관념의 틀을 깨는 겁니다. 지금은 적성에 맞지 않아 보여도 맞는 부분이 조금이라도 있는지 찾아서 배우는 것입니다. 자신을 깊이 성찰해 보면 누구나 타고난 재능과 능력이 다 있습니다. 그리고 배움과 노력만이 전문가로 만들어준다고 생각합니다.

항상 전문가가 되려고 끊임없이 배우고 노력하면 행복이 그곳에 있는 것이죠. 마지막으로 '인간은 언젠가 반드시 죽는다.'는 것을 인정하고 받아들여 짧은 인생동안 가장 보람된 일이 무엇인가를 찾고 배워야 한다는 의미로 '끊임없는 배움'을 말한 것입니다."

"좋은 말이네. 그리고 '기부와 봉사'는 누구나 잘 아는 사항이고, 이 땅에 모든 젊은이들이 꿈. 경청. 자신에 대한 사랑. 끊임없는 배움 등을 실천하며 행복하게 마음껏 자기 좋아하는 일을 하면서 살았으면 좋겠어. 자신감을 갖고 용감하게 역경을 헤쳐가면서 미래에 도전하면서 말이야. 주식투자를 배우면 더욱 좋고."

공명 선생은 젊은이들이 주식투자도 배우고 자신을 사랑하면서 미래를 향한 힘찬 도전을 했으면 좋겠다고 말했다.

"'주식투자를 하면 망한다.'가 아니고 '주식투기를 하면 망한다.' 라고 생각합니다."

"맞아. 명한이 자네 같은 사람이 좋은 본보기가 되어야 해. 주식투자가 일자리를 늘리고, 국가의 경제성장을 이끌며, 위대한 기업의 주주가 되어 기업이 성장을 하면 함께 부자가 될 수 있다는 것을 정확히 알아야 한다고 생각하네. 주식을 한 주라도 갖고 있으면 주주가 되는 것이고, 회사가 벌어들이는 돈을 주주들이 투자한 수만큼 부를 나누는 것인데 그것을 모르고 사는 것이지."

"맞습니다. 진정한 투자를 위해 열심히 노력하고 사명을 다 하겠습니다."

"아. 우리가 어디까지 했지."

"예. 스승님. 영업이익에 대한 공부를 하다가 주식투기를 투자로 오해하고 있다는 것 까지 했습니다."

"명한이 자네를 믿네. 그리고 자네의 젊은이들을 향한 멘토 강의 잘 들었네."

"감사합니다. 스승님."

성장성

"자. 그럼 다시 본론으로 돌아가자고. 주식투자에서 성장성을 중요시 하는데 성장성에 대해 자네의 생각은 어떤가?"

"기업의 매출이 늘어나는 성장성은 매우 중요하다고 봅니다."

"매출을 늘리려면 어떻게 해야 할까?"

"투자를 늘려야 한다고 봅니다."

"맞는 말이네."

"기업은 투자를 통해 생존하며, 매출이 늘어야 전체 수익금도 커집니다."

"맞는 말이네. 매출 백만 원에 대한 수익금의 10%는 십 만원이지만, 천만 원은 백만 원, 일억은 천만 원, 십억은 일억, 백억은 십억, 천억은 백억 일조는 천억, 십조는 일조, 백조는 십조, 천조는 백조…. 생각만 해도 억만장자가 된 기분이야. 아마 사업가의 심리는 그럴 거야. 그래서 성장성이 중요한 거야. 그리고 그것의 핵심이 투자야."
공명 선생은 천진한 아이 같았다.

"앞으로 투자를 많이 하는 기업을 중점적으로 리서치해 보겠습니다. 스승님."

"좋은 생각이야. 그리고 시장에서 그 흐름이 어떻게 변하는지 잘 조사해 보라고. 자, 그럼. 우리가 투자에 있어 중요한 안전성, 수익성, 성장성에 대한 것을 재미있게 공부했고, 다음은 투자 할 때 주의해야 할 사항은 무엇이 있겠는가?"

"스승님 제 생각으로는 투기를 하지 말아야 한다고 생각합니다."

"오~호! 투기를 하지 말라? 그 이유가 뭔데?"

"투기를 하면 이성을 잃고, 단기에 많을 돈을 벌려고 돈을 쫓다니면 가치를 보지 못하고 가격만 보게 된다고 생각합니다. 그래서 거머리 같은 작전세력의 먹잇감이 된다고 생각합니다."

"맞는 말이네. 과욕이 망하는 지름길이지."

"자네는 어떻게 투자를 할 것인데?"

"스승님. 저는 미래를 이끌 위대한 기업에 투자하고 싶습니다. 즉 성장가치투자자가 되고 싶습니다." 명한은 인류의 삶을 아름답게 바꿀 성장성이 뛰어나고 시장 지배력이 있는 위대한 기업에 10년 이상 장기투자를 하고 싶었다.

"미래를 이끌 위대한 기업이라. 그런 기업을 어떻게 찾아서 투자할 것인가?"

"선생님께서 이미 가르쳐주신 산업혁명에서 깨달았습니다. 이제 막 태동한 제 4차 산업혁명을 이끌 위대한 1등 기업을 발굴하여 투자하고 싶습니다."

"정확히 보았네. 꼭 그렇게 장기투자하기를 진심으로 바라네."

"꼭 도전 하겠습니다."

"우리는 주식투자 할 때 중요하게 여기는 안전성, 수익성, 미래의 성장성과 유의사항까지 공부를 했네. 그렇다면 구체적으로 투자할 위대한 기업을 발굴해야 하는데 자네는 어떻게 찾을 생각인가?"

"투자는 미래를 먹고 산다고 합니다. 그래서 미래가 중요하다고 생각합니다."명한은 공부하면서 가장 힘든 것이 미래수익을 구하는 것이라 생각했다.

"아무 누구도 정확하게 미래를 내다 볼 수는 없다네. 우선 우리에게 다가오는 제4차 산업혁명에 주역이 될 신성장산업군들 중에서 사업보고서를 자세히 읽고 재무제표를 통해 우량한 기업을 발굴하면 될 것 같은데, 자네 재무제표는 볼 줄 아는가?"

"예."

재무제표

"다행이군. 주식투자를 하려면 재무제표를 알아야 하네.

재무제표는 주식 투자자에게 아주 중요한 것이야. 이것을 정확하게 알면 상장이 폐지되어 망하는 기업에 투자하는 중대한 실수는 하지 않을 것이야. 앞으로 철저하게 공부를 해야 하네."

"명심하겠습니다. 스승님."

"자. 그럼 시작해 볼까? 재무제표란 무엇이라고 생각하는가?"

"재무제표(財務諸表 , financial statement)는 기업 경영에 따른 재무상태를 파악하기 위해 회계원칙에 따라 간단하게 표시한 재무 보고서라고 생각합니다."

"맞는 말이네. 그럼 어떤 종류가 있는가?"

"네. 재무제표의 종류는

재무상태표(대차대조표)

손익계산서

자본 변동표(이익잉여금처분계산서 또는 결손금처리계산서)

현금흐름표

주기 및 주석을 재무제표로 기업회계기준에서는 정하고 있습니다."

"음. 그럼 각 항목을 구체적으로 설명할 수 있겠는가?"

재무상태표(대차대조표)

"네. 먼저 재무상태표(대차대조표 balance sheet)는 일정 시점의 자산, 부채, 자본의 현황을 말해주는 표입니다.

자산은 이디까지나 현금화될 가치 있는 것에 한정되고, 또한 부채도 법적 관점에 의한 부채에 한하여 기입합니다. 또한 손익계산서와 함께 재무제표의 중심을 이루고 있다고 할 수 있습니다. 일반적으로 그 시점에서의 모든 자산을 차변(왼쪽)에, 그리고 모든 부채 및 자본을 대변(오른쪽)에 기재하는 데서 대차대조표라는 말이 생겼다고 합니다. 작성시점은 대부분 결산 때에 하지만, 개업·폐업·합병할 때에도 작성하게 됩니다.

손익계산서

손익계산서(income statement)는 일정 회계 기간 동안 발생한 수익과 비용을 대조하기 위해 작성하는 것입니다.

즉, 기업이 어떤 활동을 통하여 발생된 이익과 그 이익을 발생하게 한 수익과 비용을 알기 쉽게 기록한 재무제표를 말합니다. 작성 방법은 모든 수익과 비용은 발생한 기간에 정당하게 배분되도록 처리해야 한다고 정하고 있습니다. 단, 수익은 실현시기를 기준으로 계산하고 미실현수익은 당기의 손익계산에 산입하지 않는 것을 원칙으로 합니다.

수익과 비용은 총액에 의해 기재하는 것을 원칙으로 하고 수익항목과 비용 항목을 직접 상계하여 그 전부 또는 일부를 손익계산서에서 제외해서는 안 된다고 정하고 있습니다.

손익계산서는 매출, 매출 총 손익, 영업손익, 경상손익, 법인세비용차감전 순손익과 당기 순손익으로 구분 표시해야 하며, 단, 제조업이나 판매업, 건설업 이외의 기업에 있어서는 매출 총 손익의 구분표시를 생략할 수 있다고 정하고 있습니다.

자본변동표

자본변동표(이익잉여금처분계산서 또는 결손금처리계산서)란 기업의 경영에 따른 자본금이 변동되는 흐름을 파악하기 위해 일정 회계기간 동안 변동 내역을 기록한 표 서식을 말합니다.

자본은 기업의 자산과 부채를 제외한 순 자산을 뜻하며 자본을 구성하는 요소에는 납입자본(자본금, 자본잉여금), 이익잉여금, 기타 포괄손익누계액, 기타 자본구성요소 등이 있습니다. 그러므로 자본변동표는 자본의 변동 상황을 확인할 수 있는 재무제표라고 볼 수 있습니다. 기업의 자본 현황을 한눈에 파악할 수 있으며 변동 흐름 예측이 가능하므로 기업 관계자들에게 정보를 제공할 때 활용되는 유용한 보고서 문서입니다. 또한 자본변동표를 작성하게 되면 확실하지 않은 수익이나 비용의 발생에 대해 분명하게 파악이 가능합니다. 자본변동표는 일반적인 재무제표와 달리 회계기간을 구분하여 전기와 당기로 표시되며 자본변동이 발생하는 원인을 통해 기업의 재무상태를 판단하여 변화를 파악할 수 있도록 한 것입니다.

현금흐름표

현금흐름표(C/F)는 일정 기간 기업이 경영활동에 따라 발생하는 현금이 나가고 들어오는 돈의 흐름을 파악하기 위해 나타내는 표입니다.

주기 및 주석

주기 및 주석(notes)은 재무제표 주기는 1년 이내로 기업이 신고하며, 주석은 재무제표에 언급되어있지 않은 많은 중요한 정보를 제공하는 것입니다."

"상세하게 설명해 줘서 고맙네. 자네는 재무제표가 중요한 이유는 무엇이라고 생각하는가?"

"네, 재무제표는 기업이 지나온 영업활동의 발자취라고 생각합니다. 그래서 재무제표는 많은 투자자들에게 경영성과를 확인할 수 있는 유용한 지표라고 생각합니다.

주식투자를 할 때에 재무제표 분석을 참고하여 중대한 결정을 내릴 수 있다고 봅니다. 가치투자를 하는 투자자에게는 꼭 필요한 표입니다."

"적절한 표현이네. 그렇다면 재무제표를 볼 때 주의할 사항은 어떤 것이 있다고 생각하는가?"

"네. 여러 가지 주의 사항 중에서 '분식회계'를 유의해야 한다고 생각합니다."

"분식회계?"

"네. 그렇습니다."

"왜, 분식회계가 문제가 된다고 생각하는가?"

분식회계

"분식회계(window dressing settlement, 粉飾會計)는 기업의 재정 상태나 경영 실적을 실제보다 좋게 보이게 하려고 부당한 방법으로 자산이나 이익을 부풀려 계산하는 회계방식으로 분식결산(粉飾決算)이라고도 합니다. 즉 좋지 않은 매출이나 실적을 좋게 보이게 하기 위하여 거짓으로 꾸며낸 회계이므로 이 회계정보를 사실인줄 알고 투자하는 주주와 채권자들의 판단을 왜곡시킴으로써 그들에게 손해를 끼치기 때문에 법으로 금지되어 있는 범죄행위이며 절대로 해서는 안 된다고 생각합니다."

"맞네. 그럼 분식회계 수법은 어떤 것들이 있다고 생각하는가?"

"네. 분식회계를 저지르는 범죄수법으로는

첫째로 상품, 원재료, 재공품 및 재고품 등 재고자산의 수량 및 가치를 실제보다 높게 부풀림으로써 아직 창고에 쌓여 있는 재고의 가치를 장부에 과대 계상하는 수법입니다.

둘째는 팔지도 않은 물품의 매출전표를 끊어 매출채권을 부풀리는 수법이나, 기존에 이미 회수된 매출채권(외상매출금)을 외상미수금에 포함시킴으로써 차후에 회수될 매출금액을 증가 시키는 방법을 쓰고 있습니다.

셋째는 실제로 계정처리하기가 어려운 접대비, 리베이트, 비자금 등 영업비용을 지출한 후 이러한 비용을 해당기업의 대표자 가지급 금계정으로 포함시킴으로써 가지급금 계정금액을 증가시키는 수법입니다.

넷째는 재료원가, 각종지출비용, 채무금액을 실제보다 적게 계상함으로써 당기순이익을 높이는 방법을 사용하고 있습니다.

다섯째는 매출채권의 대손충당금을 고의로 적게 잡아 이익을 부풀리는 수법 등 여러 가지 방법으로 교묘하게 범죄 수단으로 사용하고 있습니다.

또한 이와는 반대로 세금 부담이나 근로자에 대한 임금 인상을 피하기 위하여 고의로 실제보다 이익을 적게 계상하는 경우가 있을 수 있는데 이를 역분식회계(逆粉飾會計)라고 합니다.”

명한은 재무제표에 대해서 상세하게 대답했다. 그런데도 실제로 재무제표를 조사해 보면 어려운 것이 많아 공부를 더해야 한다고 생각했다.

“고맙네. 고마워. 그러잖아도 목도 아프고 쾨가 났는데, 제자가 열심히 예습을 하여 같이 토론하니 아주 기쁘고 즐겁네 그려. 앞으로도 이렇게 가끔씩 해주면 고맙겠네.”

“스승님! 감사합니다. 더욱 더 열심히 공부 하겠습니다.”

“그렇다면 이런 범죄행위를 찾아낼 방법은 없을까?” 하고 넌지시 물었다.

“이번에는 스승님이 알려주십시오.”

"알겠네. 나도 밥값은 해야 되겠지. 분식회계를 찾아내는 방법은 너무나 교묘해서 찾기가 쉽지는 않지만 자네가 '분식회계를 저지르는 방법'들을 열거한 항목들을 하나하나 역으로 추적해서 실사를 해서 알아내는 방법들이 있다네."

"소액 주식투자자들은 어떻게 분식회계를 알아낼 수 있습니까?"

"소액투자자들은 알아내기 어렵지. 개인 투자자들의 가장 큰 약점이라네. 기업에 찾아가서 열람하기도 어렵고, 더군다나 재고 등 실사를 하는 것은 더욱 어렵다네. 회사에 이익이 되는 좋은 정보는 알려 주지만 나쁜 정보는 알려 주지 않거든. 경쟁업체를 방문하여 알짜배기 정보를 알아내는 경우도 있기는 하지만 그것도 만만하지 않지."

"그럼 소액투자자들은 주식투자를 어떻게 해야 합니까? 순박한 개미들은 회사가 발표한 재무제표를 보고, 믿고, 투자를 한다고 들었습니다."

"우선 금융 감독원 전자공시시스템에 들어가서 어떤 일을 하는 회사인지 사업보고서를 읽고 재무제표를 꼼꼼하게 조사를 해야만 하네.

회사의 이익이 많이 발생한 경우 대차대조표상에 재고자산이나 매출채권이 늘어나서 회사에 현금은 들어오지 않았는데 장부상에 이익이 증가했는가를 리서치하고, 또 부동산이나 기타 고정자산을 매각하여 일시적으로 이익이 발생했는가를 조사해야 하네. 그리고 부채가 점점 늘어나는지 아니면 장사를 잘하여 매년 부채가 줄어드는지도 조사를 해야 하네. 특히 기업경영에서 우리 몸의 '피' 같은 현금이 들어오고 나가는 것을 정리한 현금흐름표를 꼼꼼하게 살펴보는 것이 제일 좋은 방법이라네.

그리고 투자하고 싶은 기업을 방문하여 알 수 있는 것 다 알아내고, 경쟁업체를 통하여 밝히기 싫어하는 정보를 얻고, 시장에 나가서 소비자들의 반응을 살피고 투자를 결정하는 것이 중요하다네."
공명 선생은 개인투자자들이 알 수 있는 투자정보의 한계와 어려움을 설명하면서 할 수 있는 한 모두 리서치하고 투자를 하는 것이 안전하다고 설명했다.

"스승님! 현금흐름표을 보면 기업의 현금흐름을 상세히 알 수 있습니까?"

"암. 알 수 있지. 현금흐름표만 잘 분석해 봐도 회사의 영업활동이 활발한지 투자를 할 만큼 성장성이 있는 기업인지, 장사를 잘하여 부채를 줄이고 있는지 등 자금사정을 알 수 있다네."

"그럼 현금흐름표를 상세하게 분석하는 것이 소액투자자는 매우 중요한 것이네요."

"아주 중요하지 우리 몸에 피가 흐르는 것을 한눈에 볼 수 있다고 생각하면 되네. 만약 우리 몸에 피가 잘 돌지 않는다면 어떻게 되겠는가?"

"동맥경화 같은 중병에 걸립니다. 고귀한 생명을 잃을 수도 있고요."

"잘 보았네. 기업에도 돈의 흐름이 막혀서 '동맥경화'가 일어날 수도 있다네. 만약에 그런 사태가 발생한다면 회사의 현금사정이 급속히 악화되어 우리가 알고 있는 '부도'를 맞을 수도 있는 것이지. 그렇게 되면 주식가격은 휴지조각으로 변할 수 있다네. 한마디로 망하는 기업에 투자를 한 것이나 마찬가지라네."

"그럼. 현금흐름표는 어떠한 항목으로 되어 있나요?"

"현금흐름표는 크게 영업활동, 투자활동. 재무활동 현금흐름의 3개 항목으로 구성되어 있다네. 영업부문 현금창출력을 판단할 때는 영업이익보다 영업 현금흐름이 더 유용하네. 일반적으로 시장예측을 잘못해 재고자산이 늘어나거나 결제조건이 악화돼 매출채권(외상매출금. 받을 어음)이 증가하는 등 운전자금 부담이 연초에 비해 늘어난 경우 영업활동 현금흐름의 마이너스 요인으로 작용 한다네.

"3개 항목 중 어느 것이 가장 중요합니까?"

"그야 다 중요하지만 영업활동으로 인한 현금흐름이 더 중요하다네. 기업이 한 회계기간 동안 제품판매 등 영업을 통해 실제 벌어들인 현금을 말한다네. 이것의 수치는 항상 플러스가 나와야 하며, 만약 마이너스가 발생했다면 대차대조표나 손익계산서상에 이익이 많이 발생하였어도 영업 즉. '장사를 하여 이익을 보지 못하고 있구나!' 하고 판단하면 된다네.

또한 기업이 영업활동을 통해 벌어들이는 현금 창출능력을 나타내 주는 에비타(EBITDA)라는 지표가 있는데 이는 영업이익이나 순이익처럼 회사의 이익을 나타내는 지표 중 하나라네. 이자·세금·감가상각비를 지급하기 전의 순이익, 즉 영업이익(EBIT)에다 감가상각비를 합한 것으로 '세전영업 현금흐름' 혹은 에비타라고 한다네.

에비타는 실제로 현금이 나가지 않은 감가상각비는 비용으로 간주하지 않으므로 설비 투자가 많은 대기업체들이 선호하는 경향이 있다네. 예를 들어 어느 회사가 대형 설비 투자를 하면서 투자비를 비용으로 처리하면 영업이익이 적자가 되지만 에비타를 쓰면 흑자가 될 수도 있기 때문이라네.

"스승님! 그러면 영업활동으로 인한 현금흐름의 핵심 포인트는 장사를 잘하여 회사 안으로 현금이 많이 들어오는 것이겠네요."

"그럼. 그러니까 수치가 플러스로 반드시 나와야 하는 거야."

"예. 잘 알겠습니다. 스승님."

"스승님! 투자활동으로 인한 현금흐름표에 대해서도 상세하게 설명해 주십시오."

"왜? 어려운가?"

"예. 어렵습니다. 스승님!"

"자네가 어렵다면 현금흐름표을 공부하고 난 후 재무제표 전체를 다시 한 번 공부 하도록 하겠네. 주식투자를 하는데 있어서 재무제표는 매우 중요한 것이고 가장 기본이 되는 항목이라네. 이것은 반드시 확실하게 이해하고 넘어가야 주식투자를 할 수가 있다네."

"예. 스승님! 꼭 그렇게 해 주십시오. 자세히 배우겠습니다."

"자. 그럼 투자활동으로 인한 현금흐름이란 기업이 투자활동을 하면서 발생하는 현금흐름을 말하는데, 투자활동이 왕성하면 투자활동현금흐름은 마이너스를 나타내고, 저조하면 플러스 값을 나타내지. 여기서 투자활동이란 유형자산이나 투자자산 등을 취득하거나 처분하는 행위를 말하는데 대표적인 투자활동으로는 공장신설, 기계장치 구입 등이 있다네. 또한 금융상품이나 주식에 투자하는 활동도 투자활동에 속한다네."

"스승님 투자활동으로 인한 현금흐름에서 핵심 포인트는 무엇이 되나요?"

"그것은 통상적으로 기업은 미래를 위해 투자를 한다고 보기 때문에 현금흐름이 일반적으로 마이너스 값을 가져야 정상이라네. 따라서 마이너스 값을 가지면 성장을 위한 투자가 활발히 이루어지고 있다고 보면 된다네. 반대로 플러스 값을 나나내면 더 이상 성장이 어려운 것으로 판단하고 투자한 자산을 처분하여 자금을 회수하고 있다고 판다하면 된다네."

"스승님! 좀 더 자세히 말씀해 주십시오."

"기업이 탄생하여 성장하고 쇠퇴하는 과정도 투자활동현금흐름으로 알 수 있다고 생각하네.

예를 들면 회사 설립초기와 성장기에는 투자활동이 적극적이므로 투자활동 현금흐름이 마이너스 값을 가지고 액수도 크게 나타난다네.

그러나 기업이 성숙단계에 들어가면 투자를 확대한다고 해도 수익이 증가하지 않기 때문에 투자활동을 줄이게 된다네.

마지막으로 쇠퇴하는 기업은 쇠퇴기에 있으므로 투자활동을 멈추고 투자자산을 처분하고 자금을 회수하기 시작한다네. 이때는 플러스 값을 보인다네." 공명 선생은 현금흐름표에 대해서 명한에게 자세하게 설명을 했다.

"스승님 이제 이해가 되는 것 같습니다. 투자활동 현금흐름을 보면서 기업의 변화를 알 수 있는 것 같아요."

"이해가 된다니 안심이 되지만 끊임없이 연구하고 조사 하여야 확실하게 주식투자에 활용할 수 있다고 보네."

"명심하겠습니다. 스승님!" 명한은 다짐하고 또 다짐했다.

"마지막으로 재무활동으로 인한 현금흐름을 살펴보면 그 값이 마이너스 값을 갖고 있어야 좋은 상태에 있다고 볼 수 있다네. 현금의 유입과 유출을 분석해 보면 되는데, 현금이 유입되는 경우는 회사가 장. 단기 차입금이나 비지배주주지분의 증가, 또는 자기주식의 처분이 발생 되었을 때에 일어나고, 현금의 유출은 단기 차입금의 감소, 배당금 지급, 자기주식 매입, 비 지배주주분의 감소가 발생하였을 때에 나타난다네."

"스승님! 재무활동으로 인한 현금흐름도 핵심 포인트는 마이너스 값을 나타내야 좋은 것 같습니다."

"맞는 말이네. 종합적으로 보면 장사를 잘하여 영업활동으로부터 창출된 현금흐름이 언제나 플러스 값을 가지며 그 금액이 크면 클수록 좋고, 회사가 큰 폭으로 성장하여 투자를 많이 해서 마이너스 값을 갖는 회사가 적합하고, 투자하고 장사를 잘하여 벌어들인 돈으로 단기 빌려온 부채를 갚아 줄이고 주주들에게 배당금을 늘려주며, 또 주식가격이 시장에서 너무 낮게 거래되고 있을 때 주주가치를 높여 주기 위하여 자기주식을 주식시장에서 매입함으로써 그 값이 마이너스를 유지할 수 있는 기업이 투자 적격한 기업이라고 생각하네."

"감사합니다. 현금흐름표를 자세히 배웠습니다."

"주식투자에서 대차대조표, 손익계산서 현금흐름표는 기본적으로 반드시 알아야 한다네. 이는 마치 건물이나 땅을 사면서 부동산 투기꾼의 말만 믿고 등기부등본도 확인 안하고 덜컥 매매계약서에 도장을 찍는 거나 다름없다네."

"예. 재무제표가 이렇게 중요한 것이지 예전에는 미처 몰랐었습니다. 특히 현금흐름표를 새롭게 보게 되었습니다." 명한은 혼자 공부할 때는 이렇게 자세히 살펴보지 않았다.

그냥 대충 매출과 영업이익이 연간 20~30%씩 증가하고. 영업이익률과 자기자본이익률(ROE)이 15%이상, 부채비율 업종 최저, 주가수익비율(PER). 주가 순자산비율(PBR) 정도만 보고 투자를 했었다. 물론 현금흐름표도 대충은 봤었다. 그러나 현금흐름표를 보고 기업이 성장 기업인지, 성숙한 기업인지, 성장이 멈춘 기업인지를 꼼꼼하게 조사하고 투자하지는 않았다.

"다음은 뭘 배우고 싶은가?"

"스승님. 투자에 대해 알았으니 다음에는 투자할 '돈'에 대해서 배우고 싶습니다."

"돈?"

"예"

"좋아. 그렇게 하지."

돈! 돈이란 무엇인가?

수업은 빠르게 진행되고 있었다, 날씨가 점점 더워지고 있었지만 그는 더운 줄도 모르고 공부에 여념이 없었다. 오히려 매우 즐거웠다.

"당신은 집중력이 장점이에요."

"스승님에게 배우는 공부가 너무나 재밌어."

"배움은 하느님이 당신에게 주신 은총이에요. 건강에 유의하면서 공부하세요."

"어깨가 무거워. 그리고 감사하고." 그는 말했다.

"다음 수업은요?"

"음. 다음에는 '돈'에 대해서 하기로 했어. 사람을 울리고 웃기는 요술쟁이 말이야."

'돈이란 무엇인가?'

명한이 시간이 날 때마다 떠올려 보지만, 쉽지 않은 문제다.

돈 때문에 웃고, 울고, 속고, 속이고 싸운다. 돈이 뭐 길래. 무슨 마력을 지니고 있기에 사람들을 이리저리 끌고 다니는지, 비굴하게도 만들고 위대하게도 만드는지. 또 그토록 많은 사람들이 돈을 좋아하는지 그는 알고 싶었다.

"여보! 돈이란 무엇이라 생각해?" 명한은 아내에게 물었다.

"돈?" 그녀는 뜬금없이 묻는 남편의 말해 당황하여 반문했다.

"음. 다음 주에 스승님하고 돈에 대해서 공부하기로 했다고 말했잖아."

"돈에 대한 공부를 해요?"

"음."

"주식투자 공부를 해야지. 산속에서 철학도 배우나 봐요."

"투자를 하는 것도 돈을 벌려고 하는 거잖아?"

"글쎄. 뭐. '돈은 건강이다.'" 미나는 대답했다.

"돈은 건강이다! 난. 이해가 되지 않네." 하고 명한이 묻자

"건강할 때는 건강의 소중함을 잘 모르듯 돈이 없어야 돈의 소중함을 알잖아요."

"와우! 그럴 듯한데."

"당신이 돈 얘기를 하니까 돈이 소중하다는 생각이 들어요." 그녀가 말했다.

"돈이 인생의 전부는 아니지만 소중하다고 생각해." 그가 말했다.

돈은 생명이다

돈이 없어서 죽는 사람들이 있다. 의사의 치료를 받으면 간단히 나을 수 있는 질병도 돈이 없어 치료를 못하고 끙끙 앓다가 병이 악화되어 고열과 사투를 벌이다가 이승을 영원히 떠나가는 사람들도 있다.

'돈은 생명'이라고 생각했다.

돈은 태양, 빛 그리고 힘이다

태양은 동그랗지. 돈을 '동그랗다'고 하지 않던가? 또 태양이 없다면 세상은 암흑이겠지. 돈은 어두운 세상을 밝게 비추는 빛이 틀림없어!

지갑에 돈이 가득하면 힘이 솟는다고 누군가 말했지.

돈은 피다

사람은 피가 깨끗해야 몸도 건강하고 정신도 맑다.

피는 인간이 호흡한 산소를 폐에서 각 조직이나 세포로 실어 나른다. 또 음식을 먹은 후에는 위나 장 등 소화관에서 영양분을 갖다 적재적소에 배치시킨다.

뿐만 아니다. 조직과 세포에서 쓰임이 끝난 산소와 영양분 찌꺼기를 배설하는 기관에 다시 보내는 역할도 혈액이 하는 일이다.

돈도 마찬가지다. 골고루 돈이 돌아야 모든 사람이 살기가 좋아진다.

피가 탁하면 콜레스테롤과 중성지방 수치가 높아지고 여러 가지 심각한 동맥경화 같은 질환들을 부르듯 돈도 깨끗하게 벌고 보람되게 써야한다. 더럽게 쓰면 세상이 어지러워지고 고통 받는 사람이 많아진다.

그는 여느 때와 마찬가지로 온천에서 심신을 깨끗하게 닦고 '돈'에 대한 공부를 하러 설봉산으로 갔다.

오늘은 '돈'에 대해 공부하는 날이다.

여름이 다가와 이마에 땀방울이 송송 맺히고 등에 땀이 주르르 흘러 속옷이 등에 찰싹 달라붙었다.

황토대문으로 들어가니 서재에 공명 선생이 기다리고 계셨다. 선생님은 어제나 한결같은 자세로 허리를 곧게 펴고 바르게 앉아 계시다가 명한이 들어오는 것을 보시고는 반갑게 맞아 주셨다.

"잘 지냈는가?" 이번에는 스승이 먼저 명한에게 인사를 전했다.

"예. 잘 지냈습니다. 스승님께서도 잘 지내셨지요?" 하고 명한이 인사를 드리자

"약수 물 한잔 하게나. 시원할 거야. 땀을 많이 흘렸군."

"예. 스승님. 이젠 제법 덥습니다. 선생님은 덥지 않으세요?"

"난 아직은 덥지 않아. 괜찮아." 하고 말씀하시면서

"오늘은 '돈'에 대한 공부를 하는 날이지?"

"예."

"오늘은 재미난 공부가 되겠군. 그래. 자네는 돈을 어떻게 생각하나?"

"예. '돈은 태양, 빛 그리고 힘'이라고 생각합니다."

"뭐? 태양이고, 빛이고, 힘이라고?"

"예. 만일 태양이 없다면 이 세상 모든 생물들은 살수 없기 때문입니다."

그는 예습한 대로 질문에 답했다.

"돈은 태양이다. 지나치게 철학적이군. 그냥 생명이라면 몰라도…. 허긴 태양이나 동전은 둥글게 생겼네. 허허허." 공명 선생은 재미있다는 듯 웃으셨다.

"그렇다면 선생님께서는 돈이 무엇이라고 생각하십니까?"

"글쎄. 난 일단 '돈은 자유'라고 생각하네."

"자유요? 스승님 말씀이 더 철학적입니다."

"그래. 자유! 무엇이든 마음껏 할 수 있는 자유 말이야. 물론 자유에는 반드시 책임과 의무가 따르는 자유를 말하는 것이지만."

“스승님! ‘돈은 자유다’ 멋진 말이라고 생각합니다.”

“자유 중에 ‘경제적 자유’를 말하는 것일세.” 하고 공명 선생은 말했다.

“경제적인 자유 말입니까?”하고 명한은 정색을 하고 물었다.

“그렇다네. 자신의 꿈대로 인생을 사는 사람은 그리 많지 않네. 자네는 그렇게 살지 못하는 가장 큰 걸림돌이 무엇이라고 생각하는가?”

“글쎄요. 목표에 대한 실천력이 아닐까요. 실행을 하지 않으면 소용이 없으니까요.”

“옳은 말이네. 그러나 나는 돈. 바로 돈이라고 말하고 싶네.”

“돈이라고요?” 명한은 무릎을 탁 쳤다.

“자네 아름다운 여자와 데이트해 본 경험이 있나?” 공명 선생은 뜬금없이 질문했다.

“아름다운 여자와 데이트요?” 명한은 깜짝 놀랐다.

“왜? 없었어?”

“아니요. 있었습니다.” 그는 자신 있게 대답하였다.

“몇 명이나 있었나?”

“예. 많지는 않았지만 있긴 있었지요.”

“사랑하는 여자와 데이트할 때 지갑에 땡전 한 푼 없다고 생각해 보게.”

“돈 없이 데이트를 한다는 것은 무심코 건강검진을 받았는데 의사로부터 말기 암이란 말을 들었을 때처럼 고통스러울 것입니다.”

명한은 가난했던 학창시절이 생각났다. 나이 삼십이 넘어서 지갑

속에 언제나 주민등록증과 학생증, 도서열람권 그리고 동전 몇 개가 모두였다. 사랑하는 사람과 결혼을 할 때도 돈 때문에 비참했던 기억이 났다. 돈이 없으니 살고 싶은 좋은 곳에서 살지 못하고 변두리 시골마을에서 보증금 10만 원에 월세 3만 원을 내고 신혼살림을 차렸던 생각이 났다.

그러나 대학시절에 가상회사(창업 전에 자본금 없이 경험을 쌓기 위해 운영하는 회사)를 세워 이미 경영을 3년간 해오고 있었는데 돈이 많이 벌리고 있었다. 그는 학창시절 미나와 데이트할 때 돈 버는 일은 자신 있으니 돈에 대해서는 걱정 하지 말고 자신을 믿으라고 말했다. 그런 그를 그녀는 100% 믿었다. 실제 머리에 든 지식과 우량한 가상회사를 경영하고 있다는 것, 세상을 일찍 깨우친 경험 말고는 아무것도 없는 무일푼 가난뱅이 신세였는데 말이다.

그는 늘 대학 공부만 마치면 정식으로 창업하여 진짜 돈을 많이 벌어 경제적 자유를 미나와 함께 누리겠다고 호언장담했다. 그는 말대로 창업하여 경제적 자유를 얻었다. 마치 전설 같은 실화라고 생각했다.

'경제적 자유!'

그가 얼마나 원하던 자유였던가?

공명 선생한테 '경제적 자유'란 말을 듣는 순간 눈물이 왈칵 나올 것 같았다.

남들이 어떻게 살든 그는 쉬지 않고 정직하게 열심히 일했다.

대학을 졸업하고 목재가구공장에서 다시 기술을 배운다고 손가락질 받으며 사람대접도 받지 못할 때도 창업의 일념으로 묵묵히 자신의 길을 걸었다.

그가 깨달은 '배움', '자연스럽게'가 그를 바른길로 인도해 주었다.

사람들에게 행복을 주고 싶어 설계하고 창조적인 디자인을 세상에 발표했다.

그는 기술자가 아니라 예술가라고 생각하며 일했다. 그래서 긴 세월 열정을 바쳐 일할 수 있었다. 만일 그가 기술자로 일했다면 인건비만 벌었을 것이다. 그러나 돈은 새로운 것을 창조할 때 그 속에 숨어 있다. 숨은 돈을 찾기 위해 모방은 절대 하지 않았다. 자신만의 디자인 세계를 창조해 갔다. 22년간 목재가구로 아름다운 세상을 만들고 싶었고, 자신이 디자인한 가구로 인해 행복해 하는 사람들과 함께하면서 그 속에서 자신의 진정한 행복을 찾았다.

그리고 마침내 '아우르'라는 불후의 걸작을 디자인해 경제적 자유를 얻었다.

황금 같은 주말이 찾아오면 옆집에서 아이들을 데리고 함께 캠핑을 가자고 할 때도, 그는 땀 흘려 창조적인 작업을 했다. 쉬면서 일해야 능률이 난다고 사람들이 말할 때도, '나는 일이 좋고 일하는 것이 가장 행복합니다.'라고 말하며 작업했다. 그는 출퇴근을 하지 않고 그 시간에 일을 하면 20년 후에는 '얼마나 돈이 더 벌리나'를 복리로 계산기를 두드려보고 깜짝 놀랐다. 무려 10억 원이 넘었다. 단순히 인건비만 버는 것이 아닌, 일한 만큼 제품을 더 많이 생산하면 마진이 붙기 때문이었다. 창업자만이 갖는 즐거움도 거기에 있었다. 그는 출퇴근을 안 하고 그 시간에 일했다. 그래서 살림집도 회사 작업장 옆에 지었다.

어차피 경제적 자유를 찾아 가야하는 길이라면 차라리 일 자체를 즐거운 게임이라 생각하며 즐겨야 한다고 생각했다.

아이를 낳고 그는 정말 미친 사람처럼 일했다. 애들이 성장하면서 자신과 같이 '돈이 없어서 배움의 길을 잃으면 어떡하나?'하는 강박관념에 사로잡혀 살았는지도 모른다.

지갑에 땡전 한 푼 없어 경제적 자유가 없었던 아빠를 아는지 모르는지 꽃처럼 아름답게 방긋방긋 웃는 아이를 들여다보면서 그는 혼자 뜨거운 눈물을 흘렸다. 그는 결심했다. 자신의 눈에 넣어도 아프지 않을 귀엽고 예쁜 딸과 아들을 해외 유학까지 어디든지 보내려고 열심히 일했다.

그는 그의 딸이 초등학교 다닐 때 이미 유학비까지 모두 마련해 놓을 정도였다. 주변사람들은 그에게 자신이 좋아서 작업복을 입고 나무를 깎고 다듬는 일에만 매달려 이십년을 살았다고 말하는 사람도 있다.

그러나 그는 사랑하는 가족들이 하고 싶은 것을 모두 할 수 있도록 해주고 싶어 땀 흘려 일했다. 가족들의 행복을 위해선 자신의 희생은 아무렇지도 않다고 생각했다. 늘 일만 하는 그에게 아내는 말했다.

"당신은 아이들한테는 관심이 없는 아빠예요! 당신이 언제 아이들에게 관심을 가져 봤어요? 매일 말 못하는 소처럼 일만했지." 하고 말했다.

명한은 그럴 때마다 멍하니 아내를 처다보는 것이 다였다.

참 바보처럼 살았다.

바보가 되어서 살 때가 편한 때가 많았다.

진짜 하고 싶었던 일은 깨끗한 사무실에서 하얀 셔츠에 멋진 양복을 입은 변호사였다. 톱밥과 먼지가 쌓인 허름한 작업실에서 나무 깎는 일이 그의 직업이 될 줄은 꿈에도 알지 못했다. 추운 겨울 날 땀에 절은 차디찬 작업복을 입는 것이 끔찍하게 싫었다.

그는 늘 아내나 아이들이 장차 하고 싶은 것을 할 수 있도록 미리 준비했다. 결혼할 때 아내에게 자신 있게 말한 약속을 지키기 위해 최선을 다했다.

돼지 축사였던 곳에 방 한 칸 만들어 네 식구가 지낼 때도 아이들이 초등학교 가기 전에 아빠가 지은 멋진 집에서 학교를 다니고 친구들을 데려오게 해주고 싶었다.

보고 싶은 책을 보고, 입고 싶은 예쁜 옷을 입고, 하고 싶은 것 모두 아무 때나 할 수 있게 해주고 싶었다. 그래서 옆집에서 놀러가자고 할 때도 그는 일을 했다. 무에서 유를—'흙 수저'로 태어나 스스로 운명을 바꿔 '금 수저'가 되는 것—창조하는 것이 얼마나 어려운 일이고 누군가 희생을 해야만 된다는 것을 너무나도 잘 알고 있었기 때문이었다. 그는 허물어진 가문을 바로 세우고 가족의 운명을 바꿔주고 싶었다. 가난이 너무나 무서웠고, 끔찍했고, 가난의 굴레에서 하루라도 빨리 벗어나고 싶었던 것이다.

그는 자신의 타고난 운명 속에서 비굴하지 않고 당당했다.

하느님께 도와달라고 늘 기도하면서 천직이라 생각하며 최선을 다해 살았다.

조용히 두 눈을 감고 지난 일들을 생각하니 너무나 감사했다.

감사합니다! 감사합니다! 감사합니다! 경제적 자유를 주셔서.

명한은 깜짝 놀라 제정신을 차렸다. 수업시간이라는 것을 잠깐 잊고 있었던 것이다.

"스승님! 스승님도 혹시 돈을 좋아하세요?" 그는 궁금해서 물었다.

"나? 이건 퀴즈야. 한 번 알아 맞혀봐."

"퀴즈요? 스승님!"

"아니야. 진짜라니까. 오랜만에 세상 모든 사람들이 풀지 못할 사연이 많은 돈에 대해 토론하고 있으니 한 번 맞혀봐. 오늘 공부는 돈에 대한 것이야. 깊이 학문적으로 파고 들어가지 않아도 되는 수업이니 돈과 한판 놀아 보자고. 돈 벌기 위해 일하다가 일어난 재미난 에피소드도 있을 테고, 즐겁고 행복했던 일들, 믿고 사랑했던 애인에게 돈 없다고 버림받은 슬픈 사랑 이야기 등 돈, 돈, 돈…."

공명 선생은 천진한 어린 아이 같았다. 시간에 쫓기지도 않고 오히려 시간을 타고 다니는 사람 같은 진정한 자연인이었다.

"제 생각에는 선생님은 돈에 대한 욕심이 전혀 없을 것 같아요. 돈은 산속에서는 거의 필요 없잖아요."

"원. 무슨 그런 섭섭한 말을 해. 돈이 필요 없다니, 나도 돈 없이는 살 수가 없거든. 그리고 도시에 사는 인간들만 돈을 좋아하는 것은 아니야. 신들도 돈을 좋아하고 종교집단도 돈에 껌벅 죽고. 신에게 바치는 예물 중에 현금을 제일로 치잖아. 하물며 인간인 내가 돈에 대한 욕심이 없다니. 천만에 나도 돈 좋아해."

공명 선생은 명한에게 정답이 아니라고 말했다.

"듣고 보니까 이해는 갑니다. 그렇지만 선생님은 예외라고 생각해요."

"왜? 나, 왕따 시키지 말아줘."

"스승님은 이미 번잡한 세속을 떠나 자연 속에서 자연인으로 사시잖아요. 마치 신선 처럼요."

"신선? 자네는 내가 신선처럼 보이나?"

"예. 스승님은 이미 신선처럼 사시는 것 같습니다. 아무런 욕심 없이 말입니다."

"좋게 봐 주니까 고맙기는 하지만 신선도 아니고 도를 닦는 수도승도 아닌 자연 속에서 자연과 함께하는 말 그대로 자연인이라네. 욕망은 일반 사람들보다 적지만…."

"예. 알고 있습니다. 스승님!"

"내게도 돈이 필요해. 그러나 산속생활은 자네가 말했듯이 돈이 많이 필요한 것은 아니야. 건강한 자연식으로 식사하고 공기 좋은 곳에서 적당히 운동을 하니 건강도 좋아 병원에 갈 일이 없다네. 늙어서 병원을 가지 않으면 그것이 돈을 버는 것이야. 나 같은 사람만 있다면 의사들은 모두가 직업을 잃었을 거야. 밤새 술 퍼먹고 잠 안 자는 올빼미 족 같은 불규칙하게 사는 사람들이 의사를 위해 사는 사람들이지." 공명 선생은 정말 건강했다.

"스승님처럼 자연인으로 사는 것이 부럽습니다."

"부럽긴! 자연인도 힘들어. 사람이 그리울 때도 있고, 그렇지만 난 여기가 너무 좋아. 도시 생활이 한 때 재미있을 때도 있었는데, 앞마당에 채소와 아름다운 꽃들과 대화하며, 자연의 일부가 되어 새 소리 바람 소리 들으며 사는 것이 좋다네."

"스승님 얘기를 들으면 이해가 되긴 해요. 그러나 돈이 없는 세상은 재미가 없을 것이라고 생각합니다."

"맞는 말이야. 나도 인생의 대부분을 그렇게 보냈어. 인간은 돈을 쓸 때 행복감을 느끼고 자유를 마음껏 누린다고 생각하지. 돈이 사람들을 모두 희곡 배우로 만들거든. 희망에 가득차서 용기를 얻고, 웃고, 떠들고, 때로는 사랑도, 권력도, 심지어 인생까지도 돈으로 살 것처럼 아주 슬픈 비극을 연출하기도 하지만…. 돈이 사람들에게 희망을 주고 행복을 주고 살맛나는 아름다운 세상을 만든다고 생각해."

"돈이 사람을 만드는 것 같아요." 명한이 말했다.

"돈이 사람을 만든다. 허. 그것 재미있는 발상인데."

"돈이 사람들을 행복하게 만드는 경우도 많지만 슬프게 만드는 경우도 많이 있는 것 같아요. 스승님."

돈이 있어서 행복한 때

"그럼. 많이 있지. 자네는 돈이 있어서 행복한 때는 언제였는가?"

"사랑하는 아내가 웃었을 때입니다."

"뭐야? 사랑하는 아내가 웃었을 때 행복했다고?"

“예. 스승님.”

“자네는 재미있는 사람이야.”

“신혼 때에 아내는 ‘당신이 이렇게 가난한줄 몰랐어요.’하며 눈물을 흘렸거든요. 그 때마다 정말 가슴이 아프고 슬펐습니다. 그러나 아내는 얼마 지나지 않아 웃기 시작했습니다. 아내와 함께 한마음으로 시작한 사업이 잘 되었거든요. 우리는 무엇이든지 함께 했어요. 그리고 함께 웃었죠. 그리고 우리 아이들 유학비까지 마련해 놓았을 때 이루 말할 수 없이 행복했습니다. 마치 남편과 아버지 의무를 다 마쳤다는 생각이 들었습니다.”

“명한이 자네는 너무 가족들의 행복을 위해서 자신을 희생하며 살아온 것 아닌가?”

“아닙니다. 스승님. 진짜로 그것이 제게 행복이고 즐거움이었습니다.”

명한은 정말로 행복했다. 가족을 위해 열심히 일하든, 남을 위해 봉사를 하든, 누군가의 행복을 빌어주며 일하는 것은 행복한 것이라고 그는 다시 회상해 보았다.

“누구나 봉사하고 감사한 마음을 갖게 된다면 행복이 두 배가 되지.”

“맞습니다. 스승님.”

돈이 없어서 가장 슬펐던 일들

“그렇다면, 자네는 돈이 없어서 가장 슬펐던 일들은 언제였는가?”

“예. 제게 영원한 사랑을 약속했던 여자가 있었습니다. 그런데 그

여자가 '돈 한 푼 없는 가난뱅이는 싫다'며 가족들의 냉혹한 반대에 설득 당했을 때 입니다. 그녀가 미래를 버리고 현실을 택해서 제 곁을 떠나갔을 때 슬펐습니다."

"내가 질문을 잘못한 것 같군."

"아닙니다. 스승님!"

"두 가지 모두 사람이 살면서 일어나지 말아야 할 정말 슬프고 끔찍한 일이야!"

"하지만 지금은 괜찮습니다. 모든 것이 세월이 약이 되었습니다."

"자네 말이 맞네. 세월이 약이지. 시간이 흐르면 새살이 돋아나지. 아픔도, 슬픔도 아련한 추억으로 변한다네." 하면서 공명 선생은 먼 곳을 바라보았다.

"지금은 모든 것이 다 잘되어서 다행이라 생각합니다."

"다행이군. 잘 극복했어."

"저는 아픔과 슬픔이 밀려오면 혼자서 울기도 했습니다."

"음~"

"처음에는 수년간 방황했어요. 원망도 많이 했었습니다. 신이 저를 버렸다고 생각했습니다. 그러나 언제부턴가 생각이 조금씩 바뀌어 갔습니다. 어쩌면 신이 저를 '좀 더 위대한 인간으로 만들려고 모진 훈련을 시키고 있는지 몰라!' 라는 생각이 들었습니다. 그리고 저는 늘 하느님께 빌었습니다. '하느님. 제발 저를 도와주시어 제가 가는 길이 헛된 일이 되지 않게 하여주십시오.'하고…. 그때마다 감사한 마음이 생겼고, 마음을 다하여 일하기 시작했습니다.

왜 그런 긍정적인 마음이 생겼는지 저도 모릅니다. 하느님의 축복이 아닌가 싶어요. 마음에 항상 감사함이 가득하니 어떤 일이든 잘되고 즐거웠습니다.”

작은 거인

“자네 이야기를 들으면 가슴이 아프다가도 신이 난다네. 자네는 작은 거인이야. 숏다리 작은 거인!”

“아니. 스승님까지 저를 ‘숏다리’라 놀리는 거예요?”

“아니. 절대로 아니네. 자네는 위대한 작은 거인이야. 자신의 타고난 어려운 삶을 ‘남의 탓’ 없이 스스로 당당하게 이겨낸 작은 거인!

정정당당하게 이루어질 때까지 노력하는 거인!

길이 없으면 스스로 길을 만들고, 안되면 되게 하고, 문제가 있으면 그 해답을 찾는 거인! 타고난 운명을 스스로 바꾼 사람이란 의미의 닉네임 ‘작은 거인’이야. 어떤가?”

“작은 거인이라고요?”

“암. 오늘부터 ‘작은 거인’이라고 부르겠네. ‘작은 거인!’ 하하하….”

“스승님. 감사합니다. 저도 마음에 듭니다.”명한은 작은 거인이 되었다.

지금의 자신이 있게 만들었고 행복하게 한 것은 배움이란 커다란 깨달음을 얻고 늘 ‘감사하는 마음’을 갖고 살았기 때문이라고 그는 생각했다.

돈을 진정으로 사랑해야 한다.

"그나저나 우리가 돈 타령을 너무 많이 한 것 같군. 작은 거인!
자네는 돈을 어떻게 벌어야 한다고 생각하나?"

"예, 스승님. 돈을 진정으로 사랑해야 벌린다고 생각합니다."

"돈을 사랑한다고?"

"예, 돈을 사랑해야 합니다."

"그 이유는?"

"돈은 다루기가 힘듭니다. 그래서 조금만 싫은 내색을 하면 저만
치 달아납니다. 돈은 새침데기입니다. 이 세상은 애초부터 하느님의
사랑으로 이루어져 있다고 생각합니다. 그래서 돈을 벌기 위해서는
먼저 돈을 진정으로 사랑해야 합니다."

"사랑으로?"

"예. 그렇습니다. 소유하려 말고, 사랑을 해야 돈이 저절로 찾아와
밤낮을 가리지 않고 일해 줍니다. 돈도 사람처럼 자신을 인정해 주
는 주인을 위해 목숨 바쳐 일을 합니다. 가령 돈에게 '웬수같은 놈'
하고 미워하면 돈은 눈치가 빨라 저 멀리 도망갑니다. 돈이 없는 사
람들을 주변에서 잘 보면 늘 '돈'한테 욕합니다. 욕먹고 좋아하는 것
은 이 세상에 아무 것도 없다고 생각합니다. 그래서 돈을 잘 버는 사
람들은 돈을 사랑합니다. 저는 돈을 다리미로 빳빳하게 다려서 깨끗
하게 지갑에 넣고 다닙니다. 돈이 지갑 속에서 편안하게 두 다리 쭉

뻗고 오래오래 쉬라고 말입니다. 돈을 대충 구겨서 수세미처럼 하여 허름한 주머니에 넣고 다니면 돈은 편안히 쉴 수가 없을 것입니다. 얼마나 팔, 다리, 몸이 아프겠습니까? 거기다가 '돈아 굴러들어 와라'하고 돈의 얼굴에 침까지 '퉤! 퉤! 뱉으면 사랑받기를 원하는 돈이 어떻게 하겠습니까? 당연히 떠나버릴 겁니다. 돈도 사랑을 원합니다."

"허. 그 것 참 재미있는 논리네." 공명 선생은 고개를 끄덕이며 공감했다.

남들이 좋아하는 일을 해야 돈이 따라 온다.

"돈을 벌고 싶다면, 내가 좋아하는 것 중에서 다른 사람들이 좋아하는 뭔가를 찾아서 열심히 일해야 돈을 벌 수 있다고 생각합니다. 돈의 유통 경로가 다른 사람들의 지갑에서 내 지갑으로 와야 하기 때문입니다. 틈새는 어디에도 있기 마련입니다. 인간의 기호는 더욱 더 다양해지고 있으며 그들이 감동해서 지갑을 스스로 열 때 돈이 들어옵니다."

"그 논리는 또 뭔가? 보통은 자기가 좋아하는 일을 하라고 말하는데…."

공명 선생은 이해가 안 된다며 명한에게 물었다.

"자기가 좋아하는 일을 하라는 말은 맞는 말이라고 생각합니다.

그러나 소비자의 기호는 상관없이 내가 좋아하는 일만을 고집하는 사람은 예술가입니다. 자신만을 위해서 일하는 순수한 예술가는 돈을 벌기 어렵습니다. 돈지갑은 소비자가 쥐고 있습니다. 지갑이 열리려면 돈 가치보다 더 많은 만족을 주어야만 비로소 지갑을 엽니다. 즉 소비자와 행복과 만족을 함께 공감할 수 있어야 돈이 자신에게 들어오는 것입니다. 그리고 지구가 둥글 듯이 둥글둥글 굴러갈 적마다 밥알이 김밥에 달라붙는 것처럼 돈이 달라붙는다고 생각합니다.”

남이 좋아하는 일을 해야 하므로 돈 벌기가 어려운 것이라고 생각했다.

“오. 돈에 대한 심오한 철학을 깨우치고 있군.”

“돈 벌려고 노력하다가 깨닫게 되었습니다. 스승님.”

“맞는 말이네. 돈은 그 누구의 영원한 소유물도 아니라네. 또 한 곳에 오래 머무르려고 하지 않는 성질을 가지고 있다네.”

“스승님. 저도 같은 생각입니다. 소유하는 것이 아니라고 생각합니다. 그러나 돈은 자신을 사랑하는 사람에게 오래 머물기를 원한다고 생각합니다.”

인내

“돈 버는 또 다른 방법은 없겠는가?”

“예. 인내입니다. 근면. 성실하게 일하는 것 까지는 누구나 할 수 있는데, 종자돈을 마련하기 위해 저축하기는 너무나 어렵습니다. 돈이 생기면 쓰고 싶어서 안달이 나니까요.”

“맞는 말이네. 돈 버는 결정적인 방법은 ‘인내’지. 허영심과 겉치레에 물들면 돈이 달아나. 구멍 난 독에 물을 채우는 것이나 마찬가지라고 생각하네.”

“예, 맞습니다.” 명한은 정말 동감했다.

“이봐? 작은 거인 .뭐. 또 있는가?”

“예. 또 있습니다. 복리의 마술을 터득해야 합니다.”

“복리의 마술?”

“예. 돈은 복리로 구르기 시작하면 눈덩이처럼 상상을 초월하여 늘어납니다. 늘어나기 시작해야 재미가 있고 인내심이 생깁니다.

“고맙네. 돈 버는 데도 타당한 이유가 있었네.”

“감사합니다. 스승님.”

“또 있는가?”

“예. 건강관리를 철저히 해야 합니다.”

“맞는 말이네.”

“마지막으로 돈 버는 결정적인 것은 투자라고 생각합니다. 투자를 하지 않고는 큰돈을 벌수는 없다고 봅니다.”

“맞아. 그래서 우리가 위대한 기업을 찾아 투자를 하려고 공부하고 있는 것이지.”

“예. 누구나 주식투자를 배우고 투자한다면 돈을 벌수 있다고 생각합니다.”

"그래. 기초를 튼튼하게 다지고 견고하게 탑을 쌓는 사람은 성공하지."

"감사합니다. 스승님!"

"내가 오히려 감사해. 자네 같은 제자를 둔 내가 복이 많아."

"감사합니다. 반드시 성공하겠습니다."

"고맙네. 작은 거인! 사람이 산다는 것 자체가 외롭고 힘든 싸움인지 몰라. 인간은 아름다운 육체를 유지하기 위해 항상 일을 해야만 해.

그리고 미래의 행복한 삶을 위해서 누구나 일 자체를 즐겁게 받아들여야 하지만, 일하기 싫어하는 사람들도 있거든. 놀면서 부자의 꿈을 꾸는 사람들이 참으로 불쌍한 사람들이야. 내가 80여 평생을 살아오면서 느낀 것인데 돈은 인생의 전부는 아니지만 인간의 삶에서 행복을 이루는 가장 강력한 요소라고 생각한다네.

돈을 위해 일하지 말고 돈이 나를 위해 주야로 일할 수 있도록 투자를 해야 하는데 말이야."

"예. 스승님. 돈은 분명 인간에게 행복을 가져다주는 것임에 틀림없다고 생각합니다. 근면 성실하면 행복이 찾아온다고 믿고 있습니다."

"작은 거인! 돈은 인간에게 흥미로운 존재야. 기회가 되면 다음에 다시 논하자고. 다음수업은 무엇을 하고 싶은가?"

"다음 수업은 주식투자 실전 연습을 배우고 싶습니다."

"주식투자 실전연습?"

"예. 스승님."

"주식투자 실전연습이라. 좋네. 작은 거인! 자네는 회사 경영도 해

봤고, 주식투자 실전 경험과 기초지식도 있으니 실전 연습으로 들어가도 충분하다고 판단되네.”

“스승님! 앞으로도 모르는 것은 질문하면 가르쳐주시고, 잘못된 나쁜 습관은 고칠 수 있도록 따끔한 충고를 부탁드립니다.”

“염려 놓으시게 작은 거인! 언제든지 의심나면 질문을 하라고. 자네는 영원한 내 수제자가 아닌가? 다행히 자네가 잘 따라오고 준비를 잘해오니 내가 힘이 전혀 들지 않고 오히려 기쁘고 즐거운 시간을 보내고 있다네. 작은 거인! 자네는 수업을 위해 목욕까지 하고 오잖아”

“아니. 그걸 어떻게 아셨습니까?”

“나는 세상 모든 것을 다 안다네. 모르는 것만 빼고.”

“감사합니다. 스승님한테 배운 대로 더욱 더 올바른 투자를 하겠습니다.”

“자 .오늘은 여기까지. 주말 잘 보내고 다음 주에 보자고. 작은 거인.”

구름 한 점 없는 맑은 한낮이라 땀이 비 오듯 흘렀다. 집에 도착하니 그의 아내가 땀으로 옷이 착 달라붙은 그를 보고 앞으로는 양산을 쓰고 다니라고 말했다.

“양산을 써? 남자가?”

“당신이 양산을 쓰면 멋질 것 같아요. 당신은 백색이나 붉은 색을 좋아하니까 하얀 양산을 쓰면 좋겠네요.”

“그래도 어떻게 남자가 양산을 써.”

“노력해 봐요. 당신은 언제나 노력파잖아요. 될 때까지 도전하는 사람! 남자들도 새로운 시대에 적응하려면 도전을 해야 해요. 호호호.”
미나는 남자들도 변해야 한다고 말했다.

"양산이고 뭐고 일단 샤워를 해야겠어."

"그렇게 하세요. 콩국수 맛있게 준비해 놓을게요."하며 주방으로 갔다.

명한은 드레스 룸에서 땀에 젖은 옷을 간신히 벗고 찬물로 샤워를 했다.

샤워를 하다가 거울에 비친 자신의 알몸을 들여다보면서 '아직은 쓸 만하네. 얼굴이며, 가슴, 그리고 가운데도….' 그는 씩 웃었다. 근육도 아직은 남아 있었다. 배가 약간 나와서 그렇지 팔에 힘을 주고 구부려 보니 알통이 예전 같이 단단했다. 하루도 쉬지 않고 자신만이 하는 팔굽혀 펴기와 아령 운동 덕분이었다.

명한은 약하게 태어났으므로 건강관리를 철저히 한다. 특히 대학 시절 급성 폐렴으로 저승사자를 며칠 간 만난 후로는 매일매일 살아 있는 것에 감사함을 잊지 않고 산다.

그의 건강 지키기는 아주 단순하고 돈이 들지도 않는다.

그는 우선 매일 아침 태양의 에너지를 받는다. 그래서 태양이 일어날 시간에 그도 일어난다. 태양에너지의 힘은 그에게 절대적이다. 태양의 강한 기를 온몸으로 받은 후 몸의 균형을 잡아주는 체조를 한 다음 팔굽혀펴기, 하체운동으로 기마자세로 앉았다 일어서기 등을 하고 난 다음 두 시간씩 걷는다. 걷기는 마음의 거울에 낀 떼를 닦기 위해 그가 매일하는 마음수행운동이다.

몸이 허락하는 대로 온전히 몸에 맡겨서 천천히, 혹은 빨리 걷는다. 허리를 곧게 펴고 다리를 십 일자로 걷기에 불편하지만 최대한 무릎을 안쪽으로 붙여가며 가지런히 마음을 부드럽게 어루만지며 걷는다. 직선보다는 곡선 내지는 원을 그리며 걷는 것이 마음을 닦는 걷기수행에 도움을 준다. 아침 식사 전에 손을 닦고 세수를 하듯 매일 같이 걸으면서 자신의 마음을 자세히 들여다보고 탐욕과 시기와 질투로 얼룩지고 더러워진 곳이 있으면 그날그날 구석구석 깨끗이 닦는다. 마음이 잔잔한 호수처럼 깨끗해진다. 마음이 깨끗해지면 분리되어 있던 몸과 마음이 하나가 된다.

순간 몸이 공중으로 솟구쳐 오르는 듯 한 무념 무상한 순간을 맛볼 수 있다.

최고의 짜릿한 순간이며 건강에 큰 도움을 준다.

인간은 자신의 육체를 학대하고 마음에 상처를 주는 경우가 많이 있다.

그래서 하루에 한번쯤은 자신의 몸과 마음을 사랑스럽게 어루만져주고 찌든 때도 닦아줘야 한다. 오르지 자신만이 할 수 있다.

그는 어려서부터 자신의 몸에 맞지 않는 무리한 육체노동을 많이 했다. 그래서 관절이 아마도 많이 닳았을 것이라 생각하고, 사랑하고 어루만져주어야 한다는 생각으로 해본 걷기가 이제는 스스로 터득한 또 하나의 깨달음이 되었다.

그는 샤워를 끝내고 자신의 얼굴을 자세히 들여다보며 빙그레 웃었다.

'살아가다가 힘에 부치면 언제든지 말해 줘. 그땐 꼭 편히 쉬게 해 줄게! 알았지?' 하고 자신에게 다정하게 말했다.

그때 그의 아내의 목소리가 들렸다.

"아니, 화장실에서 뭐해요? 샤워한다고 안했어요?"

"아. 지금 나가. 다 됐어."

"콩국수 다 불어요."

"괜찮아. 당신이 해주는 콩국수 맛이 어디 가겠어?"

"그래도 맛있게 먹으려면 제 때에 먹어야 한다고요."

"음. 맛있네. 바로 이 맛! 어유! 더위가 싹 가시네. 여름에는 콩국수가 최고야."

"당신은 참 국수를 좋아해요. 특히 이런 삼복더위에 콩국수를 너무 좋아 해요."

"음. 맛있네. 맛있어. 요. 요. 달걀 반쪽에 상큼한 오이생채 맛 죽여주네."

"당신은 음식타박 안 해서 좋아요. 특별히 가리는 것이 없어 아주 편해요."

"난 짜고 맵지만 않으면 괜찮아. 배고프면 다 맛있어."

"또 그 소리."

"지금이니까 보릿고개(가난의 상징)가 없어졌지. 먹는 것은 아주 중요한 것이야."

"중요하니까 편식을 하지요. 자기 몸 챙기려고."

"에~엥? 듣고 보니 그러네."

"요즘시대에 그런 소리하면 왕따 당한다구요."

"그래. 좋은 세상이야. 감사할 일이 바다만큼 산만큼이나 많이 쌓여 있는 세상이야.

당신 우리 신혼 때 생각나? 왜 겨울이 되기 전에 연탄 200여장 들여놓고 쌀 몇 말 사 놓으면 겨울이 한결 따뜻하게 느껴졌던 거.”

“그것은 당신이 어려서 굶주렸던 강박관념에 사로 잡혀서 그랬지. 나는 어려서 굶어 보지 않아 모른다고 했잖아요?”

“아. 참. 그랬지. 그랬어.” 그랬다. 그것은 명한만이 갖고 있는 아픈 추억이고 어쩌면 굶주림에 대한 트라우마인지 모른다고 생각했다. 같은 시대에 살았으면서도 미나는 ‘보릿고개’가 무엇인지 가슴으로 느껴보지 못했다. 사람들은 자신이 극도로 고생한 일들을 잊지 못하나보다. 그래서 남자들이 군대 가서 고생한 얘기를 수십 년간 되씹으며 사는 것처럼.

“아. 참. 주식투자공부는 어땠어요?”하고 그녀가 화제를 바꾸며 물었다.

“어. 이론 공부를 모두 마쳤어,”

“그렇게 빨리요? 다음에는 무엇을 하기로 했어요?”

“다음에는 주식투자 실전연습을 하자고 했어.”

“실전연습이요?”

“응. 실전연습.”

“이론은 그것으로 충분하게 배운 거예요? 너무 빠르잖아요?”

“앞으로 중간에 모르는 것은 스승님한테 더 배우기로 했어. 스승님도 허락 하셨고.” 명한은 자신 있게 말했다.

“여보. 우리 올해 휴가 안가요? 남들은 다 가는데.”

“당신 가고 싶어?”

"나도 여자라고요. 난 뭐 매일 집안일만 하는 사람인 줄 아나 봐. 단 며칠이라도 남이 해주는 음식 먹으며, 시원한 곳에서 쉬고 싶어요." 여행을 특히 좋아하는 미나는 여름휴가 떠나는 이웃들을 보면서 짜증을 냈다.

"알았어. 그럼 떠나야지. 떠나자고. 일정은 당신이 잡아줘."

명한은 아내에게 말하고 선생님께 말씀드려야겠다고 생각했다.

다음날 명한은 땀을 뻘뻘 흘리며 공명 선생을 찾아갔다.

선생님은 느티나무 그늘 밑 평상에 앉아 책을 보면서 부채질을 하고 계셨다. 제자인 명한을 보자

"아니 자네가 웬일인가? 오늘 수업이 없는 날인데."

"예. 스승님! 아내가 여름휴가를 가자고 해서 수업을 못 할 것 같습니다."

"그래. 미나씨도 더위를 많이 타나봐. 어디 시원하고 편안한 곳에 다녀오게나."

"허락해주셔서 감사합니다. 그리고 이참에 휴가 겸 방학을 보내고 싶습니다."

"방학까지? 허허. 좋아. 복습도 공부지. 날도 무덥고."

"감사합니다. 스승님. 그리고 여기 산삼주입니다."

"어. 그래. 자네가 지난번에 준 산삼주도 참 맛있었는데. 고맙네. 고마워." 공명 선생은 산삼 주를 무척 좋아했다. 산삼주 병을 가슴에 품어보면서 갖고 싶었던 선물을 받은 천진한 아이처럼 즐거워 하셨다.

"스승님은 휴가 안가세요?"

“아니. 나야 여기가 사철 휴가지인걸. 작은 거인! 나랑 이 산삼주 한잔하고 가게나. 오늘은 수업도 없는 날이니 잘 됐네.” 하시며 한잔 하자고 권했다.

“예. 좋습니다. 제가 잔을 가져오겠습니다.” 명한은 부엌에 가서 안주와 잔 등 간단히 상을 보아 들고 나왔다.

“스승님. 제 잔 받으십시오.”하고 명한이 한잔 가득 따랐다.

“자네도 한잔 하게나”하며 잔을 높이 들었다. 진하고 맑은 산삼주가 향긋하고 강렬한 인삼 냄새를 코끝에 찌르며 가슴을 타고 찌르르 넘어갔다. 양념을 전혀 안 한 소박한 안주가 더욱 더 산삼주 맛을 그윽하게 느끼게 했다.

너무나 깔끔한 맛이었다. 단순하고 정갈하기 그지없다. 공기도 맑고 인공적인 것은 전혀 없는 자연 그대로다.

“스승님 한잔 더 하시지요?”

“그럴까. 캬! 맛이 기가 막히는군.”

명한은 주량이 약해 몇 잔 먹고 취기가 올랐다. 마치 스승님을 닮아가는 것 같은 착각을 해봤다. ‘혹시 이러다가 나도 스승님처럼 자연인 되는 것 아냐?’ 하고 잠시 생각하다가

“스승님. 제가 이렇게 선생님의 가르침을 받는 제자가 되었습니다. 그러데 저는 스승님에 대해 아무것도 아는 것이 없어 궁금합니다.” 하고 묻지 말라는 처음의 약속을 깨고 질문하였다.

“나에 대해서 알려고 하지 말라고 하지 않았나? 이제 보니 약속을 지키지 않는 신뢰가 떨어지는 사람이군. 묻지 말라고 했건만. 실망

이네. 실망이야." 하시며 눈을 지그시 감고 계셨다. 너무나 완고한 분이라 생각했다.

"스승님. 죄송합니다. 다시는 묻지 않겠습니다. 정말 죄송합니다." 명한은 몹시 당황하여 어쩔 줄 몰라 했다.

"아무래도 내가 자네에게 너무 무리한 요구를 했나 봐. 때가 되면 내가 얘기 해줄 테니 궁금해도 보채지 말게."

"알겠습니다. 죄송합니다. 앞으로 공부만 열심히 하겠습니다."

"괜찮네. 괜찮아. 자네 잘못이 아닐세. 더위 피해서 휴가 잘 다녀오고 방학도 잘 보내고 끝나면 찾아오게. 산삼주 고맙네."

"스승님. 그럼. 잘 다녀오겠습니다. 안녕히 계십시오." 하고 정중하게 인사를 드리고 불편한 마음으로 황토대문을 빠져나와 곧바로 집으로 갔다. 그는 스승의 과거가 정말 궁금했다. 그래서 첫 만남에서 약속했던 것을 어이없게 깨고 말았다. 자신이 스스로 신뢰를 떨어뜨린 것 같아 한없는 자책이 밀려왔다.

"선생님께 말씀드렸어요?"

"응. 드렸어."

"여보? 그런데. 당신. 왜 그래요?"

"스승님한테 휴가와 방학을 허락받고 들뜬 기분에 스승님의 과거를 물었다가 신뢰가 떨어지는 사람이라고 꾸중을 들었어. 스승님에게 물어보지 말 걸 그랬어."

명한은 마음이 여리고 소심한 사람이라 걱정이 되었다.

"그런 일이 있었어요? 너무 걱정하지 말아요. 선생님도 다 이해해주실 거예요." 그녀도 말은 그렇게 하면서 한편 걱정스러웠다.

“여보. 걱정 말고 이제 우리 휴가 갈 준비를 하자고요.” 그녀는 큰 소리로 애써 서둘렀다.

“그려 가자고. 덥기도 하고 마음도 뒤숭숭하니 며칠이라도 휴가를 갑시다.”

미나와 함께한
여름휴가

아내가 조르는 바람에 별안간 휴가를 결정했다. 먼저 시원한 바다를 보러 강릉으로 가기로 했다. 명한은 유난히 강릉 경포해변을 좋아했다.

미나는 이것저것 준비 했다. 펜션에 가서 아침밥을 해 먹고 점심은 사먹고 저녁은 맛있고 싱싱한 회를 먹기로 했다. 이천에서 경포 해수욕장 까지는 두 시간 정도 걸린다. 휴가철이라 차가 밀리면 세 시간도 걸리지만 새벽에 출발하면 덥지도 않고 차도 안 막히고 편안히 갈수 있다.

그는 아내와 함께 마치 밀월여행이라도 떠나는 연인처럼 검은색 그랜저 승용차를 몰고 콧노래를 부르며 달려갔다. 오랜만에 검은색 선글라스를 낀 채 말이다.

"야호. 이게 얼마만이야!" 명한이 더 신바람이 났다.

"작년 가을에 설악산 가다가 잠깐 들리고 처음인 것 같아요." 미나의 선글라스는 유난히 둥글고 컸는데 백옥 같은 하얀 얼굴에 나름 잘 어울렸다. 초등학교 다닐 때 손꼽아 기다려 소풍을 가던 날처럼 미나는 착한 소녀 같았고 하얀 이를 드러내며 입이 귀에 걸렸다. CD에서 흘러나오는 송창식의 '자! 떠나자! 동해바다로~오~~'를 따라 부르며 웃고 떠들다 보니 대관령을 지나고 있었다. 명한과 미나는 이렇게 둘이서 해외뿐만 아니라 국내도 잘 다녔다. 늘 한 몸처럼 다녔다. 캠퍼스에서 만나 오십이 넘도록 늘 함께였다. 잠도 같이 자고, 밥도 같이 먹고, 일도 같이 했다. 거의 하루 종일 함께했다. 아마 다른 부부들 같았으면 싸움도 많이 했겠지만 별 다툼 없이 행복하게 아이들 키우며 잘 살아왔다.

"자기야! 고마워. 이렇게 내 곁에 있어줘서."

"자기라 했어요?"

"그래. 내 사랑 이미나!"

"명한씨가 자기라 불러주니 우리 젊은 시절 캠퍼스 벤치에서 서로의 눈을 사랑스럽게 쳐다보던 때가 생각나요."

"그래, 나도 생각나. 그 때 참 좋았지. 당신과 함께라면 뭐든지 다 좋았어. 우리에게는 미래가 있었잖아. 미나가 검은색 뿔테 안경너머로 씽긋 웃으면 내 가슴이 녹아내리는 줄 알았어. 여드름이 얼굴에 많이 났었지만 그것이 아름다운 청춘의 꽃처럼 보였어. 한마디로 당신은 고고한 학 같았어."

"그랬었죠. 당신이 나를 '고고한 학'이라고 해서 친구들이 '학부인'이라고 놀렸었죠."

"맞아. 학 부인!"

"참 세월 빨라요. 그때 명한씨는 살이라곤 하나도 없이 뼈만 남아 날씬했고 가난에 찌들어 새까맣고 코만 유난히 오똑 높았어요. 숯다리 에다가. 호호호."

"이 사람은 잘나가다가 또 그 소리. 좋아. 이젠 약 오르지 않아. 마음껏 불러봐."

"내가 새까만 얼굴에, 숯다리에, 뼈만 남은 당신을 왜 좋아했는지 나도 몰라. 음~ 당신은 그래도 코. 오똑한 코! 성실함. 그런 것이 너무 좋았어."

"허. 이 사람은. 뭐 언제는 미래가 있어서 좋아한다고 해놓고."

"호호호. 그건 명한씨 말이 맞아요. 당신은 미래가 있어 보였어요. 오빠나 형부, 동생, 가족들 모두 돈 없는 사람 만나지 말라고 무척이나 말렸었는데.

돈 많이 벌어 잘살 수 있다는 당신의 말만 믿고 선택했는데, 그것이 사실이었고 모두가 이루어졌어요."

"미나! 난 미나만 있으면 힘이 솟아. 앞으로 더욱 더 행복하고 힘차게 살자."

"그래요. 명한씨와 힘을 합치면 무엇이든 다 이룰 수 있어요. 당신처럼 창조적이고 미래지향적인 사람을 만나 이렇게 재미나게 살잖아요."

"고마워" 명한과 미나는 사이좋게 도란도란 지난 이야기를 하는 동안 벌써 경포대에 도착하고 있었다.

“여보! 저기 경포호수 가운데에 누각이 보이네요.”

“그러네. 언제 봐도 멋진 누각이지.”

“잠시 차를 멈추고 쉬었다 가요. 여보.”

“그것도 좋지. 세월이 가든지 말든지 오늘은 시간이 많으니까.”

“당신 늘 그랬잖아요. 휘영청 보름달 맞으며 저 누각에 올라서 달님과 호수를 벗 삼아 술잔을 기울이면 멋진 밤이 될 거라고.”

“늘 희망사항이었지. 이 호수에서는 ≪다섯 개의 달을 볼 수 있다.≫고 하는데, 밝은 달이 뜨는 밤이면 하늘과 바다 그리고 호수에 하나씩 달이 뜨고 술잔과 님의 눈동자에도 달이 뜬다고 노래하던 곳이라 하니 선조들의 풍류와 해학이 대단했던 곳이지. 경포호 가운데에는 ‘홍장암’과 ‘조암’이라는 바위섬이 있는데 이중 조암에는 우암 송시열이 썼다는 ‘조암’이라는 글씨가 아직도 남아있다고 하네. 보름달 뜰 때 언제 꼭 가서 다섯 개의 달을 확인해야 하는데….”

“언제든 하면 되죠.”

“임이 없잖아.”

“여기. 예쁘고 총명한 미나가 있잖아요. 당신과 달밤에 함께 한다면….”

“미나가 못하는 것, 딱 하나 있잖아. 술을 못하잖아.”

“경포호도 동해 쪽이니까. 동해백주를 따라놓고 흥을 맞추면 되잖아요.”

“동해백주?”

“응. 동해백주. 왜. 명한씨가 술 마시다가 술이 떨어지고 취하면 맑은 물을 술잔에 가득 따라서 마시며 동해백주라 했잖아요.”

“푸～하하하.”

“하긴. 그렇게 하면 되겠네. 꿈을 포기하지 말아야겠어. 그 땐 특별히 미나가 황진이 역을 맡는 거야. 내가 먼저 조암에 가서 술잔을 기울이고 있으면, 물안개가 어렴풋이 피어오르고, 어둠을 밝혀줄 둥근 달이 떠오르면 요염한 황진이의 모습으로 작은 배를 타고 선녀처럼 조용히 다가오는 거야. 그러면 나는 황진이를 보고 말에서 떨어진 벽계수처럼 넋을 잃고 술잔을 떨어뜨리겠지. 달빛에 비친 미나의 요염한 얼굴. 어～유 생각만 해도 가슴 졸이고 술맛 나네.”

“황진이요! 내가 그렇게 섹시하고 지적이에요?”

“암. 섹시하지. 황진이가 만약 살아 돌아온다 해도 난 내 사랑 미나를 선택하지.”

“정말이에요? 약속했어요! 푸～호호.”

“음～ 상상만 해도 정말 재미있다.”

“그러게요. 명한씨는 유난히 호수를 좋아하잖아.”

“음. 좋아하지. 지금 생각해 보면 꿈과 창의력을 키워준 선생님이었어. 경포호도 매우 좋아해. 언제 우리 매력이 넘치는 미나와 보름달이 휘영청 밝은 밤에 저 누각에 올라 술잔을 기울이며 사랑노래 부르자고. 경포호는 이름 그대로 거울처럼 맑은 수면을 지닌 호수로 갈대도 있고 둘레길 벗나무 경치가 좋고, 육수와 해수가 함께 흘러들어와 연중 강태공들이 아주 좋아하는 곳이기도 해.”

“그래요. 예쁘게 꽃단장하고 당신이 늘 흠모하는 황진이가 되어 동해백주로 당신을 홀리겠어요. 아마 당신은 내 치마폭에 잠겨서 푹 빠져있을 거야."

"정말? 정말이지. 나 지금 미나한테 허락받았다. 약속하는 거야."

"그래요. 약속해요. 뭔가에 빠지기를 좋아해서 당신은 나한테 폭 빠져서 숨도 제대로 쉬지 못할 거예요. 이춘풍이 같은 당신을 보고 싶어요."

"알았어요. 우린 일심동체야. 천생연분이야." 명한은 미나를 그윽하게 쳐다봤다.

"네. 맞아요. 그리고 전에 우리가족이 모두 와서 2인용 자전거 두 대를 빌려서 한 바퀴 돌은 기억나요?" 미나는 드넓은 호수를 바라보면서 차분하게 말했다.

"그래. 애들과 함께 타고 돌던 생각이 나네. 한 바퀴가 6Km나 되어서 한참을 돌았지. 돌고 나서 우리 넷이서 관동팔경 중 하나인 경포대에 올라서 경포호와 바다를 보았지. 아마 경포대 바로 밑 한옥펜션에서 하룻밤 묵었을 거야."

명한은 한옥펜션이 기억났다.

"맞아요. 박물관 바로 뒤쪽에요."

"그래요. 경포해변에서 행복하게 지내고 아이들 데리고 오죽헌에도 갔었지. 강릉에서 가장 유명한 가문에서 현모이자 예술가로 1504년(연산 10) 10월 29일 태어나 자란 사임당 신씨(본명 신인선)의 친정집말이야." 명한은 회상했다.

"여보! 어떻게 생년월일까지 기억을 해요?" 미나는 신기하다는 듯 물었다.

“오죽헌 안내판에 그렇게 기록되어 있었어.”

“푸~호호호. 그럼 그렇지. 현명한씨 당신 개그(Gag)하는 거예요?”

“개그는 무슨 개그. 사실이 그래. 아니, 과거 일들을 기록한 것을 우리는 역사책으로 배우잖아. 역사책이나 안내판이나 다른 것이 뭐야? 읽어보고 알면 그만이지.”

“매일 꽁생원처럼 책이나 읽고 연구만 하는 줄 알았는데 이제 보니 당신도 유머가 조금 있는 것도 같고. 당신은 유머만 갖추면 정말 더 멋진 남자일 텐데.”

“그려. 한번 노력해 봐야겠네.” 그는 자신이 정말 유머가 부족한 맑은 사람이라고 생각했다. 맑은 물속에서는 물고기가 살수 없다는 말을 회상하며 그는 유머러스한 사람이 되면 좋겠다고 생각했다.

“당신은 아마 노력한다며 유머 책을 사다가 볼 거예요. 푸~호호호.”

“그럴까? 사실 사임당 신씨는 육영수 여사와 함께 내가 존경하는 여성이잖아. 그래서 알게 된 거야. 너무나 멋진 매력 있는 여성들이잖아.”

“오! 그러셨어~요.”

“미나처럼 ‘시’짓고 ‘그림’그리고 얼굴 예쁘고, 용모 단정하고 현모양처이고 머리 좋고, 사임당(師任堂) 신씨(申氏)도 천재아들을 낳고 당신도 천재에 가까운 아들을 낳고. 뭐. 공통점이 아주 많네. 아! 틀린 게 하나 있네. 사임당 신씨는 시집가서도 어머니의 대를 이어서 친정에서 대부분 보내며 율곡 이이를 기르고 생활한 것이 다르네.” 명한은 미나를 추켜세웠다.

“당신 오늘 뭐가 필요해요?”

“필요하다니. 뭐가?”

“왜. 그렇게 달콤한 말을 하냐고요?”

“아~. 무슨 달콤한 말. 사실이야. 여행 와서는 즐겁게 시간을 보내야 좋잖아. 집에서 이런 얘기를 하면 어울리지 않아도 여행지에서는 모두가 가능하지. ‘시’쓰고 ‘그림’그리는 실력은 사임당 신씨보다 약간 부족할지 몰라도, 친정에 가지 않고 나와 함께하는 당신이 훨씬 나아.”

“정말이요?” 미나는 하늘을 날아갈 것처럼 기분이 좋았다. 그래서 재차 확인했다.

“정말이라니까.”

“뭐. 빈말이래도 듣고 보니 기분은 더 좋네요. 오늘 진짜 필요한 것 있으면 다 말해요. 내가 휴가기간 동안 모두 서비스할게요.” 그녀는 명한과 함께여서 좋았다.

“땡큐!”

“당신 말대로 사임당 신씨는 뛰어난 여자라고 생각해요.”

“맞아. 멋진 여성이었지. 기호학파를 이끌었고 이와 기가 하나로 융합된다는 이기일원론(理氣一元論)을 대표하는 율곡 이이(栗谷 李珥:1536~1584)를 낳고 가르치신 위대한 어머니시잖아. 그때 선조 임금이 그의 ‘10만 양병설’을 받아 들여 국방을 튼튼히 했었더라면 임진왜란 때 의주까지 피난을 가시지는 않았을 텐데 말이야.” 명한은 동해 먼 바다 독도를 바라보며 주먹을 불끈 쥐었다.

"맞아요. 우리나라 지폐 중 가장 큰 오만 원 권에는 사임당 신씨를. 그리고 오천 원 권에는 율곡 이이 선생님을 실은 모자(母子)지폐가 나왔잖아요."

"그러네. 사임당이 가장 가치가 큰돈에 실려 있네. 여성상위시대가 확실히 맞네."

"여보. 이제 해변으로 가요. 사람들이 너무 많이 와서 주차할 자리가 없을 거예요." 그녀는 시원한 바다가 빨리 보고 싶었다.

"글쎄. 일찍 오면 주차장이 남아 있을 줄 알았는데 보이질 않네. 일단 들어가 보자고." 한 바퀴를 돌았는데 자리가 없었다. 주차할 곳이 없어 하는 수없이 명한은 일곱 바퀴를 더 돌고 샤워장 옆 해송 밑에 운 좋게도 주차를 할 수 있었다.

차안에서 선크림 바르고 수영복으로 갈아입고 검은색 멋진 선글라스를 썼다.

명한과 미나는 다정하게 손을 잡고 해변 모래밭으로 걸어 들어갔다.

끝이 보이지 않는 긴 백사장에 울긋불긋 휴가객들이 발을 들여놓을 수 없을 정도로 가득 했다. 마치 노랗게 물든 콩나물시루에 유치원 다니는 이름 모를 예쁜 소녀가 수성 물감으로 빨주노초파남보 무지개 색으로 멋대로 칠해놓은 풍경이었다.

이곳은 이상한 나라다. 우선 옷을 벗어야 하고, 옷감이 가장 적게 들어간 비키니를 입은 사람이 우대를 받는 천국이다. 찡그린 사람도 없고 모두가 입을 반 이상 크게 벌리고 배꼽이 아프도록 마음껏 웃고 있다. 또한 관음증 환자들처럼 검은 선글라스를 쓰고 있다. 섹시하게 온 몸에 기름을 번실 번실 바르고 삼삼오오 모래위에 누워 몸을 태우는 늘씬하고 예쁜 용감한 비키니 아가씨들도 있었다.

그는 그녀와 함께 당장이라도 첨벙하고 시원한 바다로 뛰어들고 싶은데 아무리 찾아봐도 빈자리가 없었다. 하는 수없이 북쪽으로 올라가서 맨 끝 쪽에 자리를 잡았다. 그러나 그곳이 솔밭도 더 많고 한가해서 좋았다. 한없이 밀려온 파도는 그들에게 '어서 오세요!'하며 환영하듯 웃으며 하얀 이를 드러내었다. 다음에 찾아오는 파도도 역시 하얀 이를 드러내고 큰소리로 웃으며 돌아갔다. 이곳은 사람도 파도도 모두가 하얀 이를 들어내고 서로에게 인사하는 행복이 가득한 동화의 나라 같았다.

곱고 고운 백사장에 나란히 앉은 명한과 미나는 파도가 그들에게 새하얀 이를 드러낼 적마다 사랑하는 젊은 연인들처럼 다정하게 서로를 바라보면서 하얀 이를 드러냈다. 갈매기가 그들을 시샘이라도 하는 듯 '카악' 하면서 멀어져 갔다. 명한은 경포해변을 유난히 좋아했다. 백사장, 해송, 맑은 바다. 모든 것이 마음에 들지만 무엇보다 지난날 그가 16세에 여스님을 만났던 아름다운 추억이 있는 곳이다.

"미나! 바로 이 자리가 내가 말하던 여스님이 앉아서 청포도를 먹던 자리야."

"혹시 그 스님을 사랑한 것 아니에요?"

"글쎄. 난 그때 절박했고 내 인생의 뭔가를 찾아 헤매고 있었지. 뭔가 잡힐 듯하면서도 잡히지 않아 갈증이 많았어. 새 하얀 얼굴의 여스님은 비치파라솔 밑에서 먼 바다를 하염없이 쳐다보며 청포도를 먹고 계셨어. 거룩하게 보였고 약간은 경외심마저 들었어. 나는 사회 초년생으로서 삶에 고민이 많았고, 무엇보다도 인생이 무엇인 지 알고 싶었거든."

"겨우 16세에 말이에요?"

"겨우 라니. 난 중학교 진학을 못하자 3년이나 인생을 진지하게 배우고 고민했었어. 3년 동안 난 많은 공부를 했어. 그래 난. 질문했 어. '스님 인생이란 무엇입니까?' 하고 간절히 물었지." 명한은 절실 했던 지난날이 생각났다.

"예쁜 여스님이 뭐라고 하셨어요?"

"그 때 여스님은 '인생은 평범한 가운데 진리가 있습니다.'하고 말씀하셨어."

명한은 40여 년 전의 일들이 생생히 기억났다. 그때 그 말이 무슨 뜻인지 이해하지 못했다. 인생을 알고 싶어서 찾아 헤매던 때였는 데, 10년이 지나 자연의 순리대로 살아가야 행복하다는 것을 알게 되었다. 그래서 여스님이 하신 말씀대신 그는 '자연스럽게'란 새로 운 용어로 그 의미를 받아 들였고, 매사를 자연의 순리대로 자연스 럽게 하려 노력했다. 그 때 이후 해가 뜨면 일어나고 해가 지면 잠자 리에 든다는 새로운 진리를 실천하고 있었다.

"당신은 많은 경험을 한 것 같아요." 미나는 명한의 말이 사실이 라고 믿으면서도 자신은 잘 이해가 가지 않았다.

"참. 많은 경험을 했지. 내가 하고 싶어서 한 것이 아니었어. 난 그런 것들을 운명이라고 생각해. 그 때는 정말 힘들었는데 스스로 묻고 배워가면서 이렇게 바른 길로 잘 성장했어. 아마도 누군가가 나를 도와 준 것이 분명해. 물론 내게는 꿈이 있었고 그 꿈을 이루려는 부들부들한 '자연스럽게'를 이루게 해 주었지.

인생은 밀려온 파도가 바위에 부딪히고 다시 밀려오듯 꿈꾸고 도전하고 넘어지고 다시 일어서는 파도와 같은 것이야." 명한은 강릉 해변에 오면 항상 자신을 찾기 위해 몸부림치던 때가 생각났다.

그래서 경포해변은 그에게는 아주 특별한 곳이었다.

"명한씨!! 당신을 하느님이 인도하셨나봐!"

"그런 거 같아. 늘 감사해."

"그땐 또 얼마나 힘들었어?"

"아주 힘들었지. 그러나 새로운 진리를 깨우칠 때마다 행복했어. 그리고 늘 나 자신이 누구인지 알려고 노력할 때마다 꿈이 생겼고 그 꿈을 찾아 여기까지 왔어."

"당신은 50이 넘어서도 새로운 꿈을 꾸는 그 힘이 어디서 나오는지 궁금해요."

"그것은 단순해. '배움', '자연스럽게', '걷기수행'등에서 나오는 거지. 인생이 정말 짧다는 것을 어느 날 알게 된 거야. 삶과 죽음의 갈림길에서 밤낮없이 저승의 사자와 사투를 벌이다 살아난 후 삶이 소중하다는 것을 알았어. 일반인은 늙어서 죽기 바로 전에 경험하는 것을 나는 20대 젊은 청춘에 경험했기 때문에 그 후 내 삶이 너무나 진지해졌어. 운명이야."

"명한씨는 너무 일찍 많은 경험을 한 것 같아. 어느 때는 당신이 인간적인 행복을 못 누리며 사는 것 같아. 아니면 내가 그것을 모르고 사는 것인지."

"그것은 내게 아주 소중한 경험이었고, 삶을 풍요롭고 행복하게 했어. 삶이란 소중한 거야. 매일 매일이 새롭고 신기하거든. 그래서 나는 매일 생일이라고 하잖아."

"난 단순해서 그런지 이해가 잘 가질 않아."

"아. 그것은 미나가 지금 이해가 가지 않으면 먼 후일 늙어서 죽기 전에 알게 되는 날이 있을 거야. 저승의 사자가 찾아오면 알게 될 거야. 그 때 알면 되잖아. 나도 내가 그 의미를 이미 20대에 경험 했지만 알고 싶어서 안 것이 아니거든."

"아무튼 아무것도 모르겠네."

"인생은 여스님 말씀대로 평범한 가운데 진리가 있다고 생각해. 꿈과 도전을 즐기면서 있는 그대로의 삶을 받아들이고, 자신을 알아가는 것이 인생이지."

"무슨 말인지 통 모르겠네."

"그냥 있는 그대로 정직하게 받아들이고 사는 거라니까. 자기 자신이 누구인지. 왜 이 세상에 왔으며, 무슨 일을 해야 하는지. 그냥 있는 그대로 받아들이고 하고 싶은 것을 배워나가는 것이 진실 된 삶이라니까."

"명한씨. 나는 당신처럼 너무 한 가지 일에 깊이 빠지기 싫어. 너무 재미없는 거 아닐까?"

"푹 빠져야 재미있는 것 아닌가?"

"그래도 당신처럼 푹 빠지긴 싫어. 너무 시간이 아깝잖아."

"그래. 오늘은 모든 것 다 잊고 속이 텅 빈 바람난 연인처럼 푹 빠져 놀아보자고."

"그래요. 우리 함께 수영하자." 미나는 벌써 백사장을 달려 어느새 파도가 부서지는 푸른 바다로 풍덩 들어갔다. 명한은 뒤 따라 달려가며 너무 멀리 가지 말라고 당부했다.

그들은 3년간 스포츠센터에서 수영 강습을 받았다. 그는 특히 돌고래처럼 솟아오르는 접영을 힘들어 했지만 좋아했다. 그러나 안전한 수영장과 자연속의 거대한 바다에서의 수영은 다르다.

집채만 한 파도가 넘실대는 바다는 스릴은 있지만 위험이 도처에 도사리고 있는 초자연적인 상태다. 커다란 파도가 밀려오면 시야가 가리고, 짠물을 먹을 수 있다. 또 짠물이 눈에 들어가면 눈이 따가워 눈을 제대로 뜰 수 가 없다. 그렇지만 바다에서 수영하는 재미는 수영장과는 비교할 수 없다.

밀려오는 파도의 등에 타고 수영을 하다보면 어린아이 같이 시간 가는 줄도 모른다. 명한은 물속에 들어가면 귀가 찢어지는 듯 아팠기 때문에 강습을 받을 때는 언제나 귀마개를 하고 수영을 배웠다. 수영은 일단 머리를 물속에 넣고 수평을 유지해야 하는데 귀마개를 갖고 오지 않아서 머리를 들고 파도의 힘을 빌려 수영을 했다.

"미나! 너무 멀리 가지 마."그는 그녀가 수영에 자신이 있어 자꾸만 멀리 나가는 것이 불안했다. 자연의 이치대로 사는 사람이라 파도를 거슬러 가는 미나를 보며 물가에 내 놓은 어린아이 돌보듯 자꾸만 멀리 가지 말라고 말했다.

"알았어. 당신이나 조심해! 내 걱정은 말고!"

그녀는 자신감이 넘쳐 점점 더 멀리 나갔다. 파도가 칠 때마다 그녀의 머리가 보였다 안보였다 했다. 명한은 점점 겁이 나서 소리쳤다.

"미나! 돌아와! 돌아와…." 명한이 아무리 외쳐도 점점 아득하게 멀어져 갔다. 겁이 덜컥 난 그는 구조대로 달려가서 도와달라고 외쳤다. 구조대 작은 보트가 요란한 소리를 내며 달려 나갔다.

미나는 결국 구조대의 도움으로 보트에 올라타고 나왔다. 짠 바닷물을 많이 먹었는지 콜록콜록 할 때마다 입에서 물이 질질 나왔다. 눈은 벌겋게 충혈 되어 공포에 쌓인 상태였다.

"괜찮아. 괜찮아. 내가 여기 있잖아."하고 명한은 미나를 따뜻하게 안아주었다.

"멀리 나가면 큰일 납니다. 다시는 멀리 가지 마세요."하며 구조대원이 말했다.

"감사합니다."명한은 진심으로 말했다.

"좋은 여행 되십시오."하고 구조대는 돌아갔다.

"미나! 괜찮은 거지?" 걱정되어 명한이 또 물었다.

"괜찮은 것 같아요. 명한씨!" 그녀는 숨을 크게 쉬면서 간신히 말했다.

"다행이다. 나. 홀아비 되는 줄 알았어."하며 명한은 다시 따뜻하게 안아주었다.

"미안해요. 명한씨!"

"왜? 독도까지 가려고 했어?"분위기를 반전하려고 명한이 농담을 했다.

“명한씨!” 하며 그녀는 눈을 흘겼다.

“당신은 항상 앞 뒤 없이 의욕이 넘쳐서 걱정이야. 어디서 그런 용기가 났어?”

“나도 몰라. 그냥 파도가 같이 놀자고 자꾸만 멀리 멀리 데리고 갔어. 명한씨!” 하며 그녀는 명한의 가슴에 얼굴을 묻고 울고 말았다.

“괜찮다니까. 난 항상 미나 곁에 있잖아.” 명한은 미나를 더 세게 안아주며 등을 토닥거려주었다.

그녀가 추워서 몸을 흔들었다. 그러자 명한은 돗자리를 백사장에 폈다. 하얀 백사장은 강렬한 햇빛에 이미 달궈져 있었다.

“미나. 여기 편히 누워. 파란 하늘을 보고 있으면 곧 몸과 마음이 따뜻해 질 거야”

“명한씨도 같이 누워.”

“그럴까. 어유. 뜨듯하네.” 명한은 잠시 누었다가 다시 일어났다.

“내가 선크림을 발라줄게. 백사장에서 타면 화상 입어.” 그는 정성을 다해 아내의 온몸에 마치 마사지를 하듯 천천히 크림을 발라주고 자신도 바르고 다시 그녀 옆에 누웠다. 파란 하늘에 군데군데 뭉게구름이 피어 있었다.

“미나! 저 구름 모습은 어떤 모습으로 보여?”

“명한씨! 어디 말이야.”

“저기. 똑바로 중앙을 봐”

“글쎄. 잘 생긴 왕자님 같기도 하고….” 하면서 그녀는 말이 흐려졌다. 따듯한 백사장에 누워 언제나 함께하는 남편과 있으니 안심이 되었는지 그녀는 스르르 잠에 빠지고 말았다.

'깊은 바다 속에서 혼자 얼마나 겁을 먹었을까?'명한은 안쓰러운 생각에 그녀의 얼굴에 아무렇게나 흘러내린 머리카락을 가지런히 넘겨주며 잠자는 아내를 쳐다봤다. 대학 캠퍼스에서 첫눈에 사랑에 빠졌고 그날 이후 둘은 언제나 하나였다. 삼십 년 가까이 함께 살아왔다. 분신과도 같은 사랑하는 미나를 잃을 뻔 했다고 생각하니 그는 눈앞이 아찔했다. 하늘을 올려다보고 하느님께 감사하다고 수없이 말했다. 한참동안 명한 옆에서 편안하게 잠을 자던 그녀가 백사장이 뜨거웠는지 눈을 떴다.

"살아났네."

"나 많이 잤어. 명한씨?"

"응. 좀 됐어. 배고프지?"

"응. 나 배고파."

"알았어. 뭐먹고 싶은데?"

"시원한 조개 칼국수."

"조개 칼국수? 오케이." 미나는 따뜻하고 시원한 칼국수를 먹고 정신이 들었다. 파도에 밀려 더 멀리 더 멀리 바다 속으로 떠밀려갔던 그녀는 원기가 회복되는지 배시시 웃었다. 얼굴색도 이제 정상으로 돌아온 것 같았다.

"명한씨! 나 죽는 줄 알았어. 무서웠어."

"나도 미나가 큰일이 나는 줄 알았어. 겁도 많이 났고."

"당신이 곁에 이렇게 있다는 것이 얼마나 큰 행복인지 다시금 깨달았어. 고마워."

"고맙긴. 내가 평생 옆에 있어 준다고 약속했잖아. 그런데. 앞으로는 너무 자신감을 갖지는 말아 줬으면 좋겠어. 자연과 싸워 이기려 하지마. 제발 부탁이야."

"알았어. 명한씨. 미안해." 그녀는 제정신이 들고 나서야 명한의 말을 듣지 않은 것이 후회되었다. 어느 순간부터 자신의 의지대로 수영을 할 수 없었다. 자꾸만 바다가 넓고 깊은 곳으로 끌고 갔기 때문이었다. 생각만 해도 몸서리가 쳐졌다.

명한은 미나와는 달리 안전제일 주의로 살아간다. 놀이 문화에 관심이 없는 선비 같은 사람이다. 그렇다고 도전을 하지 않는 것은 아니다. 사업을 할 만큼 배짱도 있고 젊은 사람들에게 창업을 하라고 말하고, 창업만큼 멋지고 스릴 있는 게임은 없다고, 자신의 능력을 시험해 보라고 늘 말했다. 또 사랑하는 사람이 생기면 결혼하라고 당부했다. 결혼은 인생에서 가장 값진 일이며, 혼자 사는 것보다 가족과 함께하는 것이 인간의 본질적 행복이라고 말했다.

그는 어떤 일을 할 때 큰 그림을 그리고 세부적으로 하나씩 하나씩 해결하면서 마치 벽돌을 쌓듯 끊임없이 전진하는 스타일이다. 한 번에 많은 것을 이루려고 하지 않는다. 명한은 물건을 옮겨도 자기 힘에 알맞게 조금씩 여러 번 쉬지 않고 개미처럼 옮긴다. 그러나 미나는 여자이면서도 좀 힘에 부치게 한 번에 많이씩 낑낑거리며 빨리 하려고 하는 타입이다.

명한과 미나는 칼국수를 맛있게 먹고 경포해변에서 조금 더 북쪽 해변의 아름드리 해송사이로 갔다. 솔 향이 그윽하게 났다. 바다의

짠맛과 어우러져 그 맛이 더욱 강렬했다. 해송사이로 바다가 보이는 곳에 예쁜 커피숍이 있어 그들은 이층에 자리를 잡았다. 경포해변과 떨어져 있어서 붐비지 않았다. 명한은 늘 조용한 곳을 좋아했다. 시끌벅적한 곳을 유난히 싫어했다. 그의 취향에 딱 맞는 커피숍이었다.

미나와 명한은 바다에서 수영하다가 목숨을 잃을 뻔한 것을 다 잊고 다정한 연인으로 바다를 보며 서로를 쳐다보고 웃었다. 매일 함께 있는 데도 서로의 눈을 쳐다보면 사랑스러웠다. 무슨 할 말이 그리 많은지 그들은 입이 찢어지게 웃으며 커피를 마셨다.

"난. 명한씨가 안전제일주의로 살아가면서 주식투자를 배운다는 것이 대견해."

"맞아. 그러나 그것은 사업이잖아. 난 평범한 직장생활은 너무 싫어. 내가 가야할 길을 가로막는 것 같고 너무나 밋밋하고 답답하거든. 사업은 언제나 스릴 있고 능력에 맞게 노력한 만큼 성과를 주잖아. 뭐든 사전에 충분히 조사하고 연구한 후에 정성을 다하면 가장 안전하거든. 어느 한 곳에 정열을 바칠 때가 가장 행복해. 나는 그냥 노는 것. 즉 오락에 정열을 바치고 싶지 않을 뿐이야."

"명한씨는 투자의 세계에서 일을 해야 맞는 사람이라고 생각해."

"왜?"

"정직하고, 차분하고, 기업 분석을 잘하니까."

"글쎄. 언제나 정성을 다 해야지." 명한은 무슨 일이든 정성을 다 했다.

"안전제일로 세밀하게 분석하는 사람이 주식투자에 맞는다고 생각해."

"그건 맞는 말 같아. 투자 적합한 기업을 찾는 것이 쉽지는 않아."

"맞아. 돈을 잃지 않는 것이 버는 것보다 더 중요해. 명한씨가 늘 말했잖아. 위대한 기업이 저평가 될 때까지 기다릴 줄 알아야 한다고. 그리고 시장이 좋지 않을 때는 휴식도 취하라고 했잖아."

"야~아! 이제부터 당신을 사부님으로 모셔야겠네. 하하하."

"명한씨는 투자를 배우면서 가장 어려운 문제가 무엇이라고 생각해?"

"글쎄. 뭐. 투자는 모두 어렵지만 그 중에 가장 어려운 것은 '탐욕'이라고 생각해."

"탐욕?"

"그래. 탐욕. 인간의 본성인 지칠 줄 모르고 끓어오르는 욕망 말이야."

"그렇다면 그 탐욕을 조절할 수만 있다면 투자의 고수가 되겠네."

"딩동댕. 맞아. 그런데 그것이 잘 조절이 안 돼. 내가 그랬잖아. '탐욕'은 인간의 본성이라고. 타고난 본성을 고친다는 것은 어려워."

"탐욕? 참. 어렵지. 투자얘기 하다가 철학으로 빠져드네."

"세상일의 모든 기본은 철학이지. 투자야 말로 철학이 있어야지."

"맞아. 명한씨!"

"탐욕을 다스려야지. 탐욕은 설탕과 같이 달콤한 거야. 달콤한 맛에 길들여지기 시작하면 파멸로 치닫는 거지. 맛있는 음식에 설탕으로 사람들을 유혹하지. 설탕 맛에 자신의 몸이 파괴되는 줄도 모르고 일단 먹고 보는 것이 인간의 탐욕을 이용하는 수법이야. 주식투자도 마찬가지라고 생각해. 상한가 뒤에는 '하한가' 가 있다는 것을 까맣게 잊는 것이 인간의 본성이거든."

"어휴. 어렵다. 명한씨!"

"스승님이 가르쳐 준대로 실천하면 될 거야."

"맞아요. 당신은 해낼 거예요."

"고마워! 난 할 수 있어. 당신과 함께 하니까."

명한은 시간이 걸릴 뿐 꿈은 반드시 이룰 수 있다고 생각했다. 커피숍에서 나온 그들은 어깨동무를 하고 미래를 생각하며 멀리 푸른 경포 앞 바다를 바라보았다.

손 한방의 죽음

2박 3일간 멋진 휴가를 보냈다. 얼굴이 약간 그을렸지만 마음은 한결 가벼웠다.

명한은 실전투자공부를 앞두고 집 앞 호수공원을 천천히 걸으며 생각해봤다. 공명 선생님은 미래를 주도할 혁신적인 위대한 1등 기업에 투자하라고 가르쳤다.

실전주식투자를 곰곰이 생각하고 천천히 걷고 있는데 조씨에게서 전화가 왔다.

"명한인가. 나. 조씨야. 큰일 났어."

"왜! 무슨 일이야. 조씨!"

"파이터 손한방이 자살을 했대. 이영자씨가 울면서 전화를 했어"

"뭐라고??"

"나 지금 장례식장으로 가는 중이야."조씨는 다급하게 말했다.

"그래. 나도 지금 갈게. 음 그리로 갈게." 명한은 앞이 캄캄했다. 얼른 집으로 들어와서 아내에게 말했다.

"손한방이 자살했대. 세상에 어찌 그런 일이!"

"예~에? 손한방씨가 자살을요?" 미나도 깜짝 놀랐다. 명한과 미나는 차를 몰고 장례식장으로 달려갔다. 도착하니 조씨가 먼저 와 있었다. 명한은 향을 피우고, 웃고 있는 손한방의 영정사진을 보면서 마지막 하직 인사를 했다. '주식투자는 타이밍입니다!'하며 벌떡 일어나 신나게 모멘텀(주가의 추세. 즉 기술투자) 투자에 대해서 말할 것만 같았다.

"영자씨! 어찌 이런 일이……." 미나는 흐르는 눈물을 손으로 훔치며 검은 상복을 입고 힘없이 서 있는 이영자의 손을 잡으며 말했다.

"와 주셔서 감사합니다."이영자는 눈물을 흘리며 진심으로 말했다.

"명한이 친구! 여기." 조씨는 손을 흔들고 자리를 안내했다.

"아주머니. 무슨 위로의 말씀을 드려야 할 지 모르겠습니다. 너무나 슬픈 일이라서…." 명한은 너무나 가슴이 아팠다.

손한방은 명한과 투자스타일이 맞는 사람은 아니었다. 성격도 정 반대였다. 그러나 주식투자를 배우면서 우연히 증권사 지점에서 운명적으로 만나 그동안 투자모임인 '주사모' 회원으로 함께 활동하고 있었다.

그는 명한에게 '골리앗'을 알려준 사람이다.

'골리앗이 뭐죠'하고 명한이 묻자 '골리앗이란 기관과 외국인 투기꾼들 중에 대규모 자금을 보유하고 공매도, 작전, 과감한 투기를 일삼으며 시장을 교란하여 개미들을 빨아먹는 세력들을 총칭하는 은어입니다' 하고 말하면서, 골리앗을 역으로 이용할 줄 알아야 한다고 말한 것이 기억났다.

"우리는 오늘 '주사모' 회원이며 아까운 주식투자 친구를 한명 잃었습니다. 손한방은 아마도 천국에 가서도 주식투자를 할 것입니다. 그곳에서는 언제나 성공한다고 들었습니다. 행복하게 주식투자를 하기를 빕니다." 조씨는 손수건을 꺼내서 눈물을 닦았다. 그리고 눈물에 젖은 쓰디쓴 소주를 단숨에 마셨다.

"장례식 절차는요?" 명한은 미망인에게 조심스럽게 물었다.

"화장을 할 거예요. 남편은 항상 죽으면 훨훨 날아다니고 싶다고 평상시에도 그걸 원해서." 이영자는 다시 눈물을 흘렸다.

"평상시 친구도 별로 없이 오르지 주식투기만 했어요. 불안한 투기를 하는 남편에게 항상 주식투자를 하라고 말렸지만 소용없었어요. 흐흐흐흑." 이영자는 설움이 복받치는지 더욱 큰 소리로 울었다.

"마음 굳게 먹어요. 영자씨!" 미나는 이영자를 꼭 안으며 말했다. 이영자는 미나의 품에 안겨 한없이 울었다. 모두가 말없이 눈물을 흘렸다.

"조씨? 우리가 함께 장례식을 잘 치르자고. 가족친지도 거의 없는 것 같은데."

"암. 그래야지. 힘을 합쳐야지."

"그래요. 저도 돕겠어요." 미나는 눈물을 닦으며 말했다.

"감사합니다. 너무너무 감사합니다. 이 은혜를… 흐흐흐흑." 이영자는 슬프고 감사해서 눈물이 뒤범벅되었다. 그녀는 사실 남편의 장례식이 너무나 무서웠다.

너무 갑자기 생긴 일이라 어찌할 바를 몰랐다. 돈도 없었고 평소
에 가깝게 지내던 이웃도 별로 없었다. 상주라야 중학교 다니는 아
들이 전부였다.

명한과 미나, 조씨는 집에 잠깐씩 왔다 갔다 하면서 정성을 다해
함께 장례를 치렀다. 손한방의 시신이 뜨거운 불길 속으로 밀어 넣
어지자 이영자는 멍하니 쳐다봤다. 자나 깨나 주식차트만 쳐다보던
잔정 없던 남편! 제발 사랑으로 가득한 하늘나라에서는 편히 쉬기를
바랐다. 더 이상 나올 눈물도 없었다. 명한은 손한방이 이승에서의
고통을 다 잊고 편안하기를 빌었다. 그리고 천국에서는 더 이상 '상
한가 따라하기' '선물. 옵션'과 같은 위험한 도박은 하지 않기를 간
절히 빌었다.

손한방은 '선물'투기를 크게 했다가 엄청난 손실을 입었다. 신용
까지 최대로 썼기 때문에 감당 못할 큰 빚까지 지고는 한 달 이상 술
만 마시며 자신을 학대하다가 술에 취해 다시는 돌아올 수 없는 머
나먼 곳으로 혼자 갔다. 한방에 갔다. 손한방은 급등 주, 상한가, 그
리고 선물과 옵션 등 파생상품 시장에서 우리나라 국가대표였다.

그는 건전한 주식투자는 밋밋해서 싫어했다. 잘 해야 일 년에 10
여% 수익을 내는 것에 실망했다. 손한방은 옵션을 특히 좋아했다.
일반적인 도박처럼 처음에 몇 번 크게 돈을 벌은 것이 화근이었다.
그러나 시간이 흐르면서 자신이 힘들게 땀 흘려 모아놓은 그의 재산
을 날리기 시작했다. 마지막에는 신용을 써서 한방에 만회하려고 단
판에 승부를 냈다. 사실 파생상품 시장은 주식투자가 아닌데 돈을

잃으면 주식에서 돈을 잃었다고 하는 사람들이 많다. 그것은 완벽한 도박인데 도박으로 돈을 날렸다고 고백하는 사람들이 없다는 것이 명한은 답답했다.

명한은 간장이 끊어지는 아픔을 느꼈다. 골리앗이 무엇인지 알려주고 간 사람이었다. 억수같이 장대비 쏟아지는 여름 날 우연히 증권사 지점에서 만나 함께 주사모 회원이 되었다.

그는 화약통을 항상 등에 지고 다니더니 끝내 그 화약에 불이 붙어서 떠나갔다.

조씨는 불쌍한 파이터 손한방 몫까지 우리가 열심히 노력하여 주식시장을 평정하자고 했다.

일주일이 지난 후 조씨는 명한에게 전화를 했다.

"어이고~ 명한이 친구. 잘 지냈지? 투자는 잘 배우는 거야?" 조씨는 반갑게 인사했다. 조씨는 명한이 공명 선생한테서 배우는 주식투자에 대해 몹시 알고 싶어 했다."

"자네 덕분에 잘 배우고 있다네. 우리 만나자고."

"그거 좋지. 내가 거기로 예약할게." 조씨는 아주 반가운 목소리였다.

"좋아. 투자 얘기나 나눠 보자고."

명한은 그동안 공명 선생한테 배운 주식투자에 대한 것을 조씨에게 모두 전해주고 싶었다. 조씨는 공명 선생을 소개시켜 주면서 공명 선생의 제자가 되면 배운 것을 전부 알려 달라고 말했다.

"여보. 나 주사모 회장인 조씨와 저녁 먹기로 했어. 다녀올게."

"조씨요?"

"그래. 조현주. 훤칠한 미남! 늘 멋지게 사는 사람."

"알아요. 손한방씨 장례식을 함께 한 의리파. <주도 주 60일선> 매매만 몸으로 습득하는데 10년 걸렸다는 사람."

"맞아. 조씨에게 스승님한테 배운 비법을 모두 알려주려고."

"알았어요. 다녀와요. 술은 너무 많이 먹지 말고요."

"알았어. 다녀올게."

명한은 조씨가 말한 먹자골목에 있는 아담한 고기 집으로 갔다. 초저녁인데도 사람들이 꽤 많았다. 카운터에 물어보니 안쪽에 있는 방으로 안내해 줬다. 조씨는 이곳 단골손님이라 주인은 아늑하고 조용한 방으로 마련해 줬다.

조씨는 벌써 와서 기다리고 있었다.

"어이구! 반가워 친구. 오늘같이 좋은날 진정한 친구를 다시 만나고. 주식투자의 미래를 걸머지고 갈 희망이고 등불인 우리 명한이 친구. 어서 오게나." 조씨는 반가워서 벌떡 일어나며 손을 내밀었다. 항상 쾌활하고 시원시원한 조씨가 미소를 지으며 큰소리로 명한을 맞아 주었다.

"조씨! 잘 지냈지."

"나야 늘 잘 지내지. 인생 뭐 있어. 둥글둥글 사는 거지. 애인도 사귀면서 말이야.

명한친구? 언제든지 애인이 필요하면 말만해. 근사한 여자 소개시켜줄게."

"아. 이 친구 싱겁긴."

"아참. 친구한테 공명 선생님 얘기를 들어야지. 오늘 하마터면 중요한 것을 잊고 갈 뻔 했네." 조씨는 공명 선생의 주식투자 비법에 대하여 듣고 싶었다.

"고맙네. 친구. 자네가 말해준 곳을 찾아 헤매다가 스승님이 사시는 황토 토담집을 발견했어."

"힘들지 않았어?"

"어. 힘들었어. 그런데 힘든 것은 집을 찾고 난 다음이었어."

"왜?"

"스승님께서 다시는 주식투자를 가르치지 않겠다고 하셔서."

"그랬을 거야. 그 꼬장꼬장하고 자기주장이 강한 양반. 완벽주의를 늘 강조하는 고집불통 노인네! 그래서 어떻게 제자가 되었나?" 조씨는 신경질적으로 말했다.

"사실대로 말했지."

"사실이 뭔데?"

"주식투자를 배워서 많은 사람들이 다 주식투자로 부자 될 수 있도록 주식투자법을 가르쳐주고, 그리고 장학재단을 세워야 한다고 말했어."

"뭐. 장학재단?"

조씨는 장학재단을 세우겠다는 명한의 말에 깜짝 놀랐다. 역시 현명한은 그릇이 크구나 하고 고개를 끄덕였다.

"그래. 장학재단." 명한은 담담하게 말했다.

"아니. 이 친구 꿈이 굉장하군. 언제 세우는데?"

"아직 멀었어. 칠십대 후반이나 팔십대 초반은 되어야 할 게야. 우선 투자 경험과 실력을 갖추고 위대한 1등기업의 주식을 계속 사 모아서 주주가 된 다음이야. 그리고 나중에 일부 부동산을 처분하여 주식을 더 사서 장학재단을 만든다는 계획이야."

그는 거북이처럼 천천히 쉬지 않고 달리는 마라톤 장기 레이스를 좋아했다.

"공명 선생님은 처음에는 내 말을 믿지 않다가 나중에는 내 말이 진실이라는 것을 아셨어. 그리고 나를 수제자로 받아 주셨어."

명한은 정직한 삶과 높은 이상이 있었기 때문에 제자가 될 수 있었다.

"자네는 공명 선생의 수제자가 될 줄 알았어. 자네는 진실한 사람이라는 것을 나는 이미 알고 있었거든. 그런 진실한 마음이 나를 흔들어 놓는군."

"나도 진실하지 못한 때 많아. 이 친구야."명한은 좀 쑥스럽다는 생각이 들었다.

"자자. 오늘 같은 날 우리가 축하주를 마시지 않으면 죄를 짓는 거지. 자 잔을 들자고 우리의 진실한 친구 현명한의 장학재단 설립 성공을 위하여! 위하여!" 조씨는 술이 술술 넘어 갔다.

"조씨, 정말 고마워!" 명한은 조씨가 감사했다.

"무엇을 가르쳐 주셨는데." 조씨는 초조하게 물었다.

"음. 선생님은 특이하게도 첫 강의부터 산업혁명에 대한 공부를 했어."

“산업혁명?”

“영국에서 시작된 제1차 산업혁명부터 이제 막 다가온 제4차 산업혁명에 대한 것을 강물이 흘러가듯 자연스레 강의를 해주셨어.”

“이해가 잘 가지 않네. 자세히 설명해봐.”

“한마디로 말하면 각 산업혁명이 일어날 때마다. 인류에게 꼭 필요한 혁신적인 발명품들이 나왔잖아. 그런 혁신적인 제품이나 서비스를 제공하는, 인류의 삶을 완전히 바꿀 수 있는 기업에 성장이 멈출 때까지 장기투자를 해야 한다고 하셨어.”

“아하~ 이제야 이해가 되는 것 같군. 명한친구.”

“스승님은 특히 재무제표를 강조 하셨어. 그 중에서 현금흐름표를 정확하게 이해해야 한다고 강조하셨어. 그 밖에 내가 알고 싶은 것을 질문 하면 답을 주시는 자유로운 토론방식으로 공부를 하고 이론 공부는 끝마쳤어.”

“그렇게 빨리?”

“정식으로 배우는 이론 공부는 끝이 났지만 앞으로도 모르는 것은 언제든 다시 공부하기로 하고 중요한 실전투자 연습을 통해서 투자공부를 더 하기로 했어.”

“실전투자 연습?”

“그래. 정식으로 주식투자를 실습하는 거지. 선생님은 직접 경험이 매우 중요하다고 하셨어. 그래서 적은 돈을 가지고 다양한 경험을 쌓는 실전투자연습이야. 반드시 내가 직접 업종과 종목을 골라 투자를 하고 선생님과 결과를 평가해 보면서 잘못된 습관을 고쳐나가는 방법이야.”

“그거 좋은 방법이네. 특히 주식초보들은 그런 과정을 반드시 거쳐야만 하는 것인데. 사실 ‘쩐의 전쟁’ 이라 불리는 주식시장은 ‘얼음의 법칙’만이 진정한 법으로 통용되거든. 피도 눈물도 없는 냉혹하고 광활한 나라지. 누구든지 꽁꽁 얼려서 냉동인간으로 만드는 나라지. 그래서 주식투자자는 끊임없는 훈련을 쌓아야지. 지옥 같은 실전투자를 통한 실력자만이 살아남는 냉혹한 나라인 주식시장에서 살아남을 수 있거든.”

조씨는 차디찬 주식시장에서 홀로서기를 20여년 했다.

그는 항상 주도 주에 투자를 했다. 그리고 60일 이동평균 선을 생명줄로 삼는 원칙을 지켰다. 그래서 시장이 좋지 않으면 자연적으로 투자를 멈추고 좋아질 때까지 휴식을 취한다고 했다.

“그런 것 같아. 아무튼 조씨 고마워! 자네는 어느 종목에 투자를 할 것인가?”

“나야 언제나 주도 주지. 차. 화. 정(자동차, 화학, 정유주)이 시장을 이끌고 있어서 골고루 투자를 했어.”

“그런 것 같아. 나는 더 배우고 경험을 더 쌓아야 할 것 같아. 아무튼 고마워!”

“고맙긴 내가 한 일도 없는데. 어쨌든 자네 큰 꿈이 이루어질 수 있다고 난 믿네. 자. 성공적인 장학재단 설립을 위하여!”

“위하여!”

“난 조씨가 부러운 때가 있어.”

"왜?"

"조씨는 확고부동한 자신만의 원칙이 있으니까."

"멀지 않아서 자네에게 맞는 원칙을 찾을 걸세. 오랜 시간 훈련이 필요해."

"자. 다음 또 만나세."하며 조씨가 말했다.

"그려. 다음에 보자고."

조씨는 명한이 장학재단을 세우기 위해 주식투자를 배운다는 것을 알고 깊은 감명을 받았다. 자신도 마음 한 구석에는 늘 '기부와 봉사'를 해야 행복해질 것 같다는 생각은 했으나 실천하기가 너무나 힘들었다. 현명한 같이 실천하는 좋은 친구가 있어서 다행이라고 생각했다. 자신이 만일 기부를 한다면 장차 명한이 세울 장학재단에 기부할 것이라고 다짐했다.

주식투자 실전연습

　명한은 그동안 이론공부를 마치고 스스로 리서치 하여 투자를 하는 홀로서기 실전투자연습을 하기로 했다. 주식시장에 혹독한 시련의 겨울은 갔다. 시장이 안정을 찾자 경기민감 업종인 자동차. 화학. 정유 업종 이른바 '차.화.정'이라고 불리는 업종이 시장의 주도 주가 되어서 불을 뿜고 달리고 있었다.

　그러나 이들 업종이 더 많이 하락했던 종목들이었다. 주도 주가 되고 안 되고의 간택은 오르지 큰손들의 선택에 달려 있다. 큰손들은 어마어마한 자금을 동원하여 밀고 당기고 시장을 쥐락펴락한다. 공명 선생은 주식투자를 결정할 때 종목을 보기 전에, 새로운 미래를 이끌 산업을 먼저 찾으라고 했다. 그리고 그 산업 중에서 1등 종목을 리서치하여 가격이 저평가 되었을 때 매수 후 성장이 멎을 때까지 보유하라고 했다.

　그는 현재 주도 주인 차. 화. 정 종목들은 저평가되어 있었으나 공명 선생이 말한 미래를 선도할 만큼 혁신적인 업종은 아니라고 생각했다.

"여보! '차.화.정'이 시장에서 달리고 있는데 투자를 해야 하지 않아요?" 미나는 조바심이나 명한에게 말했다.

"글쎄. 투자를 하고 싶으면 조금만 해봐. 현재 주도 주로 달리고 있으니까."

"알았어요. 명한씨!" 그녀는 현대중공업을 기억하며 신바람이 났다.

반면 명한은 경기민감 업종인 현대중공업에 대한 트라우마가 생겨서 안전하다고 여긴 제약업종에 투자를 하고 싶었다.

'주식투자는 미래를 이끌 산업에 투자를 하라고 스승님은 가르쳐 주셨는데….

셀트리온이 혁신적인 바이오 기업임은 확실한데. 아직 수익이 나는 것도 아니고 분식회계 논란에, 아이고~ 간이 작아서. 망할지도 모르고. 머리 아프네. 아모레퍼시픽이나 네이버도 성장 가능한 기업인데. 그런데 왜 자꾸 제약업에 투자를 하고 싶은 것이지?'

명한은 최우선적으로 안정성을 찾았다. 그래서 2008년 금융위기 때에 가장 하락률이 낮았던 유한양행에 투자를 하고 싶었다. 혁신성은 다소 떨어지지만 10%대의 성장과 이익을 내고 있으며 무엇보다도 부채가 없다는 것이 마음에 들었다. 정부의 약값 인하 발언이후 주가도 많이 떨어져서 적정가격에 매수할 타이밍이라 생각했다. 수없이 고민하다가 명한은 유한양행에 투자를 하기로 마음을 굳혔다.

"제약업에 투자 합시다. 1등주 유한양행에 말이요."

명한은 고민하다가 시장 주도 주가 아닌 유한양행을 선택했다.

"유한양행요? 그것은 우리가 처음에 매수해서 주주가 됐다고 좋아했던 종목이잖아요. 지금도 조금은 보유하고 있고요."

"음. 유한양행! 가장 안전한 것에 투자하자고. 2008년 글로벌 금융위기에서도 가장 적게 떨어졌고 가장 빨리 회복되었던 유한양행에 본격적으로 투자합시다. 방학이 끝나면 공명 선생님한테도 자문해 보려고."

변동성이 강한 주식시장에서는 돈을 잃지 않으려면 부채가 적고 현금이 많아 안전이 보장되고 미래가 있는 제약업종이 적합하다고 생각했다.

그러나 미나는 '차.화.정'이 불기둥을 뿜을 때마다 신이 났다.

"여보. 그렇지만 지금 시장에서는 '차. 화. 정'이 주도 주잖아요. 제약업은 아무래도 정부가 약값인하 정책을 펼치니 주가가 상승하기는 어려울 것 같아요."

미나는 시장의 순리대로 따라가는 것이 가장 좋은 방법이라고 말했다. 제약업종은 정부 정책의 흐름을 살핀 후 투자하자고 말했다. 정부의 정책이 혼선을 일으킬 때마다 제약업종 주가는 야금야금 떨어지고 있었기 때문이었다. 반대로 명한은 '제약업종이 조정을 받았을 때 사는 것이 맞다'고 생각해서 아내와 약간의 견해차가 있었다. 미나는 예리한 촉을 믿는 반면 명한은 분석을 통해 시장을 바라보고 있었다.

명한은 제약업종이 지난 해 대폭락 장에서도 가장 적게 떨어졌고, 미래 전망이 좋은, 가장 안전한 주식이라 생각하여 업종 대표주인 유한양행을 리서치 하고 있었다.

명한이 제약업종을 택한 이유는

첫째 제약, 바이오 업종은 제4차 산업혁명을 주도할 업종 중에 하나라는 것.

둘째 초 고령사회로 진입하고 있어서 약이 많이 팔릴 것이라고 예측되었다.

그중 유한양행을 선정한 이유는 업종 1등 기업이었기 때문이었다. 목표주가는 3년 후 400,000원으로 정했다.

2009년도 한 주당 순이익(EPS)=11,368원이고 매년 순이익이 17.74%씩 증가하고 있었기 때문에 2012년 예상 EPS는 18,554원 *22배(평균)= 408,188원이 나왔다.

매출이 매년 10%이상 성장, 영업이익15%이상, 당기순이익20%, 자기자본이익률(ROE) 15%, 부채비율 20%대로 실제로 부채가 제로에 가까우며, 현금 흐름은 말할 필요 없이 양호했다.

또한 유한 킴벌리 한국법인에 30% 투자, 100%자회사인 유한락스 등 매년 지분 법 평가이익이 400억 원 이상씩 들어오고 있었다.

또 유일한 박사가 전 재산을 기부한 '사회적 기업'이라 더욱 더 매력을 느꼈다.

그러나 유한양행의 한 가지 문제점은 업종 1등 기업은 맞지만 '혁신적인'기업은 아니라는 것이었다. 제약업종의 혁신적인 기업은 '한미약품'과 '셀트리온'이었다. 그렇지만 이들 두 기업은 현금 흐름이 좋지 않았고, 신약개발과 바이오 복제약이 어느 정도 개발 단계인지 정확하게 알 수 없어 판단하기가 어려웠다.

유한양행은 2007년 11월에 241,000원이라는 신 고가를 경신했다.

2008년 글로벌 금융위기 때 최저 148,000원으로 최고점 대비 -38.58% 하락했다가 종가기준 오히려 8.3% 수익을 내는 선방을 했다. 우리나라 코스피 종합지수가 2007년 11월 2,085.45에서 2008년 10월에 892.16 까지 추락하여 -57.21%하락한 것에 비하면 엄청난 선방이었다.

그 당시 삼성전자가 -45.76%, 현대중공업-81.27%, 삼성화재 -49.71% 아모레퍼시픽 -47%, 네이버 -70%을 비교하면서 명한은 유한양행이 가장 안전하다 생각했다.

"여보! 공명 선생님한테 공부하러 가면 어떤 종목을 선택하는 것이 좋은지 여쭤 봐요." 그의 아내는 신신당부 했다.

"알았어. 내가 더 궁금해." 명한은 정말 궁금했다.

"더운 날씨에 몸조심 하구요. 잘 다녀와요." 그녀는 현관까지 배웅하며 말했다.

그는 실전연습 수업을 받으러 설봉산으로 갔다. 더위는 한풀 꺾였으나 여전히 찌는 듯 했다. 땀을 흘리며 황토대문을 들어서자 공명 선생님이 반가이 맞아 주셨다.

"아니. 이게 누군가. 작은 거인! 휴가는 잘 보냈는가?"

"예. 잘 보냈습니다. 스승님은 더워서 어떻게 지내셨습니까?"

"나야. 잘 보냈지. 더우면 시원한 샘에서 물도 끼얹고 나무그늘 밑에서 보고 싶은 책 실컷 보면서 시원하게 아주 잘 보냈어."

"스승님. 수박을 사왔습니다."

"어이구. 이 수박 크기도 해라. 이 무거운 수박을 이런 날씨에 어떻게 들고 왔어?"

"스승님! 제가 수박을 칼로 잘라드리겠습니다."

무더위에는 수박이 제일이다. '쩍!' 소리와 함께 수박이 반으로 갈라졌다.

"와우! 잘 익었는데요. 스승님."

"정말 잘 익은 수박을 사왔군. 작은 거인 수박 고르는 실력도 대단한걸."

"헤헤. 스승님! 여기요."

"자네도 어서 들게나."

"예. 스승님! 아휴. 완전히 꿀맛이네요."

속이 빨갛게 잘 익었다. 입에 넣자 단물이 녹아내린다. 스승과 제자는 맛있게 수박을 먹으며 느티나무 평상에서 주식투자 실전 연습 수업을 했다.

"요즘 주식시장은 어떤가?"

공명 선생은 주식시장을 떠난 지 오래되었고 산속에서 자연과 더불어 사시기 때문에 주식시장의 흐름을 물었다.

"스승님! 지금 주식시장에서는 '차.화.정.'이라고 불리는 자동차. 화학. 정유업종이 주도하고 있습니다." 명한이 요즘 주식시장의 트랜드를 말했다.

"'차.화.정'이라고? 말도 잘 지어내는군." 과거에 주식시장에서 이름을 날렸던 화려했던 시절을 회상이라도 하시듯 공명 선생은 빙그레 웃으셨다.

"작은 거인 자네는 어느 업종에 투자를 하고 싶은 가?"

"제약 업종에 투자하려고 합니다."

"제약업에? 왜 '차. 화. 정'은 마음에 들지 않나?"

"경기민감 업종인 '현대중공업'에 투자하여 깊은 상처를 받아서 같은 경기민감 업종인 차. 화. 정은 마음이 내키지 않습니다. 그리고 애널리스트들이 발표한 미래실적도 좋지 않아서요."

"현대중공업에 투자하여 받은 상처는 잊어야 하네. 자네가 목표주가에 도달하면 매도하기로 약속한 원칙을 따르다 그런 것 아닌가? 주식투자는 그렇게 스스로 선택해서 투자하는 것이 정상이야. 물론 목표가 근처까지 갔었는데 이익을 실현 했더라면 좋았겠지만. 자네는 탐욕 때문에 벌었던 돈을 다 잃었다고 말했지만 실제는 경험이 부족해서 그런 거야. 초보자나 다름없는 자네가 선방한 거야. 쪽박을 찬 투자자도 많았어. 그런 것은 앞으로 실전경험을 통해서 보완해 나가면 된다네. 누구나 실패를 수없이 하는 거야. 완벽한 사람은 없어. 안 그런가?"

"그렇게 위로해 주시니 감사합니다. 스승님! 분명히 주식투자경험도 부족했고, 미래실적을 너무나 철석같이 믿었고, 탐욕도 이글거렸다고 생각합니다."

"탐욕이 아니라 성취욕이 강했던 거지. 작은 거인!! 그땐 자네에게 운도 따르지 않았어. 미국에서 발생한 글로벌 금융위기 말이야. 그래서 실전 경험도 중요한 거야."

"스승님한테 주식투자를 배우면서 가치투자를 해야 한다는 생각이 들었습니다. 그러나 경기민감 주식은 장기투자에는 어울리지 않는다고 생각합니다.”

“자네가 판단하게. 미래에 어떤 주식이 더 많이 상승하고 하락할지는 아무도 알 수 없거든. 주식투자도 투자자 본인에 맞는 궁합이라는 것이 있다네.”

“궁합이요?”

“남녀 간에만 궁합이 있는 것은 아니야. 주식투자에도 분명 궁합이 있다네.”

“예. 제약업이 궁합이 맞을 거라 생각합니다.”

신중하게 리서치 하여 발굴한 종목이라도 미래에 100% 뜻대로 움직이는 것이 아니라고 명한은 생각했다. 그러나 분명한 것은 주가가 상승하려면 기업이 성장하고 이익이 창출되어 기업가치가 올라가야 한다고 그는 생각했다.

사람이 한평생 살면서 수 없이 많은 길 중에 어느 길을 선택하느냐에 따라 인생이 바뀌듯 주식투자도 어떤 선택을 하느냐에 따라 돈을 벌수 도 있고 잃을 수도 있다. 미래의 일을 모르니 궁합이 맞아야 한다는 말이 틀린 말도 아니라고 생각했다.

“제약업. 업종은 좋네. 미래도 보장되고. 시장진입장벽도 높고. 다가올 제4차 산업혁명에도 부합하고.” 공명 선생도 장기투자에 제약업종이 괜찮다고 말했다.

“선생님께서 동의해주시니 더욱 자신감이 생깁니다.”그는 으쓱했다.

"종목은 무엇을 선택했나?"

"1등 기업 유한양행입니다."

"유한양행이라. 유한양행. 제일 무난한 종목이군. 기업 이미지도 최고고."

"그런데 유한양행이 마음에 걸리시나요?"

"그것은 내 경험으로 오너가 없는 기업은 미래에 성장하기 어려워. 월급 받고 일하는 전문경영인이 미래를 멀리 보기보다는 늘 단기 실적에 목을 매거든."

"그렇죠? 주인이 아니고, 계약기간이 끝나면 교체가 될지도 모르니까 장기적인 안목으로 경영을 한다는 것 자체가 불가능하다고 봅니다."

"오늘날 한국경제의 동력인 삼성전자를 글로벌 기업으로 부상시킨 반도체사업을 예로 들어보면 분명하게 이해할 수 있네. 삼성에서 반도체사업이 시작된 지 35년이 흘렀어. 반도체사업에 진출하게 된 배경과 역경을 딛고 세계시장에서 성공하기까지의 열정과 땀의 이야기를 들으면 무슨 신화를 얘기하는 것 같거든."

"신화요?"

"그래. 삼성만이 갖는 신화지. 1974년 12월 삼성전자는 공장 설립 과정에서 파산 직전인 '한국반도체'를 과감하게 인수한 거야. 그러나 인수하면 함께 망한다고 반대하는 소리가 만만치 않았다고 들었어.

그러나 그 뭣이냐. 자라목 같이 목을 약간 디밀은 그 쇠심줄 같은 뚝심 있는 사나이. 요즘말로 '비전'이 있던 남자. 바로 이건희 회장

은 반도체야말로 삼성전자의 미래 먹거리가 될 것이라 확신하며 반
대에도 불구하고 과감한 선행투자를 했지.

이미 반도체산업이 성장궤도에 올랐던 미국과 일본보다 27년의
뒤쳐진 출발이었지만 지금은 '반도체'하면 세계최강이 되었잖아. 이
런 결정은 오너만이 할 수 있는 결정이야. 회사의 운명을 바꾸는 위
대한 결정 말이야."

"꼭 참고 하겠습니다. 스승님"

"그리고 또 한 가지 더 있네."

"뭐가 있다는 말씀입니까?"

"제약업이 미래의 확실한 산업임에는 틀림없지만, 정치인들이 포
플리즘 정책으로 국민의 표를 의식해 강제로 약값 인하를 단행할지
도 모른다는 것을 참고 하게나."

"약값을 강제로 인하할 수 있다고요?"

"그렇다네. 미국과 같은 선진국에서도 제대로 실시하지 못하고
있는 전 국민 건강보험이 점점 재정이 고갈되어 가고 있어서 문제라
네. 보험료는 국민들의 표를 의식해서 못 올리고 반대로 병원비나
약값에 손을 댈 수도 있다네."

"그럴 리가요. 민간회사를 정부가…. 공산주의도 아닌데. 강제로
약값을 낮출까요?"

"아무렴 가능성이 많이 있네. 정치인은 늘 국민들을 앞장세워 그
등에 올라타는 약삭빠른 사람들이라 무슨 짓을 할 지 모른다네." 공
명 선생은 현재 주식투자를 하고 있지 않았지만 평생 주식투자를 하
셨기 때문에 경험이 정말 많았다.

명한은 '차. 화. 정' 주도 주가 매일 불기둥을 뿜으며 탁 트인 하늘에 맞닿을 듯 가파르게 오르고 있는 것을 쳐다보면서 심한 갈등을 느꼈다.

"스승님 어찌하면 좋을까요?"

"그거야 자네가 판단해야지. 경험을 쌓는 거니까. 나중에 투자에 소중한 경험들이 될 거야. 약값 인하가 현실이 될지 알 수 없지만 그럴 가능성도 있으니까."

"알겠습니다. 여러 가지 변수를 따져보고 결정을 하겠습니다."

"그렇게 하게나. 작은 거인! 자네는 전 세계 엘리트들이 다 모여 있는 이 거대한 주식시장에서 사업을 시작한 이상 수많은 경험과 좌절 속에서 고통을 당할 것이야. 그렇지만 그것을 자네가 이겨내야 진정한 고수가 되는 것이야. 고수가 되는 길은 험하지만 그걸 극복해야 자네 꿈인 '장학재단'을 세울 수 있을 것 아닌가?"

"맞습니다. 가는 길이 아무리 험해도 차분히 도전해 보겠습니다. 가장 안전하게 투자할 수 있는 위대한 기업을 발굴하여 투자를 하겠습니다."

"작은 거인! 날씨도 무덥고 오늘 수업은 여기까지 하자고. 수고했네."

"네. 수고 하셨습니다. 스승님!"

"다음 수업은 무엇을 하고 싶은가?"

"글쎄요. 일단 유한양행 투자부터 결정하고 말씀드리겠습니다. 스승님!"

“그렇게 하게. 다음 시간에 보게나. 수고 했네.”

“무더위 건강 잘 살피십시오. 스승님.” 명한은 실전투자가 더 어렵다는 것을 느꼈다. 우리나라의 경우만 해도 2,000여개의 종목이 있다. 그 많은 종목 중에 단 몇 개의 종목을 골라야 한다. 때로는 한 종목을 선택할 수 도 있다. 온통 머릿속이 혼란했다.

집에 도착 하자마자 그의 아내가 물었다.

“스승님께 ‘차.화.정’주도 주에 대해 말씀드렸어요? 뭐라고 말씀 했어요?”

“스승님은 투자는 본인이 결정해야 한다고 하셨어.” 명한은 답답했다.

미나는 주도 주인 차.화.정에 더 많은 투자를 하고 싶었다.

명한이 보기에도 현대모비스. LG화학, 롯데케미칼, SK에너지 등은 환상적으로 주식가격이 오르고 또 오르고 있었다. LG화학은 현재는 수익 발생이 없지만 전기자동차의 배터리 개발업체로 시장에서는 삼성SDI와 함께 이슈화 되면서 반응이 뜨거웠다. 삼성전기는 LED바람을 타고 날아가고 있었다. 주식은 미래를 먹고 성장한다. 자동차용 전기 배터리는 개발비만 들어가고 손실을 기록하고 있었으나 시장의 반응은 ‘미래의 먹거리’ 라고 생각하여 뜨거웠다.

“여보. 삼성SDI와 삼성전기에 투자를 해 봐요. 아무래도 삼성이 더 안전할 것 같아. 위험한 투자는 하지 말자고.”

명한은 아내에게 안전하다고 생각되는 두 가지를 선발해 주었다.

“알았어요. 땡큐!”

그의 아내는 촉이 매우 발달하여 종목만 선발해 주면 주식투자는 명한보다 훨씬 수익률이 좋았다. 명한은 분석을 잘하고 중. 단기 투자는 미나가 잘했다.

그녀는 현대중공업에서 경험했었기 때문에 일정한 수익이 나면 수익을 실현해 가며 잘 대처하고 있었다. 돈이 잘 벌리면 누구나 신바람이 난다. 명한은 절반을 유한양행에 투자하고, 절반은 삼성SDI와 아모레퍼시픽에 반반 투자를 했다.

아모레퍼시픽은 고평가 상태였지만 남자들과 초등학교 어린이들까지 화장하는 세상이 되었으니 성장은 꾸준히 할 것이라고 판단했다. 아름다워지려는 인간의 욕구는 끝이 없을 것이다. 현재 시장에서 주도업종은 아니었으나 언제든지 주도 주로 부상할 수 있는 저력을 갖고 있다고 그는 굳게 믿었다. 그의 스승인 공명 선생도 추천했던 혁신적이고 위대한 1등 기업임에 틀림없었기 때문이다. 그 지주회사인 아모레G와 함께 그가 주식투자를 하는 한 평생을 함께할 위대한 종목이라고 생각했다.

삼성SDI는 저평가 되어 있고, 자동차나 스마트 폰의 배터리를 생산하고 있어서 매수했다. 미래에 전기차가 생활화 된다면 크게 성장할 것으로 생각했고. 수없이 생각하고 조사하면서 많은 고민을 하다가 내린 결정이었다.

"여보. 오늘 공명 선생님께 보양식을 만들어서 가지고 가요." 미나가 말했다.

"좋은 생각이네. 그동안 투자종목을 선정하느라고 생각을 못했네." 그녀의 제안에 명한은 스승한테 미안한 생각이 들었다. 지금까지 주식투자에 대한 것은 모두 배우고 겨우 산삼주 2병을 드린 것 밖에 없었기 때문이었다.

"뭐가 스승님한테 좋을까?"

"그냥 한방 닭백숙이 좋겠어요."

"오케이. 그거로 하자고."

명한과 미나는 한방 닭백숙을 하기로 했다. 중간 크기의 잘 생긴 토종닭을 골랐다. 그리고 인삼. 마늘, 대추, 은행, 황기 등을 샀다. 조리는 선생님 토담집 느티나무 그늘아래 평상에서 하기로 결정했다. 점심때 먹으려고 솥까지 준비해서 차에 싣고 설봉산으로 갔다. 다행히 선생님께서 평상에 한가로이 계셨다. 선생님은 반갑게 그들을 맞이해 주었다.

"아니. 이게 누구야. 미나씨까지. 웬일입니까?"

"선생님, 한방 백숙을 해드리려고요. 괜찮지요?"그녀가 말했다.

"괜찮지. 나야 좋지. 이렇게 고마울 데가 있나."공명 선생은 너무나 행복해 했다.

미나는 평상에서 백숙을 끓이기 시작했다.

"이봐 작은 거인! 투자종목은 선정했나?"하고 공명 선생이 물었다.

"작은 거인요?" 그녀는 처음 듣는 말이라 깜짝 놀라며 말했다.

"그래. 작은 거인. 내가 별명을 붙여줬어. 어떤가?"

"'작은 거인!' 좋은 이름이네요. '숏다리' 보다는 훨씬 좋은데요.

선생님. 감사합니다. 여보! 그런데 저한테 왜 말 안했어요?” 미나는
서운하다는 듯 퉁명스럽게 말했다.

“아. 그거. 내가 공부에 빠져서 생각을 못했어. 미안~”

“별명이 하나 더 늘어났네요. ‘숏다리’ ‘작은 거인’ 당신은 둘 중
에 어느 것이 좋아요?”

“당연이 작은 거인이 낫지. 앞으로는 ‘숏다리’라 부르지 말아요.
알았지?”

“예! 예! 알아모시겠사와요. 작은 거인! 호호호.” 그녀도 공명 선
생이 지어주신 별명이 좋다고 생각했다. 명한이 자신의 심기를 건드
리지 않으면 ‘작은 거인’이라고 부르리라 생각했다.

“스승님! 유한양행에 절반을 그리고 아모레퍼시픽과 삼성SDI에
각각 절반씩 투자를 했습니다.”

“유한양행에 대해서는 알고 있었고 아모레퍼시픽과 삼성SDI는
어떤 기준으로 투자를 결정하였는가?”

“예. 아모레퍼시픽은 뷰티산업을 이끄는 화장품을 제조 판매하는
회사로서 지난 60여 년 간을 항상 1등으로 달리는 우리나라 화장품
업계의 국가대표선수입니다. 그리고 인간의 본성은 아름다워지고
싶어 하는 마음을 영원히 지울 수가 없다고 생각했습니다. 언제든지
가격만 적당하게 떨어지면 매수하여 평생주주가 될 것입니다.”

명한은 초등학생들까지 화장을 하고, 고등학교 여학생이 공부하
러 학교에 가는데 빨간 립스틱을 바르고 진한 화장을 하여 마치 야
간 업소에 출근하는 여자처럼 하고 다니는 것을 보며 ‘아모레퍼시픽

은 결코 망하지 않을 것'이라고 생각했다. 더구나 요즘은 남자들까지 화장을 하는 화려한 시대가 아닌가? 화장품은 일단 바르기 시작하면 마약처럼 중단하기 어렵다고 그는 생각했다.

"오~ 그래. 음. 참으로 위대한 기업을 발굴했네. 나도 예전부터 좋아하던 위대한 기업이야. 화장품은 노인들이 많이 발라야 할 것 같아. 그래야 고약한 냄새도 줄어들고. 사실 지금은 산 속에 자연인으로 사니까 신경을 끊었지만 명동에 살 때만 해도 화장한 할머니들이 더 예뻐 보이더라고. 그리고 나머지는?"

"삼성SDI의 선택은 자동차 전기 배터리에 있습니다."

"미래의 친환경 전기 차에 장착할 전기 배터리?"

"네. 그렇습니다. 앞으로는 환경개선을 위해 전기차가 많이 팔릴 거라 생각됩니다."

"틀림없이 그럴 거야. 세 종목 발굴은 잘 한 것 같네. 특히 아모레G. 아모레퍼시픽. 유한양행은 위대한 회사지. 부채도 거의 없고 현금도 엄청나게 많고 말이야."

"정말 그렇습니까?" 명한은 확인을 받고 싶어 재차 물었다.

"괜찮아. 작은 거인! 종목 발굴 실력은 충분한 것 같고 그 다음 무엇이 어려운가?"

"예. 스승님. 저는 아직 위험관리 능력이 떨어진다고 생각됩니다. 아직도 돈을 많이 벌고 싶다는 탐욕이 생기는 때가 가장 어렵습니다."

명한은 가치를 보기 전에 가격을 보고 매매 하는 습관이 있었다.

"음. 그것은 아주 나쁜 버릇이네. 꼭 고쳐야만 냉혹한 주식시장에서 살아남을 수 있다네." 공명 선생은 명한의 단점을 듣고 내심 걱정하며 충고를 했다.

"예. 스승님. 꼭 명심하겠습니다."

"또 다른 어려움은 뭐가 있는가?"

"예. 가장 좋은 종목이라고 생각하여 목표가에 이를 때까지 보유하기로 하고 투자를 합니다. 투자를 하고 나면 시간이 많아서 다른 종목들을 리서치 할 때가 있습니다. 그런데 그때 새로 리서치한 종목이 더 좋은 종목이라고 생각되는 경우가 있습니다. 그러면 마음이 매우 불안해집니다. 그래서 처음 투자한 종목을 잘못 판단했다는 생각이 들어 조금만 주식가격이 하락하면 매도하는 경우가 있습니다. 이런 때 가장 힘들고 혼란합니다."

그것은 반드시 고쳐야 할 최고로 나쁜 습관이라고 생각했다.

"음. 누구한테나 있는 대단히 중요하고 어려운 문제라네. 내가 자네를 평가할 때 우선 종목을 리서치 하는 것 까지는 잘 하는 것 같은데 실전 투자에서 경험이 절대적으로 부족한 것 같네. 그렇다면 일단 저평가된 위대한 1등 종목에 매수를 끝내면 절대로 컴퓨터를 틀지 말게나. 기업의 내재가치(본래가치), 즉 목표가에 도달하기 전까지 주식시장을 떠나게. 투자를 하면 최소 2~3년 내지 십년을 기다려야하는 것이 주식투자라네. 목표가에 도달하면 미련 없이 이익을 실현한 후 충분한 휴식을 갖게나."

"스승님. 잘 알겠습니다."

"아직은 자네가 실전투자경험이 많이 부족해. 여행을 가거나, 자네가 좋아하는 철학공부도 하면 좋지 않을까? 사람의 마음이 참 이 상해. 자꾸만 보면 처음에 보이지 않았던 약점들이 하나씩 보이기 마련이고 불안해지거든.”

“꼭 실천하겠습니다. 스승님!”

“암. 꼭! 해야만 하네. 그것이 실제로 주식투자에서 가장 어려운 것이라네. 나도 처음에는 그랬어. 얼마나 올랐나 하고 매일 쳐다봤 지. 텃밭에 가꾸는 작물이나 정원에 꽃들은 매일 쳐다보고 사랑을 주어야 성장하지만 주식은 그렇게 하면 절대로 안 돼. 분기별 실적 이나 확인하면 그것이 다야. 성장하는 기업은 가만히 놔두면 저절로 올라갔다가 떨어졌다가 하면서 결국에는 올라가는데 말이야. 왜냐 면 실적이 좋은 기업은 실질가치가 계속 성장할 테니까. 그러면 주 가는 함께 오르는 거야.”

“스승님! 가만히 놔두면 한없이 떨어지는 경우도 경험했습니다.”

“아. 그런 경우도 물론 있지. 그러나 그것은 처음부터 너무 비싸게 매수한 거야. 저평가 될 때까지 기다렸다가 매수를 해야 하거든. 매 수도 분할로 약10회 정도 나눠서 매수를 하면 좋다네. 주가는 충분 히 조정을 받은 것 같아도 경우에 따라서는 또다시 하락하거든. 그 렇지만 위대한 기업은 떨어졌다가도 반드시 다시 올라온다네. 만약 에 저평가 이하로 더 떨어진다면 정말 한 종목에 모두 투자해도 되 는 행운이 찾아오는 것이지. 그런 걱정은 하지 않아도 된다네.”

공명 선생은 목표가에 도달하여 수익실현을 할 때도 분할 매도로 극대의 수익을 내라고 했다. 이것이 실전에서 말처럼 쉽지가 않았다.

그러나 투자에 성공하려면 늘 냉정함을 유지해야 한다. 그 누구의 관점이 아닌 오르지 자신만의 철저한 원칙을 지키는 것이 성공할 수 있는 비결이라고 생각했다.

명한은 조씨가 자신만의 투자법을 갖는데 10년이 걸렸다고 한 말이 생각났다.

공명 선생의 사생활 고백

"선생님! 이제 한방 백숙이 맛있게 다 되었어요. 어떻게 할까요?" 하고 미나가 말했다.

"뭘 어떻게 해. 먹어야지." 몸에 좋은 귀한 한약을 달여 놓은 듯 한 냄새가 솥뚜껑 사이로 계속 나왔다. 침이 꿀꺽 넘어 가는 좋은 냄새다.

"선생님 제가 산삼주를 따라 올리겠습니다." 미나는 공명 선생과 명한에게 따랐다.

"이미나씨가 이런 때 술을 했으면 얼마나 좋았을까?" 공명 선생이 말했다.

"선생님 감사합니다. 먹은 걸로 하겠습니다. 맛이나 있는지 모르겠습니다."

"자. 작은 거인! 한잔 하게나. 주식투자의 성공을 위하여!"

"위하여!"

"아휴. 맛있네. 내 평생 이런 백숙은 처음이야. 수고했어. 얼른 미나씨도 먹어요."

"네. 먹을게요. 선생님 많이 드세요." 시원한 느티나무 아래 평상에서 먹는 한방토종닭 백숙 맛은 정말 환상적이었다. 거기에 귀하고 맛있는 산삼주하고 먹는 기쁨은 천하를 얻은 후 만찬을 하는 기분이었다.

"스승님. 제 잔 받으십시오."

"음. 좋지. 작은 거인 자네도 한잔 더 해야지."

공명 선생이 산삼주 한잔을 더 드시더니 한 참 만에 말씀을 하셨다.

"작은 거인! 내가 오늘 자네 덕분에 기분이 너무 좋아. 그래서 지난 과거가 생각나는 군." 하며 공명 선생은 과거를 털어놓기 시작했다.

절대 자신의 과거를 묻지 말라하시던 공명 선생이 아니었던가?

명한이 언젠가 선생의 과거를 물었다가 심한 꾸중을 들은 기억이 생각났다. 선생님의 과거가 예사롭지 않을 것이라고 생각했다. 명한과 미나는 귀를 의심했다. 명한은 특히 자신이 산삼주 몇 잔에 취해 잘못 들은 것 아닌가 하고 정신 차려보려고 머리를 흔들어 보았다. 그러나 그것은 공명 선생이 정확히 한 말이었다. 명한과 그녀는 조용히 기다렸다. 한참을 더 뜸을 들이고 서서히 입을 떼었다. 초가을에 접어드는 황토 토담집 느티나무아래 평상도 조용히 귀 기울였다.

"나는 서울에서 태어났어. 명동에서 말이야. 내 이름은 이대성이고 본관은 전주이씨. 1933년 계유년 생이지. 올해 76세야."

"스승님 계유년 생이라 말씀하셨습니까?" 명한이 깜짝 놀라 황급히 물었다. 명한과 24년 띠동갑이었다.

"그렇다네. 자네는 정유년 생이라 했지?"

"예. 맞습니다."

“이래저래 자네와 나는 인연이 깊군.”

“예. 정말 그런 것 같습니다. 스승님.” 명한도 묘한 인연이라고 생각했다.

“내가 닭띠라서 닭띠들의 행동과 심리를 잘 알지.”

“스승님. 닭띠들의 심리가 어떤데요?”

“대체로 닭띠들은 부지런하지. 아침에 일찍 일어나 활발하게 움직이지. 그러나 결정적인 단점이 하나 있지.”

“그것이 무엇 입니까?” 명한은 더욱 더 조급해서 물었다.

“두 다리로 마구 파헤치기를 좋아하지. 그냥 땅 바닥에 있는 모이를 먹어도 되는데 파헤쳐 가면서 먹지. 그것이 단점이야. 특히 주식투자에서 치명적이지. 자네가 말한 것처럼 다른 더 좋은 종목이 있나 하고 자꾸만 파헤치거든. 뭐 그러다가 진짜 대박종목을 발견하는 수도 있지만 주식투자는 자신과의 심리싸움인데 자꾸 파헤치면 심리적 안정을 찾기가 어렵다는 얘기야.”

“스승님은 그것을 어떻게 고치셨습니까?”

“어려웠지. 엄청난 고생을 한 후 겨우 고칠 수 있었어. 그러나 반드시 고쳐야 하네. 작은 거인! 마음의 평정심을 잃게 하는 단점을 보완하면 자네는 틀림없이 훌륭한 주식투자자가 될 거야. 그 문제는 하루아침에 고치기 힘든 문제야”

“단점을 지적해주셔서 감사합니다. 반드시 고치겠습니다.”

“작은 거인은 앞으로 단점을 하나하나 고치면 되네.”

“감사합니다. 스승님! 스승님은 연세에 비해 정말 젊고 건강하십

니다. 저는 칠십 정도 되셨다고 생각했습니다." 명한은 화제를 바꿔
서 말했다.

"그렇게 보였는가? 고맙네. 그러나 나이야 어디 가겠는가? 나는
명동에서 태어났지만 늘 남산 양지 바른 곳에 집을 짓고 살고 싶었
어. 그리고 앞에는 강이나 맑은 호숫가 있는 그런 곳 말이야. 아침에
일어나면 산새들이 정겹게 사랑인사를 하는 그런 곳에서 살기를 늘
원했지만 주식투자를 하다 보니 그렇게 살지 못하고 시내 복잡한 곳
에서 힘들게 살았던 거야."

공명 선생은 한방 닭백숙과 산삼주를 드시면서 자신의 과거를 이
야기하기 시작했다.

"명동에서 태어나셨다고요?" 하고 부러운 듯 미나는 물었다. 명동
하면 옛날부터 색다른 첨단 거리이다.

명동대성당, 명동예술극장 뿐 아니라 쇼핑몰과 서점, 시내면세점. 젊
은 세대들이 가장 가보고 싶어 하던 유행의 첨단거리가 아니었던가?

미나는 지금도 가보고 싶은 곳이라고 말했다. 명동칼국수도 먹고
싶고. 아니, 명동이라는 말에 가슴이 뛰고 설렘이 일렁이고 있었다.
반면에 명한은 명동을 갔었던 기억이 잘 나지 않았다. 아마도 화려
하고 복잡한 명동거리가 그는 싫었을 것이다.

"그래요. 명동! 나한테는 운명적인 곳이었어." 공명 선생은 젊은
시절이 생각나는지 눈을 지그시 감았다 떴다.

"선생님! 운명적인 곳이라고요?" 미나는 매우 궁금했다.

"명동에는 명동예술극장과 낭만적인 명동거리가 있고, 대성당 등
곳곳이 멋졌지."

"선생님은 젊었을 때 예쁜 아가씨들이 따르는 멋진 청년이었을 것 같아요." 미나는 재미있다는 듯 물었다.

"아~암. 그때가 내 인생의 전성기였다고나 할까? 아무튼 좋았어. 크리스마스 때에 명동성당 앞마당에서 만난 아름다운 처녀와 데이트를 했었지."

"데이트요?" 그녀는 정말 궁금했다.

"그래. 요즘 말로 데이트였지. 추운 줄도 모르고 명동거리를 걷고 당시에는 명동국립극장이었던 명동예술극장에서 영화와 연극도 보았지." 공명 선생은 미나의 질문에 신이 나는 듯 말했다.

"그때 무슨 영화를 보셨는지 혹시 기억이 나세요?"

"음. 그게 뭐더라. 1955년 신상옥 감독과 배우 최은희씨가 함께 작업한 첫 영화 '꿈'이었을 것 같은데. 아마도 그 영화가 명동예술극장에서 첫 개봉을 했을 거야."

"선생님 명동예술극장에 대해서 더 말씀해주세요?" 미나는 어린아이처럼 물었다.

"음. 나는 연극 영화를 좋아해서 약간은 알고 있지.

바로크 양식의 석조건물인 명동예술극장은 역사가 있는 예술의 전당이었지. 오페라 '춘희'(1948년), 셰익스피어의 5막 비극 '햄릿'(1949년)은 이 무대를 통해 처음 우리나라에 소개됐고, 수준 높은 연극 영화 프로그램이 연중 계속되었던 곳이야." 공명 선생은 아는 대로 역사를 말해주었다.

"어머. 선생님은 산속에서 세상과는 단절하고 사시는 자연인으로

만 알았는데 예술을 그렇게 사랑하시는 줄 정말 몰랐어요.” 그녀는 믿기지 않는다는 듯 말했다.

“뭘. 그런 상식적인 것 가지고 야단은.” 선생님은 약간 쑥스러워 했다.

“선생님! 그럼 그때 명동예술극장에서 연극을 보신 분은 어떻게 되셨나요.”

“그 여자가 내 아내가 되었어. 그때는 천하를 얻었다고 생각하며 행복해 했지.” 하시며 공명 선생은 말을 흐렸다.

“사모님은 어떤 분이셨어요?” 미나는 궁금했다.

“뭐 그냥 내 마음에 드는 사람이었지. 조강지처 감이었지.”

“다방도 많았잖아요?” 미나는 화제를 바꿨다.

“많았지. 문학과 예술장르를 불문하고 장안의 유명 예술인은 모두 가 다방에 모여들었어. 차 한 잔 시켜놓고 하루 종일 앉아 있는 사람이 많았어요. 그런 사람을 놀리는 말로 ‘벽화’라고 불렀어. 그래도 누구 하나 뭐라 하지 않았던 게, 그 시절엔 그게 다방 문화였거든. 우리한테 다방은 사람 만나고, 글 쓰고, 음악도 듣는, 그런 곳이었어요. 요즘 즐 겨 찾는 ‘스타벅스’가 이미 50~60년대 명동에서 자연스럽게 있던 문 화야. 스타벅스가 우리나라 명동에 있던 다방을 벤치마킹 한 거지.”

“자네 혹시 대한민국에서 커피를 처음 마신사람이 누구인지 아나?”

“모르겠는데요. 그런 것은 생각도 못했습니다. 누구였습니까? 스승님!”

“퀴즈야. 두 사람 중 누가 먼저 맞추나 볼까?” 공명 선생은 웃으면 서 두 사람을 번갈아 쳐다보며 말했다.

“콜(Call)!” 명한과 미나는 흥미롭다며 거의 동시에 승낙했다.

“좋아. 시작해 보자고.”공명 선생은 눈이 반짝거렸다.

‘누굴까? 그 조선시대 말엽이고, 당시에는 양반들이 사랑방에서 찾아온 귀한 손님들과 녹차를 주로 마셨을 텐데.’ 명한은 퀴즈를 맞춰보려고 머리를 잔뜩 꼬집었다.

“선생님 커피를 처음 마신 주인공은 여자이지요? 왕비나 황후?” 미나는 성급하게 물었다.

“노! 그는 남자입니다.”공명 선생은 재미있다는 듯 대답했다.

“벼슬이 높은 분입니까?”명한이 물었다.

“높지. 하늘만큼. 조선의 이름을 대한제국으로 바꾸고 왕에서 황제가 되신 분….”

“아! 알았다. 대한제국의 가장 높으신 분 고종황제를 보좌하는 비서가 먼저 마셨습니다. 그렇죠?” 명한은 승리에 도취되어 말했다.

“어째서?”

“커피에 유해물질이 들어 있는지 먼저 확인하기 위해서입니다.”

“글쎄.” 공명 선생은 킥킥거렸다.

“저요! 제 26대 고종황제입니다.” 눈치 빠른 미나가 황급히 말했다.

“딩동댕. 우리나라에서 커피를 제일 먼저 마신 분은 고종황제야.”

“앗싸!” 그녀는 손을 들어 공명 선생과 하이파이브(high five)를 했다.

“우리나라에 커피가 처음 들어 온 것은 대략 100여년 되었는데, 고종황제께서 처음으로 마셨지.”

“커피는 황제가 마신 차네요.” 미나가 말했다.

"그랬지. 그 땐 엄청나게 귀한 차였으니까."

미나와 명한은 한방 닭백숙을 먹으며 서울 명동 토박이인 공명 선생한테서 명동 옛이야기에 흠뻑 빠져있었다.

"선생님 말씀을 듣고 나니 명동이 그리워져요. 그런데 왜 혼자서 지내세요?" 미나는 선생님 사모님에 대해 궁금했다.

"음. 위암으로 벌써 세상을 떠났어."공명 선생은 한참동안 말을 하지 않았다. 신이 나서 이것저것 묻던 그녀도 침묵을 지켰다.

"선생님. 제 술 한잔 더 받으십시오." 가만히 듣기만 하던 명한이 술을 권했다.

"음. 한잔 더할까?" 하고 선생은 단숨에 산삼주를 마셨다.

"그리고, 난 결혼하여 1남 2녀를 두었어. 다들 잘 살고 있어." 공명 선생은 갑자기 힘이 떨어지고 목소리가 작아지셨다.

"선생님. 그럼 주식투자는 언제부터 하셨습니까?" 이번에는 분위기를 바꿔서 명한이 물었다.

"어. 그것이 운명적이었다니까. 1956년 3월 3일 대한증권거래소가 중구 명동 남대문로 1가에 문을 열었어. 역사적인 일이었지."

"증권거래소가 문을 연지 그렇게 오래 됐습니까?" 명한이 궁금하여 물었다.

"그럼. 오래 됐지. 6.25사변 전후복구와 경제부흥을 위한 투자재원의 조달을 위하여 일제침략기 조선증권취인소령(朝鮮證券取引所令)에 의하여 금융단. 보험단. 증권단이 공동출자한 영단제(營團制) 조직으로 주식이나 채권 등 유가증권의 공정한 가격형성과 안정 및 유통의 원활을 위해 설립되었던 특수법인인 대한증권거래소가 설립됨으로써 우리나라에 유가증권시장이 문을 열었어."

"스승님. 그럼 대한 증권거래소에서 근무하셨나요?" 명한이 물었다.

"아냐. 근무한 것이 아니고 증권에 대한 관심이 많이 생겼어. 이상하게 다른 일이 손에 잡히지 않았어. 그래서 거래소에 자주 가게 되었고, 주식과 채권이 발행되고 유통되는 것에 대해서 알게 되면서 자연스레 공부하게 됐지.

맹자의 어머니가 자식을 위해 세 번 이사했다는 뜻으로, 인간의 성장에 있어서 그 환경이 중요함을 가리키는 말 맹모삼천지교(孟母三遷之敎)라는 말이 있지 않는가? 그 이후에 주식투자를 했어."

공명 선생은 산삼주를 한잔 더 마셨다.

"스승님. 예전에는 주식거래를 어떻게 했습니까?" 명한이 물었다.

"그야말로 호랑이 담배 피던 시절이었지. 예전에는 지금처럼 전산체계가 이루어지지 않았거든. 처음에는 손짓과 격탁(擊柝)에 의존하던 전근대적인 방식으로 매매했어."

"전산화되어 있지 않았다면 시장처럼 시끄러웠을 것 같아요." 명한이 묻자

"그랬지. 좀 시끄러웠지." 공명 선생은 과거를 회상하듯 말했다.

"손짓으로 매매를 했다면 지금의 경매시장과 비슷했겠는데요?"

"뭐 그렇게 생각하면 그럴 수도 있지. 그 후 1975년부터 전근대적인 방법을 철폐하고 포스트매매로 완전히 바꾸었어. 거래소 안에 육각형 포스트를 책상에 붙여서 주식 거래가 이루어진 거지.

당시에는 지금처럼 전산 시스템이 완전히 갖춰지지 않아 호가표 종이에 주식 가격과 수량을 입력해 거래소 직원에게 제출하는 방식으로 거래가 이뤄졌어.

호가표를 작성해 한국거래소 직원에게 제출하면 가운데 있는 컴퓨터를 이용해 거래내역을 전자게시판에 올리는 방식이었지.

20년 가까이 이용됐던 이 방식은 1997년 전면 전산화가 이루어지면서 지금처럼 집에서 주식거래 프로그램을 이용할 수 있게 바뀌었던 거야. 참 편한 세상이 되었어.”

“그 당시 상장된 회사는 어느 것이 있었습니까?”

“1953년에 대한증권업협회가 출범하였고, 이후 1956년 3월 3일 서울시장(명동)에서 대한증권거래소가 공식적으로 문을 열어 대한증권이 국내 1호 증권업 허가를 받은 것을 시작으로 서울, 신우, 한흥, 한양, 부국 등의 회사가 증권 매매를 시작했는데, 당시에는 조흥은행, 저축은행, 한국상업은행 등 12개사 주식과 전국 국채 3종만이 상장되어 거래를 했어.

증권거래소의 공신력을 높이고 투자자를 보호하기 위하여 1963년 5월 정부가 출자한 공영제 조직의 한국증권거래소[Korea Stock Exchange, 韓國證券去來所]로 개편하였어. 거래소는 유가증권의 개설·매매 거래 및 상장이나, 상장법인의 공시·회원의 감리 및 유가증권의 경매 등에 관한 업무를 주된 사업으로 하고 있지.”

“스승님은 주식투자전문가로 은퇴를 하셨는데 스승님이 투자하셨던 업종과 종목에 대해 많이 궁금합니다.” 명한은 정말 알고 싶었다.

"음. 주식투자는 정말 어려운 것이야. 내 주식투자 인생은 정말 파란 많은 굴곡의 연속이었어. 80년대에 들어서 계속 대박을 냈어. 아시안 게임과 88올림픽은 온 국민에게 꿈과 희망을 선사했었는데. 우리나라 증권시장도 멋지게 달렸어.

모두가 벼락부자가 되는 줄 알았지. 상장 종목 기반의 현행 코스피(KOSPI)가 산출된 시점이 1983년 1월에 기준 지수 100포인트로 출발했는데, 6년 후인 1989년 3월 1000선을 넘어서고 말았지.

나는 그때 건설업에 투자를 했지. 현대건설에 말이야. 아시안 게임과 올림픽, 그리고 대규모 신도시 아파트공사 등 말 그대로 단군 이래 가장 큰 최대의 공사를 했었거든. 물론 그 당시는 전 종목이 올랐어. 생각해봐. 코스피 기준지수가 100에서 1000까지 올랐으니 개별종목들은 기본적으로 수십 배씩 올랐지. 정말 대박이었지. 돈이 자고 일어나면 벌렸어. 경기가 참 좋았지. 그렇게 많은 돈을 벌었는데 위험관리를 못했어. 돈이 매일 벌리는 줄 알고 돈을 흥청망청 썼지. 원 없이 말이야."

"종합지수를 보면 정말 모두가 돈의 마력에 홀렸던 것 같아요."

"그때는 정말 대박이 나서 증권회사를 하나 쯤 세우는 줄 알았어. 조금만 더 달려주기만 한다면 세운다, 세운다 했어. 정말 스릴 만점이었지. 난 외환위기(IMF)가 올 줄 꿈에도 몰랐어. 그냥 많이 올랐으니까 조정을 받고 다시 달릴 거라 생각하고 더 많이 샀지. 요즘말로 물타기를 한 거였어. 그래도 계속 떨어지니까 신용까지 써서 샀는데 한없이 떨어져 어느새 벌은 돈 다 날리고 빚까지 지는 신세가 되고 말았어. 주식투자는 '돈을 잃지 않는다.'라는 것을 그때 뼈저리게 느끼고 알았지만 너무나 치명적인 손실을 내서 파산하고 말았지. 설상가상으로 아내가 병으로 쓰러져, 세상을 떠나는 불운이 겹쳤지. '주식투자는 위험관리다'라는 것을 가슴에 새기고 살게 되었어. 그 때 세상이 무너지는 줄 알았어. 사랑하는 아내도 가고 꿈도 사라지고, 죽으려고 한강에도 수없이 갔어. 한강에 나가서 무심히 흐르는 강물을 보면서 뛰어 들려고도 수없이 했으나 차마 발이 떨어지지 않더라고. 여름에는 흐르는 강물이 무서웠고, 겨울에는 추워서 따뜻한 봄에 오자 하다가 여기까지 왔어."

공명 선생의 두 눈에서 뜨거운 눈물이 하염없이 흘러 내렸다. 명한과 미나도 소리 없이 한참을 울었다. 흐느끼는 소리. 지나가는 바람소리가 위로하는 듯 했다.

"스승님! 제가 스승님 대신 투자를 꼭 성공 하겠습니다." 명한은 서글피 울었다.

"나. 괜찮아! 이 사람아. 나 이렇게 잘 살고 있지 않는가."

"스승님 그 후 어떻게 극복하셨나요?"

"음. 한동안 술로 헤매다가 강남의 한 학원에서 강의를 해달라는 청탁이 들어왔어."

"학원에서요?"

"그래. 학원, 주식투자를 가르치는 일종의 주식투자 사관학교 같은 곳이었지."

"그래서요?"

"나는 쫄딱 망하고 죽기보다 더 힘든 괴로운 시간을 보내던 중에 학원 강사가 되었지. 너무나 감사하고 지난날을 참회하는 마음으로 열심히 가르쳤어.

강의를 잘 하려고 준비를 많이 하게 되었고, 거기서 강의를 하며 주식투자에 대한 것을 오히려 배웠지. 산업의 패러다임이 변하는 것을 늘 파악해야 한다는 것을 알게 된 거야. 산업을 큰 틀에서 멀리 보는 거지. 그리고 시대를 이끌고 갈 업종 중에 가장 위대한 1등 기업을 매수해야 한다고 집중 강의를 했지. 강의를 들은 수강생들은 모두가 큰돈을 벌었어. 한때 나도 스타 강사였어. 돈도 좀 벌고 말이야.

나는 지난날은 다 잊고 최저의 생계비로 알뜰히 생활하며 저축대신 삼성화재 우선주를 사기 시작했어. 팔지 않고 사기만 했지. 지금도 그 때를 회상해 보면 내 인생의 가장 위대한 결정이었고 가장 자랑스러운 일을 했다고 생각해.

그래서 '주식투자는 사는 것이지 파는 것이 아니다'라는 것을 깨닫게 됐지. 지금까지도 그것을 갖고 있지. 주주로서 매년 받는 배당금으로 살고 있다네. 또 남는 돈은 조금씩 장학금도 주고 기부를 하면서 이렇게 자연인으로 잘 살고 있는 거야. 몸도 건강하고 자식들에게 손도 안 벌리니 애들도 좋아하고."

"지금까지 보유하고 계시다고요? 정말요?" 명한은 깜짝 놀랐다.

"그렇다네. 주식투자로 아무 걱정 없이, 누구의 도움 없이 노후를 잘 살고 있다네."

"스승님. 스승님은 증권회사는 비록 세우지 못했지만 결국 주식투자의 신입니다."

명한은 스승한테서 깊은 감명을 받았다. 주식투자에 대한 깨달음을 얻었다. 사람은 누구나 성공과 실패를 한다. 그러나 마지막에 성공하는 사람이 진짜 성공한 사람이라고 그는 생각했다.

"성공은 무슨. 작은 거인 자네가 진심을 알아주니 내가 오히려 너무나 고맙네."

공명 선생은 겸손한 자세로, 보람 있게 노후를 맞이하고 있다고 명한은 생각했다.

"스승님. 너무 궁금한데요. 삼성화재 우선주는 몇 주나 사셨어요?"

"왜? 궁금한가? 내가 지금까지 아무한테도 알려주지 않았던 비밀인데. 내 자식들도 몰라. 작은 거인! 자네는 내 수제자가 되었고 자네 인품을 보아 안심하고 말해 주겠네. 평균단가 주당 10,000원씩 10,000주를 매수 했네."

"예? 10,000주요?"

"암. 자네도 알겠지만 앞으로 배당은 점점 더 늘어날 것일세. 그럼 기부를 더 많이 할 수 있을 것 같아 나는 행복하다네. 자네를 제자로 받아 준 것도 자네가 주식투자공부를 하고 주식에 투자하여 나오는 수익으로 장학금을 주고 싶다고 해서 허락한 것일세. 만약 자네가 장학재단을 세우지 못한다고 해도 장학금과 기부와 봉사를 죽을 때까지 계속 할 수 있는 사람이라고 믿었기 때문이라네. 자네는 틀림없이 그러리라고 믿네."

"감사합니다. 스승님. 꼭 명심하고 실행하겠습니다."

"고맙네. 작은 거인."

공명 선생은 설봉산 최고봉인 희망봉을 바라보셨다.

"스승님! 그럼 설봉산에는 어떻게 오신 거예요?"

가만히 옆에서 눈물을 흘리고 있던 미나가 말했다.

"음. 학원 강사를 하던 중에 어느 날 학생들이 내가 늙어서 싫어한다는 것을 알았어. 그것을 안 다음 곧 은퇴했어. 나는 비록 도시에서 자랐지만 자연을 좋아했어. 그리고 건강도 좋지 않았어. 그래서 몸과 마음을 치유하기 위하여 자연을 찾아다녔는데 우연히 이천 도자기 축제에 왔다가 설봉산에 반했어."

공명 선생은 운이 좋았다는 듯 말했다. 명한은 스승이 설봉산에 잘 오셨다고 생각했다.

"정말 다행이에요. 설봉산은 낮지만 명산 이예요."미나는 진심으로 위로했다.

"암. 명산이지. 명당자리야. 축제에 가서 이리저리 산을 걸어 다니는데 이곳에서 발 길이 딱 멈췄지 뭐야. 그래서 얼른 하늘을 보고 잔디밭에 누워 봤어. 뭉게구름 속에 파란 하늘이 나를 반기고 있었어. 일어나서 앞쪽을 내려다 봤어. 맑은 호숫가 싱긋 웃더군. 뒤를 돌아다보니 잣나무 숲이 웃으며 말했어. 매서운 겨울에 북풍을 막아 줄 테니 여기서 살라고. 그 때를 생각하면 지금도 감사하지.

그리고 여기서 저 아래 설봉호수를 좀 봐 바. 너무나 멋지잖아. 달밤에 보면 달님이 저 호수 속에서 나를 보고 방실방실 웃거든. 그래서 나도 웃어 줬더니 달님이 나를 사랑한다며 애인이 되어 달라 매달려서 그냥 애인이 되었어. 지금도 한 달에 한 번씩은 꼭 만나고 있어.

늘 보고 싶은 책 실컷 볼 수 있고, 게으름을 피워도 누구 하나 야단치는 사람 없고, 앞마당에 마르지 않는 시원한 약수 물이 나오고, 새벽이면 산새들 조잘대며 인사하고, 봄에 온갖 꽃과 새싹들, 가을에 알록달록 고운 단풍, 겨울에 어머니 품 같이 설봉산에 포근한 하얀 눈이 내릴 때 나는 정말 천국에 산다는 느낌을 받거든."

공명 선생은 갑자기 천진한 아이 같았다. 아니 아이로 다시 돌아갔다. 지난 외환위기(IMF)때의 참담했던 기억은 다 잊으신 것 같았다. 설봉산은 과거의 괴롭고 안 좋은 기억을 모두 정화시키는 천국임에 틀림없다고 미나는 생각했다. 명한은 훌륭한 분을 스승님으로 모시고 배울 수 있다는 것을 하느님께 감사했다.

"스승님. 제가 한잔 더 올리겠습니다."

"인간이 가장 슬픈 때가 언제인지 아는가?"

"배고플 때입니다."

"작은 거인이 그걸 어떻게."

"아. 그건 어려서 배고픈 설움을 많이 겪었거든요."

"자네가 그런 설움을 다 알다니. 박정희 전 대통령이야 말로 우리나라의 모든 배고픈 설움을 없애주신 분이라고 생각한다네. 우리나라 현대사에 산업화를 이룩한 가장 위대한 분이시지. 우리나라는 역사 이래 그렇게 위대한 대통령의 기념관도 없으니 자라나는 어린아이들이 우리의 역사에서 뭘 배우겠나. 가슴 찢어지게 아픈 일이지."

"저도 그렇게 생각합니다. 스승님!" 명한은 정말 그렇게 생각했다.

명한이 유럽여행 할 때 독일에 들린 적이 있는데 그때 독일 광부로 파견되었던 재독일 광부협회 회장님으로부터 당시의 생생한 증언을 들은 적이 있었다. 서독광부협회 회장님은 서울에서 대학을 졸업한 후 서독에 파견할 광부 모집에 응시하여 독일 광부가 되었고 계속 독일에서 사신다고 했다. 광부만 독일에 간 것이 아니고 간호사도 함께 파견되었다고 했다. 간호사가 독일에 도착하여 처음으로 한 일이 죽은 시체를 알코올로 닦는 일이었다고 했다. 그 당시 한국에서는 일자리가 거의 없었다고 했다. 서독의 광부로 힘들게 근무하고 있을 때 고 박정희 전 대통령과 육영수 여사가 함께 위로하러 왔다가 모두가 부둥켜안고 눈물바다를 만들었다고 했다.

박정희 전 대통령은

"내가 여러분의 앞으로 3년 치 임금을 독일 정부에 저당 잡혀 대한민국의 산업자본으로 빌려 갑니다. 만일 한국의 산업화가 성공을 거두지 못하고 실패로 끝나면 여러분은 3년 동안 한 푼 못 받고 노예처럼 일해야 합니다. 대한민국은 반드시 성공할 것입니다. 못난 나를 믿고 부디 몸 건강히 보내십시오." 대통령은 말을 다 잇지 못했다고 했다.

명한은 비록 독재정권이라는 오점을 남겼지만, 박정희 전 대통령은 오늘의 대한민국을 만든 분이라고 생각했다. 전 세계 120개국 중에 119위, 일인당 국민소득이 68달러였던 찢어지게 가난했던 대한민국을 세계 10위권으로 살려낸 현대사의 위대한 인물이라고 평가했다. 한강의 기적을 만들었고 산업화의 리더였다. 이제 역사는 대한민국의 경제계획 과정에서 발생된 독재정권의 단면만 고집하지 말고, 경제대국을 이룬 위대한 업적도 평가해 줘야 한다고 생각했다. 독재정권하에서 정치 민주화를 이룬 역대 대통령들도 위대했고, 산업화를 이뤄 부자나라로 만든 박 대통령도 위대했다고 생각했다. 이제 모두 서로를 용서하고 사랑하면서 자유민주주의를 더 굳건히 지키고 발전시키며 자유경제시스템을 통한 세계 최고의 선진국이 되기를 진심으로 바랐다.

　공명 선생은 먼 산을 응시하더니 "주식투자의 미래업종 선정 방법은, 우리나라의 미래를 걸머지고 갈 천재들이 어떤 진로를 선택하는가를 판단해보는 방법도 있다네. 신기하게도 거의 다 맞거든."

　"어떻게요. 스승님!"

　"우리나라에 60년대는 서울대 농업학과가 인기가 있었고, 70년대는 기계과와 화학과, 80년대 들어서면 전자공학, 90년대에는 컴퓨터공학, 2000년대 들어서자 의학. 생명공학. 바이오, 제약 2010년대는 아마도 2000년대 플러스 인공지능(AI), 로봇 등을 천재들이 선택한 전공들이야. 우리나라 주식시장은 바로 천재들이 선택한 업종들이 미래를 이끌 위대한 기업이었거든."

　"스승님 정말 그런 것 같습니다. 딱 맞습니다."명한은 신기했다.

　명한은 시대적 인재들이 진학한 것을 따져 보면 주식투자할 때 활용 가능한 또 하나의 지표라 생각했다. 80년대 전자공학과가 인기학과였다.

　당시 삼성전자의 주식가격을 보니 6,000~8.000원에 거래되었는데 현재 800,000원대에 거래 되고 있다. 100배 이상 상승한 것이다.

앞으로도 삼성전자 주식가격은 계속 올라갈 것이라 생각되었다.

대한민국 주식시장도 GDP(국내총생산)가 증가하는 한, 개별기업의 성장이 멈추지 않는 한, 주식가격은 계속하여 상승할 것이라고 생각했다.

"스승님. 새로운 것을 많이 배웠습니다. 감사합니다." 명한이 진심으로 감사했다.

"감사는 무슨. 내가 오랜만에 토종닭 한방백숙을 맛있게 잘 먹었어. 특히 이미나씨한테 고맙고." 하며 그동안 가슴에 감추고 살았던 과거의 한이 된 비밀이야기를 다 털어놔서 후련한 것처럼 웃으며 말했다.

"선생님께서 맛있게 드셨다니 정말 기쁩니다. 앞으로도 언제든지 닭죽이 드시고 싶으시면 말씀만 하십시오. 준비해 오겠습니다. 감사합니다 선생님!" 하고 그녀가 말했다.

"고맙네. 고마워. 아. 그리고 작은 거인 말이야. 앞으로는 정식으로 수업을 안 받아도 충분 하겠어. 오늘로 정식수업은 종료하고 자네가 실전투자 할 때마다 알고 싶은 것이 있으면 언제든지 와서 토론하자고." 공명 선생은 이제 정식 수업을 끝내겠다고 말했다.

"스승님. 제가 그런 실력이 있을까요?"

"암. 기본 실력은 그 정도면 충분하다네. 이제부터는 실전을 통한 자네의 약점을 보완해 가는 것이 바람직하다고 보네." 공명 선생은 명한의 기본적인 실력이 충분하다고 다시 말했다. 명한은 공명 선생의 말을 따르기로 했다.

자신이 생각해도 자신의 약점인 심리적인 것만 고친다면 주식투자를 혼자해도 될 것 같았다. 실전 투자를 하다가 잘 안 되는 약점이 다시 노출되면 다시 공부하러 오기로 하고 명한은 스승님에게 큰 절을 올리고 아내와 함께 집으로 왔다.

불운한 현명한

그는 안전이 제일이라며 유한양행에 절반을 투자하고 삼성SDI와 아모레퍼시픽에 각각 25％씩 투자를 마무리하고 지켜봤다. 미나는 명한이 추천해 준 종목 삼성SDI, 삼성전기와 LG화학을 잡고 중 단기투자를 했다. 주가가 계속 올라 행복했다.

그러나 명한이 투자한 유한양행은 투자를 하자마자 시원스럽게 좀 달리더니 이내 하락세를 타고 미끄러지기 시작했다. 삼성SDI는 천리마처럼 하늘로 향해 달리고 아모레퍼시픽은 정상이 가까웠는지 느릿느릿 올라가고 있었다.

가장 안전한 미래가 보장된 종목이라 생각하고 최소한 2~3년 내지 10년 이상 보유한다고 마음먹고 절반을 투자한 유한양행이 정부의 약값인하 이슈가 있을 적마다 반대로 내리막길을 달리자 명한은 다시 불안하고 초조했다.

"골리앗이 뭐지?"

주사모 회원이었던 손한방이 알려주었지만 명한은 정확한 정체를 알 수 없었다. 다시 흡혈귀 같은 골리앗이 유한양행 주가를 더욱 더 끌어내리고 있다고 생각했다.

공명 선생도 명한이 심리적인 약점을 실전 경험을 통해 고쳐나간
다면 혼자서도 주식투자를 충분히 할 수 있는 실력이 있다고 평가했
다. 그래서 수업을 조기 졸업 시킨 상태였다. 그러나 그는 냉혹한 주
식시장에 첫 발을 내디딘 아직 햇병아리였다. 모진 폭풍우를 이겨
낼만한 100전 노장의 어미 닭이 아니다. 그는 이제 많은 실전투자 경
험을 쌓아야만 하고, 수익을 내서 살아남아야 그가 꿈꾸던 장학재단
을 세울 수 있을 것이다.

그런데 이론을 배우고 처음으로 실전경험을 쌓기 위해 스스로 발
굴한 가장 비중이 높은 종목이 내리막을 달리니 다시 답답했다.

골리앗과 정면승부를 해야 하나? 요동치는 마음을 가라앉히기 위
해 안간힘을 다 썼다. 그러나 감성적이고 소심한 성격인 그는 아직
역부족이었다. 설마 했던 일이 벌어지고 말았다. 보건복지가족부가
강제로 약값 인하를 단행한다는 발표가 나왔다. 건강보험 재정 안정
화 대책으로 특허가 끝난 신약의 약값을 30% 인하하고 복제 약은
신약의 50%까지 낮추는 방안이 발표 되었다.

정부가 약값을 더 인하하려는 이유는 약제비를 줄이지 않고는 건
보 재정을 안정시킬 수 없다는 판단 때문이었다. 그리고 의사들을
약제비 상승의 주범이라며 리베이트를 받는 파렴치한 집단으로 매
도하며 리베이트 쌍벌제 시행을 단행했다.

이것은 이미 그의 스승인 공명 선생이 어쩌면 치명적인 악재가 될 것
이라 예견했던 일이었다. 명한은 그런 가능성을 스승한테서 듣고도 안전

에 중점을 두고 훌륭한 업종이며 1등 기업이라 판단하여 투자를 했다.

　제약협회는 정부의 강제 약값 인하정책은 잘못이라고 사활을 건 강력한 규탄대회를 열자, 보건복지가족부에서 사업을 재검토 중이라는 보도가 나가고 밀고 당길 때마다 주가는 방향을 찾지 못하고 춤을 추었다. (2010.09.2주 최고 181,460원)마지막으로 정부가 차질 없이 계획을 추진하겠다는 강력한 결정을 발표하자 주가는 하락의 길로 바뀠다. 그때 매도하고 위험한 곳에서 일단 빠져나왔어야 했다. 손실도 아주 작았다. 그러나 그는 그렇게 하지 못했다.

　명한은 초초해지자 또 다시 제대로 판단을 못했다. 유한양행이 손실 났지만, 최소 2~3년은 보유하기로 했기 때문에 그대로 보유했다. 그리고 확실하게 저평가에 진입했다고 판단했다. 2~3년만 버티면 반대로 주가가 상승하리라 생각했다. 회사의 펀드멘탈(기초체력)에 아무 이상이 없기 때문에 망하지는 않을 것이라 생각했다. 그래서 폭발적인 수익이 발생한 삼성SDI주식과 아모레퍼시픽 주식을 팔아 유한양행주식을 추가로 매수 (물타기)했다. 유한양행의 주가가 저평가 되었다고 판단하여 고평가된 삼성SDI와 아모레를 이익 실현하고 유한양행을 계속 사서 평균단가를 낮추었다. 그 결과 손실률은 떨어졌지만 손실액은 더욱 더 커졌다.

　흡혈귀 골리앗은 주가를 더욱 더 끌어내려 공포의 분위기로 만들었다. 인간 본성인 공포감을 최대로 증폭시켜 투매를 하지 않고는 못 견디게 시장 참여자들을 함께 동참하도록 유도했다. 너무나 잔인했다. 명한도 공포에 휘둘렸다.

　2011년 10월1일 최저가격 103,000원까지 추락하고 말았다.

2009년 9월에 매수하여 2012년 4월까지 32개월, 즉 3년 가깝게 보유하여 마이너스 30%라는 초라한 성적이라니. 그것도 당대 제일인 주식투자 전략가 공명 선생한테 배운 수제자가.

명한은 하늘이 갈라져 무너져 내리고 땅이 꺼지는 아픔을 당했다.

감성적이고 마음이 여린 그는 너무나 큰 정신적 충격을 받아 오랫동안 어쩔 줄 몰랐고 정신력의 한계를 드러내고 있었다. 그는 골리앗에게 한쪽 무릎이 꿇리면서 망연자실 했다. 남은 한쪽 무릎마저 힘없이 꿇리고 골리앗과의 싸움에서 졌다.

멍하니 초점 잃은 눈만 간신이 껌뻑거리며 컴퓨터 앞에 앉아 있었다.

"여보! 여보! 여보~! 왜이래요? 정신 차려요!"

순간 미나는 큰일이 일어났다는 예감이 들었다. 실어증? 아니면, 아니면! 사고능력(思考能力)의 상실? 아닐 거야! 원 세상에! 어찌 이런 일이….

엉거주춤 아무 말 없이 앉아있는 명한에게 말을 시켜보고 흔들어봐도 별 반응이 없었다. 컴퓨터 화면에 파란색 봉차트로 쓰인 103,000원만 응시하고 있을 뿐이었다. 인간에게 직면하는 모든 파멸적인 재난들 중에서 말을 못한다든지 사고 능력을 상실(광인狂人)한다면 이것은 가장 두려운 대 재앙이라는 생각이 들자 그녀는 온몸이 사시나무 떨리듯 덜덜 떨렸다.

"여보! 여보! 여보~! 내말 들려요? 아이고! 이게 무슨 일이야!" 헐떡이는 가슴을 간신히 쓰다듬으며 미나는 부엌으로 가서 생수 한 컵을 가져와 명한에게 먹여봤지만 소용없었다. 호흡이나 맥박은 정상인 것 같았다. 그녀는 정신없이 119를 눌렀다.

요란한 구급차 소리와 함께 잠시 후 구급대 안전요원이 들어왔고 명한은 이동식 침대에 눕혀져 가까운 병원으로 갔다.

"심한 정신적인 충격으로 인한 일시적인 쇼크 현상입니다. 하루 이틀 입원해서 약 먹고 안정을 취하면 곧 회복될 것입니다. 걱정하지 마십시오." 그를 진료한 의사는 대수롭지 않게 말했다. 명한은 여전히 아무 말 없이 눈만 껌뻑거리고 있었다.

하얀 시트가 깔린 침대에 누워 천장을 쳐다보고 있는 남편을 바라보며 그녀는 솟아오르는 눈물을 하염없이 흘렸다.

그녀는 장학재단을 세우려면 주식투자를 배우라 권했다.

"여보! 내 말 들려요?"

그는 아무 말이 없었다. 미나는 눈물을 한 손으로 훔치고 명한의 얼굴을 쓰다듬었다. 하얗고 창백했다. 그러나 너무나 편안해 보였다. 편안한 모습을 보니 다시 눈물이 났다. 이 일을 어찌 한담! 제발 하루 빨리 회복되어야 할 텐데….

"여보! 제가 당신 곁에 꼭 있을 테니까 마음 놓고 한숨 푹 주무세요." 그녀는 눈물을 훔치면서 아이처럼 순박하고 마음여린 남편을 애처롭게 바라보았다. 명한은 신경안정제를 먹어서 그런지 어느새 곤이 잠들어 있었다. 주식가격 걱정을 안했으면 좋겠다고 생각했다.

그녀는 그가 돈을 잃어서 고민한 것이 아니라는 것을 잘 알고 있다. 그는 자신이 판단을 잘못 했다고 인정 하면서도 붙잡고 있었던 것과 그를 위해 최선을 다해 가르쳐주신 공명 선생님에 대한 면목이 없어 괴로웠던 것이다.

그녀는 남편이 회복되면 따듯하게 위로해 주리라 마음먹었다.

명한의 손을 잡고 기도하다가 엎드린 채 잠이 들었었는데 누가 흔들어 깨우는 소리에 깜짝 놀라 잠에서 깼다. 명한이었다. 벌써 병실 밖 창문 틈으로 붉은 태양이, 희망의 빛이 비집고 들어오고 있었다.

"여보! 여기 침대로 올라와서 편안히 자요!"

"지금, 당신이 말한 거야! 진짜야! 아유~ 여보! 고마워. 나는 당신이 영원히 말을 못하면 어떻게 하나 걱정 많이 했어요. 하느님 감사합니다!" 미나는 명한의 얼굴을 쓰다듬어 보면서 끌어안고 눈물을 흘렸다.

"미안해. 여보! 내가 왜 이런 바보가 되었는지 모르겠네."

명한은 입을 크게 벌려보고 다물어보고 목을 돌려보고 눈동자를 좌우로 돌려봐도 불편한 곳이 신기하리만큼 없었다.

"여보! 사랑해요! 앞으로는 정말 잘해줄게요." 미나는 명한의 얼굴을 어루만지면서 말했다.

"나도….."

명한은 아침이 되자 퇴원해도 된다는 의사의 말을 듣고 집으로 왔다. 그리고 일주일 이상 쉬었다. 쉬고 나니 그는 다시 장학재단을 세워야 한다는 마지막 꿈이 꿈틀거리고 있었다. 그는 포기할 수 없었다. 골리앗의 심리를 역이용해야 주식투자에서 성공하리라 생각했다. 공명 선생은 실전투자를 하면서 산전수전 모든 경험을 쌓고 자신의 원칙을 찾아야 한다고 말했던 기억이 났다.

"여보. 당신 어떻게 할 거예요?"그녀는 조심스럽게 물었다.

"뭘?"

"거~ 있잖아요. 주식투자말예요?"

"해야지. 장학재단을 세우지 못할지라도 끝까지 해 봐야지. 이제는 마음을 편하게 하고 부드럽게 해야지. 강하면 부러지는 것인데. 앞으로는 그런 일은 없을 거야. 걷기수행을 더 하면서 심리를 잘 조절하면 아무 문제가 없을 것 같아. 나의 공포심리 마지노선이 어디인지 정확하게 알 수는 없지만 극복해야지.

산이 있어서 올라가는 등반가처럼 나는 도전 할 거야. 포기 못해! 걱정 하지 마."

"당신은 그것이 타고난 자산 이예요. 어머니한테 물려받은 유산이라고 말했죠?"

"맞아. 돌아가신 어머니가 내게 주신 유산이지. 어떤 고난에도 꺾이지 않는 그 부들부들한 물렁뼈 같은 힘! 수없이 넘어져도 다시 일어나는 오뚝이 같은 힘 말이야!"

"파이팅!"

명한은 마음이 한결 가벼워 졌다. 다시 조용하고 냉철하게 시장을 객관적으로 볼 수 있는 혜안을 얻었다.

그는 차분한 마음으로 유한양행 주가를 보니 어느새 조금 올라 있었다.

그러나 정부가 강제로 약값인하를 단행한 이후 한 주당 순이익 (EPS)이 2009년도에 11,368원이던 것이 2012년에 6.625원으로 거의 절반 정도 떨어져 있었다. 원래 그가 예상했던 EPS는 18,554원이 되어 있어야 했다. 2012년도 목표주가도 400,000원이었으나 실제로 2011년 10월 1일 103,000원까지 떨어졌다. 103,000원이란 주식 가격은 주가수익비율(PER) 13.45배로, 제4차 산업혁명의 주도업종이 될 제약업 대표종목으로 본다면 매력적으로 저평가된 것은 틀림없었다.

그러나 정부의 시책이 바뀌지 않는 한 앞으로 수년간 매출과 이익금이 지속적으로 감소할 것이며, 매출과 이익이 늘어나지 않는 한 주가는 오르지 못할 것이라 판단했다. 투자자들은 실적이 좋은 아름다운 미인주들만 쫓아서 투자하기 때문에 기업이 성장을 못하면 투자자들로부터 미운 오리새끼가 되어 주가가 얼마나 오랫동안 옆으로 길지, 얼마나 더 지속적으로 하락할지 알 수 없었다.

명한은 다시 종목을 바꿔야 하는지 고민하면서 금융업종을 리서치 했다, 우리나라 최고의 노다지 황금 업종이었던 보험업에 위대한 1등 기업인 삼성화재우선주가 눈에 들어왔다. 그의 스승인 공명 선생이 보유하고 있어서 그런지 매우 친근감이 들었다.

그는 자세하게 조사했다. 그러나 아무리 계산을 해봐도 매력적으로 저평가되어 있었다. 특히 배당수익율이 연 5%가 넘도록 주가가 떨어져 있었다. 평균적으로 4~5년 만에 한 번씩 오는 절호의 찬스라고 그는 생각했다. 리서치를 끝내고 결정을 미룬 다음 일단 유한양행 주가를 더 지켜보기로 했다.

명한은 반등하던 주가가 2012년 4월 120개월 이동평균선을 다시 하향 이탈하자 120,000원에 원금에서 마이너스30%라는 초라한 성적을 거두고 매도했다.

엄청나게 저평가되어 배당을 많이 받게 된 삼성화재 우선주로 갈아타는 것이 더 현명하다고 판단을 내렸기 때문이었다.

공명 선생은 결정은 오르지 명한이 해야 한다고 했다.

실전경험을 통해 뼈저린 아픔을 이겨내는 훈련이 있어야 앞으로 더 험하고 힘든 주식시장에서 살아남을 수 있다고 사랑하는 제자에게 위로해 주었다.

명한은 유한양행주식을 매도하고 많은 생각을 했다.

주식투자는 과연 무엇인가?

투자자는 어떻게 마음을 가다듬어야 하는가?

자신처럼 손해보고 파는 것이 주식투자인가?

골리앗과의 싸움에서 어떻게 승리할 수 있을까?

당대 최고의 주식투자전략가 공명 선생님에게 이론을 배우고 첫 실전투자에서 그는 완패했다. 현대중공업에서 자신이 스스로 세운 목표가격을 고집하다가 실패하였고, 그로 인한 트라우마가 생겨 가장 안전한 종목을 찾아 유한양행에 투자를 했으나 또 실패 했다. 그 충격으로 일시적으로 '실어증'까지 앓았다.

'심리적 패배'일까?

인간 본성을 허물어 버리는 골리앗의 공포 심리전에 정말 완벽하게 패했을까?

명한은 유한양행이 언젠가는 주가가 회복될 것이라고 믿고 있었다. 그러나 엄청나게 하락한 삼성화재 우선주가 주가 회복이 더 빠를 것으로 판단하였다.

그는 삼성화재 우선주로 종목을 교체하기로 결정했다. 전보다 많이 냉정해졌다고 스스로 위안을 했다.

삼성화재 우선주는 배당수익률이 연 5%대로 진입하고 있었다. 그만큼 주가가 많이 떨어져 5%대의 배당수익과 추가로 주가가 상승하면 추가 수익을 기대할 수 있을 것이라 판단했다.

그는 그의 스승이 장기투자를 하고 있으며, 많은 배당금을 받고 있는 삼성화재 우선주를 택하기로 했다.

그가 선택한 이유는 배당금을 많이 주는 우량한 회사주식을 조금씩 사 모아서 그 배당금으로 장학금을 영구적으로 주려는 계획과도 일치했기 때문이다.

연간 한 주당 3,500원씩 배당금이 나오는데 만약 1998년 외환위기(IMF)시절 10,000원이하에 매수했더라면 연간 배당수익률이 무려 매년 35%라는 믿지 못할 경이적인 수치이며, 2008년 글로벌금융위기 때 35,000원에 매수 후 보유했었다면 10%의 배당수익이 발생했을 것이다.

현재 주가가 70,000원대에 있는데도 골리앗은 연일 팔고 있었다. 그 때마다 개미들도 공포에 휩쓸려 따라 팔았다. 골리앗이 원하는 심리전에 모두가 무릎을 꿇는 중이라고 생각했다. 주가는 계속 곤두박질 쳤다. 그는 흡혈귀 골리앗을 역 이용할 매수찬스이며 행운이 찾아왔다고 생각했다. 우선주는 거래량이 아주 적어서 조금씩 밖에 살수 없는데 오히려 명한이 대량매수 할 때 그것이 도움이 될 것이라 생각했다. 그리고 이번에는 골리앗과의 싸움에서 심리전에 절대로 말리지 않고 반드시 승리하여 설욕을 하겠다고 전열을 가다듬었다.

그는 삼성화재우선주를 매수하기 전 그의 스승에게 찾아갔다.

미래의 주식가격은 아무 누구도 모른다. 오르지 신만이 알 것이라 생각하면서도 판단을 잘 한 것인지 다시 한 번 확인하고 싶었다.

"스승님! 작은 거인입니다. 그동안 안녕하셨어요?"명한은 마지막 수업을 받은 지 3년이 되었지만 여전히 그의 스승을 방문했다.

"어서 오게. 작은 거인! 유한양행에 투자한 후 고생 많았지. 주식이라는 게 다 그래."하며 공명 선생은 수제자인 그를 진심으로 위로하며 맞았다.

"스승님의 크나큰 가르침을 받고 실전에 첫 출전하여 판단 실수를 했습니다. 그리고 골리앗에게 완패했습니다. 면목이 없습니다. 죄송합니다. 스승님."

"뭐. 골리앗이라 했나?"

"예. 스승님. 주식시장에서 사용하는 은어입니다. 공매도, 작전 등 투기를 일삼는 세력들을 통틀어 골리앗이라 부르고 있습니다."

"그래. 새로운 말이 나왔군. 앞으로 실전투자를 하다보면 하나하나 배우게 될 거야. 그러나 너무 겁먹지 말게 중요한 것은 원칙만 지키면 되는 거야."

명한은 닭똥 같이 굵은 눈물을 하염없이 흘렸다. 자랑스럽게 실전투자를 해서 스승을 기쁘게 해 드리고 자신의 꿈을 하루라도 앞당기고 싶었는데 면목이 없었다.

"괜찮아! 괜찮아! 자네가 모두 잘못한 것은 아니네. 다 아픈 만큼 크게 성장하는 거야. 심려는 무슨 심려. 힘을 내게나. 장기적으로 보면 좋은 경험을 한 걸세."

"감사합니다. 다시 힘을 내겠습니다. 유한양행을 손해보고 매도하고 삼성화재우선주를 매수하기로 최종적으로 결정 했습니다. 스승님은 어떻게 생각하십니까?"

"글쎄. 주식가격은 아무도 모르지. 그래서 저평가된 혁신적이고 위대한 1등 기업을 매수하여 오래 들고 가는 것인데. 지금은 삼성화재우선주를 매수할 좋은 타이밍임에는 틀림없다네. 한 가지 문제는 미래를 이끌 혁신적인 기업은 아니라는 거야. 그러나 업종 내 1등 기업임에는 틀림없지. 그리고 가치투자 하기에는 완벽하게 저평가 되었거든. 앞으로 장학재단을 설립할 때 배당금으로 장학금을 주기에는 아주 최상의 조건을 갖춘 주식이지. 최종 결정은 자네가 해 보게 어차피 경험을 쌓아야 하니까. 반드시 자네가 스스로 성공한 경험을 얻는 것이 중요하다네."

"감사합니다. 그러면 삼성화재우선주로 하겠습니다." 하고 명한이 말했다. 속이 후련했다.

"아! 참! 이미나씨도 잘 지내고 있지?"

"네. 스승님. 아주 잘하고 있습니다. 아내는 저처럼 한 종목을 길게 들고 가는 것이 아니고 유한양행이 하락하자 곧바로 매도하고 삼성전기, 삼성SDI, LG화학, 현대모비스 등 주도 주 위주로 투자를 해서 수익을 꾸준히 내고 있습니다."

"주식투자는 투자자의 성향대로 하는 거야. 가치투자가 궁합에 맞으면 가치투자를 하는 것이고, 기술적 투자가 맞는 투자자는 기술

적 투자를 하는 것이지. 투자의 세계는 정답이 없다네. 그러나 삼성
화재나 아모레퍼시픽, 삼성전자 등과 같은 위대한 기업을 하나 선정
하여 저평가 될 때까지 기다렸다가 집중적으로 투자하여 평생주주
가 되어 기업과 함께 성장하는 것이 최상의 주식투자라네. 이런 위
대한 기업이 망할 확률은 거의 없으니 걱정도 덜 되고, 그리고 가장
중요한 것은 주식투자시장에서 돈을 많이 벌은 사람들은 대주주라
는 것을 명심하게."

"스승님. 말씀대로 하겠습니다. 저의 짧은 경험으로 판단해도 주
식투자는 위대한 기업이 저평가 되었을 때 사서 주주가 되는 것이라
고 생각합니다. 스승님께서 제게 알려주신 '주식은 파는 것이 아니
고 사는 것이다'에 전적으로 동의합니다." 명한은 자신이 경험한 것
을 종합적으로 분석한 결과 스승님의 말씀이 옳다고 느꼈다.

"알았다니 내가 고맙네. 앞으로도 계속 자네의 약점을 보완해 가
게나. 자네는 틀림없이 성공할 걸세. 그리고 이제 막 시작된 제 4차
산업혁명의 주도 주가 될 혁신적이고 위대한 1등주도 발굴하고. 음.
가치투자의 아버지이며, 월가의 학장이라고 불리는 벤자민 그레이
엄(Benjamin Graham)과 그의 수제자인 살아있는 전설 워런 버핏
(Warren Edward Buffet)에 대해서도 공부를 해 보게나. 참으로 멋진
투자자들이야."

"예. 명심하겠습니다. 스승님!" 명한은 자신 있게 말했다.

"음. 가치투자자는 기본적으로 기업분석을 잘해야 하고, 그러기
위해서 공부를 많이 해야 하지만 무엇보다도 '인내!' 바로 인내심이

라고 생각해. 그래서 가치투자자가 되기 어려운 것이야. 인내! 인내! 인내!"

"인내! 명심하겠습니다. 스승님!"

"작은 거인! 자네가 종목 발굴 하는 수준은 이미 도달한 것 같은데 자네 심리를 다스리는 훈련을 끊임없이 해야 하네. 저평가 될 때까지 기다려야 해. 자신과의 싸움이야. 자신을 이겨야 해! 그래야 자네가 말한 골리앗을 이길 수 있는 거야."

"명심하겠습니다. 스승님!"

"힘내게."

"감사합니다. 스승님!"

"오늘 시간도 있고 이렇게 나를 찾아 왔으니 하나 더 알려주고 싶네."

"그것이 무엇입니까?"

"경기 순환과 주식시장에 대한 것도 참고하면 도움이 많을 것이라고 생각되네."

"경기순환과 주식투자라 하셨습니까??"

"그렇다네. 주식시장을 봄. 여름. 가을. 겨울로 나누어서 설명한 것이라네."

"예. 들은 기억이 납니다."

"경기 사이클이 꼭 사계절 같다고 본거지."

"아~아. 이해가 되는 것 같습니다. 경기의 순환주기인 회복기-활황기-후퇴기-침체기를 봄. 여름. 가을. 겨울이란 계절에 도입해서 설명한 것 아닙니까?"

"그렇지. 경기는 대개 불황보다 활황이 길지. 그래서 봄. 여름. 가을을 경기순환중 상승구간이라고 볼 수 있다네. 이런 사계절을, 봄은 금융장세 (회복기), 여름은 실적장세 (활황기), 가을은 역 금융장세 (후퇴기), 겨울은 역 실적장세 (침체기) 라는 이름을 붙여서 설명한 거야. 상승구간은 완만하게 꾸준히 오랜 기간을 상승하다가 침체기가 들어서면 무섭게 단기간에 하강 한다고 비유한 것이지.

"재미있게 분류를 한 것 같습니다."

"급한 마음에 차트만을 보지 말고 경기순환을 한번 생각해보면서 긴 호흡으로 투자를 결정하라는 의미에서 말하는 걸세. 사계절을 각 1년으로 잡고 장세가 어디인지 알아보는 것도 재미있다네. 주식투자는 어차피 경기가 좋아져야 투자자가 늘어나고 주가가 올라가니까 말이야. 그러다가 투기꾼들이 몰려들기 시작하면 대박을 낼 수도 있는 거지. 뭐 부동산이나 주식투자나 결국은 투자자가 많아야 누군가는 팔고 이익을 실현할 기회를 맞이하니까. 재미있지. 장기 가치 투자자가 항상 저가에 사서 고가에 파는 순환이 반드시 찾아오거든 추운 겨울이 지나면 따뜻한 봄이 오는 것과 같지."

"스승님. 그럼 어느 장세가 가장 위험합니까?"

"그것은 역 금융장세서부터 위험이 시작되지. 그래서 그때가 가장 위험하다고 볼 수 있을 거야. 물론 실제 주가가 폭락하는 시기는 역 실적장세인 경기후퇴기, 즉 겨울이지만 말이야."

"자세히 설명을 해 주십시오!"

　"그러지. 뭐. 경기가 나빠서 정부가 인위적 재정정책을 동원하여 금리를 낮추고 돈을 풀면 대개는 경기가 좋아지지. 그러면 경기가 활황기를 맞고 인플레이션 등 경기가 과열되거든, 그럼 그 때 정부가 나서서 시중에 풀린 돈을 회수하려고 다시 금리를 높이게 되지. 이때가 역 금융장세인데 왜 중요하냐 하면 그동안 투자하여 벌어놓은 피 같은 돈을 잃지 않기 위해, 머지않아 다시 경기가 하락하고 추운 겨울이 오기 전에 주식을 청산하고 국공채 등 채권으로 갈아타든가 은행에 보관해야 하는 시즌이기 때문이야.

　자네가 과거 현대중공업을 들고 있던 2007년은 금리가 최고로 올랐던 즉 역 금융장세였거든. 자네가 그 때 그것을 알고 있었다면 적당한 시기에 예를 들어 35만 원~45만 원 대에 수익을 실현하여 벌었던 돈을 잃지는 않았을 걸세. 그리고 침체기(겨울)에는 영리하게 겨울잠을 자는 곰처럼 그냥 휴식을 취하고 독서를 하고 아니면 멋진 여행을 다니며 기다렸다가 다음 회복기부터 투자를 시작해야 하는 거야."

　"아. 그걸 몰랐습니다. 경기가 침체기가 오기 전에 투자한 돈을 정리하고 회복기가 올 때까지 휴식을 취하는 것이 좋은 방법이라 생각합니다. 스승님!" 명한은 경기 사이클을 이용하는 것을 그동안 못하고 있었다.

　"바로 그거야. 인간의 가슴속 깊은 곳에 내재되어 있는 본성인 탐욕을 다스리는 좋은 방법이지. 단순히 마음속으로만 컨트롤하는 것은 대단히 어려워. 이런 경기 사이클을 이용하면 좀 더 감정 컨트롤하기가 쉬워지고 투자에 자신이 생길 거라네. 이제 이해가 되는가?"

"네. 스승님. 이제 확실하게 이해됩니다. 최선을 다하겠습니다."

"앞으로 실수는 반복해서 할 거야. 괜찮아. 몇 번은 당해야 비로소 가슴으로 느껴서 알게 되고 진정한 고수가 된다네."

"감사합니다. 스승님. 역 실적장세인 추운 겨울도 위험할 것 같습니다."

"당연히 위험하지. 돈을 잃지 않고 적당한 시기에 나오라는 의미에서 역 금융장세(금리가 최고인 상태)가 위험하다고 한 것이고 실제는 주가가 무섭게 떨어지는 시기는 한 겨울에 발생하지. 그리고 겨울은 길어. 따스한 봄이 올 때까지 무조건 기다리고 기다릴 줄 알아야 해. 그러고 보면 겨울잠을 자는 곰은 영물이야."

"주가가 바닥이라는 신호를 어떻게 찾을 수 있나요?"

"어렵지. 그러나 있긴 있지. 주식격언에 '바닥에서는 급등이 없다'라는 표현이 있어.

주가가 바닥권에 다다르면 대개 아래와 같은 특징들이 나타나지.

첫째 ; 거래량이 크게 감소한다.

둘째 ; 지금까지 하락하던 주가가 하락을 멈추게 되며 호재. 악재가 나와도 크게 미동하지 않는다. 즉 주가가 더 이상 떨어지지 않는 바닥 다지기를 하는 구간인 횡보파동으로 추세가 전환이 된다.

셋째 ; 악재가 먹혀들지 않는다.

넷째 ; 신저가 종목이 급속히 줄어든다.

다섯째 ; 전체 시장은 불안한데 선도 종목이 나와 시장을 이끌고 나가려는 움직임이 간혹 나타난다.

마지막으로 중앙정부가 인위적으로 떨어뜨린 금리를 언제 올려

야하나 만지작거리지. 주가가 바닥 다지기를 오랜 동안 하여 횡보파
동이 끝나고 상승하는 시점을 확인하고 나서 주식을 사야 하는 것이
원칙이라네. 예를 들어 주가가 20개월 이동평균선에 올라타면 매수
하여 이탈하기 전까지 몇 달 혹은 몇 년이고 팔지 말고 들고 가는 거
야. 어쨌든 자신 만의 오랜 경험을 통해 터득한 방법을 갖고 대처하
면 된다네. 바닥이라고 해서 주가가 곧 바로 스프링처럼 튀어 오르
는 것은 아니므로 주가가 회복되는 것을 보고 난 다음 매수에 나서
도 얼마든지 기회가 주어진다는 것을 명심하게.”

공명 선생은 침체기를 벗어나는 여러 가지 징후들을 설명했다.

명한은 경기순환이라는 기본적인 패턴을 과거에는 활용하지 못했다.

경기 순환은 호경기·후퇴기·불경기·회복기의 네 국면이 반복해
서 일어나는 국민경제의 파동을 의미하는데 이를 응용할 줄 알아야
주식투자 성공의 지름길이라는 생각이 들었다. 명한은 머릿속으로
다시 한 번 생각해 봤다.

호경기(호황)는 경제 활동이 가장 활발한 시기이다. 이때는 수요가
증가하고, 그러면 생산도 증가 되고 기업 이윤이 증가하여 설비와 투
자가 증가하고 고용의 증대가 국민 소득 증가로 이어진다. 그러면 소
비가 증가하여 물가가 상승하게 되고 수출은 점차로 감소하게 된다.

후퇴기는 경제 활동이 둔화되는 시기로 호경기 때의 확대된 생산
설비는 생산 과잉 상태를 낳고 그러면 소비와 투자가 감소하고, 재
고 증가, 물가 하락, 때로는 과잉 상태로 된다.

불경기(불황. 침체기)는 경제 활동이 침체된 시기이다. 이때는 생산이

최저 수준으로 되고 자연적으로 실업자가 급증하며 소비가 줄어 기업의 이윤이 감소하고, 손해 발생이 누적되며 도산하는 기업이 발생된다.

회복기는 경제 활동이 다시 활기를 띠는 시기를 말한다. 경기 회복의 최초의 징조는 금융 시장에 나타난다. 또 금 수요가 증대(투자 증가)된다. 명한은 이런 단순하고 기본적인 순환이 일어나고, 주식 시장에서는 좀 더 빨리 선 반영되어 주가의 순환이 이뤄지고 있다는 것을 공명 선생에게 다시 배웠다.

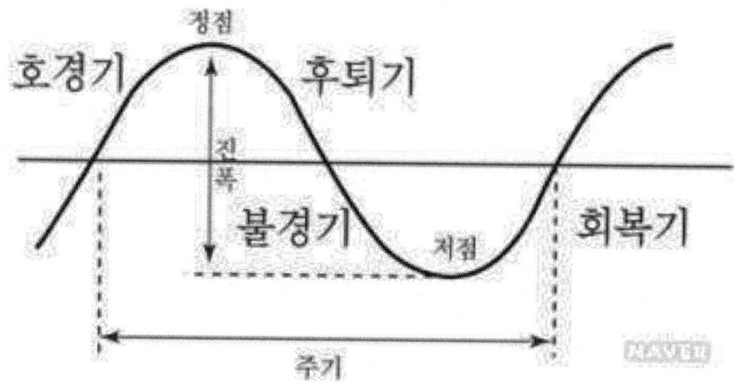

명한은 도표를 간단하게 그려도 보았다. 너무나 간단한 논리인데 필요한 순간에 왜 그걸 생각 못할까? 누구나 다 아는 사실인데 속고 또 속는다.

명한은 머릿속으로 다시 한 번 정리한 후 다시는 실수를 하지 말자고 맹세하며 공명 선생에게 인사를 했다.

"감사합니다. 스승님. 안녕히 계십시오."

"이번 투자에 성공을 비네."공명 선생은 제자가 꼭 성공하기를 진심으로 빌었다.

최후의 결전

기나긴 겨울이 지나고 어느 듯 다시 봄이 왔다.

명한은 삼성화재우선주를 사기 시작했다. 2012년 5월부터 매일 조금씩 3개월 동안 샀다. 5월이 되자 그의 계좌잔고는 깊은 바다색으로 변해 갔다. 마이너스계좌로 또 다시 크게 늘어난 것이다. 적자가 벌써 수천만 원을 기록하고 있었다. '실어증'까지 겪은 그가 병원에 갔다 온 후로 마음의 평온을 찾았는데, 삼성화재우선주를 매수하기 시작하자 다시 손실이라는 크나큰 트라우마에 고통과 번민 속에 빠졌다. 발바닥이 땅에 닿지 않는, 밑바닥이 어디인지 모르게 계속 깊은 수렁 속으로 빠져 들어가 끝내는 숨이 막혀서 죽을 것 같았다.

"골리앗에게 또 다시 당하고 있는 것인가?"

"공포 심리의 한계점이 어디란 말인가?"

가슴이 다시 울렁이고 매스껍고 눈물이 날 것만 같았다. 그러나 정밀 조사를 하고 또 해도 가치투자의 절호의 찬스임에는 변함이 없어 보였다. 이번이야 말로 흡혈귀 골리앗을 이길 기회라고 그는 생각했다. '삼성화재는 더 이상 떨어질 것이 없다.'하고 마음속으로 위안을 삼았다.

삼성화재는 공명 선생이 말한 미래를 이끌 업종은 아니었다. 그러나 보험업종 중에 위대한 1등 기업임에는 틀림없었다. 그리고 앞으로도 배당금이 계속 늘어날 것이라고 생각했다. 그가 장학재단을 세우려면 배당을 많이 주는 위대한 기업이 꼭 필요했다. 배당금으로 장학금을 주려고 했기 때문이었다.

그러나 위안을 하면 할수록 골리앗에게 어두컴컴한 곳으로 끌려 들어가는 기분이 다시 들었다. 그는 유한양행 주식차트를 자신도 모르게 다시 봤다. 일종의 보상심리를 바라고 자신이 매도한 가격보다 더 많이 떨어져 있기를 바랐다. 아니 엄청나게 천 길 낭떠러지로 끝없이 추락하기를 기대했다. 속이 후련하도록.

그러나 그가 눈물을 흘리며 손절 매도한 유한양행의 주가 차트는 웬일인지 그가 팔고 나자 5월부터 거꾸로 붉게 불기둥을 뿜으면서 힘차게 하늘을 향해 달리고 있었다. "아뿔사! 오 마이 갓!" 명한은 비명을 질렀다.

'이걸 어떡하지. 어떻게~ 하지. 이럴 수는 없는 거야~' 명한은 울부짖었다.

평온하던 가슴에 심한 파도가 다시 일어났다. 골리앗이 무섭게 팔았던 주식을 바닥임을 확인하고 이번에는 되사고 있는 것 같았다.

그리고 반대로 삼성화재우선주는 계속하여 더욱 더 세차게 매도하고 있었다.

'뚝. 뚝. 뚝. 매일 주가는 지옥을 향해 떨어지는 것 같았다. 그때마다 계좌의 피 같은 돈은 사라지고 있었다. 그는 사력을 다해 가슴을 쥐어 잡고 버텼다. 공명 선생은 매수가 끝나면 잊어버리라고 했다. 명한은 컴퓨터를 끄고 공원으로 나갔다.

누군가가 시장과 절대로 싸우지 말라고 충고했었다. 시장과 싸우는 자가 가장 어리석은 자라고 말했다. 그렇지만 그는 지금 주식시장에서 일생일대의 치열한 싸움을 벌이고 있다. 전쟁에서는 살아남는 자가 승리자가 된다. 골리앗과의 일대 일 싸움이라고 생각했다. 골리앗은 비열했다. 공매도 전술로 현명한을 극한의 공포로 몰아 함께 매도에 동참하게 하여 결국 항복시키려 하고 있었다. 골리앗은 형체도 없고 소리도 없다. 조용한 가운데 뚝. 뚝. 뚝. 주식가격만 떨어뜨리고 있다. 놀란 개인투자자들도 골리앗에 편승했다. 그러면 골리앗은 속으로 쾌재를 부를 것이다. 명한은 절대 꺾이지 않겠다며 온힘을 다해 버텼다.

골리앗과의 싸움에서 그는 과연 이길 수 있을까?

가슴을 쓰다듬으며 몇 시간이고 걷고 또 걸었다.

이는 자신과의 싸움이었다.

'골리앗! 이 노~옴! 나는 현명한이다. 내 너를 반드시 이길 거야. 이 비열한 놈아! 공매도를 일삼는 너 같은 흉악한 놈은 이 세상에서 사라져야해!' 골리앗에게 눈을 부릅뜨고 고함을 쳤다. 그러자 출렁이는 마음이 좀 가라앉았다.

'주식투자는 참으로 힘들구나! 힘들어! 그렇지만 절대로 무릎 꿇지 않을 거야.

골리앗은 지금 인간 본성인 공포심리를 이용하여 인간의 영혼마

저 무너뜨리려 하는 거야. 절대로 말려들면 안 돼.'

집으로 돌아와 찬물로 정신이 번쩍 들게 샤워를 했다. 모든 잡념이 제발 씻겨 나가기를 소망하면서. 샤워를 마치고 어느 정도 정신이 들어 삼성화재우선주 주가를 확인해보니 뚝. 뚝. 뚝. 더 많이 떨어져서 계좌에 돈은 또 다시 사라진 뒤였다. 명한은 다시 컴퓨터를 껐다. 그는 거실에 앉아 가슴을 쓰다듬으며 조용히 눈을 감고 명상을 했다.

비열한 심리전에 말리지 않으려고 행복했던 지난날들. 경포해변에서의 아름다운 추억들. 무엇이든 아름답고 좋은 추억을 생각하다 보니 마음이 좀 가라앉았다.

조용히 앉아 있으니 또 다시 실어증이 왔나하고 겁이 덜컥 나서 미나는 그를 쳐다보면서 황급히 물었다.

"여보? 당신 왜 그래요? 괜찮아요?"

"'내가 사면 내리고 팔면 오른다.'하더니 그 말이 지금의 나를 두고 한 말 인가봐."

"여보! 나는 또 깜짝 놀랐잖아요."

"여보! 걱정하지 말아요. 잘 버티고 있으니, 흉악한 골리앗을 이길 거야."

"하느님은 언제나 당신을 사랑하고 있어요, 당신을 버리시지 않을 거예요. 당신이 수없이 고민하고 분석했으니 밀고 나가세요. 골리앗이 당신에게 무릎을 꿇고 다시 사게 될 거예요. 힘내세요. 여보. 미나가 있잖아요!" 그녀는 가슴이 몹시 아팠다.

3개월 동안 검토하고 매수한 삼성화재우선주가 계속 떨어지자 그녀도 답답하기는 마찬가지였다. 그녀가 도와줄 수 있는 것이 없었다. 명한은 이상하게도 그의 아내 말을 듣고 가슴에 울렁이던 파도가 가라앉았다. 지난날 어머니의 간곡한 말씀을 듣고 마음이 평온했던 것처럼 말이다. 그의 마음은 다시 차분하고 평화로운 맑은 호수같이 잔잔해 졌다.

"그래. 이것은 하느님이 내게 주시는 기회이지. 분명히 기회를 주신 거야." 그는 다시금 삼성화재우선주의 펀더멘털을 차근차근 살펴보았다. 아무리 검토하고 또 봐도 처음과 다른 것이 없었다.

'보험!

명한은 생각해 봤다. 사람들은 미래에 무슨 일이 일어날지 몰라서 보험을 들잖아.

특히 자동차 보험! 이는 자동차가 굴러가는 한 강제로 꼭 들어야 하잖아. 시장 지배력도 1등이잖아!'

현재 우리나라 보험시장이 포화상태가 되어 느리게 성장하고 있지만 인간이 살아가는 한 보험은 없어서는 안 된다고 생각하며 또다시 머릿속으로 정리를 해봤다.

삼성화재는 우리나라 보험업의 대표선수다.

‣업종 내 1등이고 위대한 기업임에 틀림없다.

‣2등과도 거리를 멀찌감치 뒤로 따돌리고 단연 독주로 달리고 있다.

‣배당금을 한 주당 3,750원 받는다. 75,000원부터 매수하기 시작한

주가가 현재 65,000원대로 내려 왔으니 연간 배당수익률이 6%에 가까워지고 있다.

그리고 앞으로 10년 이내에 배당금은 10%가 넘어갈 것이다.

만약 1998(IMF때)년 최저7,520원에 매수 했더라면 배당수익률이 매년 약50%, 2008년 금융위기 때 최저 36,550원에 매수하여 주주가 되었다면 지금 10%가 넘게 배당금을 받았을 것이다. 다시 65,000원대로 저평가 되어 있어서 주가도 앞으로 지속적으로 올라갈 것이라고 예상해 봤다.

▸기업가치는 한 주당 순자산가치(BPS)가 154,577원으로 청산가치인 주가순자산비율(PBR)이 0.45배에 불과하다. 과거의 통계로 보면 1.2배까지는 올라 갈수 있다. 그러면 목표주가는 185,492원(154,577원 X 1.2= 185,492원) 될 수 있다.

수익가치로 계산해 봐도. 한주당 순이익(EPS)이 15,719원, 주가수익비율(PER)은4.45배(주가 70,000/15,719=4.45배)로 사상 최저가이다. 목표가를 PER의 10배만 잡아도 157,190원 까지는 올라갈 수 있다.

▸투자 시 중요하게 여기는 항목 중 회사가 망할 확률도 거의 제로 상태이다.

명한은 눈을 씻고 봐도 주가가 계속 떨어지는 이유가 없었다.

그래서 반대로 가장 큰 문제점이 무엇인가를 생각해 봤다.

▸수급이 꼬였다. 골리앗이 매일 팔고 있었다. 인간의 영혼마저 무너뜨릴 극한의 공포 심리를 이용한 공매도 전술로 하락에 배팅하고 있는 것이 틀림없다고 생각했다.

명한은 골리앗을 역으로 이용할 수 있다고 생각했다. 골리앗은 영혼도 사랑도 정도 없는 오직 냉혈한 기계에 불과한 존재다. 주식의 가치에는 관심이 없고 가격에만 관심이 있는 투기꾼들이다. 단기 수익에 목을 매고 사는 불나방들이다. 골리앗은 엄청난 힘(엄청난 돈)을 갖고 있지만 무서워할 이유는 조금도 없다. 골리앗의 허점은 자신들이 만들어 놓은 무너진 주가다. 왜냐하면 반드시 다시 같은 수를 매수해야 하기 때문이다. 그 약점을 역 이용하면 현명한은 승리자가 될 것이라고 생각했다.

코스피 종합지수가 3월부터 5월까지 떨어지고 있었다. 주가가 지속적으로 떨어지자 평온했던 명한의 마음이 약간 흔들렸다.

혹시 항간에 지구가 멸망한다는 얘기 때문에 주가가 계속 떨어지는 것인가?

명한은 지구가 왜 멸망한다는 것인지 인터넷으로 잠깐 살펴봤다.

고대 마야문명의 샤먼들은 닉 와키넬(nik wak'inel)이라고 불렀는데, 이 말은 번역하자면 '우주의 중심을 들여다보는 이들' 이라는 뜻이라 했다. 우주학자, 철학자, 샤먼이기도 하였던 그들은 심오한 우주론과 형이상학적 가르침을 바탕에 둔 샤머니즘적 전통을 가지고 있었으며, 일자(days)가 가지는 신성한 역수를 헤아렸다고 했다.

그들의 말에 따르면 시간과 공간의 중심은 바로 그들 달력의 대주기가 끝나는 마지막 날이 2012년 12월 21일 이라고 했다. 그런데 이 '마지막 날' 이라는 용어에서 2012년이 종말의 해라는 오해가 비롯되었다는 것이다.

명한은 멍하니 창밖 하늘을 봤다. 마야인 들은 대주기가 끝나는 2012년 12월 21일을 '신성한 재탄생'의 날로 생각했는데,

왜? 누가? 지구가 멸망한다고 괴 소문을 뿌렸을까?

또 골리앗의 소행인가?

그러나 명한은 올해가 분명 아주 신성한 해가 될 것이라며 위안을 삼았다. 그는 골리앗이 스스로 파놓은 함정에 걸려들 거라는 신념을 갖고 계속하여 조금씩, 조금씩 더 샀다. 6월이 되자 그가 갖고 있던 자금은 바닥이 났다.

75,000원에서 시작하여 65,000원까지 샀다. 그러나 그의 증권계좌는 수천만 원의 마이너스를 기록하여 마음 한구석 걱정이 되었지만 어금니를 지그시 깨물며 참고 기다렸다.

아직은 매일같이 골리앗이 공매도를 쳐서 주가는 계속 떨어지고 있었지만, 분명 골리앗을 이길 절호의 찬스가 왔다고 그는 생각했다. 왜냐하면 매년 지급하는 배당수익률이 역사상 최고에 도달하였고, 주가는 최저로 저평가되었으며, 멀지 않아 가치투자자라는 지원군이 곧 올 것이라고 굳게 믿었다.

그는 기나긴 겨울은 물러가고 어디선가 봄은 다시 오고 있다고 느낌으로 알았다.

명한은 맑고 푸른 하늘을 보았다. 기분이 상쾌해졌다. 그가 어려울 때면 습관적으로 보는 하늘이다. 그는 맑은 하늘과 자유롭게 떠다니는 뭉게구름을 보면 웬일인지 기분이 좋아지곤 했다.

그 순간 명한은 미국의 소설가 어니스트 헤밍웨이 (Ernest Miller

Hemingway)의 작품 '노인과 바다'(The Old Man and the Sea)가 불현듯 떠올랐다.

멕시코 만류에서 조각배를 타고 고기잡이하는 산티아고(Santiago)라는 늙은 어부에 대한 이야기다.

이 소설은 어니스트 헤밍웨이의 1952년 발표한 단편 소설. '쿠바'를 좋아하여 쿠바로 자주 놀러가던 헤밍웨이가, 잘 알던 쿠바인 어부, 그레고리오 푸엔테스(Gregorio Fuentes)가 실제로 겪은 이야기를 새롭게 창작하여 썼다고 한다.

'인간은 패배하기 위해 태어나지 않았어. 파괴되어 죽을 수는 있어도 패배하지는 않아.'라고 말하는 노인의 대사가 생각났다. 석 달이 다 되도록 물고기 한 마리 잡지 못한 늙은이의 입에서 나온 말이라고 믿기 힘들 정도로 의지적이고 집념에 찬 말이라고 그는 생각했다.

그는 자신의 인생 중 마지막 할 일이라고 생각한 장학재단을 세우기 위해 사투를 벌이고 있는 것이다. '기부와 봉사'를 통해 그의 인생의 그림을 채워 완성해야 하는 삶의 분명한 목표에 도전하고 있는 것이다. 주식시장은 '노인과 바다'에서의 노인의 삶의 터전인 바다와 같은 곳이다. 얼마나 넓으며, 깊이가 얼마나 깊은지 눈으로 보아서는 판단하기 어렵다. 어떤 때는 고요하고 평화롭다가도 어느 순간에 폭풍이 일면 모든 것을 집어 심키는 상어 떼와도 같은 것이 바로 주식시장이라고 그는 생각했다.

거대한 자본과 특수 정보를 갖고 있는 큰 손들, 동료 투자자의 계좌에 마이너스가 되어야 쾌재를 부르는 야비한 골리앗! 명한은 산티아고처럼 절대로 포기하지 않고 승리해야 한다고 마음먹었다.

없던 길을 만들어서 가는 미지의 세계는 언제나 두려운 법이다. 그러나 극한의 공포를 극복하면 반드시 보답은 올 것이다. 공포에 떨면 더 큰 공포가 밀려온다. 두려운 원인을 규명해야 두려움이 사라진다고 그는 경험을 통해 믿었다.

자신에 대한 믿음이 있는 이상 할 수 있다고 명한은 생각했다. 비록 노인이 사악한 상어 떼에게 살은 모두 빼앗겼지만 크나큰 뼈를 끌고 왔듯이 명한도 반드시 골리앗과의 싸움에서 성공하리라고 굳은 결심을 하고 자신을 믿었다. 이것저것 깊이 생각하던 명한은 승부를 결정지을 때가 왔다고 느꼈다.

그는 타고난 약골에 소심하고 감성적이지만, 깊이 생각해서 꼭 해야만 하는 일이라고 생각하면 자신의 목숨을 걸고 도전하는 사람이었다.

"아무래도 건물 한 개를 팔아서 삼성화재 우선주로 바꿔야겠어." 하고 그는 아내에게 서슴없이 말했다.

"네~에? 아니! 그게 무슨 말이에요?" 미나는 깜짝 놀라며 말했다.

"주식을 사기 위해 내가 아끼는 제일 좋은 건물을 팔아야겠어."

"아니 당신 제정신이에요? 그건 안돼요! 절대로! 안 됩니다. 건물 팔아서 주식을 산다는 사람은 이 세상에 당신 밖에 없을 거예요."

"미나씨 내 얘기를 들어봐." 명한이 설명을 하려 해도 그녀는 귀

를 꽉 막고 흥분하여 부르르 떨면서 하얀 얼굴이 울그락 불그락 하
며 큰소리로 말했다.

"아니. 절대로! 절대로! 절대로! 원 살다 살다 별 해괴한 일도 다
있네요. 절대로 그것은 건드리지 말아요. 당신답지 않은 행동이에
요. 당신 주식 공부하다가 머리가 진짜로 이상이 생긴 것 아닌가요?
이걸 어쩐디야. 내가 순진하기만 하던 사람에게 주식투자를 배워보
라고 했으니 이걸 어째." 미나는 큰 충격을 받았다. 그녀는 흥분하였
고 충청도 고향 사투리까지 나왔다.

도대체 늘 샌님 같았던 사람이. 얼마 전까지 '실어증'을 앓던 나약
했던 사람이, 어쩌다 그런 끔찍한 일을 실행에 옮기는 상상을 할 수
있는지 알 수가 없었다.

"여보. 미나씨!! 진정해. 진정하고 일단 내 얘기나 들어보고 판단
을 하자. 응."

다혈질적인 미나는 아직도 흥분이 가라앉지 않은 듯 어깨를 들썩
이면서 말했다.

"말 해봐요."

"아! 이게 아니데. 이러면 말할 수 없는데."명한은 답답했다. 설명을
할 기회를 주지 않는 그의 아내를 한참동안 말없이 쳐다봤다. 아내는
한참이나 울고 나서 휴지로 눈가를 훔치면서 차분한 어조로 말했다.

"당신 말해 봐요. 내가 이해할 수 있게 말이요."

"우선 상가 건물에서 현재 나오는 수익을 따져 봅시다. 국도변에
있어서 국토관리청에 내야하는 도로점용사용료가 매년 큰 폭으로

늘어나 벌써 수백만 원에 이르고, 건물과 토지에 대한 보유세 또한 매년 늘어만 가고, 건물유지 보수비, 건물 화재보험료. 그리고 요즘 경기가 최악이라 상가 세를 제때에 받지 못하는 경우 등을 따져보면 연 투자 수익률이 3%가 안 되고 있어. 게다가 세입자 최씨는 보증금도 다 까먹고 상가를 비워주지도 않아 2년 동안 한 푼도 안 내고 나갔잖아." 명한은 냉철한 이성으로 자세히 설명하려고 노력 했으나 허둥거리기만 했다.

"그것은 당신이 물러 터져서 그런 것 아닌가요? 건물을 비어 달라고 강하게 밀어붙였다면 그런 일은 없었을 거예요. 그 사람 사정을 곧이곧대로 들어주다가 수 천 만원을 떼인 거나 마찬가지라고요." 미나는 그때를 생각하며 남들에게 상처를 주는 말을 한마디도 못하는 남편을 쳐다보며 속이 부글부글 끓어올라 넘치고 있었다.

"그럼. 사업을 하다가 망해 나가는 사람한테 어떻게 몰인정하게 할 수 있어. 난! 그렇게 냉정하게 하기가 싫다니까! 내 성격상 그런 일은 못한다니까. 난 고리대금업을 하는 대부업자가 아니야."

"그러니까 나쁜 사람들에게 항상 당하고 살지. 건물 임대료를 내려 주거나 받지 못하면 건물주 스스로가 건물 가치를 내려서 자신의 자산이 줄어든다는 것을 몰라요? 세상에 일부러 자신의 자산 가치를 내리는 사람은 당신밖에는 없을 거예요. 건물가격이 비싸져야 팔고 싶을 때 빨리 팔지. 당신처럼 세입자에게 관대하면 아마 당신이 그 건물을 팔고 싶어도 팔지 못할 거야. 임대료가 싼 건물을 누가 사겠어요? 아주 헐값에 팔면 몰라도. 그렇게 해서는 험한 세상 살기 힘들어요." 그녀는 다시 끓어올랐다.

"그럼 왜 당신이 나서서 그렇게 하지 못한 거야? 당신도 돈 없는 사람들에게 나쁜 말 하지 못하잖아."

"나도 그것은 하기 싫어요. 하지만 당신은 남자잖아요? 우리 집 가장이고!"

"가장? 가장도 가장 나름이지. 우리 집에서는 당신이 더 세잖아!"

"아유, 속 터져."

그녀도 모진 사람이 못 되어 남에게 싫은 소리하는 것을 가장 싫어하는 사람이었다. 부부가 같았다. 세입자가 자신의 딱한 사정을 얘기해서 임대료를 낮춰주면 그만큼 자동적으로 건물 값은 떨어진다. 이것은 시장논리에 맞다. 그런 것을 뻔히 알면서도 그는 모질지 못했다. 정직하게 사는 것에 익숙한 사람들이었기 때문에 법대로 냉정하게 세입자를 내 보내지 못했고 서로가 말싸움을 벌이고 있는 것이다. 명한은 한참을 속상해 하다가 다시 냉정을 찾고 말했다.

"그래서 연 6%에 가까운 삼성화재우선주 주식을 사서 일부는 앞으로 우리가 세울 장학재단의 기초를 세우려는 것이고, 나머지는 노후에 당신과 나의 연금으로 삼으려고 하는 것이야. 우리는 연금이라고 해봐야 국민연금 밖에 없는데 월 100만원도 앞으로 받지 못할 거 아니요. 우리가 공무원으로 정년퇴직한 것도 아니고." 하며 명한은 수익률을 가지고 비교하면서 설명했다.

"삼성화재는 당신 말대로 매년 그렇게 많은 배당금을 준대요? 회사가 실적이 떨어지면 한 푼도 주지 않을 수도 있잖아요?"

"당연히 그럴 수 있지. 그러나 지난 수십 년간의 통계로 본다면 일시적으로 줄을 때도 있겠지만, 늘어나면 늘어났지 감소하지는 않을 거야. 그리고 그런 방식으로 계산한다면 건물임대료는 항상 또박또 박 나오는 것도 아니야. 공실이 있을 수도 있고, 최악의 경우 상가 세를 받지 못하는 경우도 발생할 수 있어. 우리가 직접 경험해 봤잖아. 서민을 상대로 임대료를 받는 것은, 어휴! 내가 싫어! 돈 없다는 사람들에게 강제로 내놓으라고 하는 것 같은 기분이 든다니까."

명한은 늘 마음이 여리고 중도성향의 사람이라 가난한 사람들에게 단호하게 하지 못했다. 그는 40년 이상을 모진 가난에 시달리며 살았다. 처음에는 세입자가 장사가 잘 안된다고 하면 경영에 대한 멘토 역할도 해준 적이 있지만 모두가 허사였다. 배우려고 하지도 않고 실천하기 싫어했기 때문이었다.

배움을 멀리하고 실천하지 않으면 가난과 친구로 사는 수밖에 없다고 그는 생각했다. 가슴이 아팠지만 하는 수 없었다. 그래서 부동산 임대업은 중심상권으로 들어가 은행이나 병원 등과 같은 안정된 사업을 하는 사업장에 임대를 하는 것은 몰라도 변두리에서 서민들을 상대로 하는 것은 그의 성격에 맞지 않는다고 생각했다.

세무서에서 발급해준 벽에 걸린 '부동산 임대사업'라는 사업자 등록증을 물끄러미 쳐다보며 그는 마치 자신이 고리대금업자는 아닌가 하고 생각했다. 어쨌든 그는 자신이 임대사업자와는 적성에 맞지 않으며 하루라도 빨리 벗어나야 한다고 생각했다.

"그리고 또 다른 합당한 이유가 있어요?" 그의 아내는 조금 이해가 되는지 부드럽게 물었다.

"또 있지. 장기적으로 보면 부동산 값도 오를 거야. 특히 이천은 서울 사람들을 위해 상수도 보호라는 특명을 받고 희생 제물이 되어 개발을 하지 못해서 땅값이 아직 싼 것이 사실이야. 한강으로 흘러 들어가는 폐수를 정화하는 하수종말처리장이 완공되면 개발이 될 것이고 그럼 땅값도 올라가겠지. 더군다나 공사 중인 전철이 개통되면 집값이 싼 이천으로 집 없는 사람들이 이주해 인구가 늘어나면 땅값은 오를 거야. 그러나 삼성화재우선주 주가도 청산 가치에 0.4배이기 때문에 과거 수십 년간의 통계로 보면, 최소한 1.2배까지 상승한다고 보면, 현재의 가격은 엄청나게 싼 가격이라 최소한 200~300%는 올라 갈 거야. 땅값 오르는 것보다 훨씬 더 많이 올라 갈 거라고 확신해." 그는 부동산 가격도 수도권에 위치한 이천시가 발전하고 인구가 증가되고 있어 계속하여 오를 것이라 예상해 봤다.

"그렇지만 주가가 싼 것은 그만한 이유가 있어서 싸진 것이 아닐까요?" 그녀가 지난 6년 동안 경험한 주식시장에서 주식가격이 싸진 종목들은 대다수가 회사에 심각한 이유가 있거나, 장래 성장이 불투명하여 투자자들의 사랑을 받지 못해 주가가 바닥을 기는 경우가 많았으며, 또 상승한다 해도 그 시기가 언제인지 도무지 알 수 없어 명한에게 따지듯 말했다.

"맞는 말이야. 계속 떨어지는 종목들은 나중에 보면 모두가 그만한 충분한 이유가 있었어, 그리고 언제나 하나 같이 길게 바닥을 기는 습성이 있었어. 그러나 삼성화재우선주는 아무리 조사해도 회사에 문제점이 없어. 오르지 흡혈귀 같은 골리앗의 소행일 거야. 반드시 매도한 만큼 매수해야 하므로 상승할 거야."

삼성화재우선주가 매력적이면서 의심이 가는 부분이 있다면 배당금 이었다. 만일 외환위기(IMF)때 삼성화재우선주를 샀더라면 최저가격은 7,520원 이었지만 대충 10,000원에 매수(공명 선생이 10,000에 10,000주 매수 후 보유)했다고 한다면 현재 배당금이 한 주당 3,750원을 받고 있으니까, 계산해 보면 주가가 그동안 꾸준히 상승한 것은 빼고도, 배당수익률이 무려 매년 37.5%이라는 엄청난 고수익이 발생하고 있었다. 명한은 믿기 힘든 높은 배당수익률에 자꾸만 의심이 들어 여러 각도로 생각해 봤다.

그는 아무리 생각해도 연간 투자수익률이 37.5%가 된다는 것이 의심스러웠다.

'이렇게 많은 수익이 보장된다면 누가 투자를 하지 않았겠는가?

이렇게 많은 수익이 보장된다면 창업도 하지 말고 주식투자를 해야 한다고 그는 생각했다.

그렇다면 왜? 뚝. 뚝. 뚝. 주가는 떨어지는 것일까?

골리앗?

골리앗은 투기꾼이라 배당금에는 관심이 없을 것이다. 하락할 수 있는 빌미가 제공되면 흡혈귀로 변하는 것이 골리앗이 아니던가?

더군다나 배당금은 2년 이상 보유하면 배당소득세 16.5%(배당소득세15%＋주민세10%＝16.5%)도 면제 받고 있는데….' 그는 머리가 빙빙 돌았다. 그러나 그것은 명백한 사실이었다. '인생사 새옹지마(塞翁之馬)라고 하더니 이제는 좋은 일도 있으려나 보다' 하는 생각이 절로 들었다.

은행금리가 2%대이고, 앞으로 세계경기가 불황이 이어지고 있어서 선진국은 이미 경기 부양책으로 내놓은 마지막 카드로 제로금리 시대를 맞이하고 있다.(현재 주식시장은 금융장세이지만 앞으로 경기가 회복되어 기업의 실적이 좋아지는 실적장세가 온다면 대박) 우리나라 금리도 1%대에서 어쩌면 0%대로 갈수도 있는 상황인데 이것저것 아무리 계산을 해봐도 머리가 정립이 잘 되지 않았다. 분명한 것은 골리앗을 물리칠 일생일대의 다시 오지 않을 기회가 왔음을 직감할 수 있었다.

그렇다면 2012년 따스한 봄에 온 황금찬스는 앞으로 얼마나 수익을 내 줄까?

오르지 알 수 있는 것은 연간 배당투자수익률은 5.5%대를 넘어가고 있었으며 앞으로 언젠가는 현재의 매수가격 대비 10%의 배당금을 받게 되리라고 분석했다. 또 주가는 과거의 사례로 분석한 결과 두 세배는 더 올라갈 것이 분명하다고 명한은 미나에게 설명을 했다.

"당신 말을 들고 보니 도깨비에 홀린 기분은 들지만 그것이 사실이라면 건물을 팔아서 주식을 사는 것도 나쁘지 않네요."

미나는 쉽게 납득할 수 없는 일이지만 명한의 설명대로 좋은 기회가 왔다는 것에 동감했다. 소심했던 남편이 통 큰 투자를 해야 한다고 주장한 것이 이해가 갔다.

"여보. 당신이 이해가 간다니 건물 한 개 매도합시다. 그리고 그 결과를 지켜보고 좋은 결과가 나오면 부동산과 금융자산을 5대5 되도록 부동산을 더 매각하여 배당주를 더 매수 합시다. 그리고 주식가격이 오르던 내리던 앞으로 회사가 존재하는 한 영원한 주주가 되어 배당금을 받아 장학금도 주고 우리의 미래 노후자금으로 보험을 들었다고 생각합시다."

"당신 설명을 듣고 보니 이해가 됐어요. 그런데 아무리 좋은 종목이 찬스가 왔다고 하여, 건물까지 팔아가며 한 종목에 몰빵을 해도 될까요?"

"몰빵? 허어. 거 듣고 보니 정말 그러네. 몰빵이라. 투자의 정석이라는 책에는 전혀 없는 것인데."

"당신이 투기꾼이 아니잖아요. 건물을 팔아서까지 몰빵은 아무래도 투자를 잘못하는 것 같아요."

"여보! 지금 시장에서 건물을 팔아 주식을 살 만큼 크게 기업 가치가 떨어진 종목은 소형주 빼고 삼성화재우선주가 유일해. 그리고 우리 총자산을 모두 한곳에 투자하는 것은 아니잖아. 나도 그렇게 총 투자하는 것은 싫어. 그렇지만 이번에는 건물이 적정한 가격에 팔리기만 한다면 투자를 하고 싶어. 그냥 단순하게 배당금만으로도 투자 가치는 충분해. 땅이나 건물을 보유하면서 보유세를 내는 것보다 훨씬 좋은 방법이라고 생각해. 이런 기회는 거의 없어. 삼성화재가 망하진 않아. 또 망할 징조가 보이면 미리 팔고 나올게. 분기별로 내가 재무제표 분석을 철저히 할게. 이는 아마 하느님이 내려주신 선물이라고 생각해."

"당신의 뜻이 그렇다면 그렇게 해봐요. 어쩌면 정말 우리가 하고자 하는 미래의 일, 장학재단 설립의 기초가 될 수도 있다는 생각이 들긴 해요."

"이해해줘서 고마워!"

　명한은 건물이 팔리기만 한다면 꼭 삼성화재우선주에 더 많이 투자하여 배당금을 더 많이 받고 싶었다. 그리고 어차피 배당주를 많이 사야 장차 세울 장학재단의 기틀을 마련할 수 있을 것이라고 생각했다. 그의 나이 70~80대에 장학재단을 세우기 위해서는 이런 위대한 기업의 주가가 헐값일 때 살 수 있는 한 최대한 많이 매수를 해야 그 기틀을 세울 수 있다고 생각했다.

　과거 삼성화재우선주에 투자할 수 있었던 최적의 매수타임을 명한은 다시 한 번 더 계산해 봤다. (액면 분할로 한 주당 5.000원이 500원이 되어 주식가격이 10분의 1로 줄어들었음. 그러나 주식 수가 10배로 늘어났으므로 주주에게는 같은 금액이나 마찬가지임)

　①1990년 9월에 1,410원하던 주가가 1994년 2월 25,095원이었고,

　②1995년6월8,381원~1996년 2월 44,324원

　③1998년9월 7,415원~1999년 7월 45,102원

　④2000년 10월9,360원~2008년 1월 112,500원

　⑤2008년 10월36,550원~2009년 10월 109,000원

　⑥2012년 4월 64,700원까지 내려온 절호의 매수 찬스가 다시 온 것이니 명한은 과감한 배팅을 하지 않으면 안 된다고 생각했다.

　현재에 배당금은 한 주당 3,750원이 나오지만 분명히 더 늘어날 것이라고 그는 생각했다. 앞으로 10년 안에 5,000원이 될지 10.000

원이 될지 모르는 일이다. 왜냐하면 삼성화재처럼 위대한 기업은 수익 규모가 계속하여 늘어날 것이기 때문이다. 물론 우리나라 자동차 보험시장이 포화상태에 도달했으며 경쟁이 치열해지고 있어서 한계에 도달한 것은 사실이지만 삼성그룹이 세계화 되어 있어 계속 성장하리라 믿었다.

그리고 앞으로 주식가격이 얼마나 상승할지는 신만이 아는 일이지만 모든 통계자료를 분석한 결과 확실하게 상승할 것이라고 명한은 생각했다. 위의 6차례 예에서 분명히 알 수 있듯이 저가에 매수 후 중장기 투자를 하다 많은 수익을 남기고 이익실현 하고 기다렸다 다시 매수를 반복할 수도 있었겠지만 계속 장기 보유했더라도 자산 가치의 엄청난 상승과 어마어마한 배당수익률을 얻었을 것이라 생각했다.

분석하기 좋아하는 명한은 배당수익률이 얼마나 되는지 다시 한 번 더 산정해봤다.

만일 1990년에 1,410원에 매수 하여 현재까지 보유했었다면 연간 배당수익률은 원금투자 대비 266%의 놀라운 수익률과 주식가격이 현재 65,000원에 거래되고 있으니 복리로 계산한 연평균 투자수익률은19%였다. 합쳐서 매년 원금대비 285%의 천문학적인 투자수익률을 올릴 수 있었다.

'오 마이 갓!'

'와우!' '세상에! 세상에! 세상에! 이럴 수가 있는가!'그는 탄성이 절로 나왔다. 가슴이 뛰었다. 누구나 이 사실을 알았다면 부자가 되었을 것이다.

소설속의 이야기도 아니다. 영화나 연극도 아닌 현실이었다. 소설가가 펜 가는대로 소설 속에서 임의로 창작을 해도 그렇게 할 수는 없을 것이라고 생각했다. 당시에 은행금리는 10%가 넘었을 것이다 그러나 현재의 은행금리가 연간 2%대, 더 지나면 1%대 더 가면 0%대로 추락할 것이라고 명한은 내다 봤다. 그것도 복리가 아니고 단순한 단리로 계산되므로 그 수익률 격차는 엄청나게 벌어질 것이라고 그는 내다봤다.

저금리 상태가 지속된다면 은행에 돈을 맡기는 것은 돈을 버는 것이 아니라 잃는 곳이 되는 날이 올 것이라고 생각했다. 예로부터 은행에서 돈을 최대한 많이 대출을 받아 투자를 많이 하는 사람이 결국 부자가 될 수밖에 없다는 것을 그는 다시 한 번 느꼈다.

명한은 먼 훗날(혹시 주식투자로 돈이 빨리 벌리면 재단 설립은 앞당겨 진다) 장학재단을 세우면 재단 관리비도 많이 나올 것이라고 생각했기 때문에 은행에 재단 자금을 맡겨서 운영한다면 장학재단을 세울 수 없다고 생각했다. 금리가 1~0%대에서는 전통적인 방식으로 운영해서 장학재단은 존재할 수 없을 것이다. 왜냐하면 시간이 가면 갈수록 운영자 인건비 등 재단 관리비는 늘어나고 수익은 줄어들어 재단의 원금은 고갈될 것이기 때문이다. 그렇지 않다면 누군가가 계속하여 재단에 기금을 낼 경우에만 장학재단을 유지할 수 있다고 생각했다. 이런 절호의 찬스가 났을 경우 최대한 많이 투자하고 싶었다. 미래의 장학재단 기초와 미나와 자신의 노후를 위해서 매사에 소심했던 그는 자신의 소중한 목숨과도 바꿀 만큼 통 큰 결정을 내린 것이다.

"내가 어떻게 1,800여개나 되는 많은 종목 중에 이렇게 정확한 매수 타임에 위대한 기업을 발견했는지 몰라!

이것은 하느님이 내게 주신 선물일거야!

나보고 장학재단을 설립해도 좋다는 신의 계시일 것이야!

내가 종목 발굴을 한 것이 아니고 신이 대신 해 주신거야!"

그는 가슴이 두둥실 떠올라 하늘을 나는 것 같았다. 그는 아내와 함께 부동산사무실에 건물을 매물로 내 놓았다. 부동산 중개사말로는 부동산 경기가 최고 바닥이라며 언제 팔릴지 모른다고 했다. 어쩌다 찾는 사람이 있기는 한데 경매가격대의 헐값에 사려는 사람 밖에 없다고 했다.

명한은 실수요자가 나타나서 제발 건물이 제값 받고 팔려서 5년 만에 다시 찾아온 좋은 가격대에 삼성화재우선주를 많이 살 수 있기를 간절히 원했다. 그가 갖고 있는 자금은 모두 삼성화재우선주에 이미 과감하게 투자를 했다. 일반적으로 몰빵(한 종목에 모두 투자하는 것)은 위험한 투자라고 교과서에는 쓰여 있었지만, 이는 순전히 단기투기를 하는 사람들에게 내리는 경고라고 그는 생각했다. 전문가들은 하나같이 분산투자 하라고 말했다. 깨어지기 쉬운 달걀을 한 바구니에 담는 것은 위험하다고 경고했다.

그러나 그는 단기투기꾼이 아니고 장기 보유할 것이다. 이런 기회가 또다시 언제 올지 알 수 없는 하늘이 내려주신 좋은 기회라 생각했다. 그래서 그는 한 종목에 모두 투자했다. 시장에서 금기시하는 '몰빵'을 한 것이다. 그는 평소에 화투, 게임, 주택복권, 강원랜드, 경마, 경륜 등 사행심을 갖게 하는 모든 것을 일절 싫어하는 사람이었다. 그러나 그가 갖고 있는 자금을 모두 투자했고 추가로 월세 놓은 상가건물까지 팔아서 더 많이 사려고 결심하고 있었다.

만약 주가가 조금만 더 하락한다면 건물가격을 더 싸게 팔아서라도 주식을 살 계획이었다. 그리고 건물이 팔리지 않으면 담보대출을 얻어서라도 주식을 더 사야겠다고 생각했다.

그가 기다리고 기다리던 주가는 더 이상 하락하지 않고 멈췄다. 삼성화재우선주가 길고 긴 푸르스름한 공포의 짙은 바다색에서 점차 따뜻한 붉은 색으로 물들기 시작하였다. 새벽이 오기를 갈망했던 희망의 찬란한 빛으로 변하고 있었다. 7월 달까지 조금씩 오르고 내리고 반복하면서 명한의 애간장을 태웠다. 매물로 내 놓은 상가건물은 보러오는 사람이 단 한명도 없었다. 명한은 건물이 팔리기를 고대했다. 부동산 사무실에서는 헐값에만(법원경매가격) 사려고 하는 투자자밖에 없다고 했다. 그러나 그는 헐값에 건물을 팔기는 싫었다. 그 대신 저점을 다시 깨고 내려가면 그 때는 대출을 내어 승부 하려고 상가등기 권리증을 만지작거리고 있었다. 주가가 더 내려가면 건물을 잡히고 차입하여 과감하게 투자하려 했다. 건물이 언제 팔릴 지 알 수 없었기 때문이었다.

수개월동안의 사투를 벌여서 그는 기진맥진하였지만, 차분하게 기다렸다. 하락을 의미하는 바다색에서 상승을 의미하는 붉은색으로 등불이 켜지기 시작하자 투자자들이 하나둘씩 모여들었다.

그러자 순식간에 화산이 폭발하듯 멋진 불기둥이 솟구쳐 하늘 높이 오르자 명한의 마이너스 계좌도 플러스로 확 바뀌었고 그 금액이 상상을 초월하게 되었다. 아마도 비열하고 멍청한 골리앗이 매수(숏 커버링 short covering즉, 증시가 추가로 하락할 것이라고 생각한 투자자들이 일단 주식을 빌려서 매도(공매도)하고 이후 빌린 주식을 돌려주기 위해 주가가 추락한 틈을 타서 주식을 재매입하여 차익을 노리는 것이다.)했다고 명한은 생각했다. 너무나 갑자기 주가가 달리기 시작해 대출을 받을 겨를도 없이 치솟았다. 대출을 받아서 추가로 사기에는 너무 많이 올랐다고 생각 했다.

명한은 그동안 너무 많이 떨어졌기 때문에 다시 조정을 하여 바닥 다지기를 확실하게 몇 번은 할 것이라 생각하고 그 때 대출을 받아 추가로 더 매수하기로 하고 조용히 때를 기다리고 있었다. 왜냐하면 보통의 주식가격은 일시적으로 올랐다가 다시 떨어져 이중 삼중 바닥을 만들고 하늘을 향해 치솟는 것이 통상적인 예였기 때문이다. 그리고 그렇게 되려면 시간이 오래 걸릴 것이라고 생각하였다.

명한은 폭풍이 치는 큰 바다로 과감하게 나갔다. 흉악한 골리앗과 싸우며 사력을 다해 그물을 크게 쳤다. 그물 속에는 삼성화재우선주라는 대어가 하늘로 승천할 용이 되어 꿈틀대고 있었다. 경이로웠다. 현명한이 진정 승리한 것이다. 용은 이제 하늘을 날기 위한 준비로 머리를 한번 하늘 높게 쳐들어 본 것이다. 억겁의 세월을 참고 기다린 긴 몸과 비늘을 가지고, 온갖 조화를 일으킨다는 여의주를 물고 있었다. 권위를 상징하는 뿔과 날카로운 발톱을 가지고 구름으로 몸을 가려 뒤틀며 하늘로 올라가는 용(龍)! 삼성화재우선주는 이제 무소불위의 힘과 권능을 가졌다고 여겨지는 용이 되었다고 생각했다. 그러나 승천할 방향을 정확하게 잡기위해 다시 한 번 바다 속으로 머리를 넣었다가 사력을 다해 승천하리라고 생각했다.(주가가 다시 조정 받고 올라간다)

　'이겼어! 내가 승리한 거야! 흉악한 골리앗을 이겼어! 하느님 감사합니다!'

　명한은 벌써 수개월째 흡혈귀 골리앗과 사투를 벌여 기진맥진하고 있었다. 위장에 위액이 넘어오고 눈이 충혈 되고 온 몸이 아프고 비틀거렸다. 그에게는 충분한 휴식이 필요했다. 휴식을 취하고 싶었다.

현명한 자신을 이기다!

그는 갤러리에서 한가하게 시간을 보냈다. 오랜만에 나무를 대패로 깎아 보니 나무의 향긋한 냄새가 코를 타고 가슴까지 들어갔다. 고향에 온 느낌이었다.

언제든 정신이 피곤할 때 조용한 혼자만의 작업실이 있다는 것이 너무나 좋았다.

그에게는 말 그대로 힐링이었다. 충혈 되었던 눈도 맑은 호수처럼 맑아졌고 마음도 평화를 다시 찾았다.

삼성화재우선주 차트를 들여다보았다.

이미 저점을 찍고 지속적으로 우상향으로 정배열 패턴을 만들며 랠리를 펼치며 가파르게 천국의 계단을 오르고 있었다. 그는 지금이라도 대출을 받아 더 많이 투자를 해야 하는지 판단이 서지 않았다. 벌써 25%이상 수익이 나고 있었다. 그가 갖고 있던 자금 모두를 한 종목에 집중투자 한 것이라 수익이 많이 났다. 그는 미나에게 달려갔다.

"여보! 내가 이겼어! 우리가 해냈다고! 우리가 비열한 골리앗을 이겼다고!" 그는 미친 사람 같았다. 웃음 반 눈물반이 된 얼굴로 말했다.

"골리앗요?"

"아. 그 손한방이 말한 골리앗말이요. 주식시장에서 나쁜 짓을 일삼는 흉포한 무리들을 통틀어서 말한 은어 말이요. 이를테면 공매도 세력, 작전세력 등 말이요."

"대충은 알고 있어요. 어쨌든 여보! 당신이 해냈어요. 감사해요." 미나는 명한을 힘차게 끌어안았다. 너무나 기뻐서 하염없는 눈물이 흘렀다. 그리고 주방 냉장고에 가서 막걸리를 꺼내왔다. 하얀 두부와 묵은지를 썰어 큰 접시에 받쳐 들고 왔다.

"명한씨! 우선 한잔 쭉 하세요. 아이고! 이런 날 막걸리 한 사발을 먹을 수 있었다면." 그녀는 아쉬워하면서 명한에게 한 잔 가득히 따랐다. 명한은 쭉 마시고 가슴을 한번 쓸어내리고 덩실 덩실 춤을 추며 진도아리랑을 부르기 시작했다.

미나도 오른 손 집게손가락을 하늘 높이 찌르면서 사뿐히 왼발이 나왔다. 마치 학이 나는 모습이었다. 둘은 무아의 지경이 되어 신명나게 놀았다.

"여보! 이번에는 당신이 골리앗을 멋지게 이겼어요. 당신이 말한 대로 많은 배당을 끝없이 계속 받을 수 있고, 저평가 된 주식가격도 회사의 본질 가치를 향해 올라가고 있으니 정말 행복하네요. 이 정도면 완벽하게 성공한 것 같아요. 당신의 끈질긴 집념이 시장의 판도를 바꿔 놓은 것 같아요. 당신이 완벽하게 이긴 거예요." 그녀는 흥분한 어조로 말했다.

명한은 이제 더 이상 하락은 없을 거라고 생각했다. 가치투자자들이 매수를 시작하여 주가가 상승전환 하자, 주식가격을 강제로 끌어내려서 차익을 노리던 극악무도한 투기꾼인 골리앗이 겁을 먹고 되사는 중이라고 생각했다.

어렵게 주식투자를 배우고 수년간 최선을 다했지만 최고로 안전하다고 철석같이 믿었던 유한양행 투자에서 손실을 기록하고 골리앗에게 백기를 들었을 때 그의 마음은 갈기갈기 찢어져 있었다. 그동안 제대로 된 성과를 내지 못해 마음고생 많이 하였고 '주식투자를 그만 두자. 주식투자는 내 적성이 아니다'라고 까지 했었다. 그래서 더더욱 그의 아내는 몹시 기뻐했다.

"다행이야. 주가가 예상대로 올라가서. 그런데 건물도 아직 팔리지 않고 대출 받아서 추가로 더 사기로 한 것은 주가가 갑자기 많이 올라 어떻게 해야 할지 모르겠네. 원래 주식투자는 특별한 경우를 빼고는 절대로 대출을 받아서 하면 위험한 것인데." 명한은 깊이 생각했다.

"그럼 대출은 받지 않을 거예요?"

"글쎄. 주가가 다시 조정을 받아서 쌍 바닥(단기투자자들이 이익을 실현하는 과정에서 주가가 다시 저점으로 떨어져 저점이 두개가 되는 현상)을 치면 몰라도 지금 상태에서는 판단하기 어렵네." 명한은 정말 판단하기 어려웠다.

"여보! 그럼 다시 한 번 공명 선생님한테 찾아가서 자문을 청해 보는 것이 어떨까요?" 그녀가 제안을 했다.

"그게 좋겠네요. 우리 스승님한테 다시 자문을 청하러 찾아뵙시다." 하고 그는 말했다. 삼성화재우선주를 선택할 때도 스승님을 찾아가서 상담했었다. 그의 스승은 그 때 판단은 오르지 본인이 해야 한다고 했었다. 명한은 고민하다가 스승님이 보유하고 있는 삼성화재우선주를 택했다. 명한과 미나는 다시 삼복더위가 찾아와 스승이 좋아하시는 한방 백숙을 마련하여 찾아 가기로 했다.

둘은 시장에 가서 가장 싱싱하고 좋은 재료를 골라, 일차 조리를 해서 황토토담으로 공명 선생님을 찾아 갔다. 스승님은 무더위에도 불구하고 서재에서 책을 읽고 계셨다.

"스승님! 작은 거인입니다."

"오! 작은 거인! 어유! 이 더위에 어떻게 왔는가? 어서 오게나."하시며 반가워 한걸음에 수제자인 작은 거인을 향해 달려 나오셨다.

"스승님 그동안 별고 없으셨는지요?" 명한은 스승님의 양손을 잡고 재회의 기쁨을 나눴다.

"나야. 뭐. 신선처럼 살지. 뭐. 걱정이 있어야지. 배당금 또박또박 나오니 돈 걱정 없고, 또 배당금 나오는 기간도 무한대잖아. 회사가 망하지 않는 한 끝없이 나오는 거지. 내가 죽어도 나오고. 더울 때는 여기 시원한 우물가에서 목욕을 하고, 책 보고, 꽃밭에 꽃들이 언제나 나를 사랑한다고 애교를 떨고, 저 쪽에 담장 밑에 봉선화는 아무래도 나를 짝사랑 하나봐. 항상 얼굴을 붉히고 땅만 쳐다보고 있어." 하며 언제나처럼 공명 선생은 쾌활하게 말했다.

"선생님 안녕하셨어요? 봉선화가 선생님을 짝사랑한다고요?" 미나도 반갑게 인사를 드리며, 천진한 어린아이 같은 선생님을 보고 밝게 웃었다.

"학(鶴)부인 미나씨도 왔군. 그래 이 무더운 날씨에 어떻게 보냈어?"

"선생님 덕분에 잘 지냈어요."

"고마워요. 미나씨. 밖에 평상으로 가지. 꽃들이 나를 서로 사랑하려고 야단들이야. 내가 이렇게 산속에 혼자 사는 것 같아도 예쁜 꽃들한테 인기가 많아. 내가 저놈들을 사랑한다며 모두 어루만져주면 온갖 향기를 내품으면서 서로 예쁘게 보이려고 야단들이라니까. 꽃잎이 반짝반짝 빛난다니까." 하시며 두 사람을 시원한 그늘 밑 평상으로 안내했다.

공명 선생이 사는 설봉산의 황토토담집은 언제 봐도 평화로웠다. 평상에 앉아 앞을 보면 맑은 호숫가 내려다보이고 멀리 서쪽으로 최고봉인 희망봉과 오천 땅으로 넘나들던 화두재가 천사의 날개처럼 아늑하게 품은 곳이다. 집 뒤로는 울창한 잣나무가 겨울에 찬바람을 막아주고, 넓은 마당가에 은행나무가 여러 그루 있어서 가을이면 노랗게 물든 단풍이 장관을 이룬다. 또 가운데에 큰 덕을 많이 쌓아 허리가 굵은 느티나무가 있어 평상에 앉아 무더운 여름을 시원하게 보낼 수 있어 좋다.

앞마당에는 언제나 마르지 않는 생명의 샘이 있다. 공명 선생님은 이곳에서 황토로 토담집을 짓고 신선처럼 지내신다. 앞마당 채마전에는 손수 기르시는 싱싱한 채소가 늘 가득하고 집 주변으로는 아름다운 꽃들이 만발한 꽃밭은 특히 명한의 눈길을 끌었다.

인내와 끈기, 일편단심인 우리나라 국화인 분홍색과 순백색의 화려한 무궁화, 담장 아래 땅을 바라보고 피어 있어서 왠지 수줍게 느껴지는 빨간 봉선화, 순결한 백합, 화초로 키우는 사랑의 꽃 빨간 양귀비, 정열적이고 깨끗한 모델처럼 키가 큰 칸나, 불타는 사랑의 맨드라미, 청순하게 핀 분홍색 채송화, 꿈꾸는 백일홍, 밤이 되면 달님을 사모하는 노오란 달맞이꽃, 수줍음 많은 분꽃, 깨끗한 마음의 나리꽃, 보라색과 순백색의 도라지 꽃, 진한 핑크 패랭이꽃, 메꽃, 정렬의 해바라기꽃 등 무수히 많은 꽃들이 피어 있었다.

꽃을 좋아하고 가꾸는 사람은 가슴에 사랑이 가득한 순순한 사람이다. 나이 들어가면서 꽃을 좋아하는 사람은 꽃처럼 곱고 우아하게 늙어 간다. 누구든 행복해지려면 정원을 가꾸고 꽃과 다정한 친구가 되어야 한다고 생각했다. 마음에 여유가 생기고 사랑, 용서, 아량, 부드러운 마음 등이 꽃처럼 피어날 수 있다.

꽃들과 친구가 되면 심심하지 않을 것 같았다. 예쁜 꽃들과 함께 생활하면 자신도 꽃이 되어 아름다운 사람이 될 것이라 명한은 생각했다.

시기, 질투, 원망, 불평, 의심, 절망, 전쟁, 공포 등이 없으니 피어나는 것은 사랑뿐일 것이다. 그래서 공명 선생님은 언제 보아도 곱고 품위 있게 늙어 가신다고 작은 거인은 생각했다.

명한도 갤러리에 아름다운 꽃을 정성들여 가꾸어 놓았다. 그의 스승처럼 사랑으로 아름다운 꽃들과 친구가 되고 사랑의 대화를 나누며 살고 싶었다. 그 속에서 예쁜 꽃들의 사랑을 받으며 장학재단을 경영하여 젊은 인재를 키우고, 작품 활동을 하며 노후를 맞이하고 싶다고 생각했다. 공명 선생처럼 위대한 기업에 주주가 되어 배당금으로 생활하면서 불우한 이웃들을 사랑하며 더불어 사는 것이 그의 꿈이고, '마음속 그림'의 여백을 아름답게 채워, 마침내 그의 평생 대작을 마칠 수 있는 길이라고 생각했다.

언제나처럼 여유 있고 시원한 느티나무 밑 평상에 공명 선생과 명한, 미나가 맛있게 잘 익은 한방백숙을 놓고 마주 앉았다.

"자. 맛있게 먹어 보자고."

"예. 아주 맛있는 냄새가 납니다."

"미나씨도 어서 들어요. 만드느라 고생 많았어."

"예. 선생님! 어서 드세요."

명한은 강원도 심심산골에서 산삼을 캐며 마치 신선처럼 살아가는 그의 지인에게 특별히 부탁하여 산삼주를 언제나 준비해 놓았다. 그는 공명 선생이 가장 좋아하는 산삼주를 스승을 찾아 뵐 적마다 챙겨갔다. 먼저 산삼주를 한잔 따라 올렸다.

"스승님! 제 잔 받으십시오."

"오! 좋지! 고맙네. 자네도 한잔 받게나." 한방백숙과 산삼주를 들고 온 제자와 마주 앉자 공명 선생은 너무나 기뻤다. 주식공부를 가르친 보람을 느꼈다. 그리고 미나한테도 늘 고맙게 생각하고 있었다.

자신에게 주식투자를 배운 수제자가 주식투자 실전경험을 훌륭하게 쌓고 있으며. 전문투자자 못지않게 잘 하고 있기 때문이다. 공명 선생은 틀림없이 명한이 장학재단을 세우고 전설적인 가치투자자가 되어 재단 운영도 잘 할 것이라 믿고 있었다.

늘 노력하고 혁신적이며 창의성까지 겸비하고 있어서 장차 크게 성공할 것이고, 자신이 못다 이룬 꿈을 제자가 이루어주기를 간절히 바라고 있었다.

"스승님! 이번 삼성화재우선주 투자는 성공한 것 같습니다."

"내 생각도 마찬가지야. 아주 적절했던 것 같네."

"스승님! 저는 이번 기회에 상가 건물하나를 팔아서 투자를 더 하려고 부동산 시장에 내놓고 기다리고 있습니다. 그런데 팔리지 않아 담보 대출을 받아서 더 투자하고 싶은데 갑자기 주가가 많이 올라 고민이 됩니다."

"상가건물을 팔아서 주식을 더 산다? 그 이유가 합당한가? 작은 거인!" 공명 선생은 제자가 건물을 매각하여 주식과 맞바꾼다고 하자 깜짝 놀라 그에게 물었다.

"예. 저는 합당하다고 판단했습니다. 왜냐하면, 상가월세를 받는 것보다 배당금을 더 많이 받을 수 있기 때문입니다. 또한 자산이 부동산에 치중되어 있어서 현금이 필요한 경우 문제가 크다고 생각합니다. 그리고 상가의 대지는 지속적으로 상승할 것이지만 건물 값은 매년 감가상각 되어 하락할 것입니다. 그러나 삼성화재우선주 주식 가격은 너무나 저평가 되어있어서 회사의 본질적 가치에 도달하려면 앞으로 두 세배는 상승해야 된다고 봅니다. 또 지속적으로 회사가 성장한다면 주식을 사서 묻어두는 것이 유리하다고 생각했습니다."

"얘기를 듣고 보니 부동산을 일부 팔아서 위대한 대형주를 사는 것도 괜찮은 방법인 것 같네. 내가 오래전부터 삼성화재우선주를 보유하고 있다는 것은 작은 거인 자네도 알지? 그렇지만 아무런 위험도 문제점도 없었다네. 뭐 일시적으로 수 십 퍼센트씩 가격이 오르고 내리는 일은 있지만, 지나고 나면 회사가 성장하는 만큼 계속하여 주식가격은 올랐거든.

부동산 가치도 같은 논리인 것 같네. 인구가 늘어나서 도시가 성장을 지속적으로 할 때만 상승하는 거지. 다시 말해 더 높은 가격에 매수할 사람이 있어야 상승하는 것이지. 그러나 우리나라 사람들은 대다수가 부동산에 너무 치우쳐서 자산을 소유하고 있는 것 같네. 그러다 보니 평상시에는 정부에 세금만 납부하다가 돈을 써보지도 못하고 허무하게 죽는 부자들을 많이 보았어. 부동산은 급하게 팔려고 하면 가격이 한없이 떨어지는 묘한 물건이야. 내 생각에는 자네 자산이 부동산에 지나치게 치우쳐 있다면 5대5까지는 분배하여 금융자산에 투자를 하는 것은 좋은 생각이라고 생각하네. 세금도 너무 많이 나오고. 멀지 않아 우리나라도 베이비부머 세대의 정년퇴직과, 본격적으로 다가오는 인구절벽에 부딪히면 부동산 가치도 하락할지 모르고." 공명 선생은 말했다.

"예. 스승님 저도 그렇게 생각합니다." 명한은 대답했다.

"작은 거인! 그리고 주식 대출을 받아서 사는 것도 신중하게 해야 한다네. 자네 말대로 대출이자를 배당금으로 대신할 수 있다면 좋은 기회이지만, 지금상태로는 좀 기다려 보았다가 조정하여 쌍 바닥이나 쓰리바닥(저점이 3번 오는 것)을 형성하면 그때 안전하게 대출을 받아 추가 매수를 하는 것이 좋을 것 같네"

"예. 스승님 감사합니다. 그렇게 하겠습니다."명한은 건물이 팔리지 않아서 애가 탔지만 그렇다고 헐값에 팔아서 주식을 사고 싶지는 많았다. 억지로 하는 일은 탐욕이며 탐욕으로 행한 일은 결과가 좋지 않을 거라고 생각했다. 모든 것은 자연스럽게 순리에 맞춰서 해야 한다 생각하며 아쉬워했다.

"작은 거인! 내가 자네에게 꼭 할 말이 있네."

"예. 스승님. 무엇입니까?"

"나는 자네가 앞으로 20년 후에 세우려는 장학재단에 대해 깊이 생각해 봤네. 주식투자를 배우고, 인류의 미래를 이끌 위대한 1등 기업에 투자하고 주주가 되어, 그 배당금으로 영구적으로 운영하고 싶다는 자네의 생각에 깊은 감명을 받았네.

앞으로 우리나라도 어떤 재단이든 은행이자로 운영하는 것은 불가능한 일이라고 생각하네. 그것은 누군가가 지속적으로 더 많은 돈을 기부할 때에만 정상적으로 운영된다고 보네. 자네 생각이 옳은 거야. 자네가 앞으로 더 공부하고 실전투자 경험을 쌓아가면서 주식투자자로서의 실력을 충분히 갖추고, 좋은 기회가 있을 때마다 꾸준히 위대한 기업의 주식을 조금씩 사모아서, 그것을 기초로 재단을 세우겠다고 한 말은 충분히 가능한 일이라고 생각하네. 그래서 자네가 먼 훗날 장학재단을 세울 때 나도 미력이나마 자네를 돕고 싶다네."

"말씀만 들어도 감사합니다. 스승님!"

"그래서 말인데. 내가 갖고 있는 삼성화재우선주 10,000주를 내가 죽으면 자네가 세울 재단에 기부하겠네. 우리 애들도 모두가 아주 훌륭하게 성장하였어. 내 뜻을 말했더니 흔쾌히 이해하더군. 우리 애들도 조금씩 남을 돕고 사는 기부와 봉사를 하면서 살고 있어.”

“네~에?? 정말입니까? 스승님 대단히 감사합니다.”명한은 너무나 감격했다. 그는 벌떡 일어나 큰 절을 올렸다. 공명 선생은 그에게 주식투자를 가르쳐준 진정한 스승이다. 그는 기쁨이 벅차올라 두 눈에 뜨거운 눈물이 흘렀다.

주식투자를 가르쳐주셨고 그리고 평생 모은 재산을 1남 2녀 자녀들에게 물려주지 않고, 모두 명한이 세울 장학재단에 기부한다니 명한은 믿어지지 않았다.

명한은 그의 스승으로부터 자신이 세울 장학재단에 기부를 하겠다는 말을 들으니 벅찬 감격이 일었다. 자신이 남들처럼 약삭빠르지 못하고 고지식하게 살아온 지난날들이 헛된 것이 아니라는 것을 오늘에야 깨닫게 되었다.

공명 선생이 그를 그토록 믿어줄 줄은 꿈에도 몰랐다.

명한이 재단을 세워 ‘기부와 봉사’를 체계적으로 해 보려고 노력하고 있었지만 이렇게 큰 공감을 얻을 줄 몰랐다.

그의 아내 이미나까지 벌써 2명이 장차 그가 세울 장학재단에 기부를 하겠다는 약속을 받았다. 앞으로 실력을 제대로 갖춰 재단을 세우고 잘 운영한다면 금액의 많고 적음과 관계없이 또 다른 기부자가 나올 수 있다고 생각하니 가슴이 벅차오르고 책임감을 무겁게 느꼈다.

그의 인생 3막을 ‘기부와 봉사’로 마무리 하겠다고 노력한지 불과 몇 년 만에 벌써 동참자가 2명이나 나온 것이다.

돈을 벌면 장학재단을 세워 젊은 인재를 양성하고 싶다고 입버릇처럼 말하곤 했었다. 곱상한 얼굴에 일그러진 모습 한 곳 없이 맑고 깨끗한 마음을 간직하고 사는 영혼이 맑은 사람이었다. 그의 가슴에는 언제나 사랑이 가득했다.

일반인이 도저히 갖지 못하는 고귀한 성품이 그에게는 있었다. 그것은 하느님이 그에게 준 선물이었다. 하느님이 그를 많이 사랑하신다고 굳게 믿고 사는 사람이다. 하느님의 충만한 사랑을 받아서 가슴속에 사랑이 언제나 꽉 차있다. 그 사랑으로 아름다운 세상을 만들기 원했다. 누구나 경제적 자유를 얻어서 행복하게 사는 세상을 만들고 싶었다.

그의 인생에 평화로운 자연과 맑은 호수는 크나큰 영향을 주었다. 맑은 호숫가 파란 잔디밭에 누워 하늘에 자유롭게 떠다니는 뭉게구름을 보면서 배움에 대한 꿈을 키웠으며 열심히 일했다. 그리고 자연을 닮은 그는 인위적으로 인간이 만들어 놓은 놀이보다는 자연스러움을 좋아했다. 그래서 지금도 자신의 마음속의 거울을 매일 매일 깨끗하게 닦는 걷기를 좋아한다.

"스승님! 감사합니다! 감사합니다! 감사합니다! 어떠한 어려움이 닥쳐도 반드시 실천 하겠습니다."

"고맙네. 내가 복이 많아서 자네 같은 제자를 두었네. 자네는 쉬지 않고 성장하는 사람이야. 자. 장학재단 건립을 위하여!"

"위하여!" 사제는 자축했다. 미나도 명한의 힘이 될 것을 굳게 약속했다.

“스승님! 부디 건강하시고 행복하십시오. 앞으로도 자주 찾아뵙겠습니다. 많은 가르침 주십시오.” 하면서 명한은 다시 큰 절을 올렸다.

“작은 거인! 자네도 건강 유념하고, 너무 조급하게 마음먹지 말고, 자연스럽게 순리대로 차분하게 미래를 준비하라고.”공명 선생은 명한에게 감사한 마음으로 살라고 당부했다.

그는 재단을 세우는 것이 엄청난 도전이라고 생각 했었다. 그러나 그의 계획과 진실을 알고 공감하고 동참하는 아름다운 사람들이 더 많이 생긴다면 힘이 덜 들 것이라 생각했다. 모든 것은 하느님께 맡기고 자신은 언제나 초심으로 돌아가 정직하고 성실하게 실천하면 이룰 수 있다고 다시 한 번 다짐했다.

“여보! 호숫가 벤치에서 좀 쉬었다가 갑시다.”

“그래요. 우리 오랜만에 쉬었다가 가요.” 하고 그녀가 대답했다.

“여보. 호수는 언제나 내 진정한 친구야. 나는 호숫가에 오면 마음이 편안해져.”

“당신은 참 호수를 좋아해요. 나는 산이 훨씬 더 좋은 데.”하고 미나가 말했다.

“호수를 좋아해서 여기까지 왔지.”

“당신은 아무리 힘들어도 올바른 길을 찾아가는 걸 보면 신기하다는 생각이 들어요. 혹시 가슴속에 나침반이 있나요?”

“나침반?”

“어떻게 그렇게 힘든 일들을 하나하나 잘 헤치고 나가냐고요.”

“ ‘나는 그냥 더 좋은 방법이 없을까? 더 땀 흘려 노력하면 되지 않을까? 하면 된다.' 하고 늘 생각해. 그게 전부야. 미나는 그런 내가 너무나 진지해서 싱겁고 재미없는 사람이라고 핀잔도 주잖아."하고 명한이 말했다.

"뭐 재미는 없어요. 그런데 당신에게 묘한 매력이 있어 자꾸만 끌려요."

"그렇게 좋게 봐주는 미나가 매력이 있지. 내가 뭘 매력씩이나."

"아무튼. 당신이나 스승님께 너무나 감사해요. 주식투자공부도 무료로 가르쳐주셨는데 보유하고 계신 주식을 10,000주나 당신이 앞으로 세울 장학재단에 기부 한다고 하시니 말이에요." 그녀는 감격하여 말했다.

"감사하지. 너무나 감사하지. 가슴 시리도록 감사하지. 그 크신 은혜를 갚으려면 오르지 주식투자공부를 더 부지런히 배워서 위대한 가치투자자가 되어 장학재단을 세우고, 운영을 잘 하고, 그 수익으로 젊은 인재를 많이 키우는 거지."

아름다운 단풍이 곱게 물들은 결실의 계절 가을이 다시 찾아왔다. 그가 가꾼 U갤러리 앞뜰에도 단풍나무, 느티나무와 벚나무가 붉게 단풍들기 시작하였다.

명한에게도 올 가을은 풍성한 결실의 계절이다. 그는 감사했다.

그가 갤러리 앞마당 잔디밭에서 마음을 깨끗하게 닦는 걷기를 원을 그리며 하고 있다. 거울이라 생각하는 자신의 마음을 자세히 들여다보니 벌써 얼룩이 보였다. 천천히 마음의 거울을 닦고 또 닦았다. 한참을 닦고 나니 다시 맑은 호수처럼 깨끗하고 투명했다. 자신을 비춰보니 이제는 욕심이 사라진 얼굴이었다. 그가 빙그레 웃고 있을 때 그의 주식투자 친구인 조씨한테서 전화가 왔다.

"여보세요? 어이고! 이게 누구야! 친구! 오랜만이야. 뭐가 그리 바빴어? 한번 만나자고."

"어유. 이게 누군가! 조씨. 그려. 때마침 전화 잘했어. 오늘 저녁에 어떤가?"

"나야 명한이 친구가 좋다면 언제든지 좋지. 난 시간이 넘치는 사람이잖아."

조씨는 늘 여유 있게 풍류객처럼 말했다. 둘은 전에 만났던 고기집에서 만났다.

조씨는 안쪽 아늑한 방에 먼저 와서 자리 잡고 있었다.

"어이구! 오랜만이네. 어서 오게나 친구!" 조씨는 반갑게 말했다.

"조씨! 벌써 와 있었어?" 명한이 말했다.

"명한이 친구! 그동안 어떻게 지냈어."

조씨는 명한이 주식투자를 어떻게 하는지, 공명 선생에게 주식투자를 배운 후 어떤 종목에 투자하고, 투자수익을 얼마나 올리는지 항상 궁금해 했다.

"뭐. 별일 없이 잘 지냈어."

"소주 한잔 해야지." 조씨는 술을 권했다.

"물론이지. 고기도 좀 굽고."

"자~ 자. 친구! 오늘 같이 좋은 날 우리의 건강과 영원한 우정을 위하여!"

조씨는 명한에게 건배를 제의하고 단숨에 쭉 들이켰다.

"위하여!"

명한은 조씨를 따라 건배하고 조씨가 자신에게 무슨 할 말이 있는 것 같다는 느낌을 받아 눈치를 살폈다.

"캬~ 술맛 죽인다. 이봐! 친구! 그래. 요즘은 어떤 종목에 투자를 했나?"

"삼성화재우선주."

"음~ 잘 들어간 것 같은데. 주가가 엄청 쌌는데 정확하게 본 것 같아.

유한양행 투자는 마음고생이 많았겠어. 투자는 언제나 리스크가 따라다녀. 주식시장에서는 아주 흔한 일인걸 뭐. 제약업종이 모두 철퇴를 맞았지. 정부의 강제 약값인하 방안에 제약사들은 물론 많은 투자자들이 골탕을 먹은 거지. 정부가 좀 심했어. 그래도 자네는 앞으로 잘하리라고 믿어. 철저히 분석하고 기다릴 줄 알고 그러면 언젠가는 성공할 수 있다고 보거든. 노력하는 사람은 약간의 운만 따르면 성공하거든."

"마음은 잘하고 싶은데 쉽지 않아. '내가 이걸 왜 하지?' '앞으로 계속 주식을 해야 되나?'하고 어떤 때는 실망을 하고 한계상황에 부딪혀 비관적인 생각도 들고 말이야."

"그러면서 실전 경험을 쌓는 것이 주식투자지. 누구든지 다 그렇게 해. 주식투자자도 사업인데 항상 돈을 벌수는 없는 거잖아? 그렇지만 언젠가는 자신에게 가장 잘 맞는 매매비법을 터득하여 비장의 무기로 사용해야 될 거야."

"그러게 말이야. 난 아무리 생각해도 미래를 이끌고 갈 위대한 1
등 기업에 장기로 가치투자를 해야겠어."

"그럼. 고민 끝이네. 가치투자를 하면 되겠네. 내가 보기에도 자네
와 궁합이 맞는 투자방법인 것 같은데."

"맞아. 그런데, 기업이 미래에 성장도 하면서 저평가 된 종목을 발
굴하는 것이 쉽지 않아."

"그래. 그것이 문제야. 가치투자를 할 때 매수할 기회가 너무 적
어. 주식투자를 제대로 하는 투자자들은 모두 좋은 종목을 기다리고
있거든. 그래서 어려워."

"미래 산업을 이끌고 갈 성장성이 뛰어나고 위대한 1등 기업이 저
평가 되어 있어야 하는데, 그런 기업을 찾기가 하늘의 별을 따는 것
같이 어려워."

"친구! 때를 기다려 보자고. 매수할 수 있는 운수 좋은 날이 반드
시 찾아 올 거야. 1997년 외환위기, 2008년 금융위기 때도 실적이 좋
은 위대한 기업들이 모조리 추락했었잖아."

"그랬었지. 또 그런 좋은 기회가 오겠지? 그동안 실력을 쌓아야지."

"오고말고. 가치투자자들은 그런 위기를 기회로 만들 줄 아는 투
자자들이지. 그래서 한번 매수하면 최소 수년 혹은 10년 이상 보유
하다가 어느 날부터 불나방 같은 투기꾼들이 결정적으로 달려들어
높은 불기둥을 만들면 그때 가치투자자들은 회심의 미소를 지으며
이익을 실현하지. 단 한 번의 투자로 수배~수십 배씩 큰돈을 벌지."

"맞아. 조씨가 산 증인이지."

"그래. 내가 증인이지. 나는 산전수전 다 겪었어. 그런데 난 가장 좋은 투자법이라 생각하는 가치투자! 그것이 내 성격과 안 맞아. 남녀사이도 궁합이 맞아야 행복할 수 있듯이, 나도 가치투자를 하고 싶었는데 참을성이 부족해. 엄청 지루하고. 가끔씩 돈 맛도 좀 보고 싶어서 나는 포기 했어. 그래서 시장에서 가장 선두로 달리는 주도주만 투자하는 거야. 지난 10여 년간 꾸준히 돈을 벌고 있지만, 투자의 세계에서는 아무래도 가치투자가 제일이지. 나는 항상 가치투자자를 존경해 왔어."

"조씨! 나는 가치투자자가 되려고 해. 그래서 이번에 고심하다가 성장성은 떨어지지만 저평가된 삼성화재우선주를 매수 했어. 오랫동안 보유하면서 배당금을 받고 또 그것을 계기로 미래의 장학재단을 설립하는데 주춧돌로 사용하려고 말이야."

"아! 그래. 어려운 결정을 했네. 자네 말대로 안전하긴 한데 정말 지루한 주식인데 말이야. 그러나 자네처럼 오래 들고 갈 것이라면 그런 위대한 기업의 주식가격이 엄청 저평가 되었을 때 매수하여 보유하는 것이 맞는 투자라고 생각되네. 자네하고는 궁합이 잘 맞을 것 같네 그려."

"조씨도 그렇게 생각 해?"

"음. 내 생각도 그래. 잘한 투자인 것 같아."

"조씨! 우리는 각자 다른 투자스타일이잖아. 각자가 성격에 맞게 개성이 강한 투자를 하고 있다고 생각해. 그래서 마치 주식투자 삼국시대를 열어가고 있다고 생각했지. 그러면서도 서로 좋은 친구 관계로 계속 만남이 이루어지기를 간절히 바랐었는데, 옵션과 선물 등과 같은 파생상품과, 상한가 따라 하기 등 온갖 스릴 넘치고 숨 막히는 투기의 달인이었던 파이터 손한방이 단 한 번의 엄청난 실패로 자살을 했다는 게 믿기지도 않고 정말 속상하고 안됐어."

"그러게 말이야. 손한방의 부인 이영자씨도 너무 안됐고 아이들도 그렇고. 아무튼 너무나 애달픈 일이야."

"주식투자수익으로 우선 아비를 잃은 손한방 아들에게 장학금을 주어야겠어."

"자네가 장학금을 준다면 감사한 일이지. 자네다운 일이지."

"뭘. 당연한 일 가지고."

"나도 보탤게. 손한방 아들이 마음 놓고 공부할 수 있도록 장학금을 주자고.

그리고 공명 선생은 주식투자선생님, 현명한 자네는 제 1국의 전설적인 가치투자자, 나는 제 2국의 주도 주 투자자. 파이터 손한방은 3국의 상한가, 선물 옵션 투기꾼. 아주 멋진 삼국이었는데." 조씨는 개성과 분야가 각자 너무나 다르게 주식투자를 한 것을 정리하여 주식투자 삼국이라 말하며 손한방의 죽음을 안타까워했다.

"우리의 주식투자를 사랑하는 모임인 '주사모'는 언제나 사이좋게 지내며 서로 돕고 경제적 자유를 얻으며, 보람되고 행복한 삶을 살아가는 풍요로운 '주식투자 삼국'을 세울 거라 생각했었어." 명한도 안타까워하며 말했다.

"나도 그렇게 생각했어. 우리가 만든 '주사모'가 영원히 발전하도

록 함께 노력하자고. 명한이 자네는 진정한 가치투자자로써 멀리 후
방에서 작전을 짜고 지휘하는 작전 전략가처럼 투자를 하고, 나는
주도 주 투자자로써 순간순간 대포나 미사일을 발사하는 포병처럼
투자하고, 손한방은 상륙작전을 하는 해병이며 전투특전사 전투병
투기꾼으로써 육탄전 싸움을 지속적으로 했었다면 좋았을 텐데. 전
의 전쟁터에서 각자의 역할을 충실히 하면서 지금처럼 보고 싶을 때
만나서 전투이야기도 하면서 말이야. 우리들의 재미있는 주식투자
이야기로 마치 소설을 쓰듯 소주잔을 기울이며 이야기를 나눌 수 있
었을 텐데.” 조씨는 각자의 투자스타일을 전쟁으로 비유하면서 거침
없이 말했다.

실력만 갖추면 90, 100살까지도 돈을 벌수 있는 것이 주식투자이다.
무엇인가 할 일이 있는 것이 곧 삶이다.

주식투자를 배우고 실전연습을 하면 누구나 노후에도 연령제한
없이 돈 벌수 있는 것은 분명 축복이고 행운이라고 명한은 생각했다.

주식투자를 배운다는 것은 기업의 가치를 평가할 수 있는 능력을
배우는 것이다.

컴퓨터를 켜서 차트를 보면서 매매를 하는 것이 주식투자가 아니
다. 기업이 저평가되었는지 고평가 되었는지를 배우기는 매우 어렵
고 시간도 많이 걸린다. 경험도 필요하다. 평가기준을 어떻게 잡느
냐에 따라 평가금액은 천차만별이다. 어쩌면 그것은 ‘영원히 평가할
수 없는 것! 경영자만이 알 수 있는 것!’인지도 모른다.

그러나 투자자는 실제 보여주는 장부가치로 평가를 하든, 미래가

치를 반영하여 평가를 하든, 자신의 오랜 경험을 바탕으로 평가하든, 어쨌든 싼지 비싼지를 판단해야 한다. 그리고 저평가 되었을 때 매수하여 기업의 실질(본질)가치에 도달할 때 이익실현을 하는 것이 주식투자라고 명한은 그의 스승으로부터 배웠고 자신도 그렇게 생각했다.

이제 기술이 아닌 지식이 지배하는 새로운 시대에 살고 있다.

21세기는 지식이 모든 것을 지배하고 지식소유자가 돈을 더 많이 버는 시대다.

주식투자라는 금융지식의 배움이 우리의 노후를 밝게 비춰줄 것이다.

일확천금을 노리는 투기를 하지 않는 다면 말이다.

한국인은 머리가 비상하게 좋다. 그 좋은 머리로 주식투자를 배운다면 세계에서 1등할 것이라고 명한은 확신했다. 외환위기(IMF1997), 2008년 금융위기(미국 리먼 브러더스 파산)때에 주식시장이 곤두박질치자 우리나라 국민들이 피땀 흘려 벌어 놓은 귀한 돈을 힘 하나 안들이고 외국인투자자들이 휩쓸어 가지고 가지 않았는가?

우리는 곡간(주식시장)을 통째로 내주고 주식시장에서 전염병에 옮겨 죽음을 당할까봐 곡간의 열쇠를 버리고, 두려워 모두가 멀리 도망치지 않았는가?

그러자 주식투자에 대한 특수훈련을 받은 선진국 엘리트 금융전투병들이 우리나라 여의도에 상륙하여 미래를 이끌고 갈 위대한 기업들만 쏙쏙 빼내 들고 가지 않았는가?

명한은 분하고 원통하다고 생각했다.

그 돈이면 온 국민들이 행복을 누리며 살 수 있는 돈인데. 다 빼앗기고 허겁지겁 허리띠를 동여매고 다시 돈을 벌려고 땀 흘려야 한다고 생각하니 분통이 터졌다. 위대한 기업들의 지분인 주식을 헐값에 거의 절반이나 선진국에 빼앗겼으니 기업이 매년 맺는 열매인 배당금으로 나가는 돈도 어마어마하게 많을 것이라 생각했다. 회사의 간판만 한국기업이지 속을 들여다보면 외국인 회사가 된 위대한 기업들이 너무나 많았다.

글로벌시대에 우리나라 투자자들도 외국의 위대한 기업에 투자하는 것도 사실이지만, 우리나라가 주식투자에 너무 뒤떨어진 것 같아 명한은 씁쓸했다. 법적 주인이 자기 소유지분을 찾아가는 배당금은 어찌할 수 없지만 말이다.

다시 말해 우리는 죽을힘을 다해 노동을 제공하고 열매는 자본을 투자한 외국인의 몫이 많다는 것에 화가 났다. 마치 신 개념의 경제 식민지 생활을 하는 것 같은 생각이 드는 때가 많았다. 이제 높은 학력과 좋은 머리로 투자를 배워야 할 때가 됐다. 특히 우리나라의 미래를 이끌고 갈, 우리의 일자리를 창출하는 위대한 기업에 투자를 많이 해야 한다. 그러기 위해서 주식투자 공부를 해야 한다고 명한은 생각했다.

그리고 그 투자가 산업발전을 이끄는 원동력이 되어서 일자리를 창출하고, 선진국 진입을 더 빨리 할 수 있도록 견인할 것이라 명한은 생각했다. 이것이 우리가 바라는 진정한 복지국가로 가는 길이라고 명한은 말했다.

"이봐. 친구! 자네 정말 장학재단을 설립할거야?"

조씨는 명한을 한참이나 쳐다보다 무겁게 입을 열었다.

"당연하지. 그리고 주식투자를 가르쳐야지. 누구나 주식투자를 배워 행복한 노후를 맞이하게 해야지. '주식투자 하지 마라'를 '주식투자 해라' 하고 권하고 싶거든."

"음! 멋진 계획이야. 주식투자 세계는 내가 잘 알고 있지. 그래서 말인데. 자네가 장학재단을 세우면 나도 자네가 운영할 재단에 기부를 하고 싶다네."

"뭐? 그게 정말인가?" 그는 자신의 귀를 손가락으로 후벼 보고 입을 크게 벌린 채 한참이나 조씨를 뚫어지게 바라봤다.

"그래. 정말이야. 난 자네를 100% 믿네. 내가 죽기 전에 내 재산의 50%를 자네 재단에 기부하고 싶네. 뭐 얼마 되지는 않지만 말이야."

"진실이군. 고마워! 고맙네. 친구!"

명한은 자신도 모르게 자리에서 벌떡 일어나며 친구 조씨의 손을 덥석 잡았다. 그리고 조씨를 부둥켜안았다. 조씨도 힘주어 그를 세차게 안았다. 뜨거운 기운이 두 남자의 두툼한 가슴을 스쳐 지나갔다.

조씨는 오랫동안 지켜본 결과 명한이 근면하며 진실한 사람이라고 믿고 있었다.

'기부와 봉사'의 삶을 실천하기 위해 노력하는 친구가 너무나 자랑스러웠다. 조씨도 기부와 봉사를 늘 하고 싶었다. 그러나 혼자서는 잘 되지 않았다. 조씨는 공감했고 미약하지만 돕고 싶었다. 무엇보다도 주식투자를 공명 선생한테 정식으로 배운 수제자이며 자신보다 이미 높은 수준에 올라섰다고 생각했다. 그래서 장학재단을 세우면 누구보다도 공정하게 잘 운영할 수 있을 것이라고 조씨는 굳게 믿고 있었다.

명한은 가슴이 뜨거워지고 눈물이 핑 돌았다.

그는 눈을 지그시 감고 마음속으로 파란 하늘을 쳐다봤다. 어린 시절 호숫가에서 홀로 잔디밭에 누워 보았던 하얀 뭉게구름이 그를 보며 '축하해요 명한씨!' 하며 방긋 웃고 지나갔다. '하느님 감사합니다!' '감사합니다!' '감사합니다!'를 수없이 외치며 기쁨의 뜨거운 눈물을 흘렸다.

"명한이 친구! 자네는 해낼 거야. 우리 힘을 합쳐 큰일 한번 저지르자고."

"고맙네. 친구. 꼭 그리하겠네."

명한은 미나, 공명 선생, 조현주로부터 그가 세울 장학재단에 기부하겠다는 약속을 받았다. 기적 같은 일이었다. 그의 한결같은 성실함이 공감을 얻어낸 것이었다.

온 힘을 다하여 발굴한 삼성화재우선주에 대한 투자는 예상대로 성공을 거두고 있었다. 그는 스승인 공명 선생을 다시 찾았다.

"삼성화재우선주 투자는 어떤가?" 공명 선생은 국화차를 마시며 물었다.

"예. 성공한 것 같습니다. 그러나 주가가 너무나 빠르게 상승하여 대출받아서 추가로 매입하지 못했습니다."

"기회는 다시 올 거야. 아무튼 축하하네. 작은 거인!"

"감사합니다. 모든 것이 스승님 덕분입니다. 초심을 절대 잊지 않 겠습니다."

"아니. 아니. 아니야. 내가 오히려 고맙고 보람을 느끼고 있네. 은 퇴하여 숲속에서 자연과 친구로 살면서 자네처럼 훌륭한 제자를 둔 것은 하늘이 도운거야. 아참. 그리고 앞으로 다가오는 4차 산업혁명 관련 기업들 중에 가장 혁신적이고 위대한 1등 기업을 꼭. 꼭. 매수 하게나."

"예. 삼성전자, 네이버, 아모레G, CJ, 셀트리온 등을 옆에 두고 가 겠습니다."

"그래. 자네가 어두운 곳을 밝히는 진정한 촛불이 되어주게나."

"어깨가 무겁습니다. 스승님!"

"그럴 거야. 하지만 그냥 자네 스타일대로 하면 돼."

"스승님 말씀 명심하겠습니다."

"작은 거인! 자네 처음에 나를 찾아왔을 때 기억나나?"

"예. 기억납니다. 그때 저는 너무나 절박했습니다. 그래서 스승님 께 일방적으로 떼를 많이 썼습니다. 그때 일을 생각하면 너무나 죄 송합니다. 스승님!"

"자네는 그때 대단했지. 지성이면 감천이라고 마음을 다하는 정 성이 대단했어. 그때. 자네가 쓴 편지를 읽고 많은 감동을 했지."

"편지요? 그때는 주식투자는 배우고 싶은데 스승님은 이미 은퇴를 했기 때문에 더 이상 아무도 가르치시지 않는다고 냉정하게 잘라 말 씀하실 땐 정말 하늘이 노랗게 보였습니다. 그리고 본업에 충실하라며 '송충이는 솔잎을 먹어야지'하실 때도 정말 제 자신을 반성하는 계기도 됐습니다."

"고맙네. 고마워! 그리고 자네는 참 매사에 정성을 많이 들여서 감동했어. 나를 찾아 올적마다 온천에 가서 목욕하고 몸과 마음을 깨끗하게 단장하고 찾아와 나는 놀랐거든. 내 평생에 그런 사람은 본 적도, 생각해본 적도 없거든. 아무튼 대단해."

"저는 단지 무슨 일이든지 정갈한 마음으로 정신을 가다듬고, 마음을 다하고, 정성을 다하여, 최선을 다해야 서로 공감할 수 있고 꿈이 이루어진다는 신념으로 그렇게 했습니다."

"음. 하지만 그렇게 하는 것은 쉬운 일이 아니지. 어떤 일이든 자네처럼 최선을 다하는 것은 좋은 습관이야. 성공하는 지름길이지. 그것이 작은 거인의 매력이지."

"감사합니다. 스승님. 그리고 스승님! 저도 스승님처럼 정원에 꽃을 가꾸며, 서재를 갖고 싶습니다. 그래서 모가 행운리 갤러리 옆에다 집을 지어 이사를 하려 합니다."

"이사를? 자네 현재 살고 있는 아파트도 좋은 곳이라고 들었는데."

"그렇지만 저는 아파트가 복잡하고 답답하여 싫습니다.

현재 방 하나로 사용하고 있는 서재도 비좁아서 책을 한쪽에 쌓아두고 살고 있습니다. 아내는 그 중에 골라서 내다 버리자고 하는데 저는 절대 반대입니다. 저는 책들이 아름다운 꽃이라고 생각합니다. 그 속에는 온갖 신비한 삶의 지혜가 가득합니다. 바라만 봐도 행복합니다. 그래서 간직하면서 오히려 계속 양서를 사서 읽고 모으겠습니다. 그리고 뿌리 깊은 나무는 바람에 흔들리지 않듯 저도 흔들리지 않게 뿌리를 깊이 내리고 싶습니다. 앞으로 생길 손자 손녀들이 오면 함께 마음껏 뛰어놀기도 하고 말입니다. 넓은 서재에서 손주들과 책도 보며 미래도 이야기 하고 사이좋게 잘 지내고 싶습니다."

"그거. 참 좋은 생각인데. 미나씨는 좋아하지 않을 텐데."

"맞습니다. 그러나 우리가 처음부터 뿌리 내렸던 곳이라 고향이나 마찬가지로 생각하는 곳입니다. 또 일도 매우 잘된 아주 좋은 터입니다. 아이들도 그곳에서 초등학교를 다녔습니다. 꿈과 낭만이 가득한 곳 입니다. 행운리는 우리에게 행운을 안겨 준 추억이 가득한 곳입니다."

"행운리라. 참 좋은 동네 같구먼. 이사하면 꼭 초대하게나. 이제 자네가 하는 일은 모두 관심이 많아졌어."

"예. 미리 초대합니다. 스승님."

"고맙네. 작은 거인! 다음에 또 보세나."

"언제나 건강하십시오. 스승님!" 명한은 진심으로 스승이 건강하기를 바랐다.

부모님처럼 느껴졌다.

현명한은 마음이 편안했다. 삼성화재우선주가 본질가치에 도달하려면 적어도 180,000까지는 올라가야 한다고 판단하고 있었고 반드시 그렇게 되리라 믿었다.

매일 매일 급변하는 시장을 믿는다는 것은 너무나 어렵다. 뼈를 깎는 인내력이 없이는 상상할 수 없는 것이다. 대나무 죽순처럼 한 번 쭉 올랐던 주가는 수개월동안 애간장을 태우고 게걸음하고 있었다. 만물이 동면하는 추운 겨울이 지나고 새순이 다시 돋았다. 대지는 모든 것이 새 희망이며 활기차게 움직였다.

명한이 좋아하는 따뜻한 봄이 다시 찾아온 것이다. 연분홍 라일락 꽃향기가 U갤러리 뜰에 온통 피어나더니, 2013년 5월 기다리고 기다리던 용이 승천했다. 일 년 넘게 준비하더니 마침내 신비의 여의주를 입에 물고 불을 내뿜으면서 승천한 것이다. 일 년 중 가장 아름다운 계절 5월에 라일락 향기와 함께 87,300에서 130,000원으로 경이적인 상승을 했다.

월 52.24%폭등이었다.

삼성화재우선주는 투기꾼들이 쫓는 테마주가 아니다. 명한은 감격하여 계속 지켜봤다. '바라만 봐도 좋은 사람'이란 말이 생각났다. 정말 바라만 봐도 너무나 사랑스럽다. 깨물어주고 싶고 가슴 속에 파고 들어가 얼굴을 묻고 몸부림치며 감격에 눈물을 마음껏 흘리고 싶었다.

명한이 정한 목표가는 일단 180,000원이었다. 주가가 얼마만큼 올라갈지 하느님만 안다. 그러나 명한은 목표가까지 충분히 가리라 굳게 믿고 있었다. 130,000원을 찍고 주가는 다시 오르락내리락 5개월 동안 옆으로 기었다. 참으로 피 말리는 순간이었다. 주식투자를 처음 할 때 현대중공업의 목표가를 고집하다가 어렵게 번 돈을 모두 날리던 생각이 불현 듯 났다. 그러나 명한은 지그시 혀를 깨물며 참았다.

인내!

얼마나 힘들고 두려운 말인가?

생피가 마르고 생 뼈가 갈리는 소리가 귓속 깊은 곳에서 들려오는 듯하다.

이를 악물고 파란 하늘을 쳐다본다. 파란 하늘은 여전히 아름답지 않는가?

인내는 너무나 고귀한 가치를 갖고 있어서 틀림없이 하느님이 주신 은총일 것이다.

5개월간에 휴식기간을 갖던 용이 마지막 있는 힘을 다해 트림을 했다.

마침내 2014년 8월이 되자 241,000까지 올라 하늘에 닿았다. 명한이 생각했던 목표가를 훌쩍 뛰어넘었다. 이제는 바라보기가 어렵게 너무 높은 곳에 있다고 생각했다.

목표가를 넘어섰고 반대로 기업가치보다 시장이 과민반응을 보이고 있어 주가가 하락할 것이라 생각했다. 명한은 행복한 고민에 빠졌다.

그는 천천히 다시 투자할 종목을 리서치를 했다. 공명 선생이 말한 4차 산업혁명의 핵심 주를 꼭 매수하라던 말씀을 생각하면서, 우리나라를 이끌고 가는 간판스타 삼성전자와 네이버를 리서치 했다. 다행스럽게 시장에서는 매일 매도하고 있었다. 삼성전자는 저평가 구간으로 진입하고 있었고 네이버도 그동안 너무 많이 올라 조정하는 것 같았다. 조금만 인내를 갖고 기다리면 매수 찬스가 올 것이라 확신했다.

이번에는 두 종목을 선택했다. 우선 삼성화재우선주를 30%는 보유하기로 했다. 미래에 세울 장학재단의 기초로 남겨두기로 했다. 나머지 70%를 한 주당 200,000원에 팔아서 삼성전자와 네이버를 반씩 매수하기로 결정했다. 매수는 수개월동안 천천히 하기로 결심했다. 얼마나 더 떨어질지 아무도 모르기 때문이다. 제 4차 산업 혁명의 AI(인공지능)과 사물인터넷 분야를 이끌고 갈 위대한 기업임에는 틀림없다고 생각했다. 종목을 선정한 후 주가가 조금 더 하락하기를 바라며 지켜봤다.

주식시장은 늘 요동치지만 자신만의 투자 철학을 가지고 조용히 기다리면 기회는 온다. 삼성화재우선주를 투자할 때도 3년 동안 기다렸다가 매수하기 시작했던 것이다. 이번에도 끈질기게 기다렸다가 반드시 저평가되면 매수하리라 다짐하면서 명한은 빙그레 웃었다.

그가 직접 디자인해서 지은 멋진 3층 다락방 창가에 앉아 오후의 따사로운 햇살을 마주하고 아내와 따뜻한 커피를 마시고 있다.

눈을 지그시 감고 지난날들을 회상했다.

아내가 '장학재단을 세우고 싶으면 당신은 주식투자를 배워야 합니다.'하고 권했을 때 그는 자신이 오십 년 이상 정직하고 성실하게 살아온 인생의 종말이 다가오고 있다는 생각마저 들어 무서웠다.

'난 한 번도 실패한 적이 없었어. 왜냐하면 포기하지 않고 정정당당하게 경쟁하고 계속 도전했으니까!' 그는 정말 그랬다. 자신의 인생 그림을 가슴속 깊은 곳에서 조심스레 꺼내어 여백이 '기부와 봉사인 장학재단'으로 아름답게 채워질 것을 생각하며 두 팔로 꼭 껴안으며 감격의 눈물을 흘렸다.

그는 태어나서 40년 동안 가난했다.

그는 책속에서 인생을 배웠다. 책속에서 삶의 지혜도, 창조된 가치(돈)도 발견 했다. 책보기를 좋아하는 그는 누구든 교육을 받지 못하는 것이 이 세상에서 가장 불행한 일이며 불공정한 것이라 생각했다.

그는 사랑하는 어머니한테서 '배움'이란 큰 깨달음을 18세에 얻었다. 그 후 36년간 배움을 실천했다.

'배움 속에 인생의 길이 있다'는 철학을 종교처럼 믿고 실천했다.

그는 늘 꿈을 꾸었고, 선의의 경쟁을 좋아했고, 상대방의 장점을 보고 배웠다.

어린 시절에는 그도 사회에 대한 불평불만이 많았다. '가진 자'(권력. 돈. 학식. 기술 등을 보유한자)들을 미워하고 질투와 시기, 반감을 가지고 살았다. '가진 자'는 나누고 베풀어야 한다고 주장했다. '가진 자'중에 특히 교육을 많이 받아서 좋은 일자리를 독차지하고 목을 빳빳이 세우는 지식인들이 미웠다.

그러나 고통과 번민 속에 깨달은 것은, 원하는 좋은 일자리를 얻지는 못해도 자유민주주의, 자유 시장경제에서 노력하면 누구에게나 기회는 주어지며 성공할 수 있다는 확고한 믿음으로 열심히 일하며 배웠다. 철없던 어린 시절 기득권층이 미워서 불평불만을 터뜨려 봤더니 돌아오는 것은 자신이 더 초라해지고 더 불쌍해진다는 것을 알았다.

그는 기득권층이 갖고 있는 가치를 강도처럼 뺏으려 하지 않았다.

대신 그들이 갖고 있지 못한 신(新)가치를 찾기 위해 혼신의 노력을 다했다. 새로운 가치창조 (자유시장경제속에서 새로운 가치를 창출하여 부(富)를 키울 수 있는 것. 즉 인간에게 누구나 평등하게 공유해야 할 재화, 하느님이 창조한 것들, 하늘, 땅, 공기, 물, 각종 천연자원 등이 아닌 새로운 가치를 창조하여 부를 이루는 것. 소비자를 행복하게 해주고 높은 가치를 인정하여 지갑을 스스로 열게 하는 가치)를 통해 부(富)를 키우고, 책속에서 삶의 지혜와 미(美)를 발견하고 마침내 행복과 경제적 자유를 찾았다.

그는 깨달음을 얻은 후 '가진 자'에게 분노를 느끼거나, 배 아파하거나 질투하지 않았다. 자신도 노력하면 성취할 수 있다고 믿었기 때문이다. 실제로 그가 20년간 신 가치 창출을 위해 피땀 흘려 노력하니 정말 꿈처럼 그의 바람이 이루어졌다.

법과 도덕을 지키며 책임과 의무를 다한 후 무엇이든 자유롭게 할 수 있는 경제적 자유를 얻은 것이다.

그는 늘 '가진 자'나 세상을 잘 아는 사람들에게 찾아가서 정중히 고개 숙여 가르쳐 달라고 부탁했다. 그럴 때마다 '가진 자'들은 그에게 친절하게 가르쳐 주었다.

남들이 힘들게 노력하여 이룬 것들을 시기하고 질투하고 어떻게든 빼앗거나, 평균을 만들려고 끌어내리는 것은 강도나 폭도들이 하는 짓이라 생각했다.

최선을 다하면 노력한 만큼의 대가는 반드시 돌아온다는 것을, 자신이 직접 삶에서 체험하여 가슴속에 품고 살았다.

따스한 햇살에 행복감이 밀려와 몽롱한 가운데, 부족한 자신을 늘 사랑해주고 바른 길로 인도해 준 어머니, 이미나, 공명 선생, 조현주에게 감사한 마음이 깊숙한 곳에서부터 올라왔다.

현명한은 멀리 동쪽을 바라보았다. 아침이면 다시 해는 힘차게 떠오를 것이다. 온 세상 구석구석 밝혀주는 태양처럼, 어두운 곳을 밝혀주는 장학재단이 되기를 간절히 바라며 기도했다.

그는 자신의 삶에 감사했다.

'노예의 길'로 가는 사회주의가 아니고, 법과 개인의 재산권이 보장되는 자유민주주와 자유 시장경제체제가 존재하는 한 주식투자는 자본주의의 꽃이라고 생각했다.

"미나! 고마워!"

그를 항상 비서처럼 챙겨주는 아내 이미나에게 감사했다.

"뭐가요?"

"모두 다. 특히 주식투자를 배워보라고 권해서."

"제가 더 고맙죠."

"이미나! 내 곁에 있어줘서 감사해!" 명한은 미나의 손을 잡았다.

"명한씨! 작은 거인!! 당신 덕분에 위대한 기업의 주주가 되었어.

그동안 당신이 추천한 종목을 땅 사듯이 사서 팔지 말고 주주가 되라고 말한 덕분에 공명 선생님처럼 배당금만 받아도 노후생활은 넉넉하겠어."

"주식투자는 정말 멋진 것이야!" 명한은 정말로 그렇게 생각했다.

"명한씨는 주식투자의 장점이 뭐라 생각해?"그녀가 나직이 물었다.

"글쎄. 장점?

우선 돈을 벌수 있다는 것이지. 그것도 정년퇴직 없이 말이야.

내가 아는 선생님 한분은 아모레퍼시픽을 4,000원대 샀는데 팔십이 다 되어서 돈이 필요할 때 한주씩 팔아서 쓴다고 했어. 그게 한 주당 900,000원이 넘잖아! 앞으로 끝없이 올라갈걸!"

"맞아. 나도 들었어. 감동적이었어."미나도 동감했다.

"누구든지 자기 수익의 10~15%정도만 우량주를 수십 년간 계속 사서 보유한다면 노후는 걱정이 없겠지. 경제적 자유를 얻어서 노후에 여행도 많이 할 수 있을 테고. 인류의 미래를 이끌고 갈 위대한 1등 기업에 투자하여 주주로서 동업을 하는 것이 주식투자의 가장 큰 매력이야."

"숏다리! 그러면 주식투자는 무엇이라 생각해?"

"숏다리?"

"숏다리니까."

"숏다리가 아니라 '작은 거인!' 알았어요?"

"화났어? 호호호."그녀는 그를 놀릴 때 행복해 했다.

"나 원 참. 에이!"

"왜 대답을 안 해~? 숏~" 그녀는 삐져나오는 웃음을 억지로 참으며 말했다.

"주식투자? 음. 음. 음~"

"삐졌어? 뭘 그걸 가지고. 호호호. 에이~. 어서.

인생이, 가장 멋진 곳을 향해 거친바다를 항해하는 뱃놀이라면,
난 당신이 키를 잡은 배를 탈거야." 미나는 명한의 대답을 기다리며
어깨에 기대었다.

"음. 주식투자는~

인류의 미래 삶을 획기적으로 바꿀 신기술을 갖고 있는 업종을 발
굴하고, 그 업종 중에 위대한 1등기업의 가치를 분석 평가하여 저평
가 되었을 때 매수하고, 그 기업의 가치, 즉 실질(본질)가치에 도달
하면 이익실현을 하는 것이 주식투자라고 생각해."

"그럼. 주식투자를 배운다는 의미는?"

"주식투자를 배운다는 말은 기업의 실질가치가 높은지 아니면 낮
은지를 평가하는 방법을 배우는 것을 의미하지."

"간단하고 쉽게 말해. 숏다리! 작은 거인!"

"음~ 주식투자는 파는 것이 아니라 사는 것."

현명한의 주석투자이야기

| 초판 1쇄 인쇄일 | | 2017년 12월 15일 |
| 초판 1쇄 발행일 | | 2017년 12월 20일 |

지은이		이교환
펴낸이		정진이
책임편집		정구형
인쇄처		으뜸사
펴낸곳		국학자료원 새미(주)

등록일 2005 03 15 제25100-2005-000008호
서울특별시 강동구 성안로 13 (성내동, 현영빌딩 2층)
Tel 442-4623 Fax 6499-3082
www.kookhak.co.kr
kookhak2001@hanmail.net

| ISBN | | 979-11-88499-25-0 *13320 |
| 가격 | | 13,000원 |

ⓒ이교환 2017